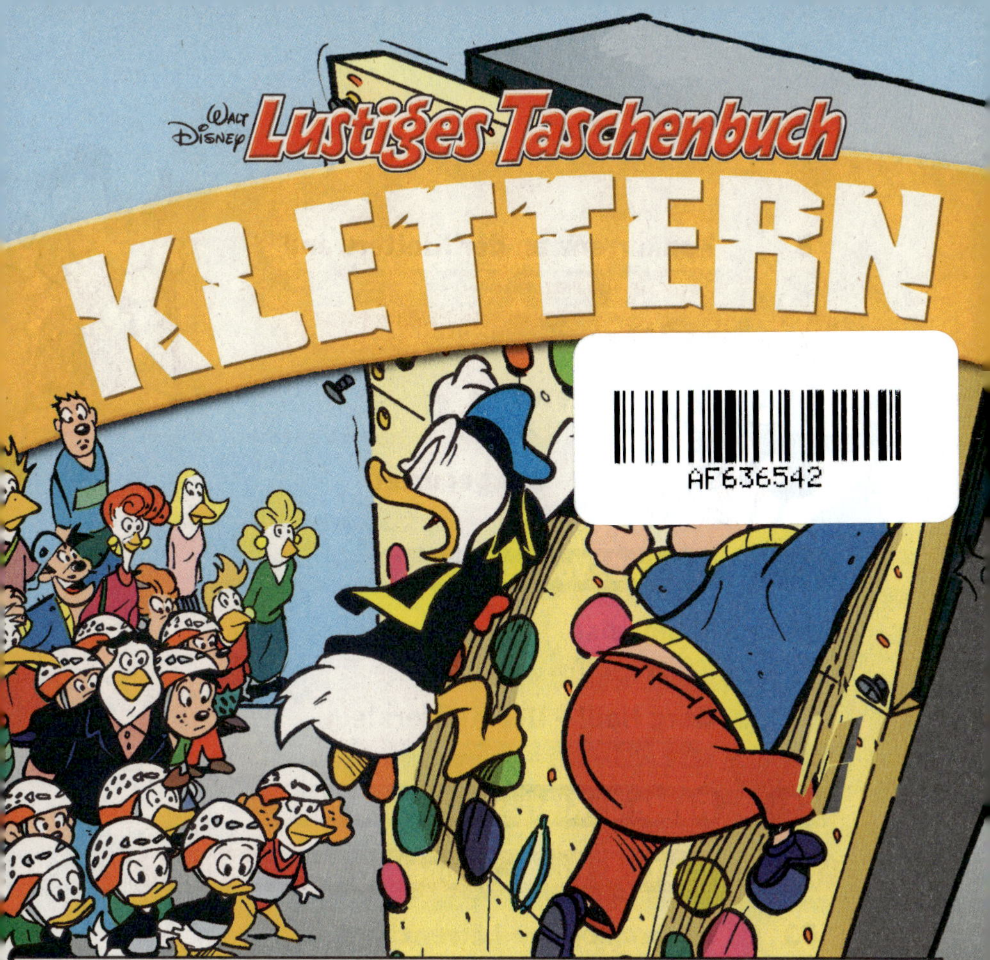

IMPRESSUM © Disney Enterprises, Inc. 2024, Walt Disney Lustiges Taschenbuch Klettern erscheint bei Egmont Ehapa Media GmbH, Ritterstraße 26, D-10969 Berlin | **Geschäftsführer** Per Gustav Kjellander | **Publishing Director Magazines** Jörg Risken (V.i.S.d.P.) j.risken@egmont.de | **Marketing & Kooperationen** Nora Gollek (Marketing Director) n.gollek@egmont.de, Christoph Bergholz (Senior Product Manager) c.bergholz@egmont.de | **Redaktion** Stephanie Bens, Madita Ruppender (Assistenz) | **Druck** GGP Media GmbH, Karl-Marx-Straße 24, 07381 Pößneck | **Anzeigenverkauf** Per Gustav Kjellander (verantwortlich) | **Head of Media Sales** Jörg Risken | **Freie Mitarbeiter dieser Ausgabe** Yinin Got, Sigi Hepner, Steffen Uzler (Grafik), Susanne Walter, Fabian Körner, Marc Moßbrugger, Harry Nützel, Sérgio Presta, Eckart Sackmann (Übersetzung), Kai Richter (Lektorat) | **Kontakt Walt Disney Publishing** Susanne Michels | Die Redaktion arbeitet auf der Grundlage der neuen amtlichen Rechtschreibregeln und hält sich bei Auswahlfällen an die vom Duden bevorzugte Schreibweise.

www.lustiges-taschenbuch.de, www.egmont-mediasolutions.de, www.egmont.de

EGMONT Ehapa Media

story house EGMONT

FSC MIX Papier | Fördert gute Waldnutzung FSC® C014496

SERVICE-BOX

LTB im Abo – www.egmont-shop.de/ltb-lesen

Leserservice Lustiges Taschenbuch Klettern Leserservice, D-20086 Hamburg, E-Mail: info@egmont-service.de, Tel. 030-99194680, Fax 030-99194681 (reguläre Gesprächsgebühren für einen Anruf im deutschen Festnetz gemäß Ihrem Anbieter und Tarif)

LTB Klettern verpasst?
www.egmont-shop.de/comics/ltb

Wo gibt es LTB Klettern am Kiosk?
www.mykiosk.com

LTB Klettern als eComic?
Erhältlich z. B. bei Amazon, Apple und Google Play

Viele weitere tolle Comic-Angebote:
www.egmont-shop.de

Dieser Titel enthält negative Darstellungen und/oder eine nicht korrekte Behandlung von Menschen und Kulturen. Diese Stereotype waren damals falsch und sind es noch heute. Anstatt diese Inhalte zu entfernen, ist es uns wichtig, ihre schädlichen Auswirkungen aufzuzeigen, aus ihnen zu lernen und Unterhaltungen anzuregen, die es ermöglichen, eine integrativere gemeinsame Zukunft ohne Diskriminierung zu schaffen. Disney hat es sich zum Ziel gesetzt, Geschichten mit inspirierenden und zukunftsweisenden Botschaften zu erzählen, in denen die große Vielfalt der Menschen rund um den Globus berücksichtigt wird und niemand diskriminiert wird. Um mehr darüber zu erfahren, wie sich Geschichten auf die Gesellschaft ausgewirkt haben, gehe auf: www.Disney.com/StoriesMatter

KLETTERPARCOURS

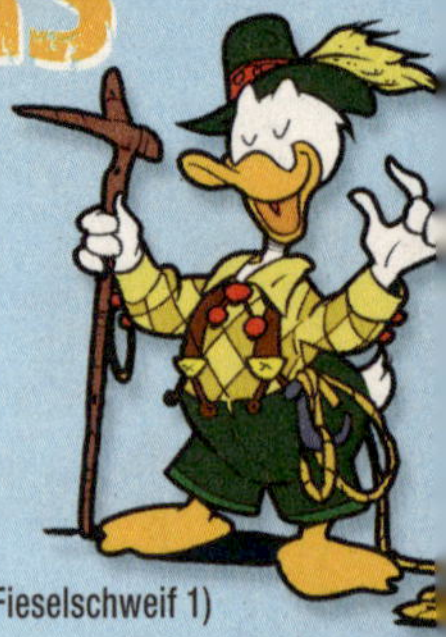

5 Konkurrenz an der Kletterwand
Erstveröffentlichung

15 Route 1: Auf zu neuen Höhen!

16 Das Sommercamp
(Aus: Walt Disney DAS SCHLAUE BUCH – Die Geheimnisse des Fähnlein Fieselschweif 1)

37 Berg Heil! – Gut gegurtet
(Aus: Walt Disney LUSTIGES TASCHENBUCH SPEZIAL Nr. 55)

38 Route 2: Voll verknotet

39 Teamgeist
(Aus: Walt Disney MICKY MAUS-MAGAZIN 08/2007)

50 Berg Heil! – Der Klettersteig
(Aus: Walt Disney LUSTIGES TASCHENBUCH SPEZIAL Nr. 55)

51 Route 3: Klettertour von A bis Z

52 Route 4: Höher, schneller, erstaunlicher!

53 Lockenköpfige Löwenzähne
(Aus: Walt Disney DIE TOLLSTEN GESCHICHTEN VON DONALD DUCK Nr. 396)

63 Route 5: Einstieg zum Aufstieg

64 Die Fotofalle
(Aus: Walt Disney LUSTIGES TASCHENBUCH ENTEN-EDITION Nr. 48)

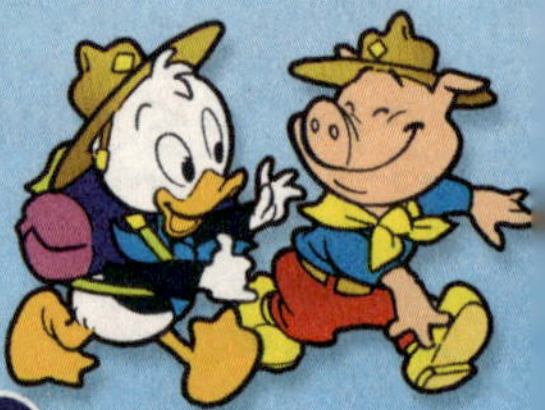

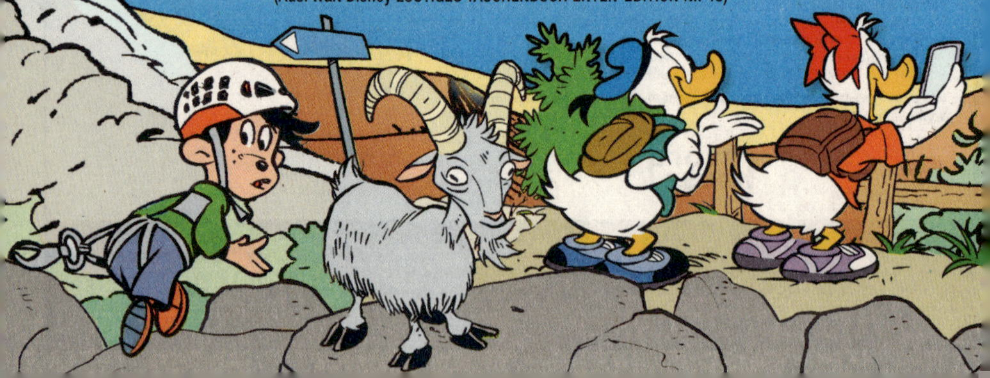

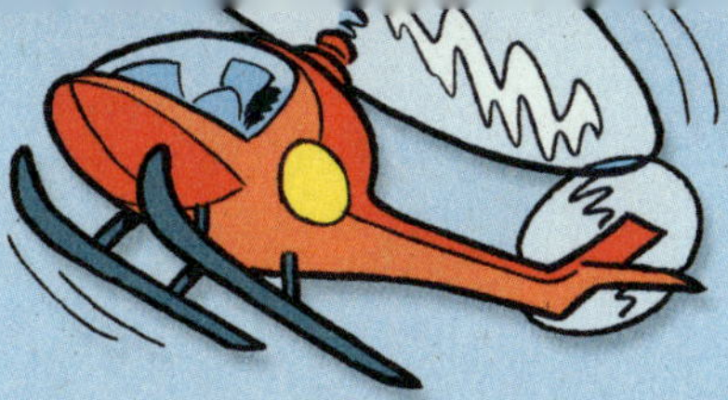

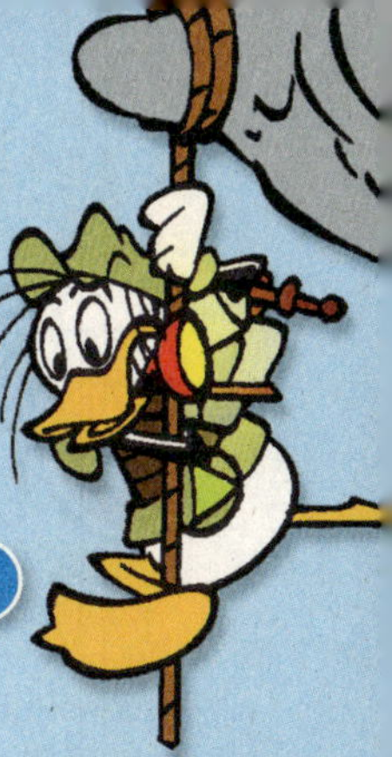

85 **Berg Heil! – Die Prüfung**
(Aus: Walt Disney LUSTIGES TASCHENBUCH SPEZIAL Nr. 55)

86 **Route 6: Gut gekleidet auf den Gipfel**

87 **Mission Monster**
(Aus: Walt Disney LUSTIGES TASCHENBUCH Nr. 393)

127 **Route 7: Vor dem Klettern...**

128 **Der Tee tut weh**
(Aus: Walt Disney MICKY MAUS-MAGAZIN 42/2009)

135 **Route 8: Witzel-Gipfelstürmer**

136 **Skrupellose Sabotage**
(Aus: Walt Disney LUSTIGES TASCHENBUCH Nr. 411)

155 **Route 9: Kletter-Technik, die begeistert**

156 **Über den Bergen**
Erstveröffentlichung

182 **Route 10: Klettern mit Köpfchen**

183 **Meister im Parkour**
(Aus: Walt Disney MICKY MAUS COMICS Nr. 33)

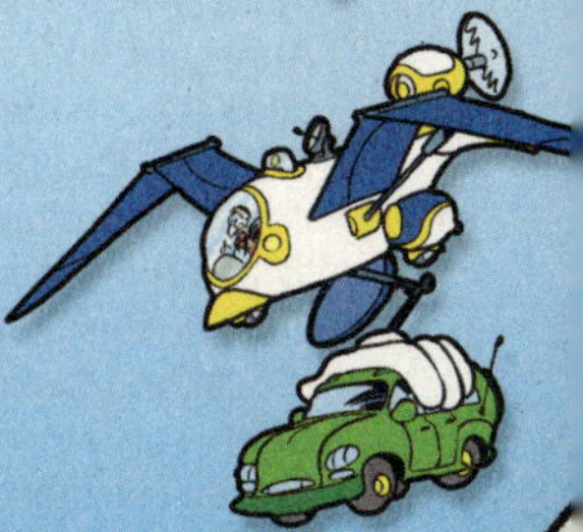

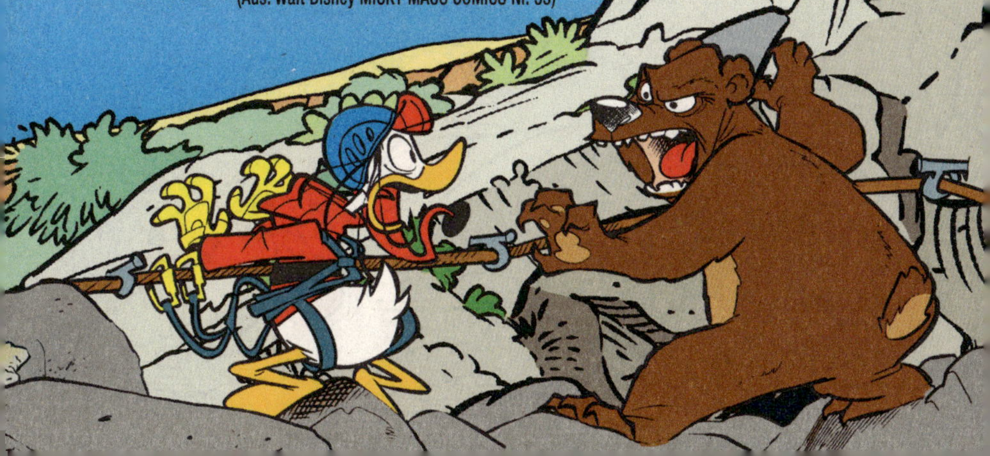

LIEBE KLETTERFREUNDE!

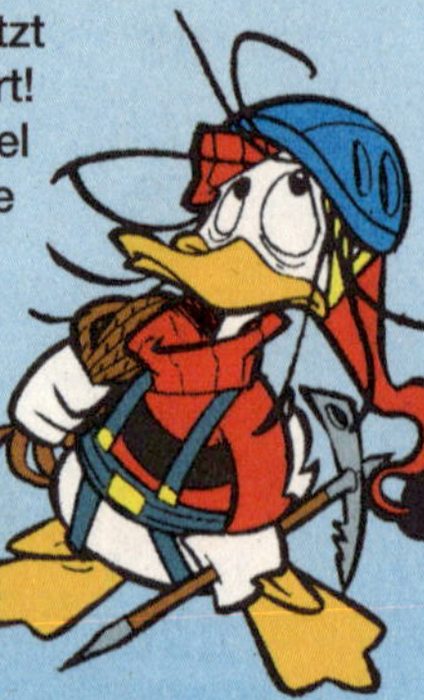

Ob Berge, Hügel, Baumwipfel oder Kletterwand: Jetzt wird gekraxelt und ein wenig Höhenluft geschnuppert! Das hält nicht nur fit, sondern macht auch mega viel Spaß! Selbst weniger Schwindelfreie kommen auf ihre Kosten und können beim Bouldern bodennah ihre Kletterkünste aufpolieren. Unsere vielen Tipps und Ideen geben einen tollen Einstieg vor dem Aufstieg. Und wer sich noch nicht gleich ans Vertikale wagt, der kann sich hier erste Anregungen für diesen tollen Sport holen und erst mal alles ganz entspannt von unten betrachten. Bevor es hoch hinaus geht, bereiten sich unsere Entenhausener auf jeden Fall schon intensiv auf ihre Tour vor. Was die richtige Sicherung mit Gurt und Seil angeht, hat Dussel allerdings einiges an Nachholbedarf, wenn er am Ende nicht wie ein Schnürpaket vom Felsen baumeln will. Tick, Trick und Track sind in Sachen Klettern natürlich schon echte Profis. Doch zu einem Wettkampf lassen sie sich von ihrem Onkel Donald nicht scheuchen. Wie jeder Kletterer weiß, geht es schließlich nicht nur darum, den Gipfel zu erreichen, vielmehr ist die Herausforderung das eigentliche Ziel. Und natürlich Teamgeist! Nun ja, daran müssen Donald und Dagobert Duck noch ein wenig arbeiten. Als die Zankhähne an einem Abenteuer-Camp teilnehmen, bringen sie den Kletterfelsen geradezu zum Bröckeln vor lauter Rauferei. Ob sie als Team zusammenwachsen und gemeinsam das Ziel erreichen? Wenn Onkel Dagobert hinter Donald her ist, kann dieser jedenfalls in Nullkommanichts jede Höhe erklimmen – und das in Rekordzeit! Sportlich, sportlich! Das verlangt nach einer ordentlichen Lesepause!

DIE LTB-REDAKTION

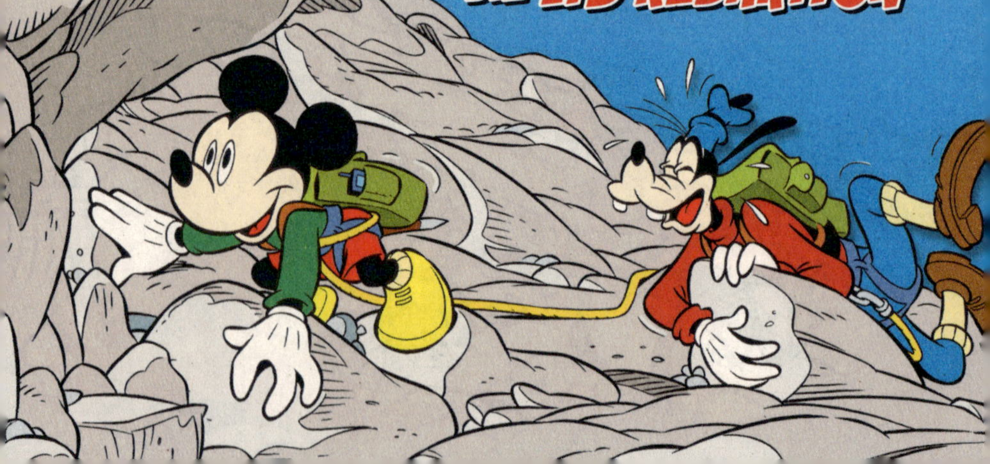

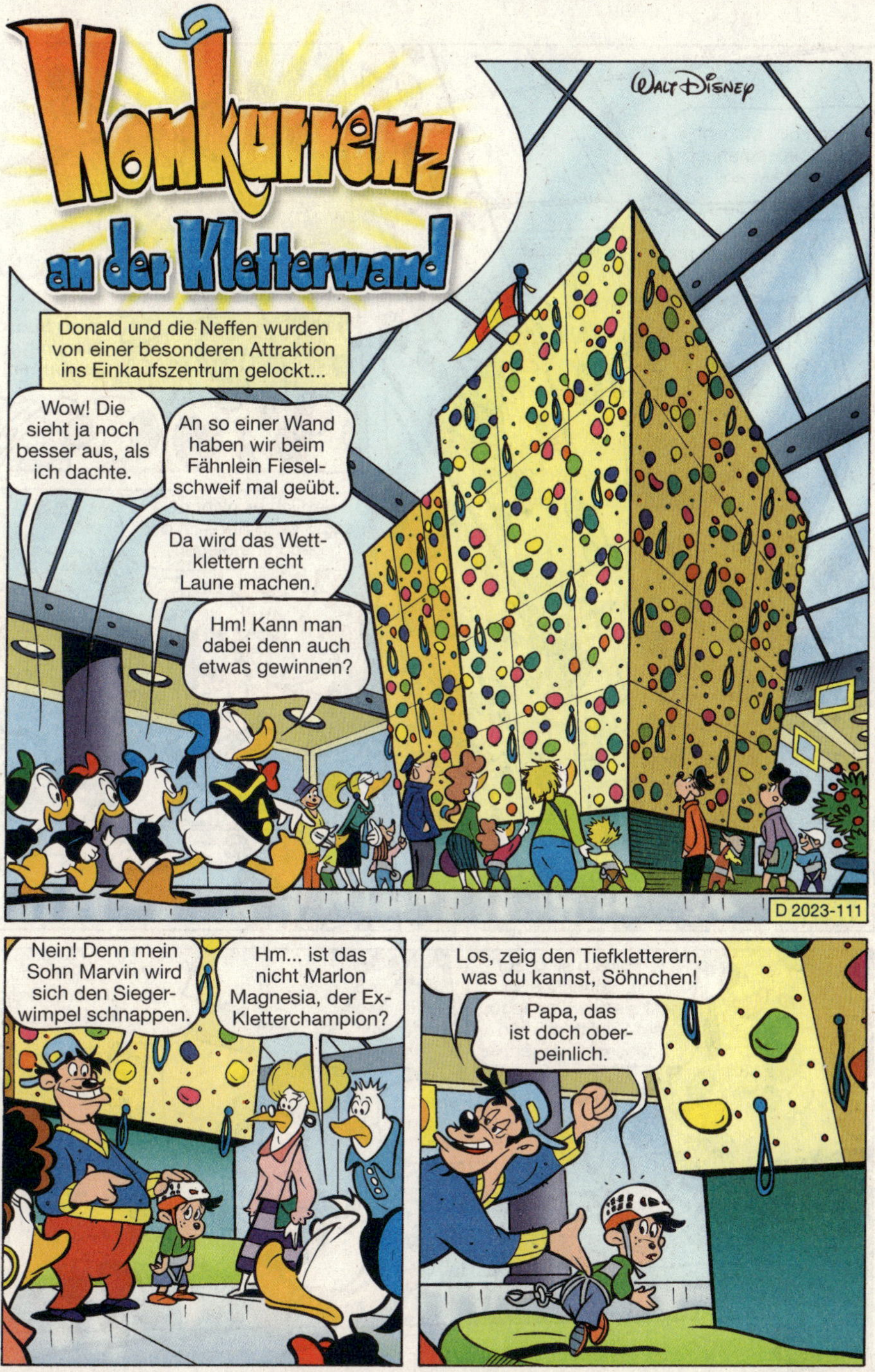

Created 2023

Gorm Transgaard (Story), **Andrea Ferraris** (Zeichnungen)

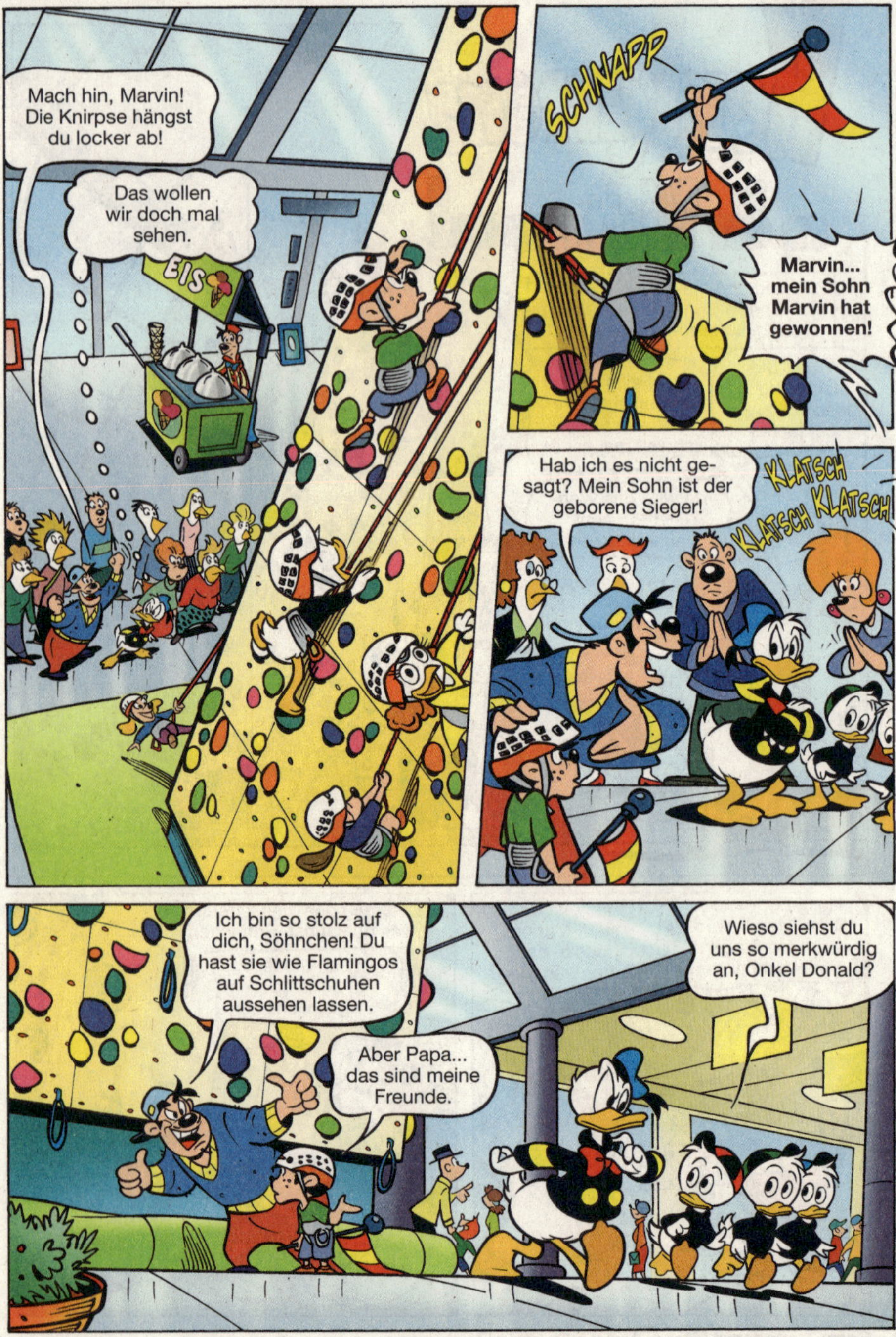
Mach hin, Marvin! Die Knirpse hängst du locker ab!
Das wollen wir doch mal sehen.
EIS
SCHNAPP
Marvin... mein Sohn Marvin hat gewonnen!
Hab ich es nicht gesagt? Mein Sohn ist der geborene Sieger!
KLATSCH
KLATSCH KLATSCH
Ich bin so stolz auf dich, Söhnchen! Du hast sie wie Flamingos auf Schlittschuhen aussehen lassen.
Aber Papa... das sind meine Freunde.
Wieso siehst du uns so merkwürdig an, Onkel Donald?

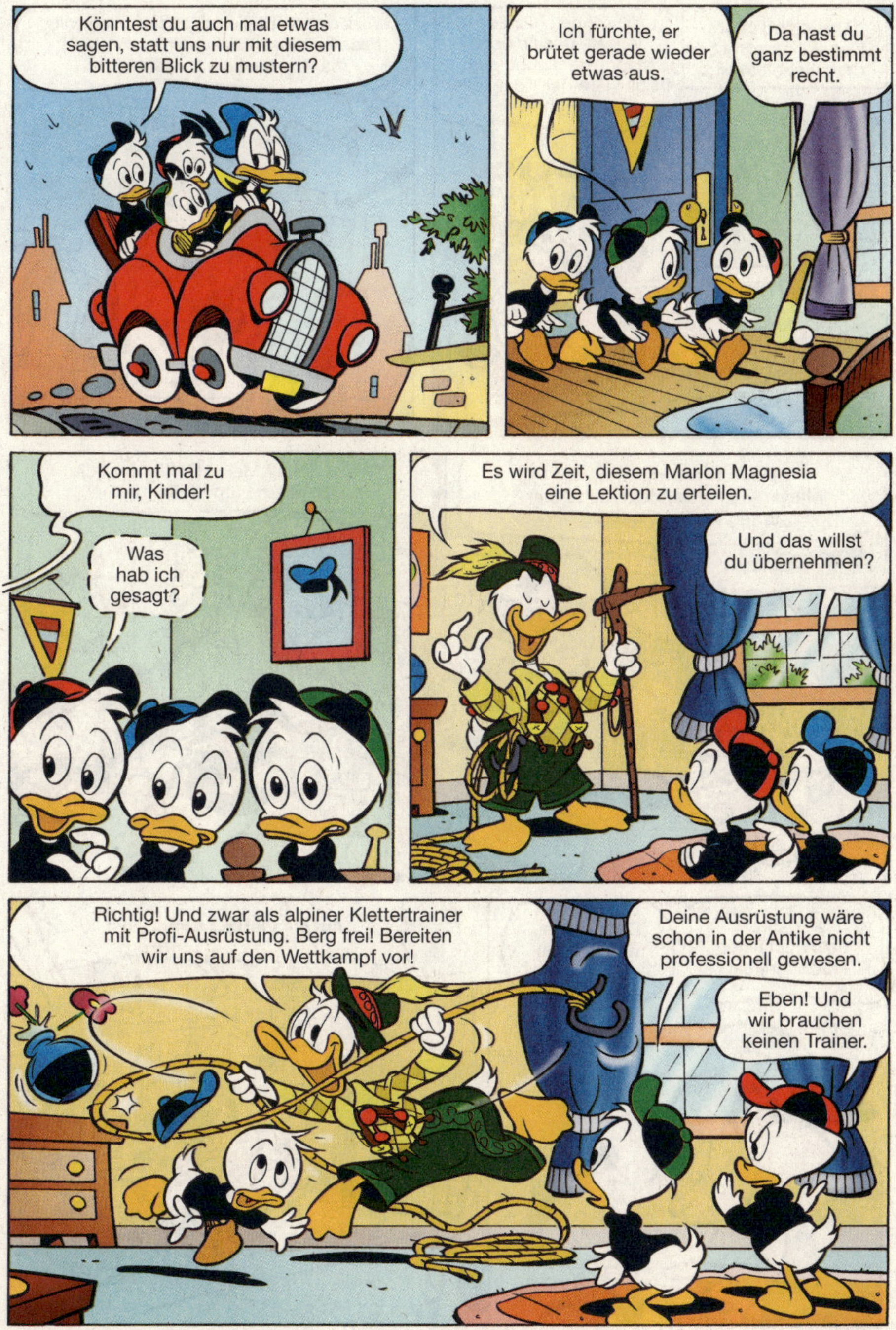

Könntest du auch mal etwas sagen, statt uns nur mit diesem bitteren Blick zu mustern?
Ich fürchte, er brütet gerade wieder etwas aus.
Da hast du ganz bestimmt recht.
Kommt mal zu mir, Kinder!
Was hab ich gesagt?
Es wird Zeit, diesem Marlon Magnesia eine Lektion zu erteilen.
Und das willst du übernehmen?
Richtig! Und zwar als alpiner Klettertrainer mit Profi-Ausrüstung. Berg frei! Bereiten wir uns auf den Wettkampf vor!
Deine Ausrüstung wäre schon in der Antike nicht professionell gewesen.
Eben! Und wir brauchen keinen Trainer.

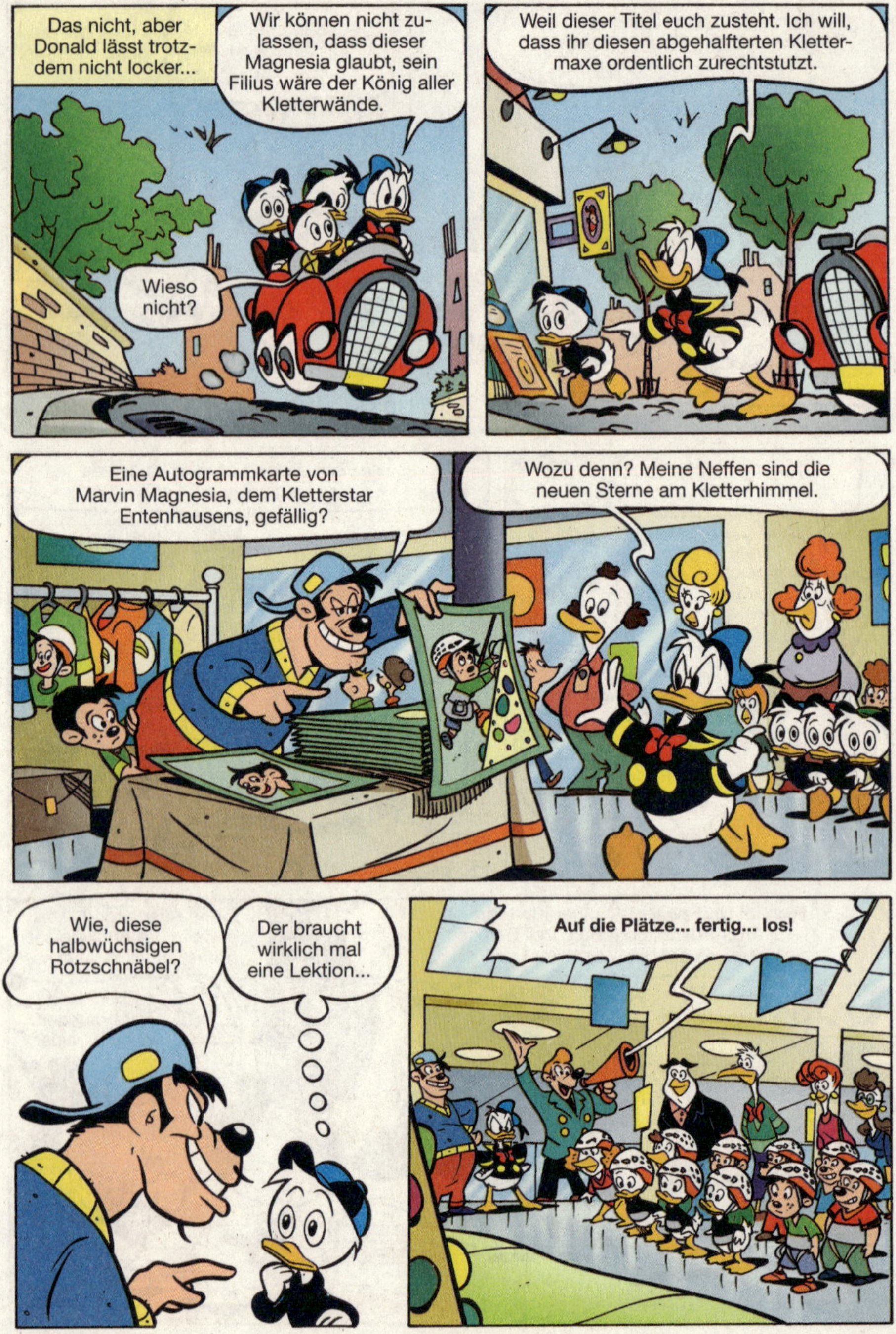

Das nicht, aber Donald lässt trotzdem nicht locker...
Wir können nicht zulassen, dass dieser Magnesia glaubt, sein Filius wäre der König aller Kletterwände.
Wieso nicht?
Weil dieser Titel euch zusteht. Ich will, dass ihr diesen abgehalfterten Klettermaxe ordentlich zurechtstutzt.
Eine Autogrammkarte von Marvin Magnesia, dem Kletterstar Entenhausens, gefällig?
Wozu denn? Meine Neffen sind die neuen Sterne am Kletterhimmel.
Wie, diese halbwüchsigen Rotzschnäbel?
Der braucht wirklich mal eine Lektion...
Auf die Plätze... fertig... los!

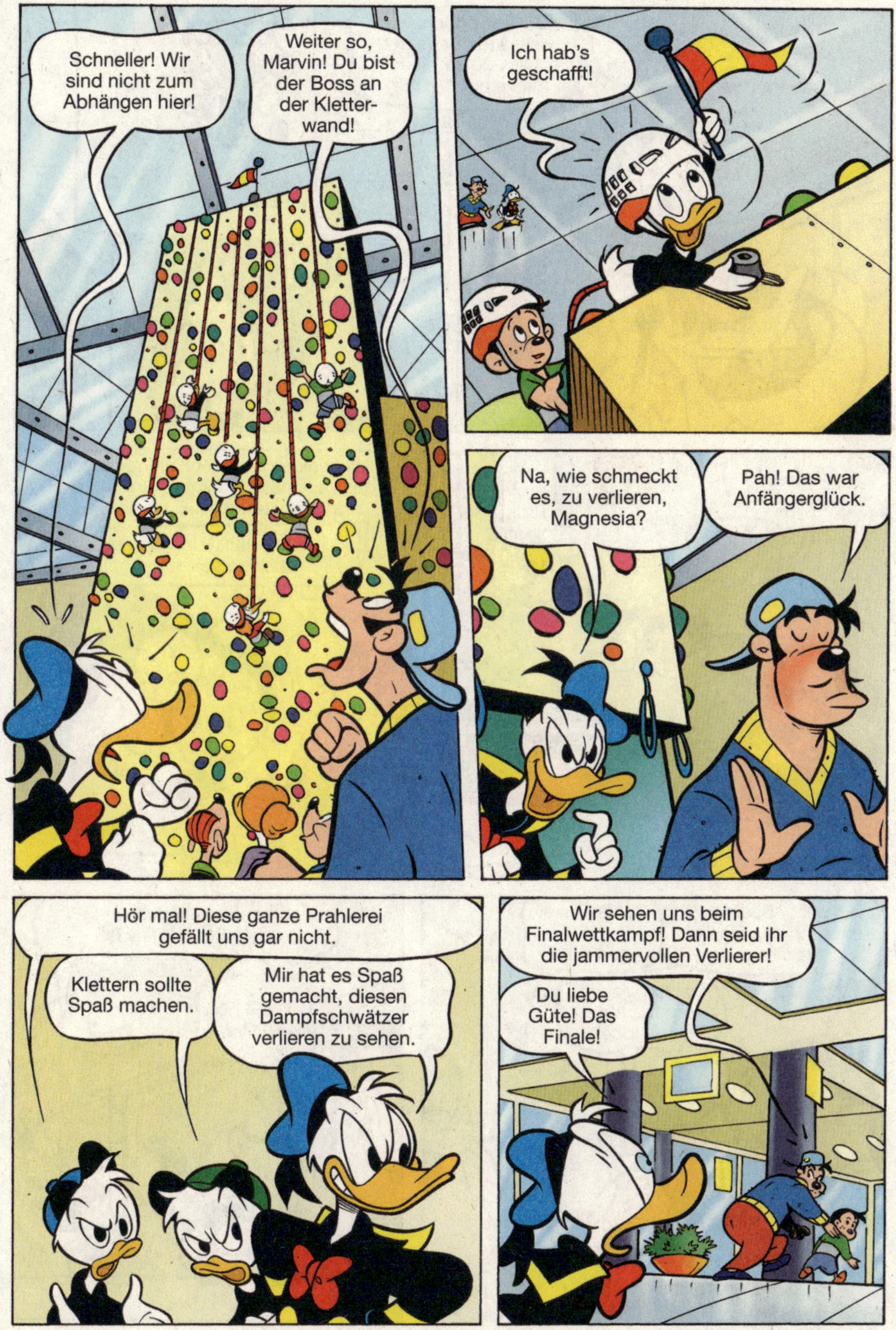
Schneller! Wir sind nicht zum Abhängen hier!
Weiter so, Marvin! Du bist der Boss an der Kletter-wand!
Ich hab's geschafft!
Na, wie schmeckt es, zu verlieren, Magnesia?
Pah! Das war Anfängerglück.
Hör mal! Diese ganze Prahlerei gefällt uns gar nicht.
Klettern sollte Spaß machen.
Mir hat es Spaß gemacht, diesen Dampfschwätzer verlieren zu sehen.
Wir sehen uns beim Finalwettkampf! Dann seid ihr die jammervollen Verlierer!
Du liebe Güte! Das Finale!

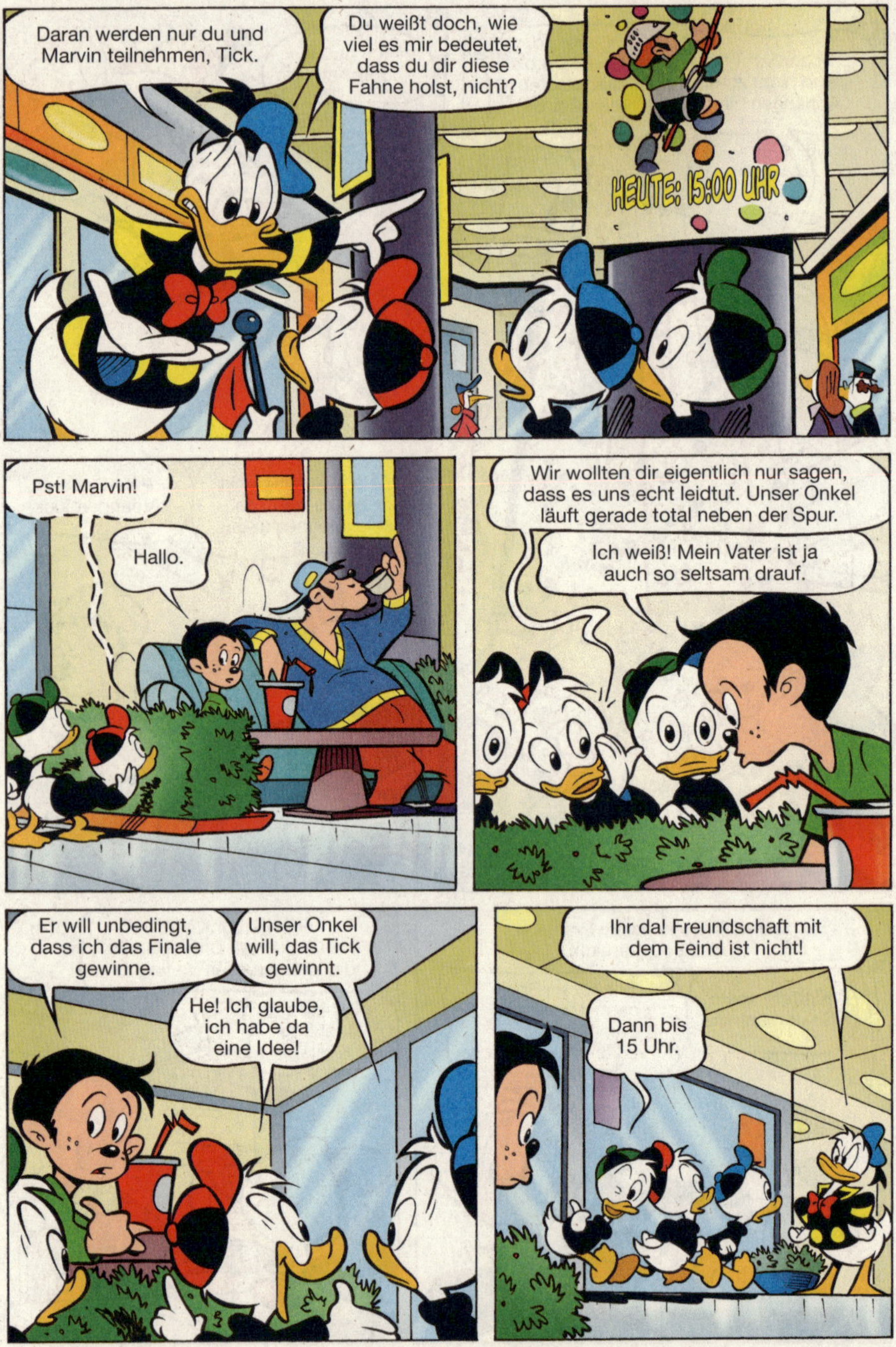

Daran werden nur du und Marvin teilnehmen, Tick.
Du weißt doch, wie viel es mir bedeutet, dass du dir diese Fahne holst, nicht?
HEUTE: 15:00 UHR
Pst! Marvin!
Hallo.
Wir wollten dir eigentlich nur sagen, dass es uns echt leidtut. Unser Onkel läuft gerade total neben der Spur.
Ich weiß! Mein Vater ist ja auch so seltsam drauf.
Er will unbedingt, dass ich das Finale gewinne.
Unser Onkel will, das Tick gewinnt.
He! Ich glaube, ich habe da eine Idee!
Ihr da! Freundschaft mit dem Feind ist nicht!
Dann bis 15 Uhr.

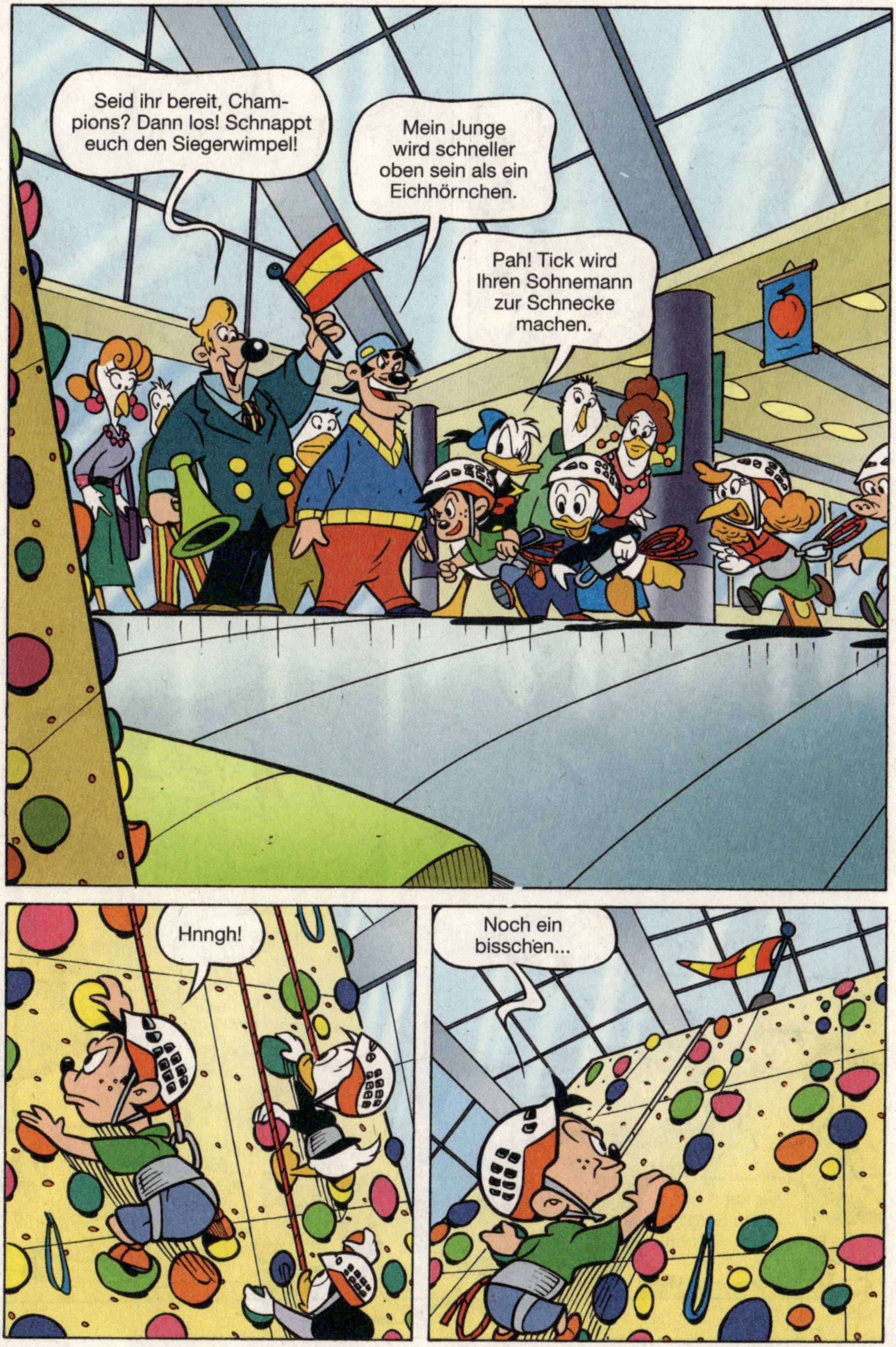
Seid ihr bereit, Champions? Dann los! Schnappt euch den Siegerwimpel!
Mein Junge wird schneller oben sein als ein Eichhörnchen.
Pah! Tick wird Ihren Sohnemann zur Schnecke machen.
Hnngh!
Noch ein bisschen...

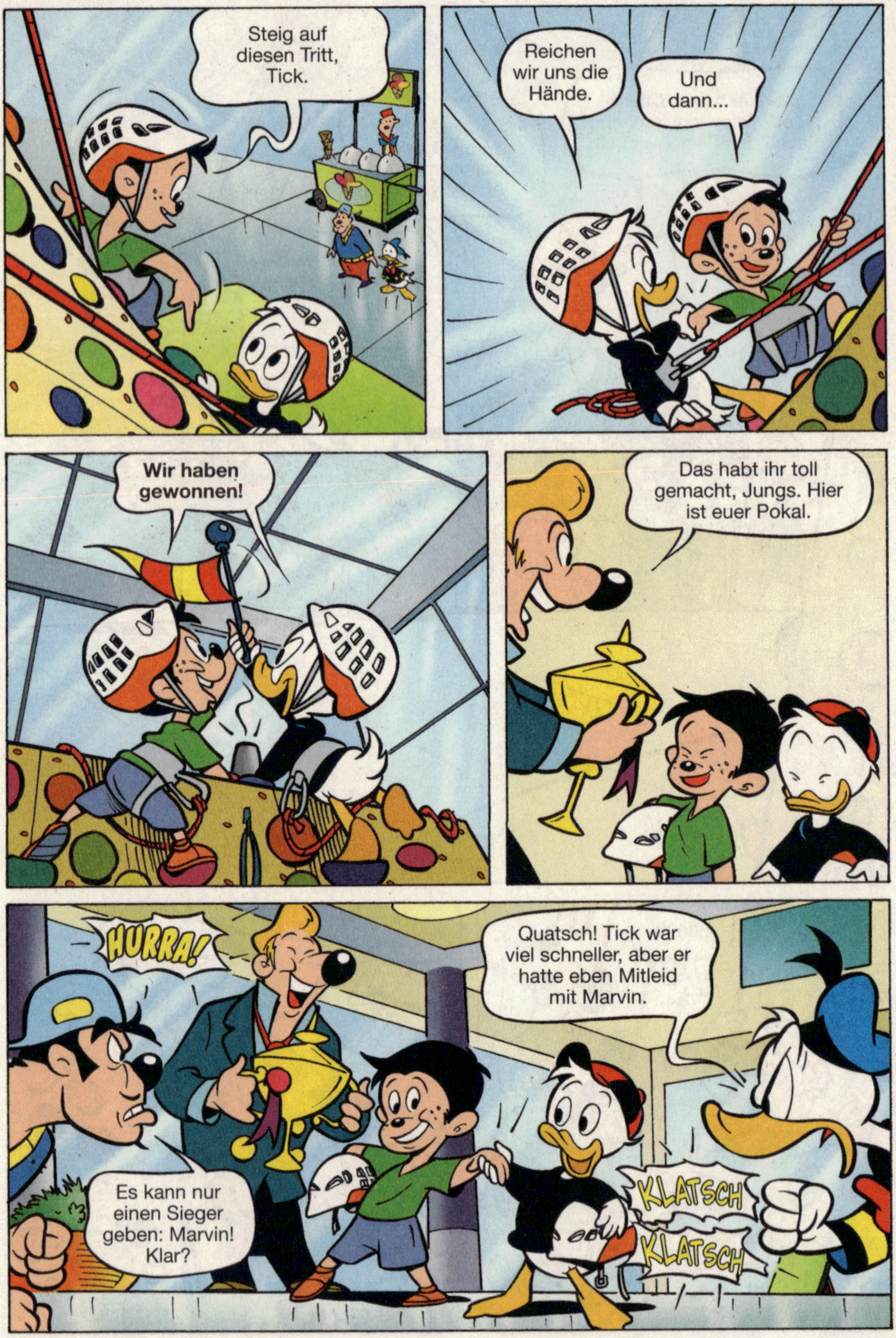
Steig auf diesen Tritt, Tick.
Reichen wir uns die Hände.
Und dann...
Wir haben gewonnen!
Das habt ihr toll gemacht, Jungs. Hier ist euer Pokal.
HURRA!
Quatsch! Tick war viel schneller, aber er hatte eben Mitleid mit Marvin.
Es kann nur einen Sieger geben: Marvin! Klar?
KLATSCH
KLATSCH

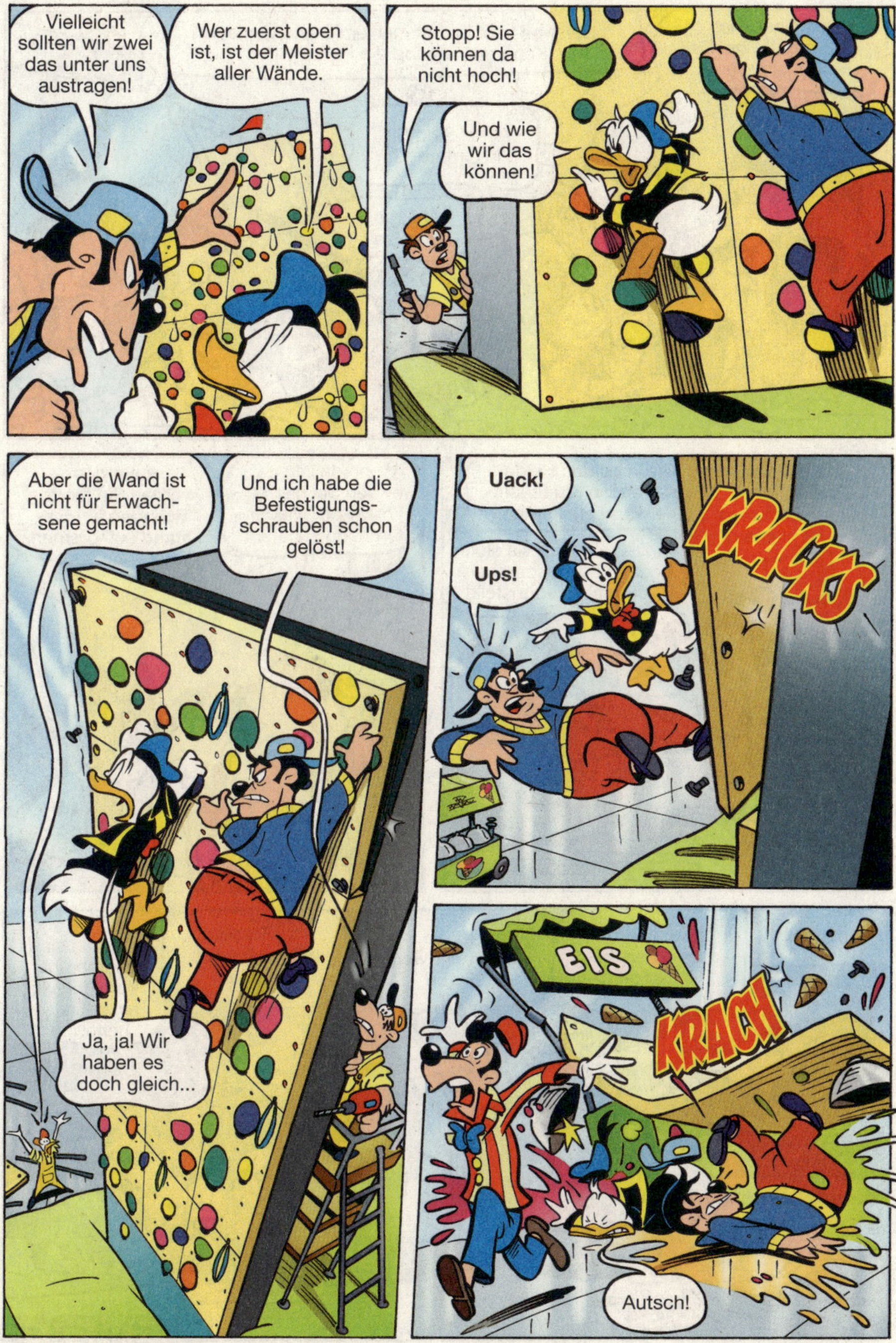
Vielleicht sollten wir zwei das unter uns austragen!
Wer zuerst oben ist, ist der Meister aller Wände.
Stopp! Sie können da nicht hoch!
Und wie wir das können!
Aber die Wand ist nicht für Erwachsene gemacht!
Und ich habe die Befestigungsschrauben schon gelöst!
Ja, ja! Wir haben es doch gleich...
Uack!
KRACKS
Ups!
EIS
KRACH
Autsch!

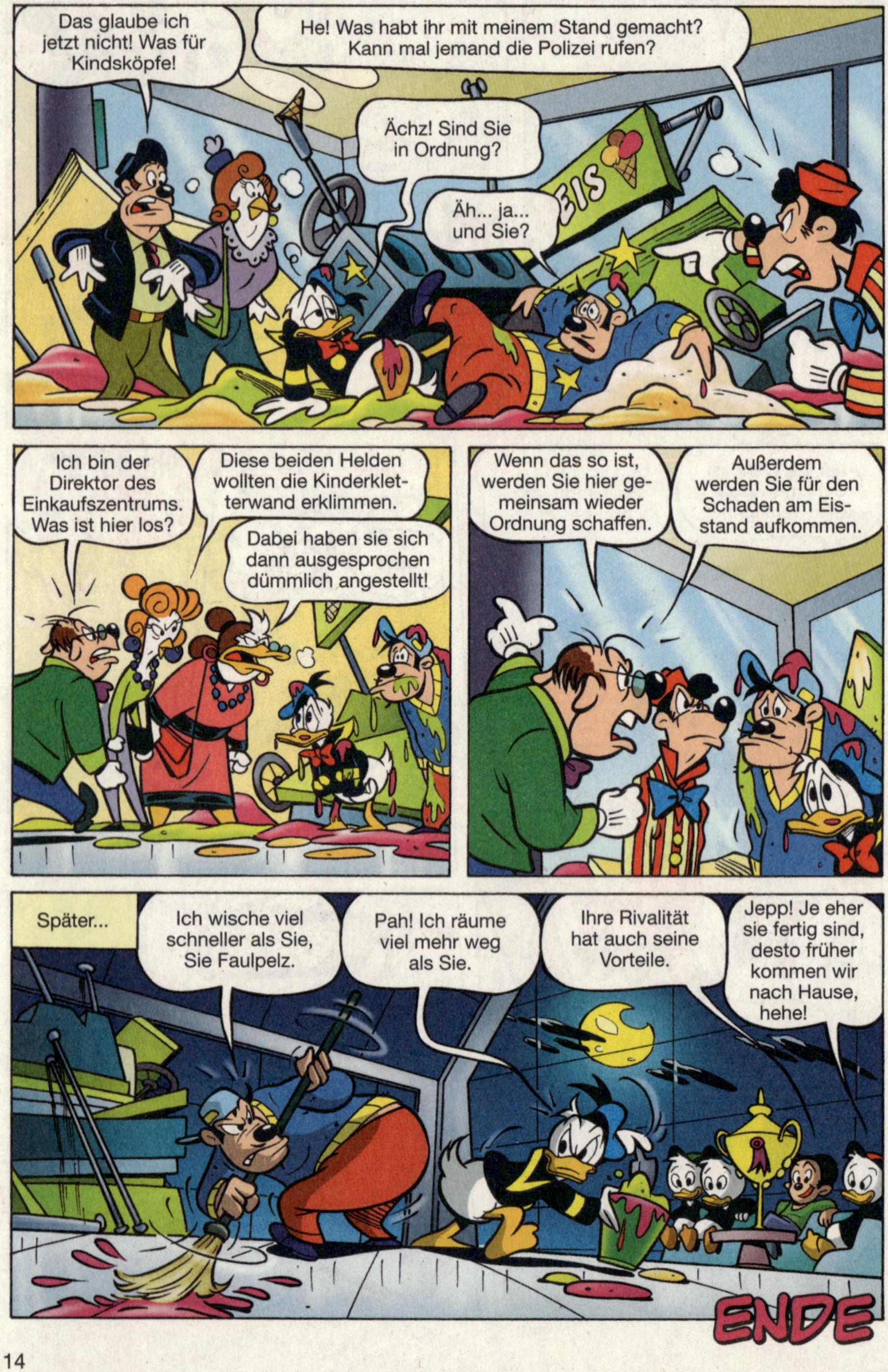
Das glaube ich jetzt nicht! Was für Kindsköpfe!
He! Was habt ihr mit meinem Stand gemacht? Kann mal jemand die Polizei rufen?
Ächz! Sind Sie in Ordnung?
Äh... ja... und Sie?
EIS
Ich bin der Direktor des Einkaufszentrums. Was ist hier los?
Diese beiden Helden wollten die Kinderkletterwand erklimmen.
Dabei haben sie sich dann ausgesprochen dümmlich angestellt!
Wenn das so ist, werden Sie hier gemeinsam wieder Ordnung schaffen.
Außerdem werden Sie für den Schaden am Eisstand aufkommen.
Später...
Ich wische viel schneller als Sie, Sie Faulpelz.
Pah! Ich räume viel mehr weg als Sie.
Ihre Rivalität hat auch seine Vorteile.
Jepp! Je eher sie fertig sind, desto früher kommen wir nach Hause, hehe!
ENDE

ROUTE 1

Auf zu neuen Höhen!

Als Pfadfinder kennen sich Tick, Trick und Track mit den zahlreichen Arten des Kraxelns bestens aus. Bevor es ans vertikale Abenteuer geht, teilen sie ihr Wissen!

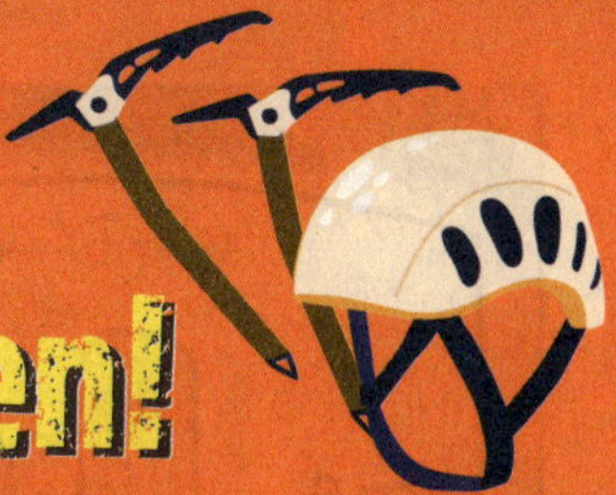

1 Vor dem Vorstieg kommt der Einstieg

Auch wenn das Klettern ohne Sicherung herausfordernd klingt, ist das Bouldern dank der kurzen Routen und geringen Höhe eine anfängerfreundliche Kletterdisziplin. Das Toprope-Klettern hingegen bietet dem Kletterer ein bereits befestigtes Seil zur Sicherheit, wodurch er sich ohne Bedenken an der Wand bewegen kann.

2 Das nächste Level

Mit dem Klettern im Vorstieg begibst du dich auf den Pfad der fortgeschrittenen Klettertechniken. Da das Seil hier erst während des Aufstiegs an Sicherungspunkten eingehängt wird, benötigt der Kletterer Erfahrung, Ausdauer und ein gutes Urteilsvermögen!

3 Bereit für den Wettbewerb?

Allen, die am Hang keine Schwierigkeit mehr sehen, bietet das Speedklettern eine neue Herausforderung. Wie der Name schon verrät, geht es hier um Geschwindigkeit! Um eine Vergleichbarkeit zu garantieren, erklimmen alle Wettbewerbsteilnehmer dieselbe Route.

4 Vertikal, horizontal, die Qual der Wahl!

Ob senkrecht an der Wand oder waagerecht im Hochseilgarten – es gibt zahlreiche Möglichkeiten, um neue Höhen zu erreichen. Wichtig ist, dass man sowohl beim Parcours im Kletterpark als auch am Felsen seine Grenzen kennen sollte!

5 Mit Wind oder ohne Wetter?

Klettern kann man sowohl drinnen als auch draußen. Während beim Felsklettern natürliche Berghänge im Freien erklommen werden, wird beim Hallenklettern das aufregende Hobby nach innen verlegt. Ob Naturnähe oder Schutz vor Regen – Vorteile finden sich für beide Disziplinen!

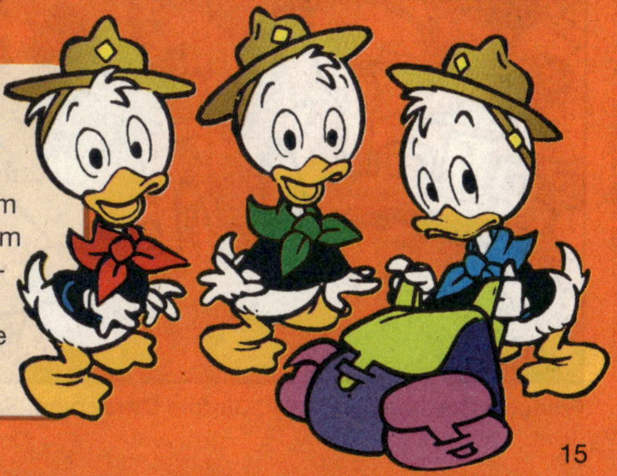

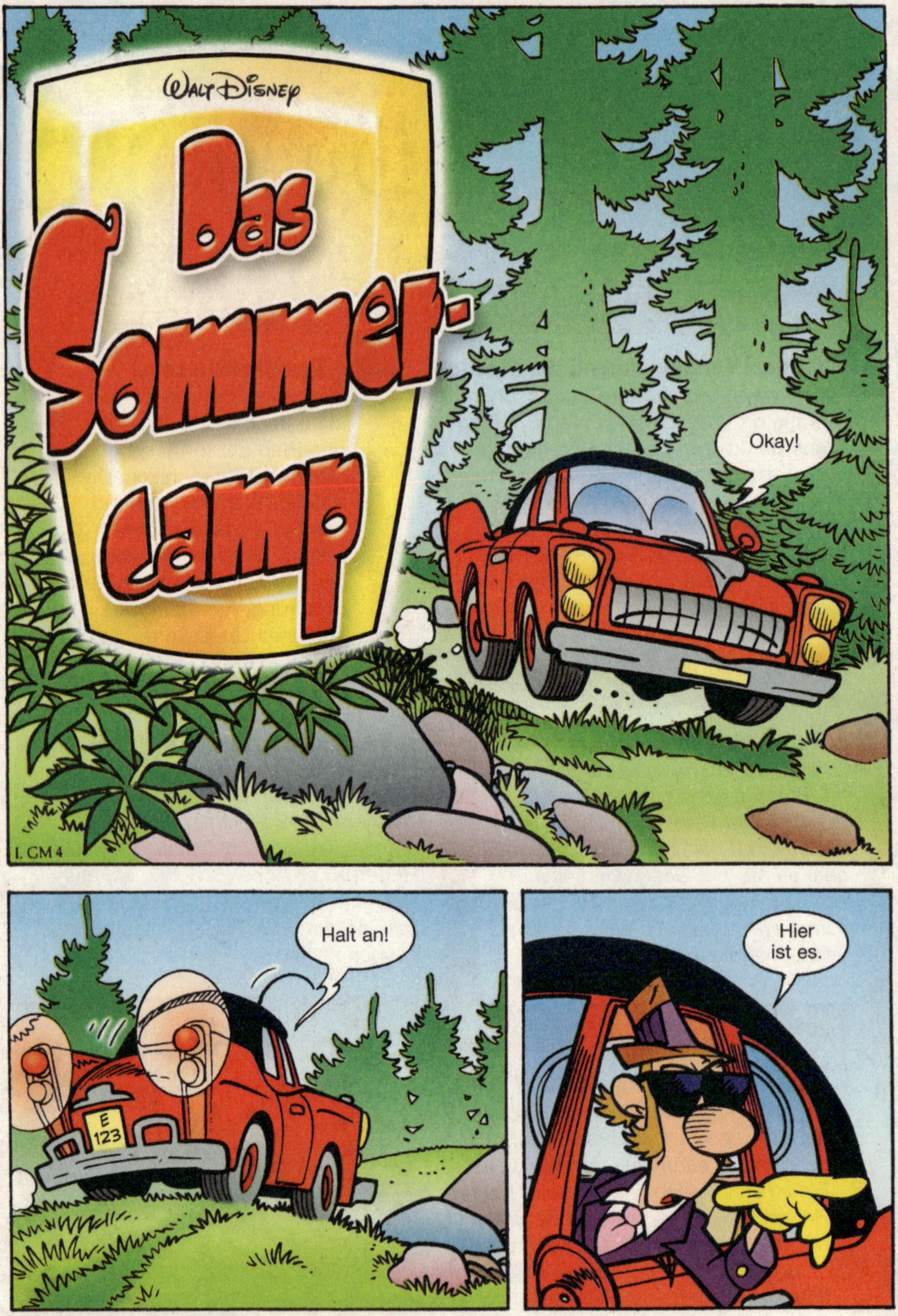

François Corteggiani (Story), **Giorgio Cavazzano, Sandro Zemolin** (Zeichnungen)

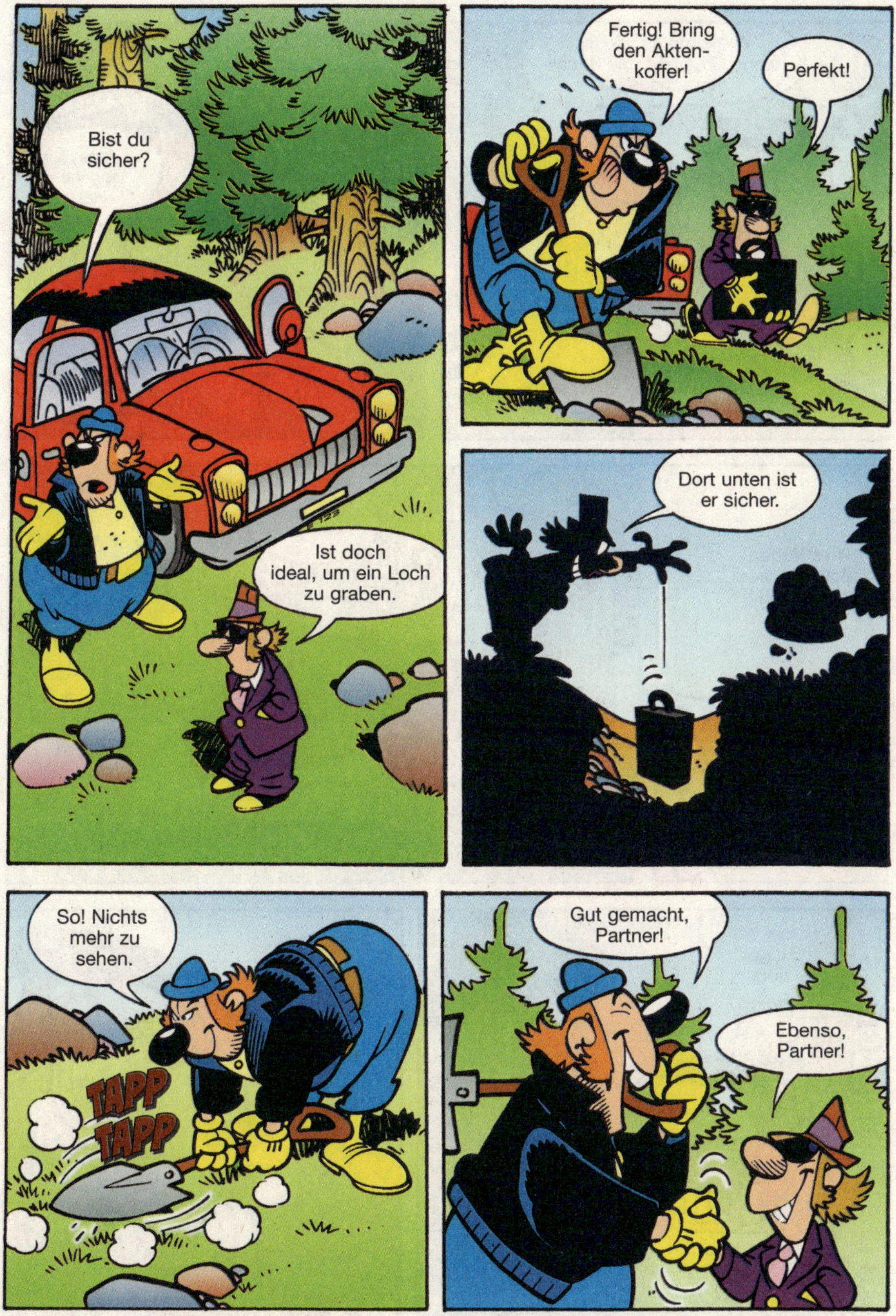
Bist du sicher?
Ist doch ideal, um ein Loch zu graben.
Fertig! Bring den Akten-koffer!
Perfekt!
Dort unten ist er sicher.
So! Nichts mehr zu sehen.
TAPP TAPP
Gut gemacht, Partner!
Ebenso, Partner!

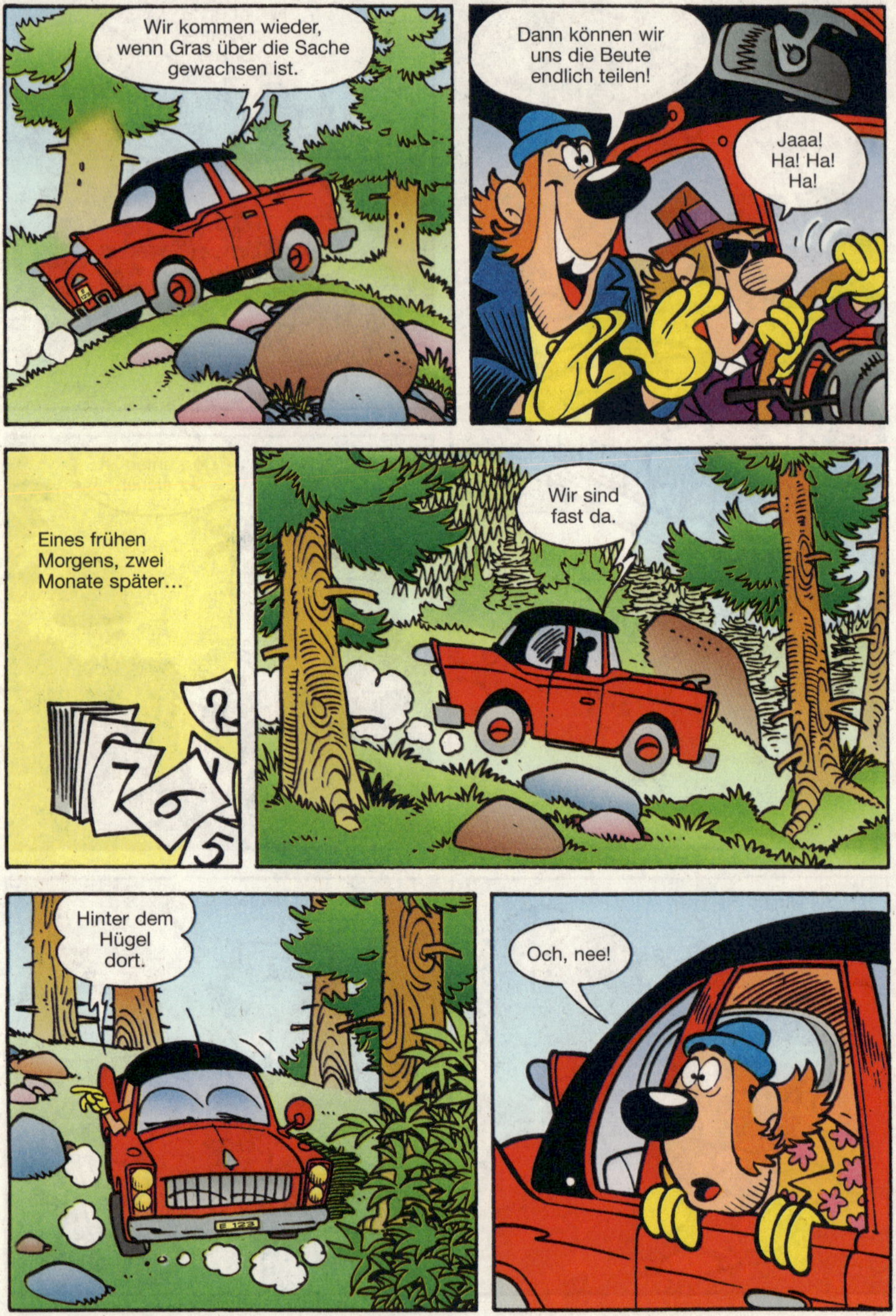
Wir kommen wieder, wenn Gras über die Sache gewachsen ist.
Dann können wir uns die Beute endlich teilen!
Jaaa! Ha! Ha! Ha!
Eines frühen Morgens, zwei Monate später...
Wir sind fast da.
Hinter dem Hügel dort.
Och, nee!

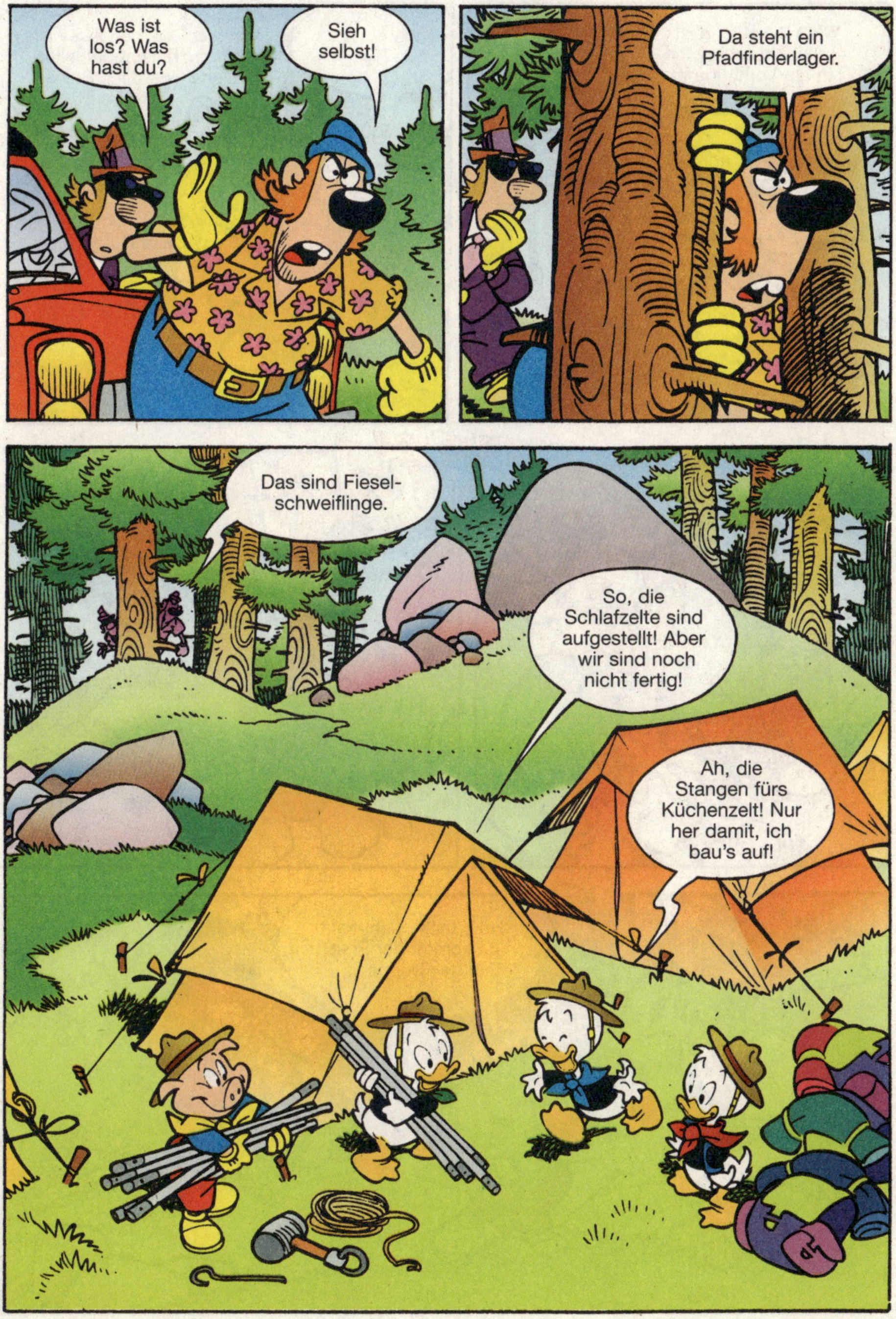
Was ist los? Was hast du?
Sieh selbst!
Da steht ein Pfadfinderlager.
Das sind Fiesel-schweiflinge.
So, die Schlafzelte sind aufgestellt! Aber wir sind noch nicht fertig!
Ah, die Stangen fürs Küchenzelt! Nur her damit, ich bau's auf!

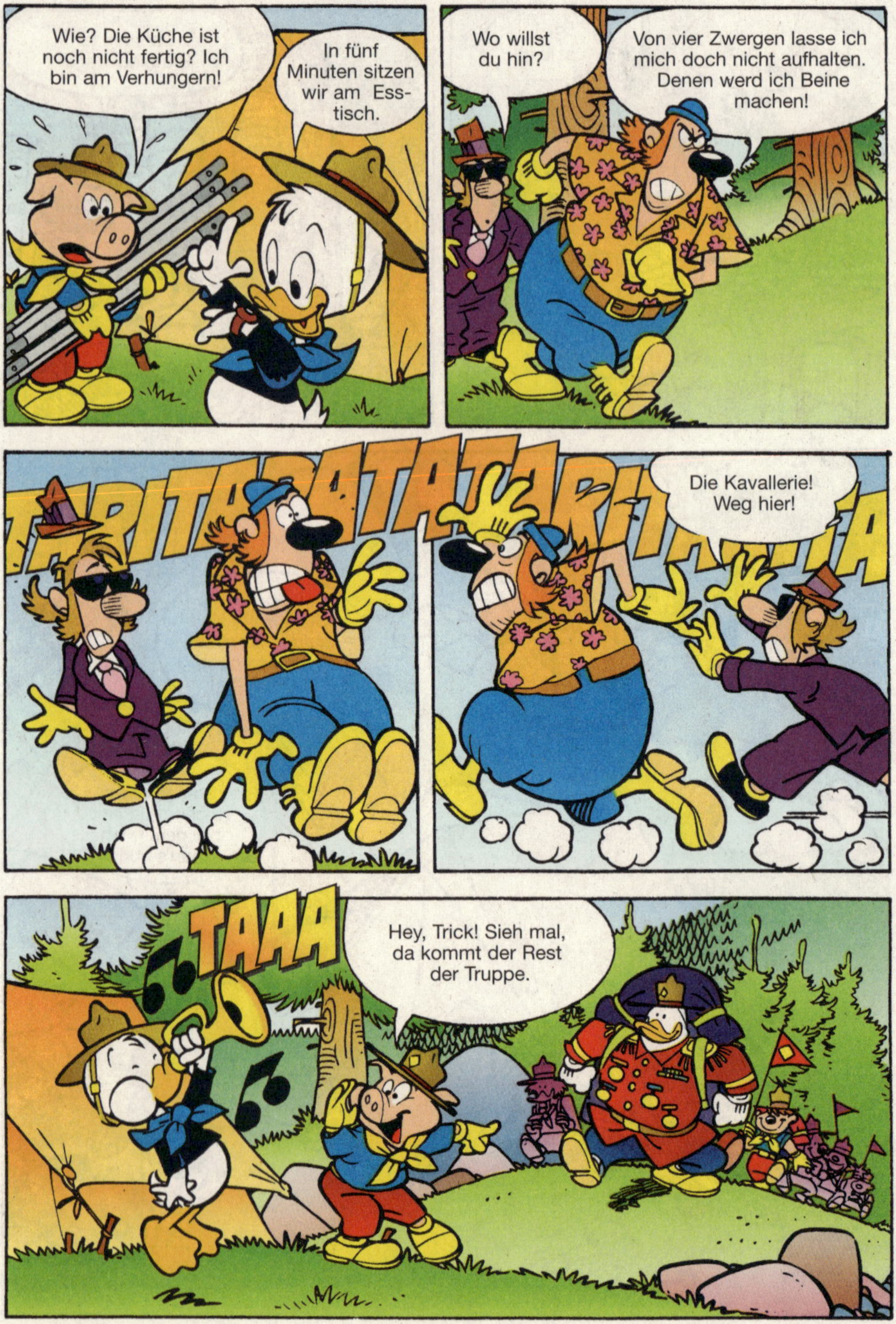
Wie? Die Küche ist noch nicht fertig? Ich bin am Verhungern!
In fünf Minuten sitzen wir am Ess-tisch.
Wo willst du hin?
Von vier Zwergen lasse ich mich doch nicht aufhalten. Denen werd ich Beine machen!
Die Kavallerie! Weg hier!
TAAA
Hey, Trick! Sieh mal, da kommt der Rest der Truppe.

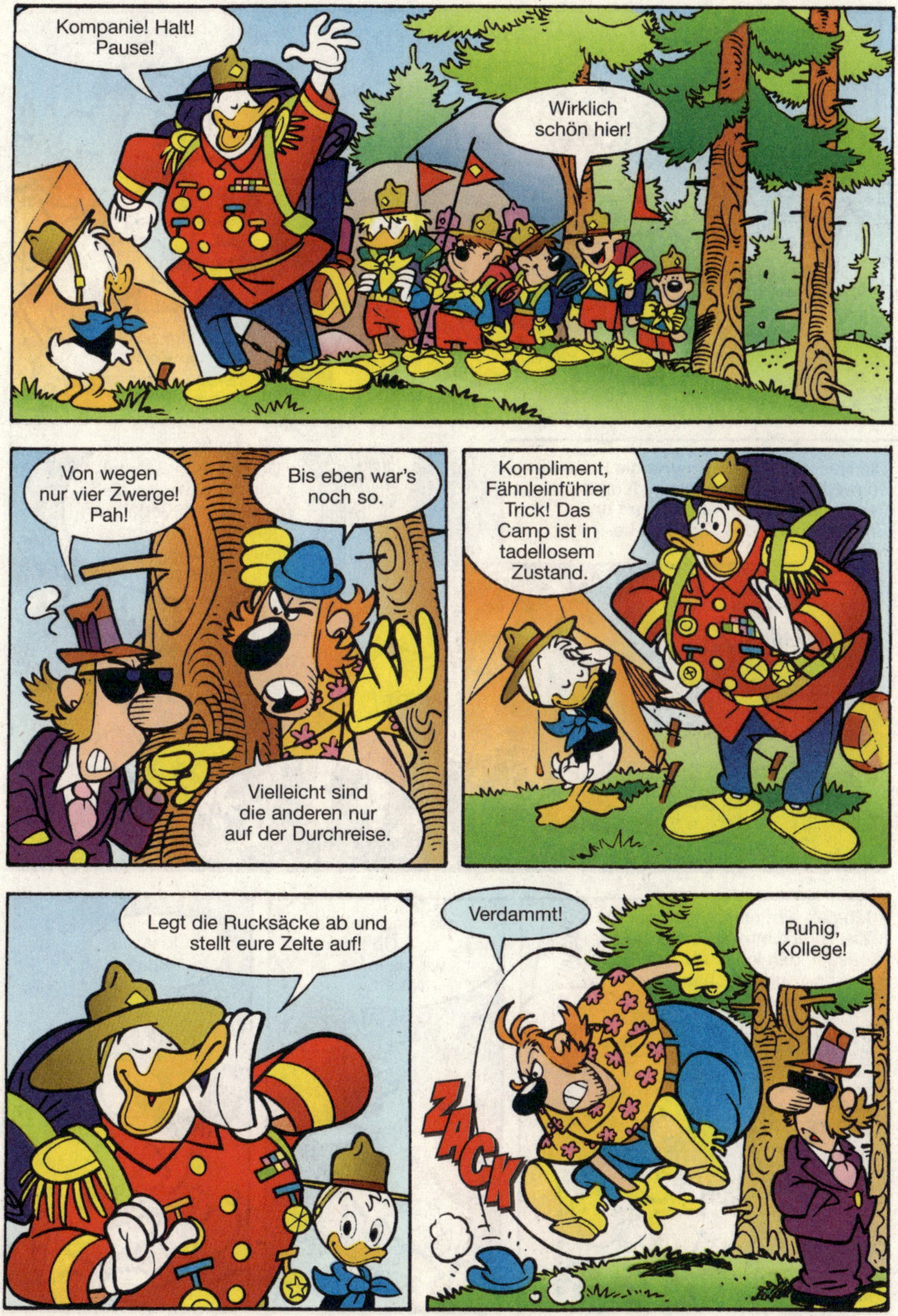
Kompanie! Halt! Pause!
Wirklich schön hier!
Von wegen nur vier Zwerge! Pah!
Bis eben war's noch so.
Vielleicht sind die anderen nur auf der Durchreise.
Kompliment, Fähnleinführer Trick! Das Camp ist in tadellosem Zustand.
Legt die Rucksäcke ab und stellt eure Zelte auf!
Verdammt!
Ruhig, Kollege!
ZACK

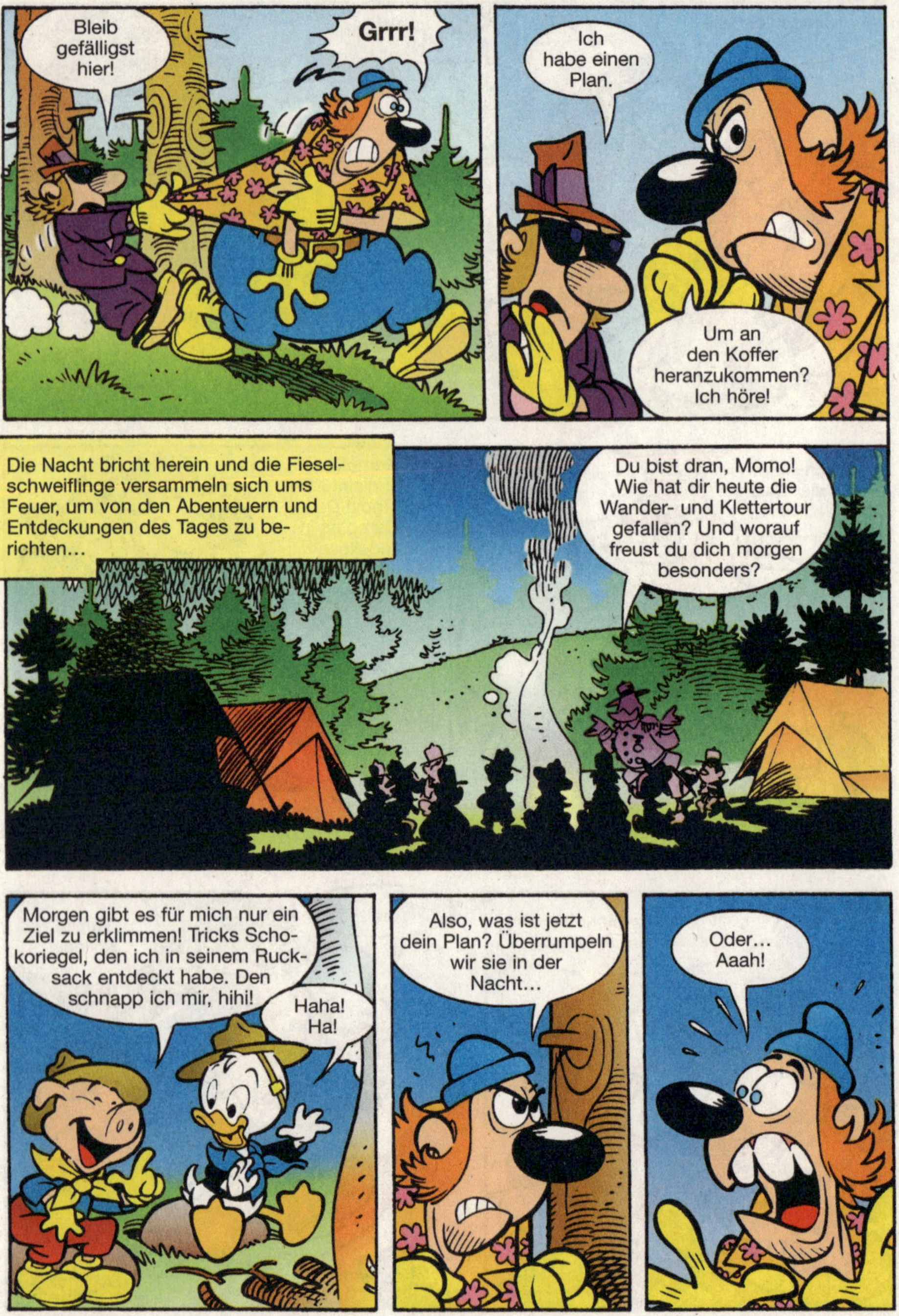
Bleib gefälligst hier!
Grrr!
Ich habe einen Plan.
Um an den Koffer heranzukommen? Ich höre!
Die Nacht bricht herein und die Fieselschweiflinge versammeln sich ums Feuer, um von den Abenteuern und Entdeckungen des Tages zu berichten…
Du bist dran, Momo! Wie hat dir heute die Wander- und Klettertour gefallen? Und worauf freust du dich morgen besonders?
Morgen gibt es für mich nur ein Ziel zu erklimmen! Tricks Schokoriegel, den ich in seinem Rucksack entdeckt habe. Den schnapp ich mir, hihi!
Haha! Ha!
Also, was ist jetzt dein Plan? Überrumpeln wir sie in der Nacht…
Oder… Aaah!

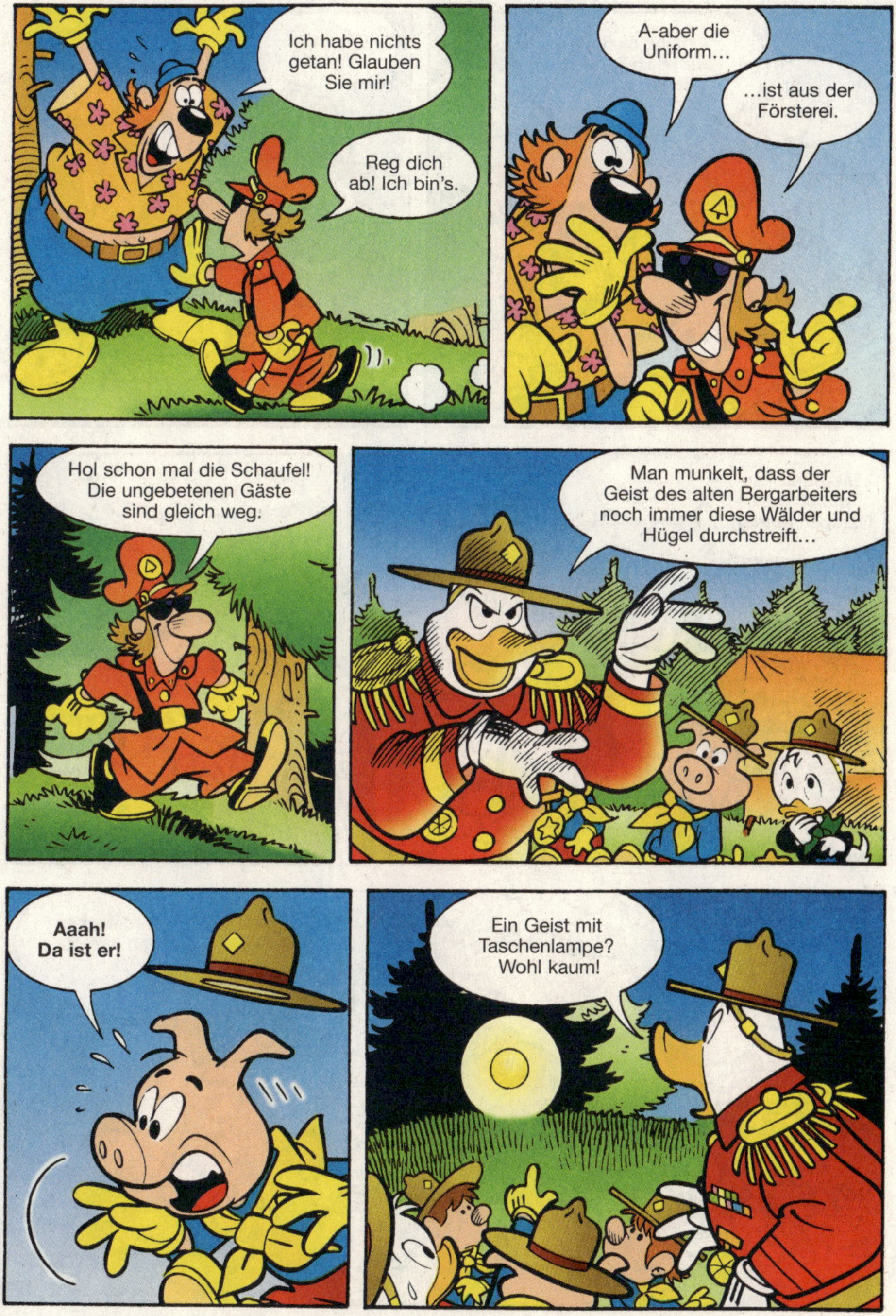
Ich habe nichts getan! Glauben Sie mir!
Reg dich ab! Ich bin's.
A-aber die Uniform…
…ist aus der Försterei.
Hol schon mal die Schaufel! Die ungebetenen Gäste sind gleich weg.
Man munkelt, dass der Geist des alten Bergarbeiters noch immer diese Wälder und Hügel durchstreift…
Aaah! Da ist er!
Ein Geist mit Taschenlampe? Wohl kaum!

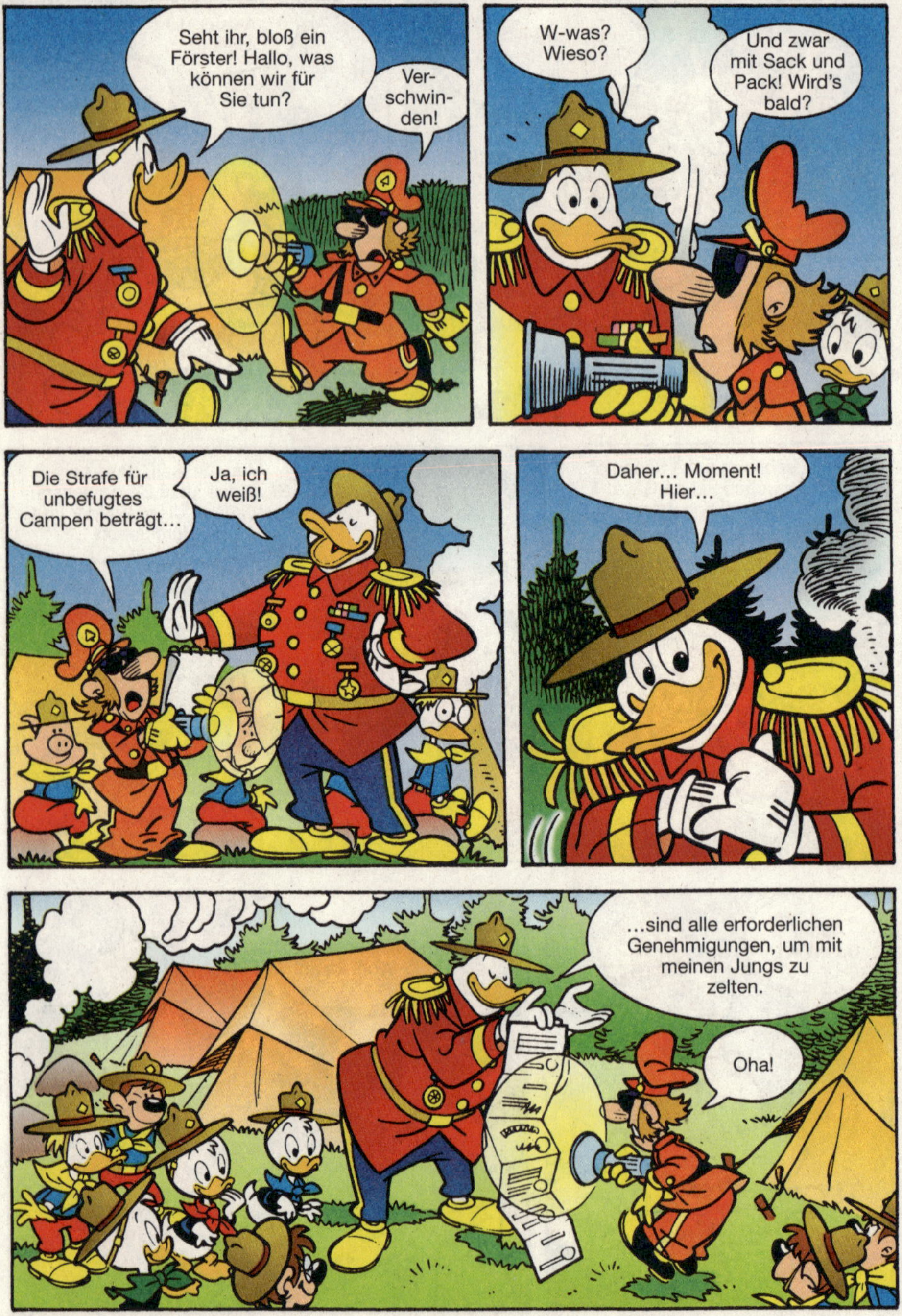
Seht ihr, bloß ein Förster! Hallo, was können wir für Sie tun?
Verschwinden!
W-was? Wieso?
Und zwar mit Sack und Pack! Wird's bald?
Die Strafe für unbefugtes Campen beträgt…
Ja, ich weiß!
Daher… Moment! Hier…
…sind alle erforderlichen Genehmigungen, um mit meinen Jungs zu zelten.
Oha!

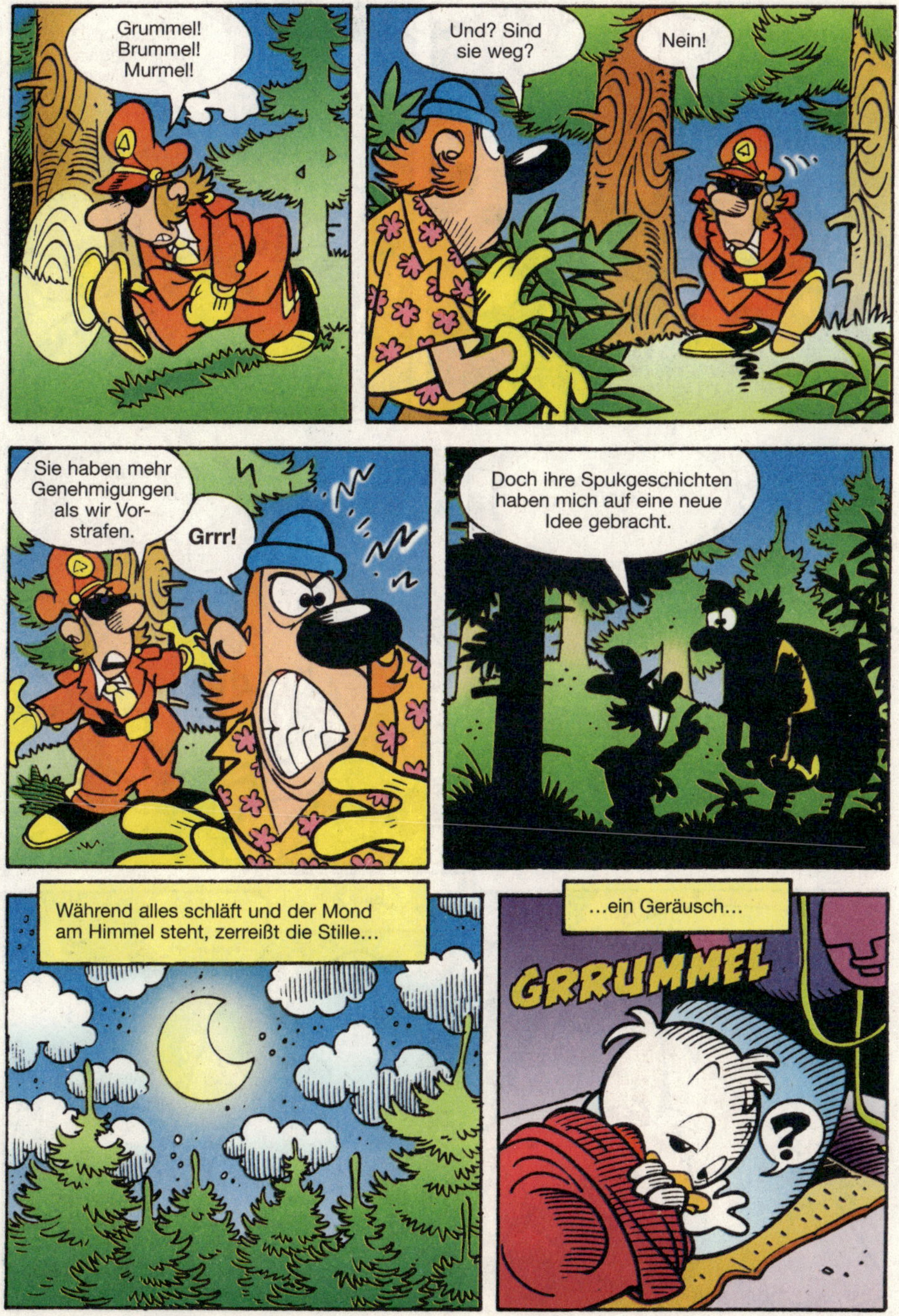
Grummel! Brummel! Murmel!
Und? Sind sie weg?
Nein!
Sie haben mehr Genehmigungen als wir Vorstrafen.
Grrr!
Doch ihre Spukgeschichten haben mich auf eine neue Idee gebracht.
Während alles schläft und der Mond am Himmel steht, zerreißt die Stille…
…ein Geräusch…
GRRUMMEL
?

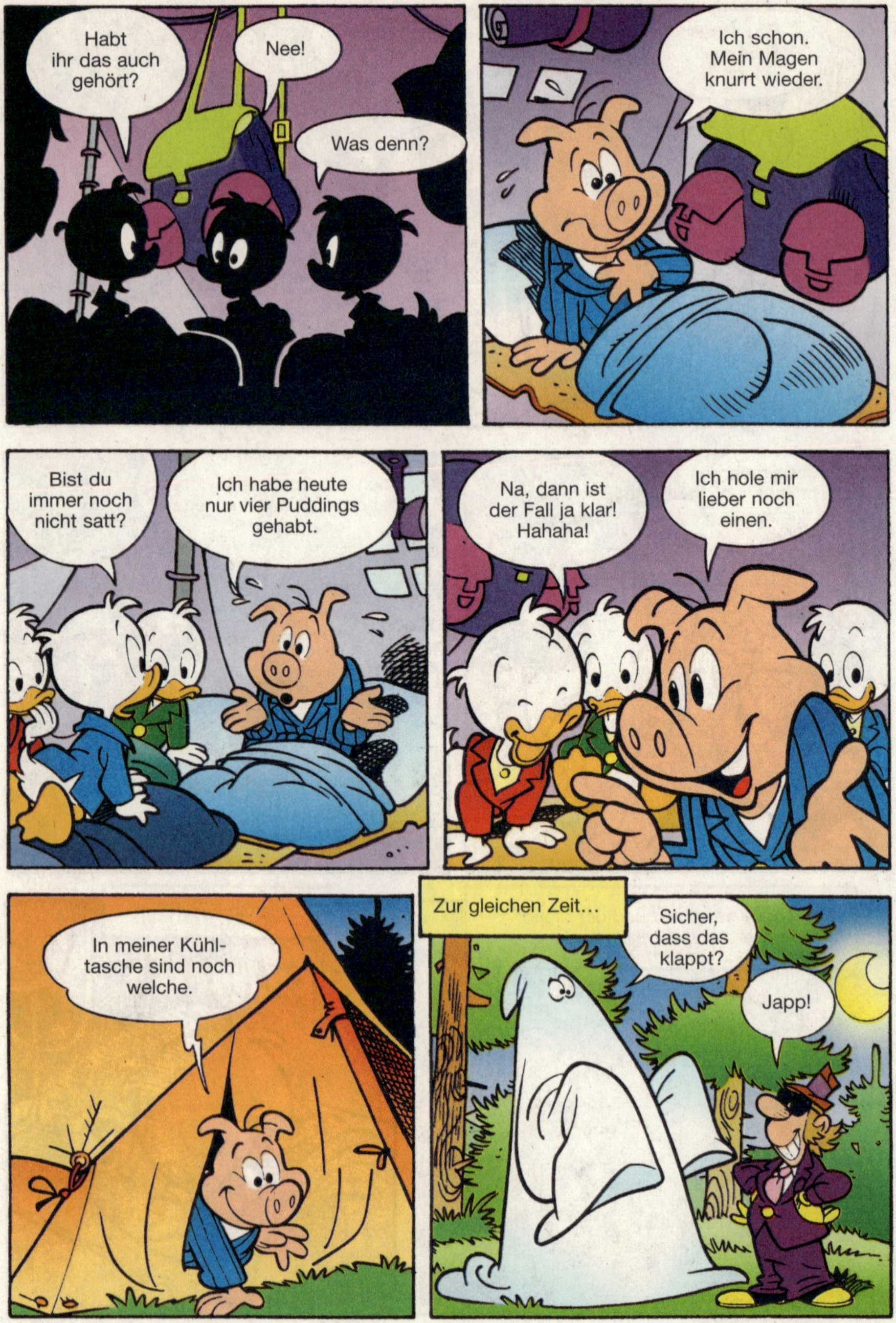

Habt ihr das auch gehört?
Nee!
Was denn?
Ich schon. Mein Magen knurrt wieder.
Bist du immer noch nicht satt?
Ich habe heute nur vier Puddings gehabt.
Na, dann ist der Fall ja klar! Hahaha!
Ich hole mir lieber noch einen.
In meiner Kühltasche sind noch welche.
Zur gleichen Zeit...
Sicher, dass das klappt?
Japp!

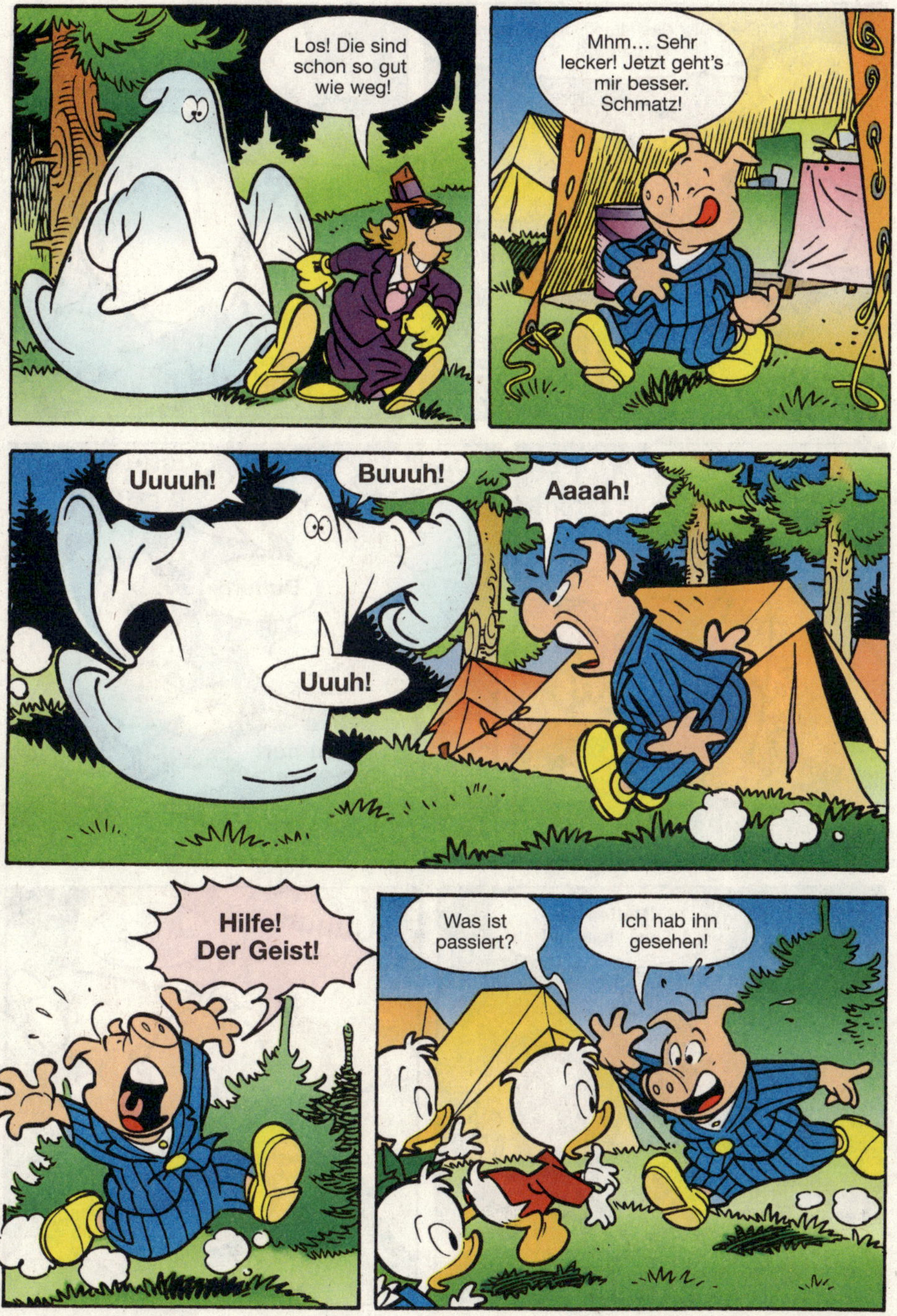
Los! Die sind schon so gut wie weg!
Mhm... Sehr lecker! Jetzt geht's mir besser. Schmatz!
Uuuuh!
Buuuh!
Aaaah!
Uuuh!
Hilfe! Der Geist!
Was ist passiert?
Ich hab ihn gesehen!

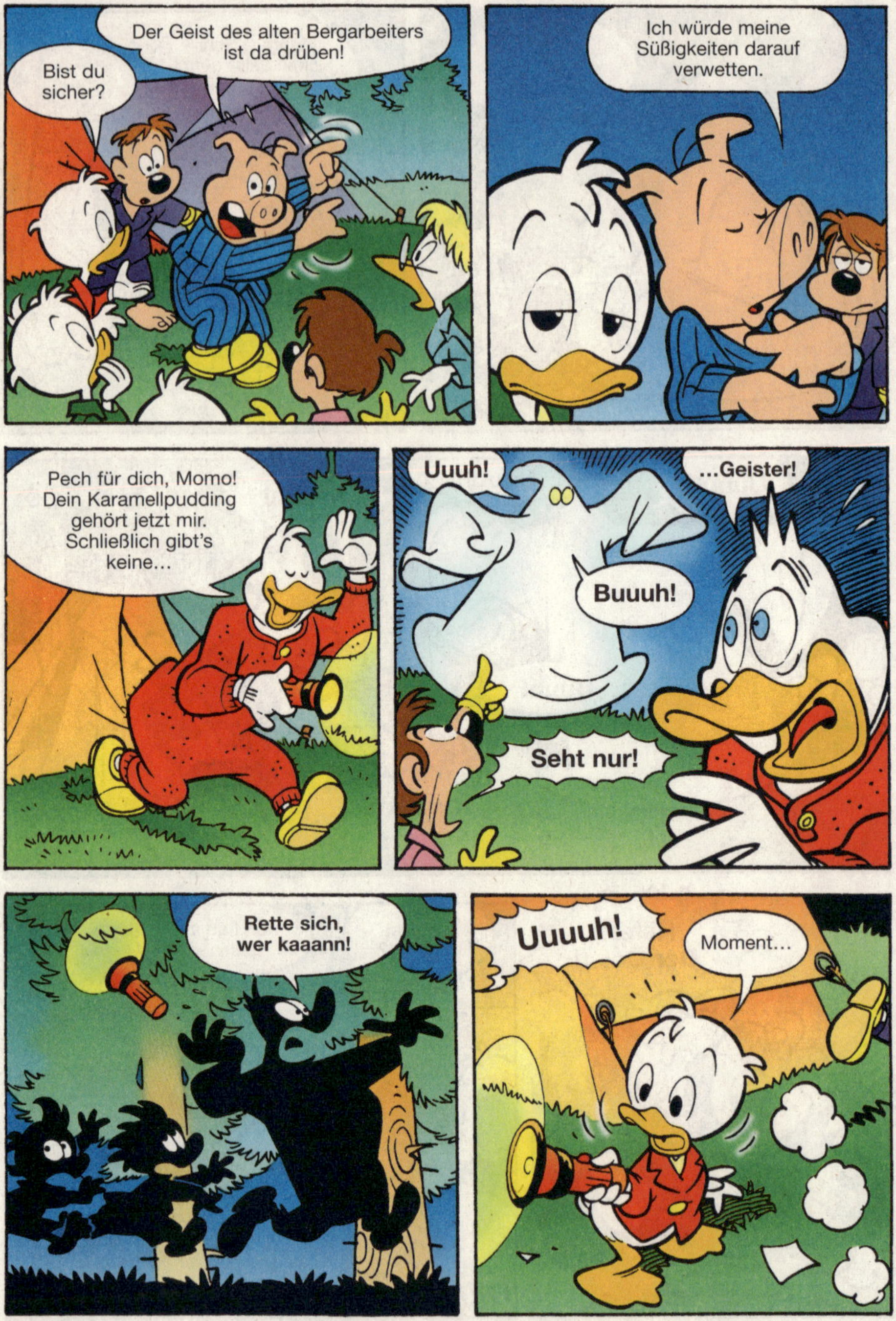
Der Geist des alten Bergarbeiters ist da drüben!
Bist du sicher?
Ich würde meine Süßigkeiten darauf verwetten.
Pech für dich, Momo! Dein Karamellpudding gehört jetzt mir. Schließlich gibt's keine...
Uuuh!
...Geister!
Buuuh!
Seht nur!
Rette sich, wer kaaann!
Uuuuh!
Moment...

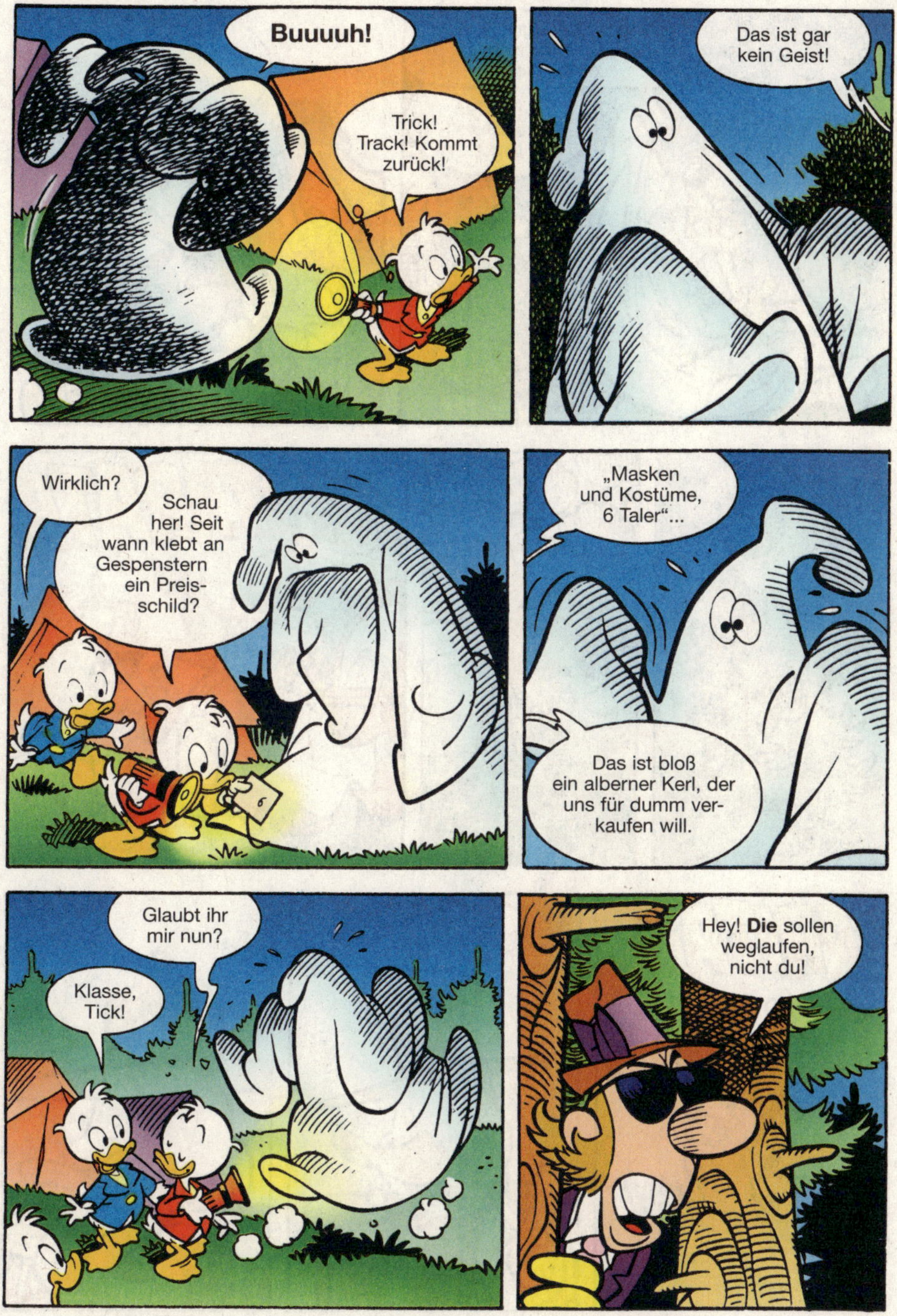
Buuuuh!
Trick! Track! Kommt zurück!
Das ist gar kein Geist!
Wirklich?
Schau her! Seit wann klebt an Gespenstern ein Preisschild?
„Masken und Kostüme, 6 Taler“...
Das ist bloß ein alberner Kerl, der uns für dumm verkaufen will.
Glaubt ihr mir nun?
Klasse, Tick!
Hey! **Die** sollen weglaufen, nicht du!

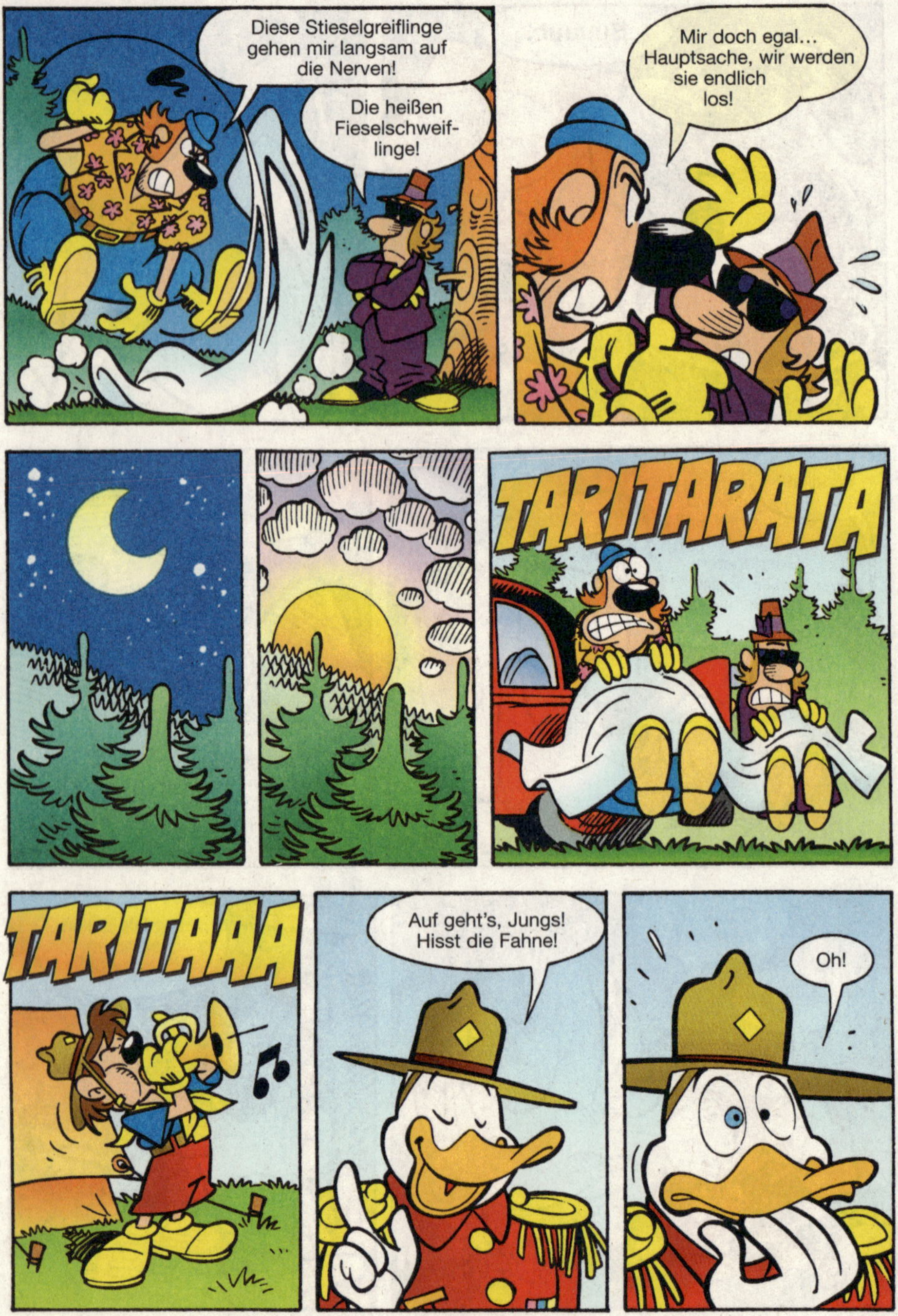
Diese Stieselgreiflinge gehen mir langsam auf die Nerven!
Die heißen Fieselschweiflinge!
Mir doch egal… Hauptsache, wir werden sie endlich los!
TARITARATA
TARITAAA
Auf geht's, Jungs! Hisst die Fahne!
Oh!

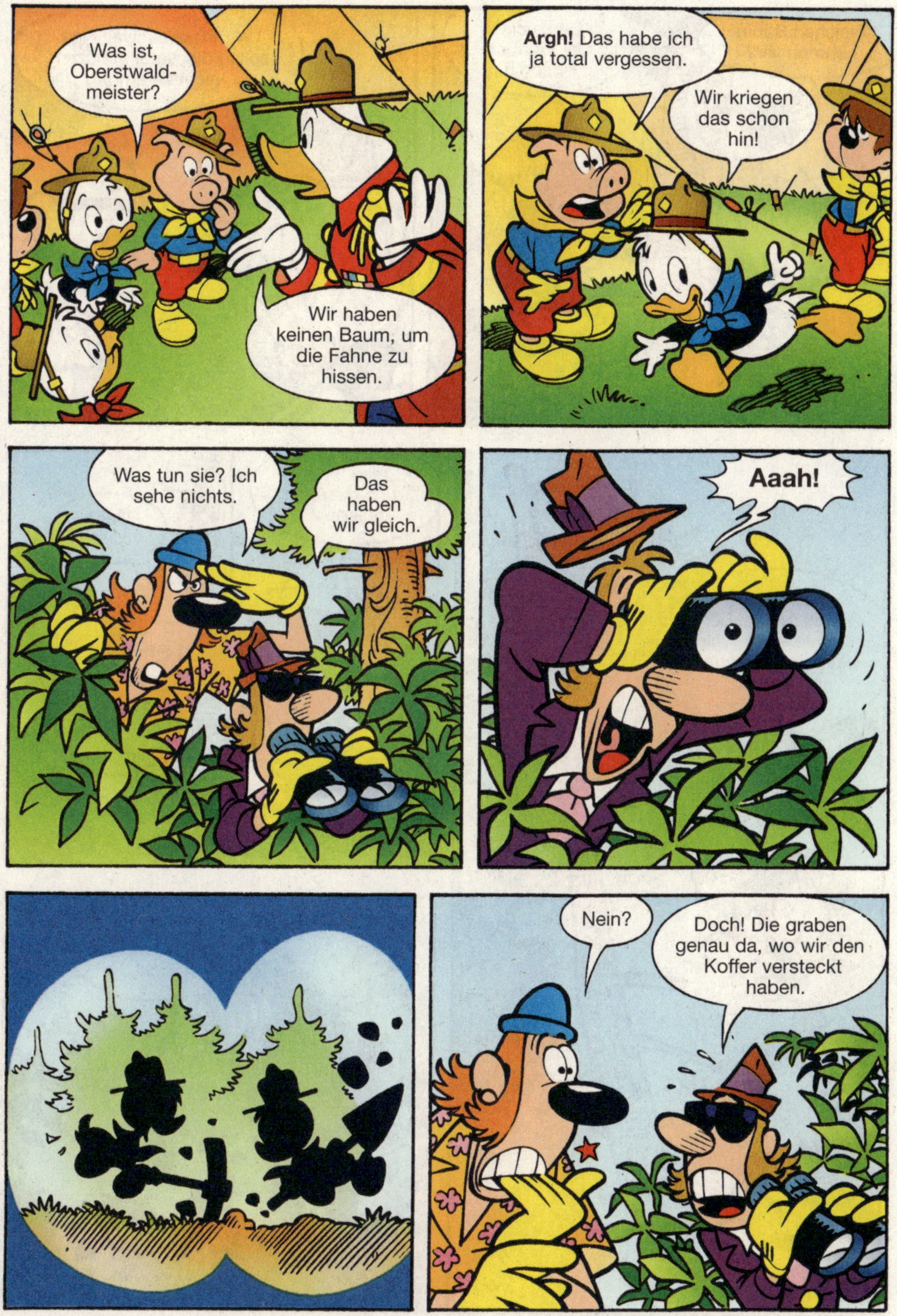
Was ist, Oberstwald-meister?
Wir haben keinen Baum, um die Fahne zu hissen.
Argh! Das habe ich ja total vergessen.
Wir kriegen das schon hin!
Was tun sie? Ich sehe nichts.
Das haben wir gleich.
Aaah!
Nein?
Doch! Die graben genau da, wo wir den Koffer versteckt haben.

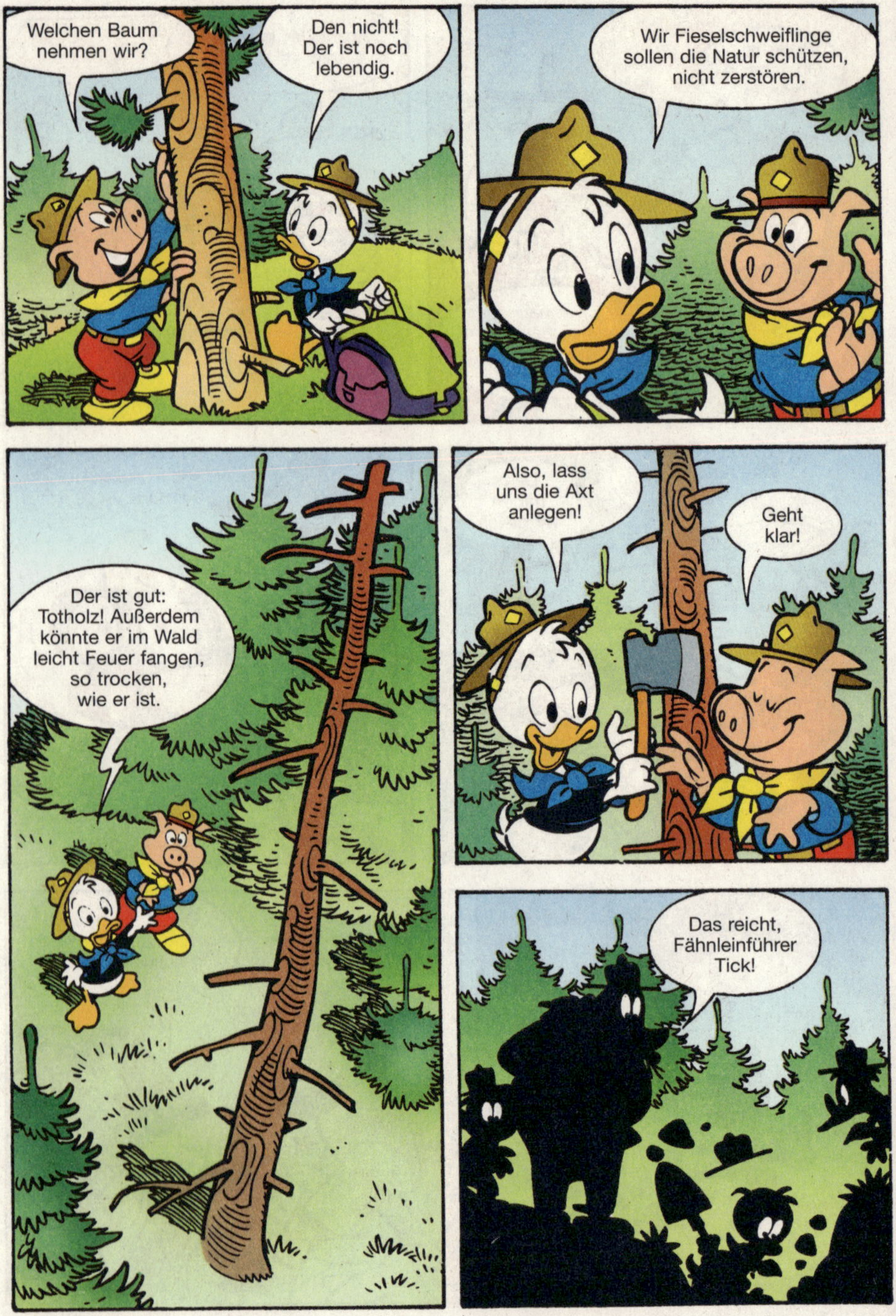
Welchen Baum nehmen wir?
Den nicht! Der ist noch lebendig.
Wir Fieselschweiflinge sollen die Natur schützen, nicht zerstören.
Der ist gut: Totholz! Außerdem könnte er im Wald leicht Feuer fangen, so trocken, wie er ist.
Also, lass uns die Axt anlegen!
Geht klar!
Das reicht, Fähnleinführer Tick!

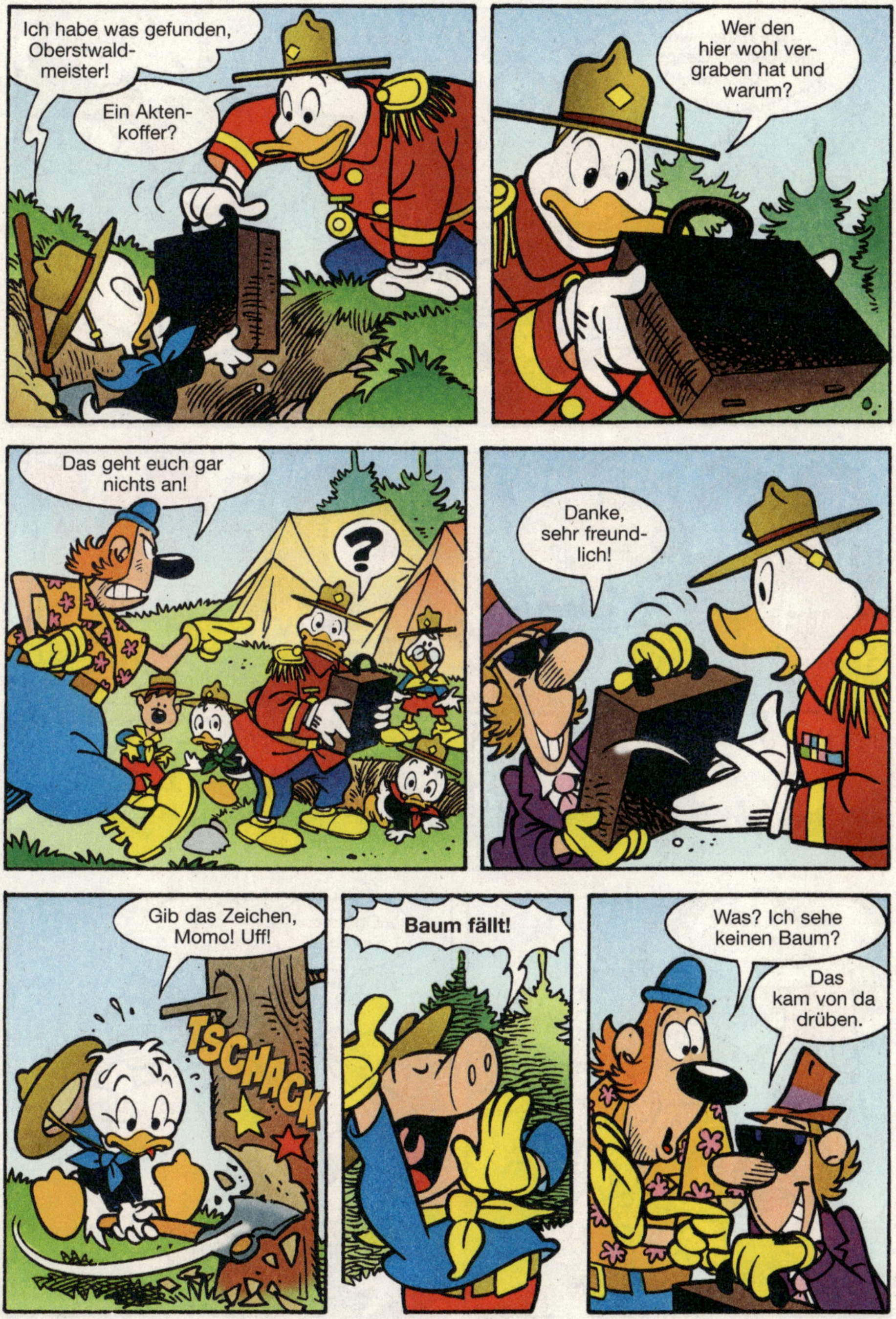

Ich habe was gefunden, Oberstwald-meister!
Ein Akten-koffer?
Wer den hier wohl ver-graben hat und warum?
Das geht euch gar nichts an!
?
Danke, sehr freund-lich!
Gib das Zeichen, Momo! Uff!
TSCHACK
Baum fällt!
Was? Ich sehe keinen Baum?
Das kam von da drüben.

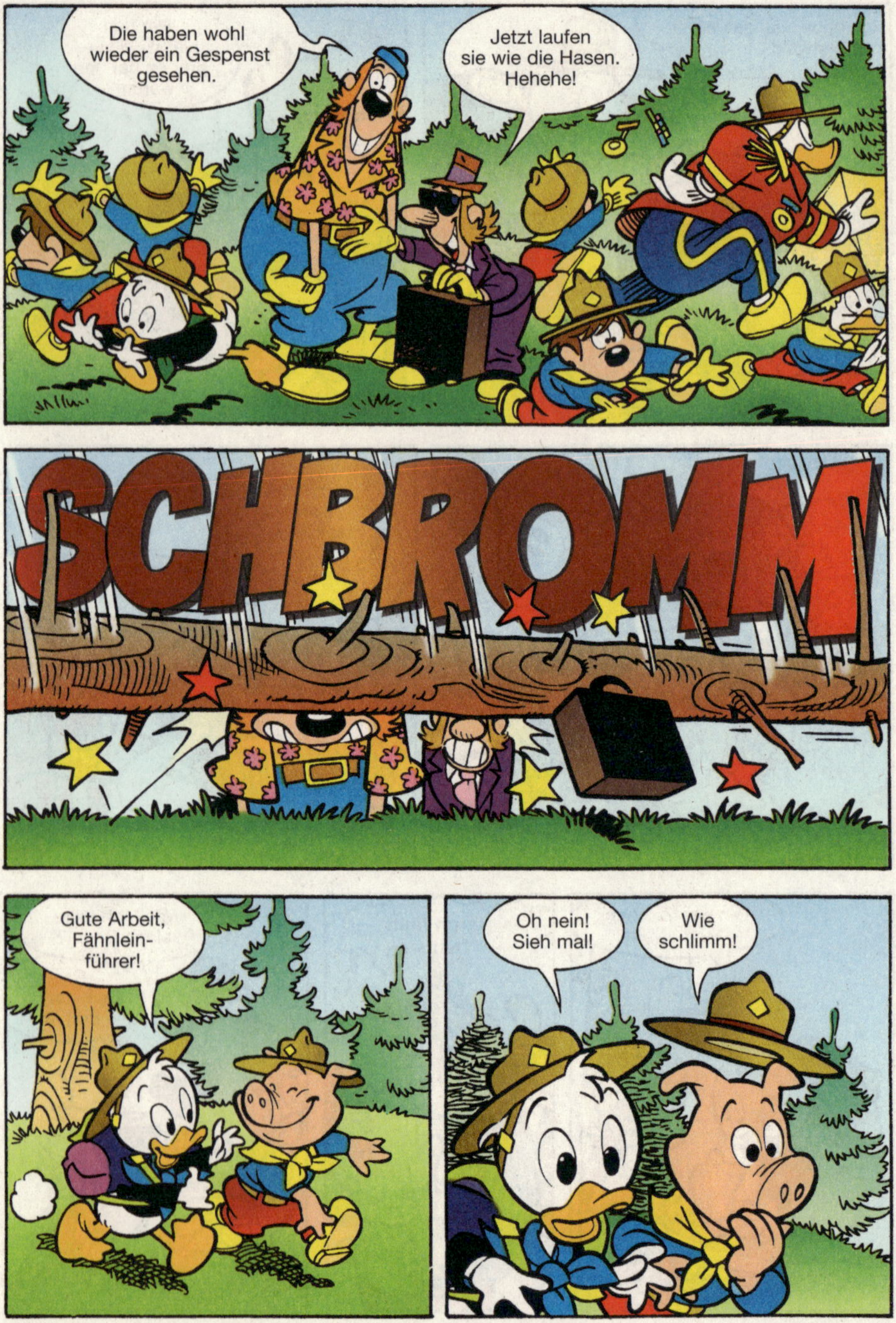

Die haben wohl wieder ein Gespenst gesehen.
Jetzt laufen sie wie die Hasen. Hehehe!
SCHBROMM
Gute Arbeit, Fähnleinführer!
Oh nein! Sieh mal!
Wie schlimm!

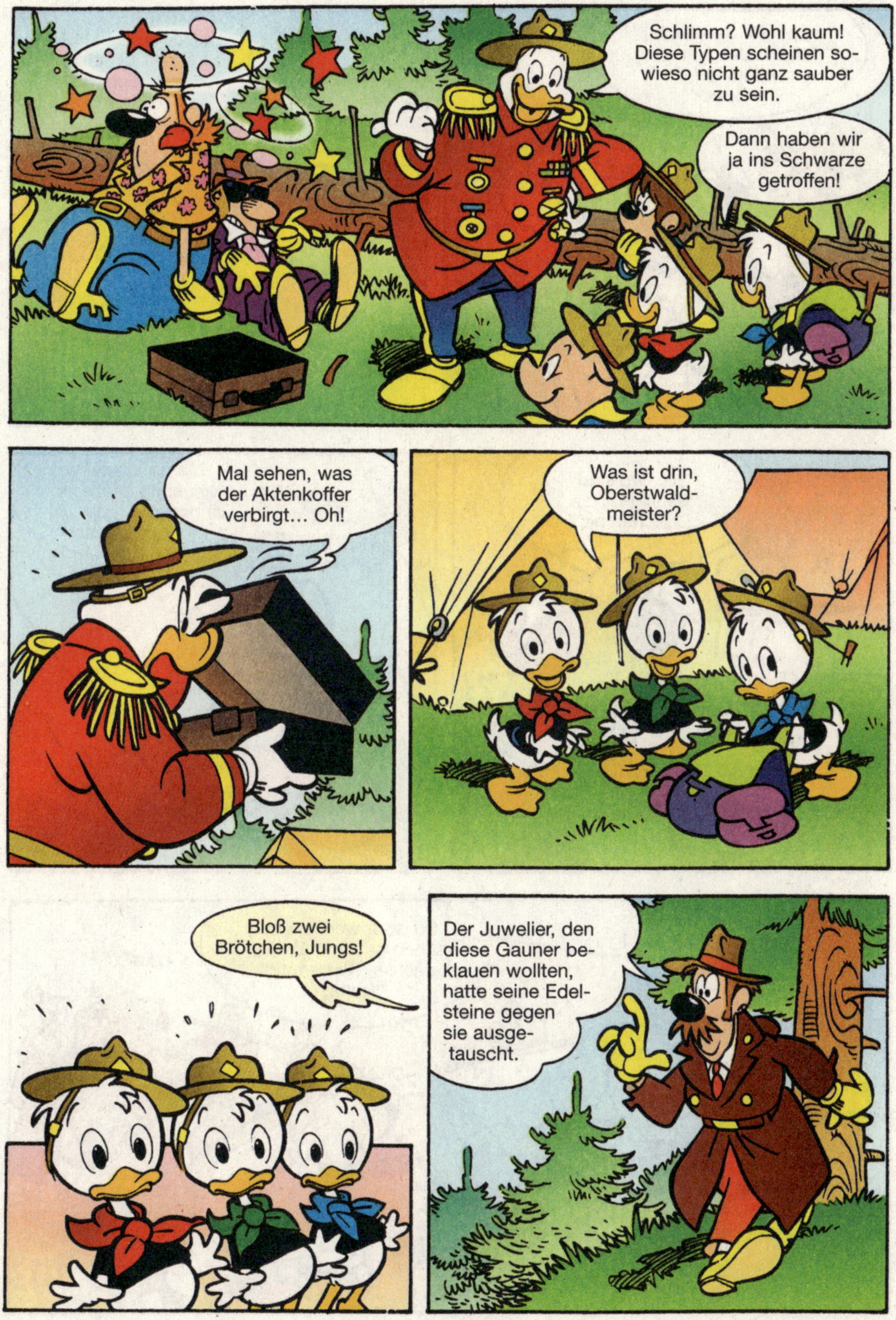
Schlimm? Wohl kaum! Diese Typen scheinen sowieso nicht ganz sauber zu sein.
Dann haben wir ja ins Schwarze getroffen!
Mal sehen, was der Aktenkoffer verbirgt… Oh!
Was ist drin, Oberstwaldmeister?
Bloß zwei Brötchen, Jungs!
Der Juwelier, den diese Gauner beklauen wollten, hatte seine Edelsteine gegen sie ausgetauscht.

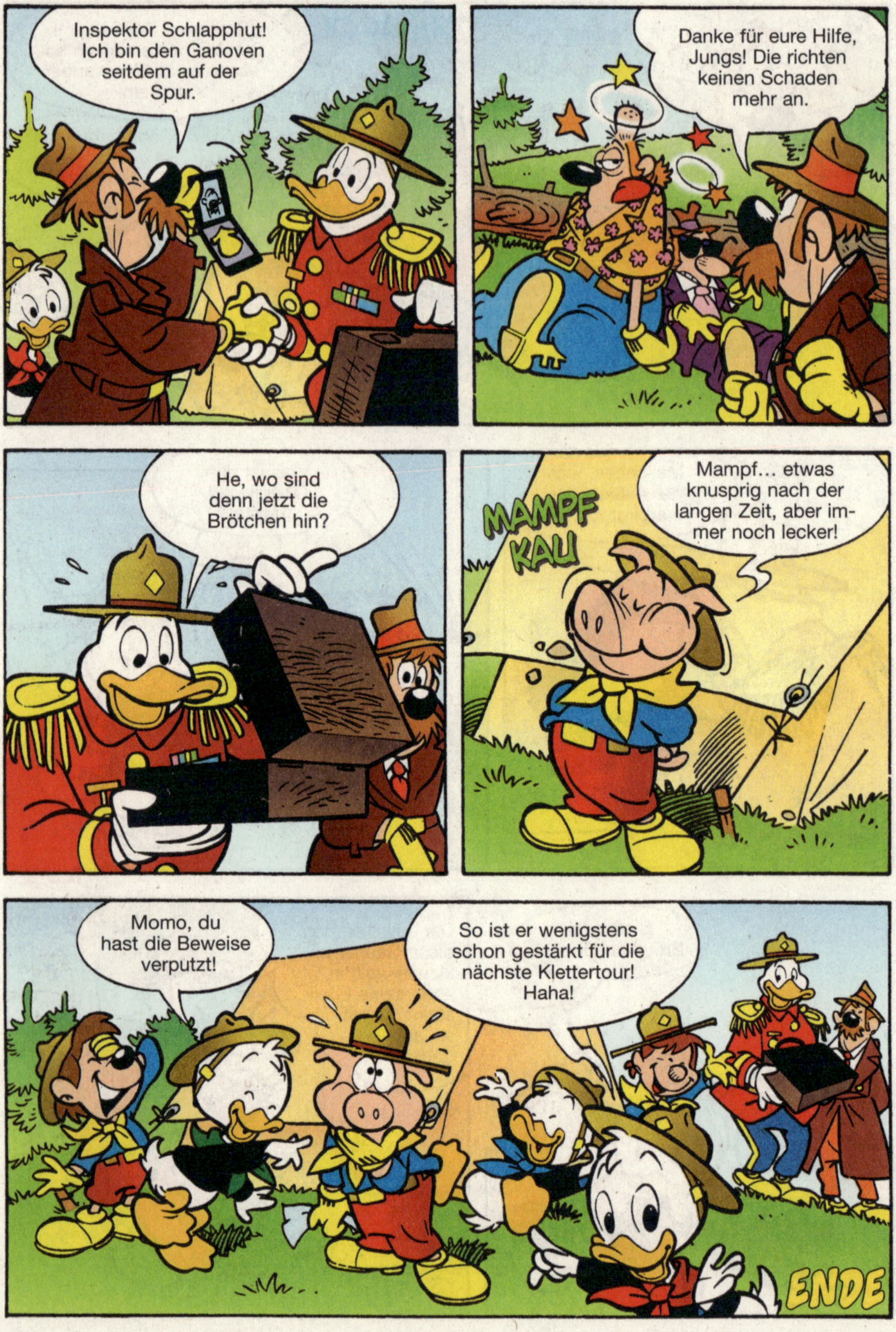
Inspektor Schlapphut! Ich bin den Ganoven seitdem auf der Spur.
Danke für eure Hilfe, Jungs! Die richten keinen Schaden mehr an.
He, wo sind denn jetzt die Brötchen hin?
MAMPF
KAU
Mampf… etwas knusprig nach der langen Zeit, aber immer noch lecker!
Momo, du hast die Beweise verputzt!
So ist er wenigstens schon gestärkt für die nächste Klettertour! Haha!
ENDE

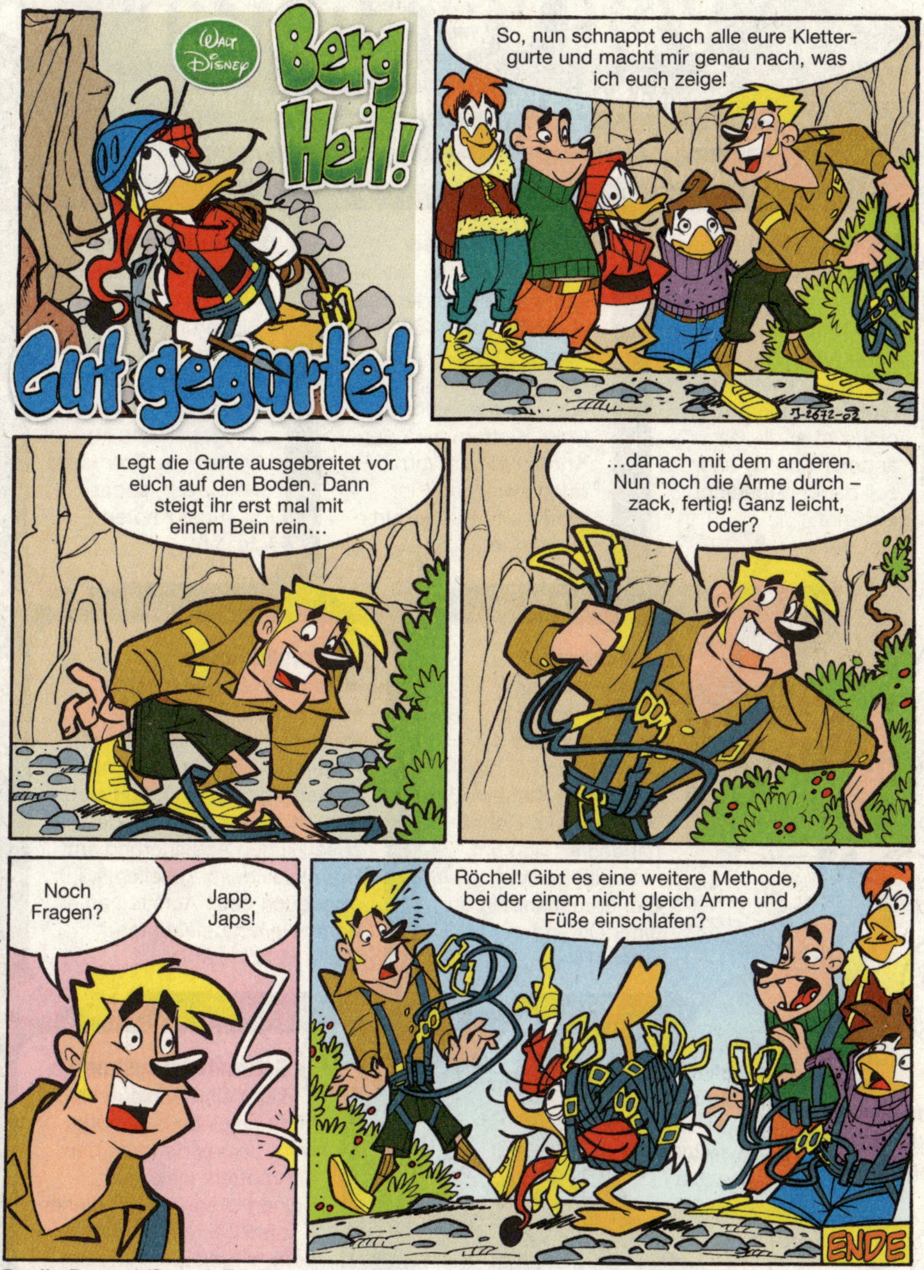

Danilo Barozzi (Story & Zeichnungen)

ROUTE 2

Voll verknotet

Das A und O beim Klettern sind die Knoten! Unter Einweisung eines Experten und mit viel Übung bekommt man die wichtigsten Knüpfgriffe sicher hin!

1 Überhandknoten

Das ist der einfachste Knoten überhaupt. Für sich genommen hat er bei Kletterern keine weitere Bedeutung. Allerdings ist er die Basis anderer Knoten und soll daher unbedingt erwähnt werden.

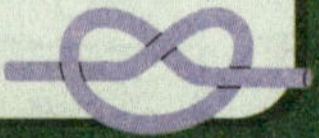

2 Achterknoten

Dieser Knoten ist bekannt als besonders sichere Schlaufe. Zugleich lässt sich der Knoten nach hoher Belastung auch fix wieder lösen. Beim Klettern wird der Knoten für die Verbindung zwischen Kletterseil und Klettergurt verwendet.

3 Halbmastwurf

Der Halbmastwurf wird als dynamische Sicherung des Kletterpartners benutzt. Die sichernde Person kann problemlos Seil ausgeben und im Notfall das Bremsseil festhalten, sodass sich der Knoten zuzieht.

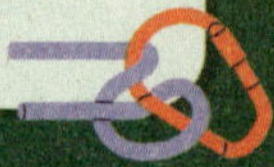

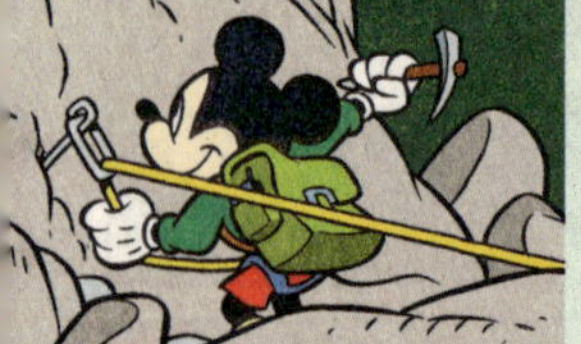

4 Ankerstich

Wie der Name verrät, stammt der Ankerstich aus der Seefahrt und findet auch beim Klettern Verwendung. Dabei handelt es sich um einen einfachen Sicherungsknoten an einer Öse oder einem Ring.

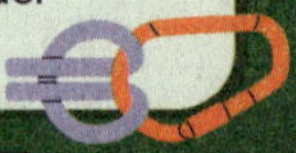

5 Prusikknoten

Man kennt den Knoten auch unter dem Namen Prusikschlinge oder doppelter Ankerstich. Er zieht sich bei Belastung zu und lockert sich bei Entlastung. Er dient der zusätzlichen Absicherung am Bremsseil beim Abseilen, kann aber auch beim Aufstieg an einem zweiten befestigten Seil genutzt werden.

Jeder Kletterer weiß …

… beim Knotenknüpfen darf man sich nicht ablenken lassen. Die Knoten müssen immer korrekt sitzen, festgezogen werden und sollten stets nochmals überprüft werden!

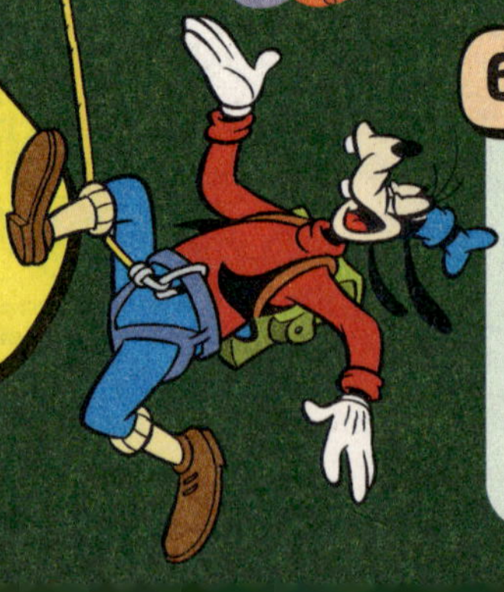

6 Schmetterlingsknoten

Wenn eine Schlaufe in der Mitte eines Seils benötigt wird, verwendet man den Schmetterlingsknoten. Seinen Ursprung hat dieser Knoten bei den Bergsteigern, wo die Schlaufe um ein Sicherungsseil herum geknüpft wird.

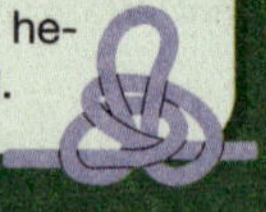

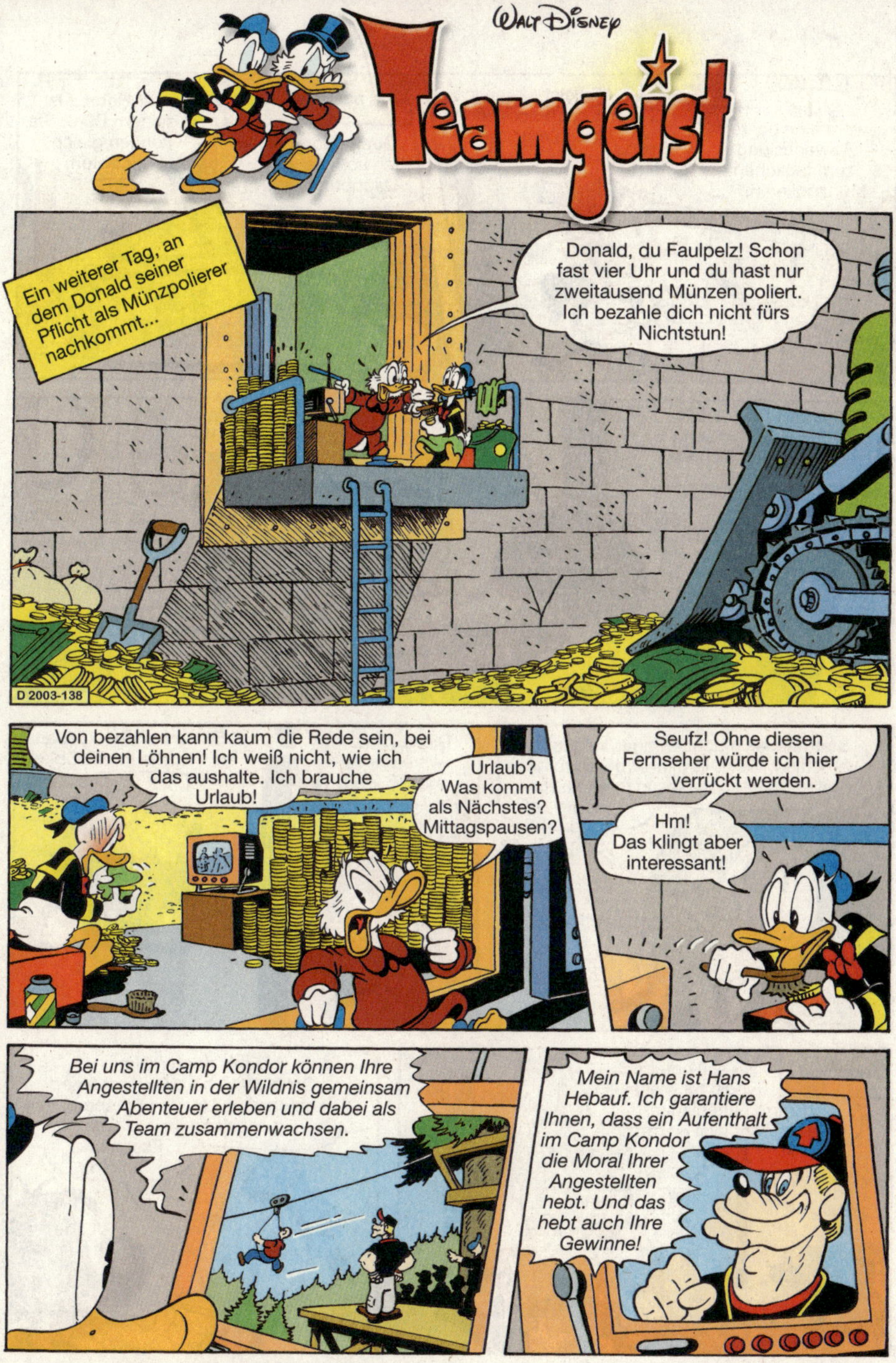

Terry LaBan (Story), **Vicar** (Zeichnungen)

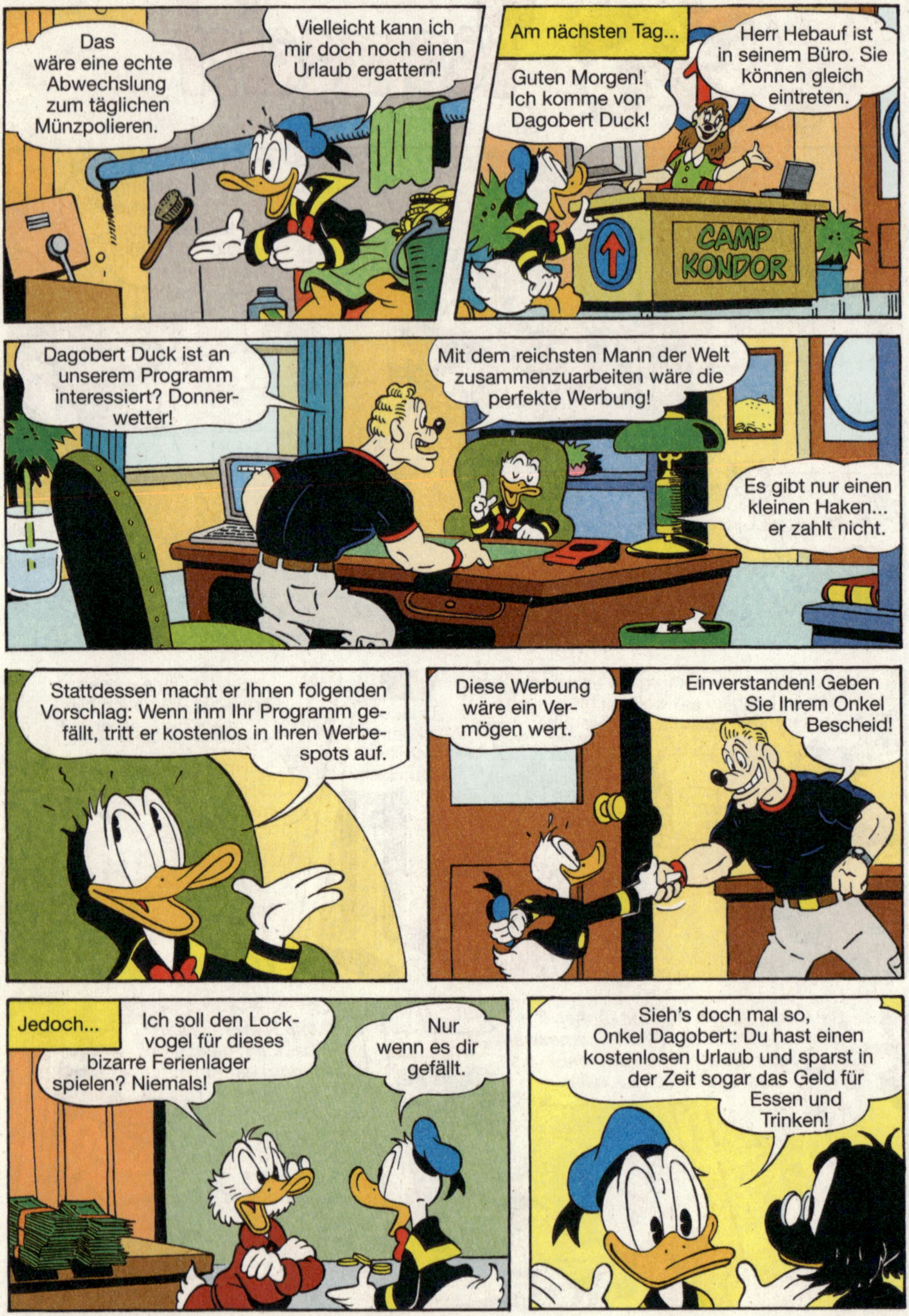
Das wäre eine echte Abwechslung zum täglichen Münzpolieren.
Vielleicht kann ich mir doch noch einen Urlaub ergattern!
Am nächsten Tag...
Guten Morgen! Ich komme von Dagobert Duck!
Herr Hebauf ist in seinem Büro. Sie können gleich eintreten.
CAMP KONDOR
Dagobert Duck ist an unserem Programm interessiert? Donnerwetter!
Mit dem reichsten Mann der Welt zusammenzuarbeiten wäre die perfekte Werbung!
Es gibt nur einen kleinen Haken... er zahlt nicht.
Stattdessen macht er Ihnen folgenden Vorschlag: Wenn ihm Ihr Programm gefällt, tritt er kostenlos in Ihren Werbespots auf.
Diese Werbung wäre ein Vermögen wert.
Einverstanden! Geben Sie Ihrem Onkel Bescheid!
Jedoch...
Ich soll den Lockvogel für dieses bizarre Ferienlager spielen? Niemals!
Nur wenn es dir gefällt.
Sieh's doch mal so, Onkel Dagobert: Du hast einen kostenlosen Urlaub und sparst in der Zeit sogar das Geld für Essen und Trinken!

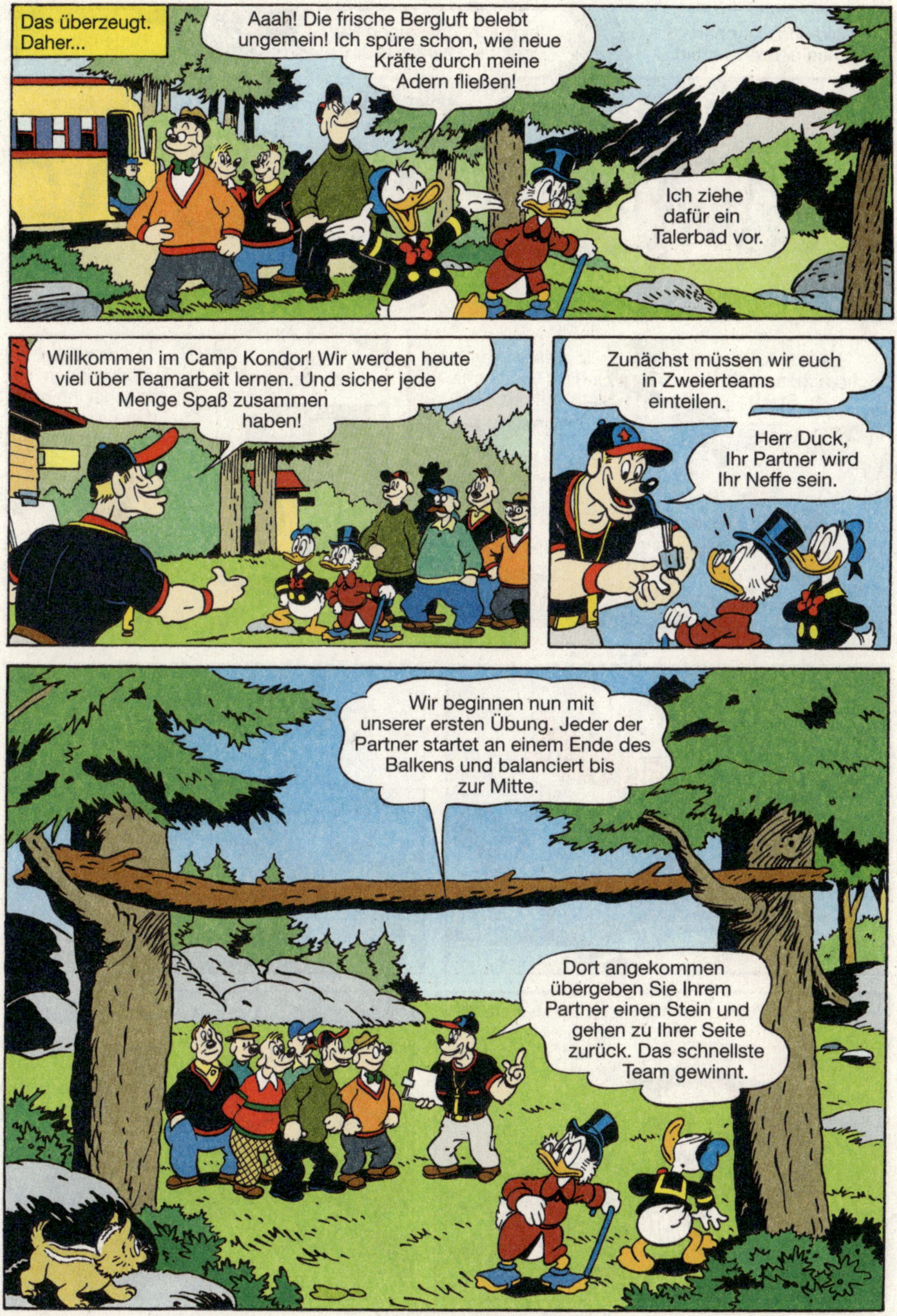
Das überzeugt. Daher...
Aaah! Die frische Bergluft belebt ungemein! Ich spüre schon, wie neue Kräfte durch meine Adern fließen!
Ich ziehe dafür ein Talerbad vor.
Willkommen im Camp Kondor! Wir werden heute viel über Teamarbeit lernen. Und sicher jede Menge Spaß zusammen haben!
Zunächst müssen wir euch in Zweierteams einteilen.
Herr Duck, Ihr Partner wird Ihr Neffe sein.
Wir beginnen nun mit unserer ersten Übung. Jeder der Partner startet an einem Ende des Balkens und balanciert bis zur Mitte.
Dort angekommen übergeben Sie Ihrem Partner einen Stein und gehen zu Ihrer Seite zurück. Das schnellste Team gewinnt.

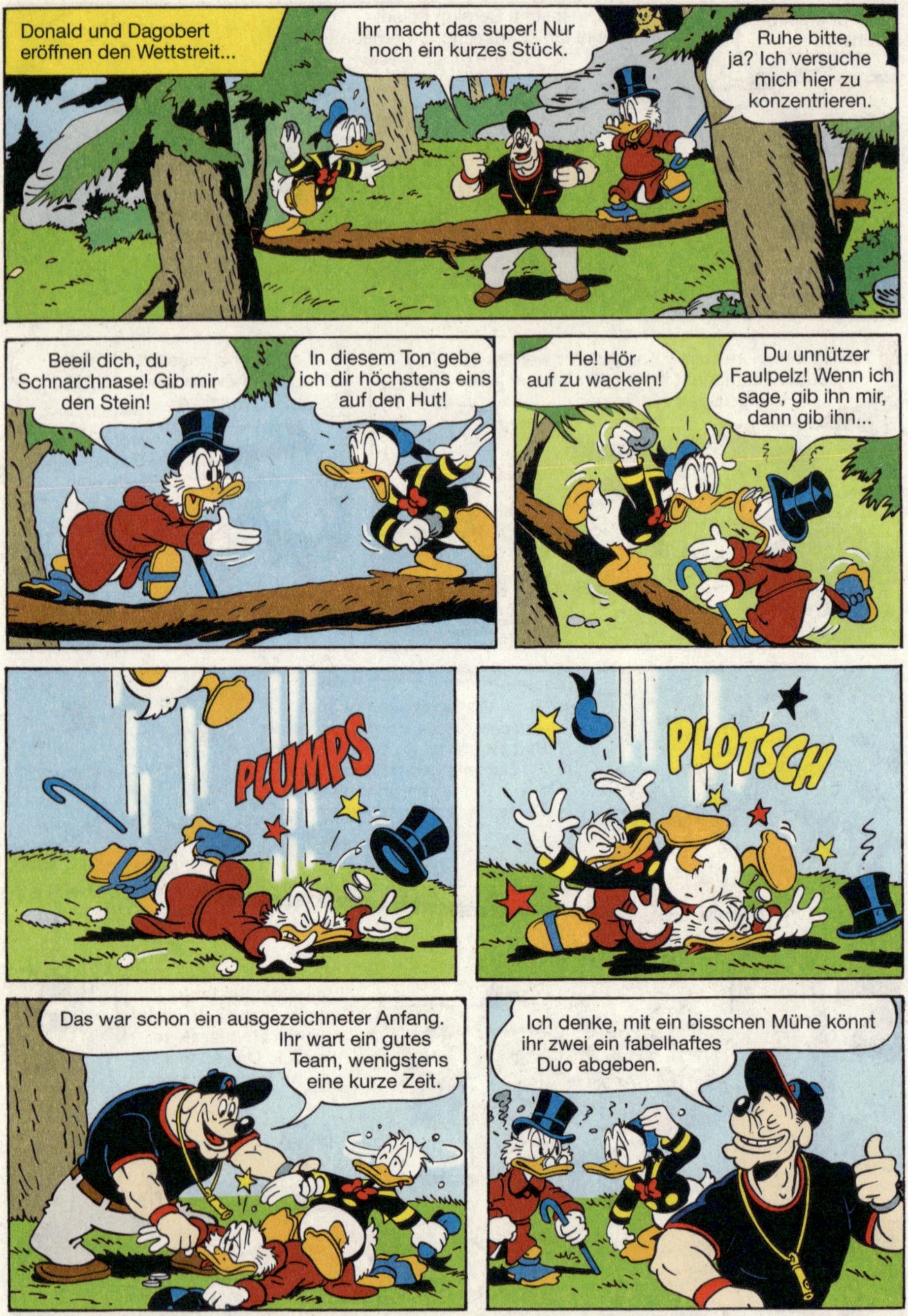

Donald und Dagobert eröffnen den Wettstreit...
Ihr macht das super! Nur noch ein kurzes Stück.
Ruhe bitte, ja? Ich versuche mich hier zu konzentrieren.
Beeil dich, du Schnarchnase! Gib mir den Stein!
In diesem Ton gebe ich dir höchstens eins auf den Hut!
He! Hör auf zu wackeln!
Du unnützer Faulpelz! Wenn ich sage, gib ihn mir, dann gib ihn...
PLUMPS
PLOTSCH
Das war schon ein ausgezeichneter Anfang. Ihr wart ein gutes Team, wenigstens eine kurze Zeit.
Ich denke, mit ein bisschen Mühe könnt ihr zwei ein fabelhaftes Duo abgeben.

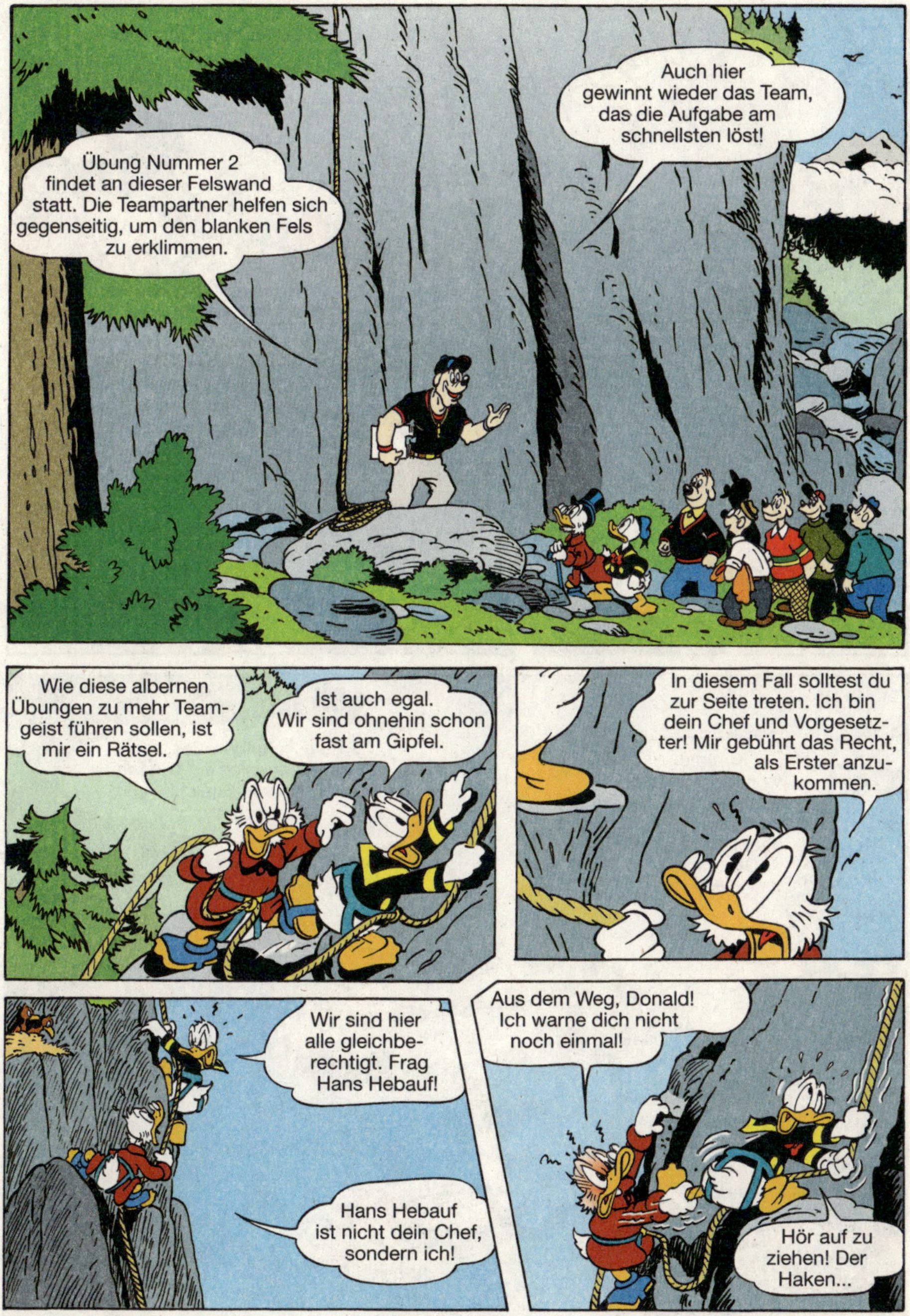
Übung Nummer 2 findet an dieser Felswand statt. Die Teampartner helfen sich gegenseitig, um den blanken Fels zu erklimmen.
Auch hier gewinnt wieder das Team, das die Aufgabe am schnellsten löst!
Wie diese albernen Übungen zu mehr Teamgeist führen sollen, ist mir ein Rätsel.
Ist auch egal. Wir sind ohnehin schon fast am Gipfel.
In diesem Fall solltest du zur Seite treten. Ich bin dein Chef und Vorgesetzter! Mir gebührt das Recht, als Erster anzukommen.
Wir sind hier alle gleichberechtigt. Frag Hans Hebauf!
Hans Hebauf ist nicht dein Chef, sondern ich!
Aus dem Weg, Donald! Ich warne dich nicht noch einmal!
Hör auf zu ziehen! Der Haken...

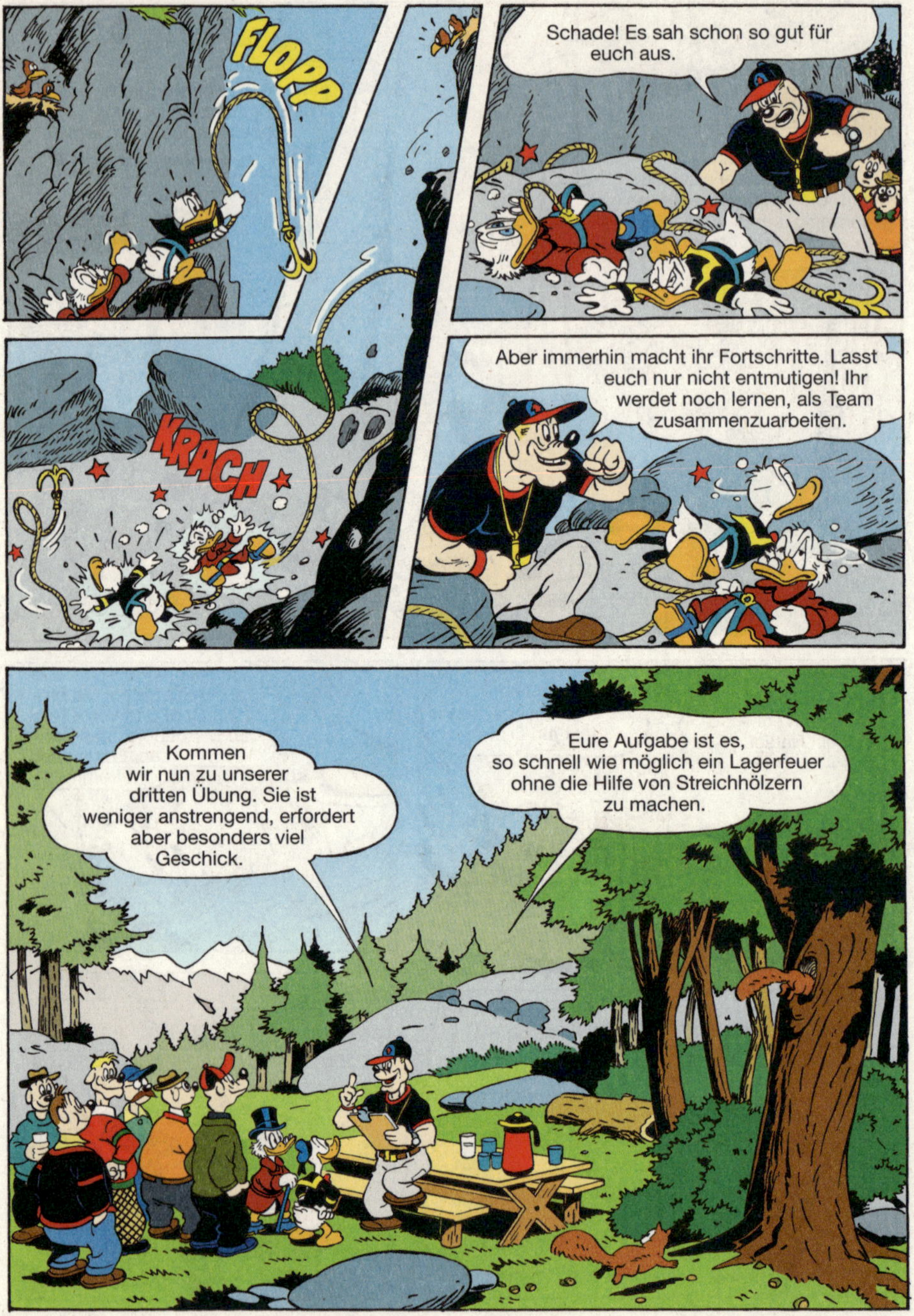
FLOPP
Schade! Es sah schon so gut für euch aus.
KRACH
Aber immerhin macht ihr Fortschritte. Lasst euch nur nicht entmutigen! Ihr werdet noch lernen, als Team zusammenzuarbeiten.
Kommen wir nun zu unserer dritten Übung. Sie ist weniger anstrengend, erfordert aber besonders viel Geschick.
Eure Aufgabe ist es, so schnell wie möglich ein Lagerfeuer ohne die Hilfe von Streichhölzern zu machen.

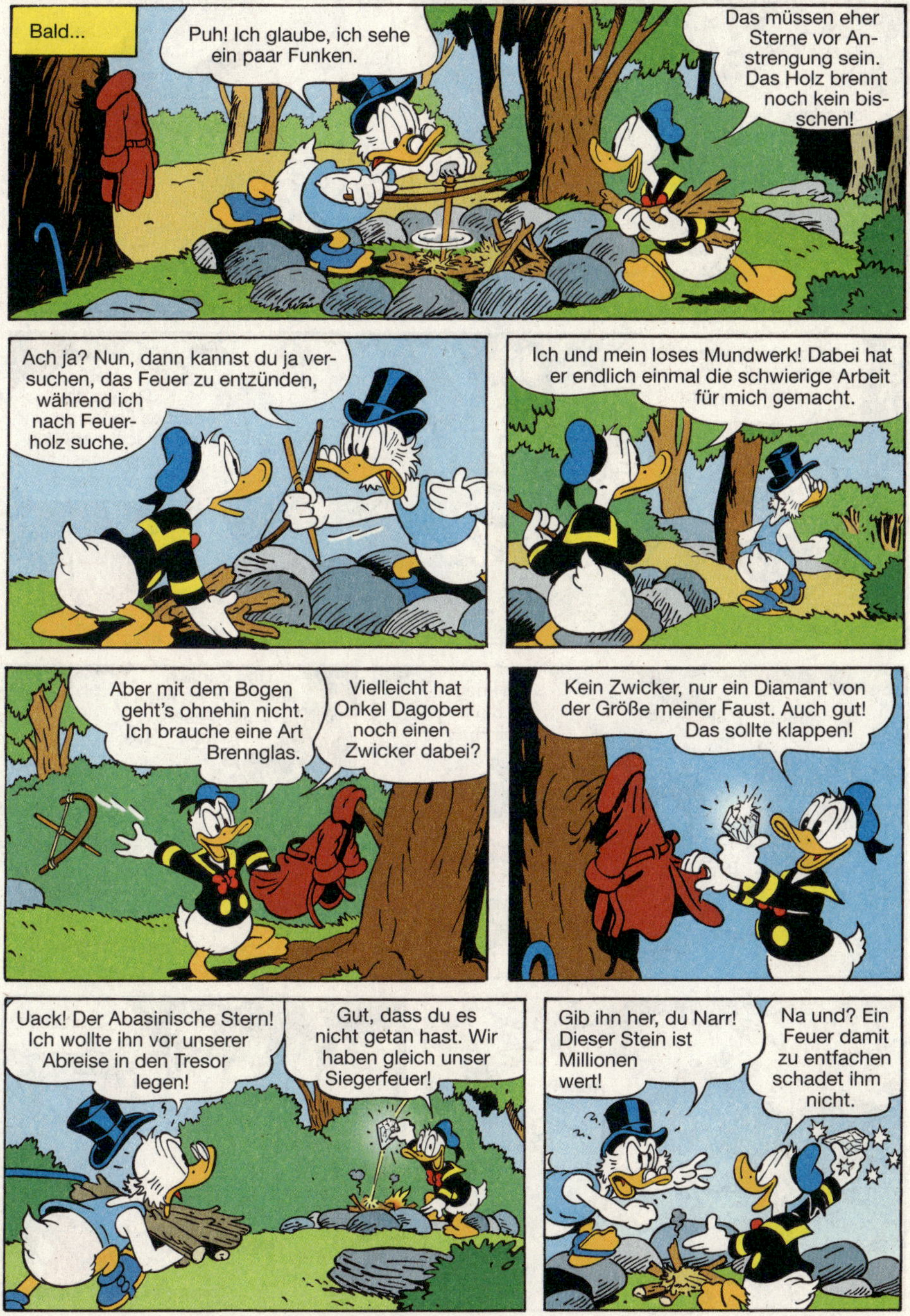

Bald...
Puh! Ich glaube, ich sehe ein paar Funken.
Das müssen eher Sterne vor Anstrengung sein. Das Holz brennt noch kein bisschen!
Ach ja? Nun, dann kannst du ja versuchen, das Feuer zu entzünden, während ich nach Feuerholz suche.
Ich und mein loses Mundwerk! Dabei hat er endlich einmal die schwierige Arbeit für mich gemacht.
Aber mit dem Bogen geht's ohnehin nicht. Ich brauche eine Art Brennglas.
Vielleicht hat Onkel Dagobert noch einen Zwicker dabei?
Kein Zwicker, nur ein Diamant von der Größe meiner Faust. Auch gut! Das sollte klappen!
Uack! Der Abasinische Stern! Ich wollte ihn vor unserer Abreise in den Tresor legen!
Gut, dass du es nicht getan hast. Wir haben gleich unser Siegerfeuer!
Gib ihn her, du Narr! Dieser Stein ist Millionen wert!
Na und? Ein Feuer damit zu entfachen schadet ihm nicht.

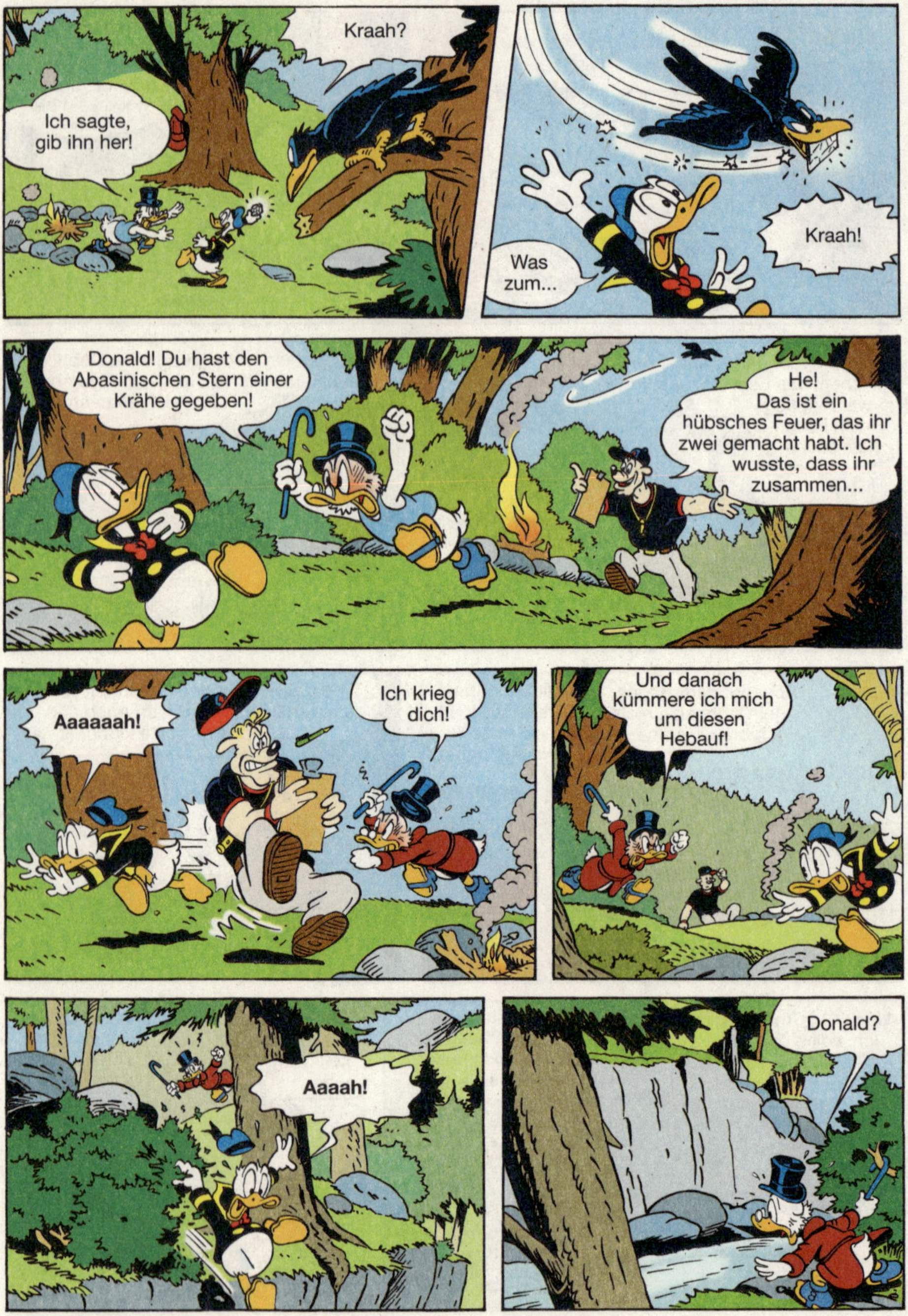
Kraah?
Ich sagte, gib ihn her!
Kraah!
Was zum...
Donald! Du hast den Abasinischen Stern einer Krähe gegeben!
He! Das ist ein hübsches Feuer, das ihr zwei gemacht habt. Ich wusste, dass ihr zusammen...
Aaaaaah!
Ich krieg dich!
Und danach kümmere ich mich um diesen Hebauf!
Aaaah!
Donald?

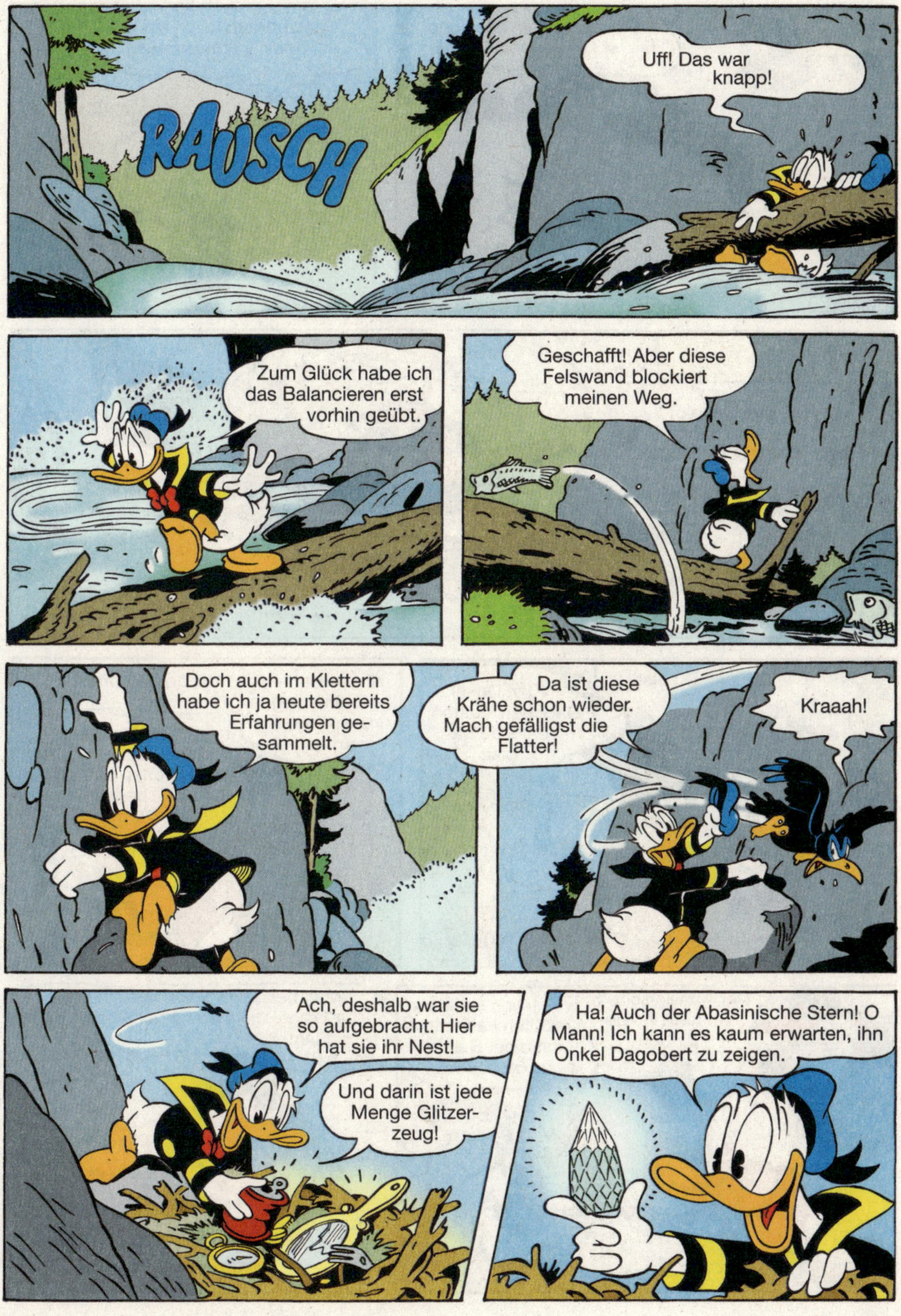
RAUSCH
Uff! Das war knapp!
Zum Glück habe ich das Balancieren erst vorhin geübt.
Geschafft! Aber diese Felswand blockiert meinen Weg.
Doch auch im Klettern habe ich ja heute bereits Erfahrungen gesammelt.
Da ist diese Krähe schon wieder. Mach gefälligst die Flatter!
Kraaah!
Ach, deshalb war sie so aufgebracht. Hier hat sie ihr Nest!
Und darin ist jede Menge Glitzerzeug!
Ha! Auch der Abasinische Stern! O Mann! Ich kann es kaum erwarten, ihn Onkel Dagobert zu zeigen.

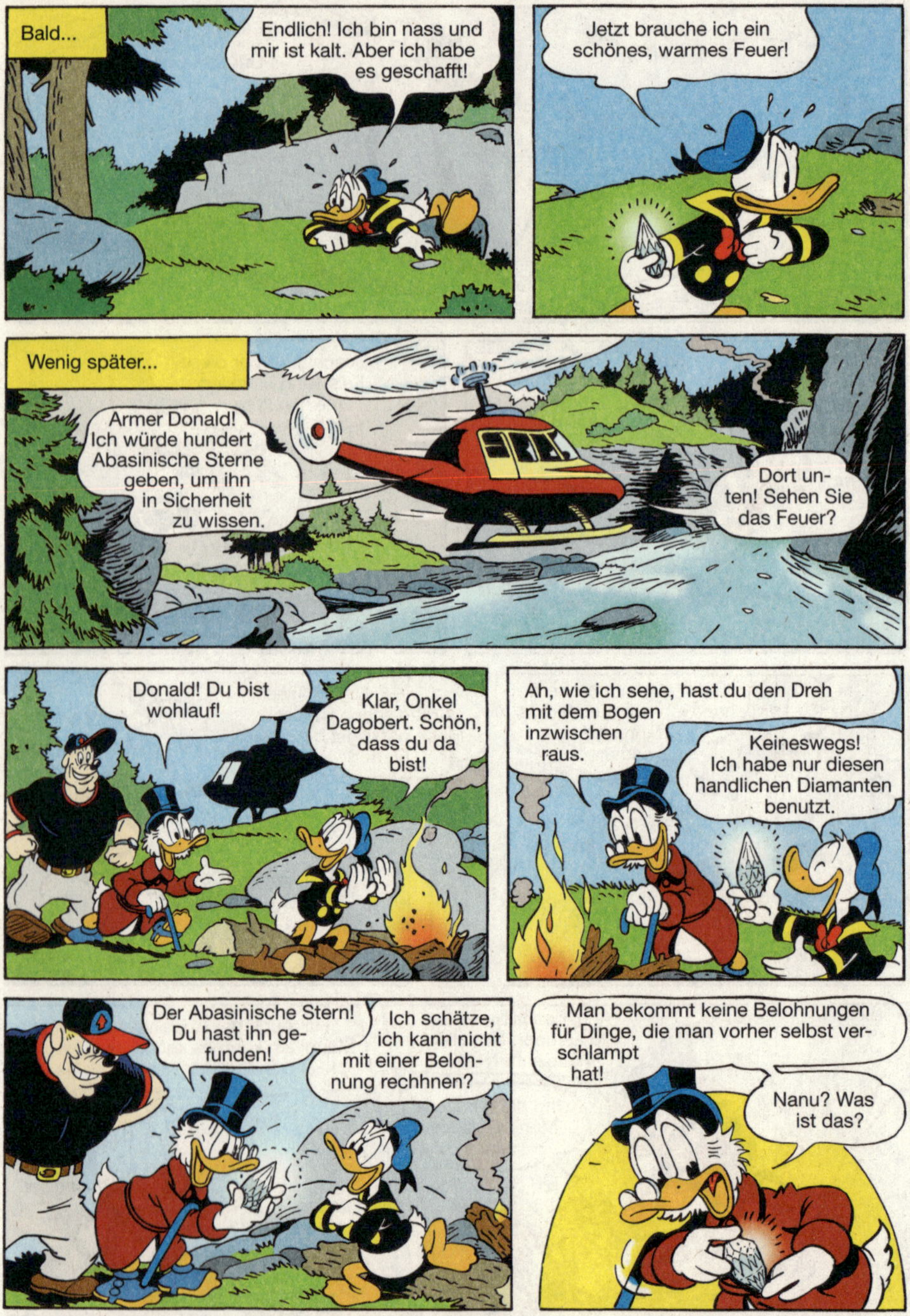
Bald...
Endlich! Ich bin nass und mir ist kalt. Aber ich habe es geschafft!
Jetzt brauche ich ein schönes, warmes Feuer!
Wenig später...
Armer Donald! Ich würde hundert Abasinische Sterne geben, um ihn in Sicherheit zu wissen.
Dort unten! Sehen Sie das Feuer?
Donald! Du bist wohlauf!
Klar, Onkel Dagobert. Schön, dass du da bist!
Ah, wie ich sehe, hast du den Dreh mit dem Bogen inzwischen raus.
Keineswegs! Ich habe nur diesen handlichen Diamanten benutzt.
Der Abasinische Stern! Du hast ihn gefunden!
Ich schätze, ich kann nicht mit einer Belohnung rechhnen?
Man bekommt keine Belohnungen für Dinge, die man vorher selbst verschlampt hat!
Nanu? Was ist das?

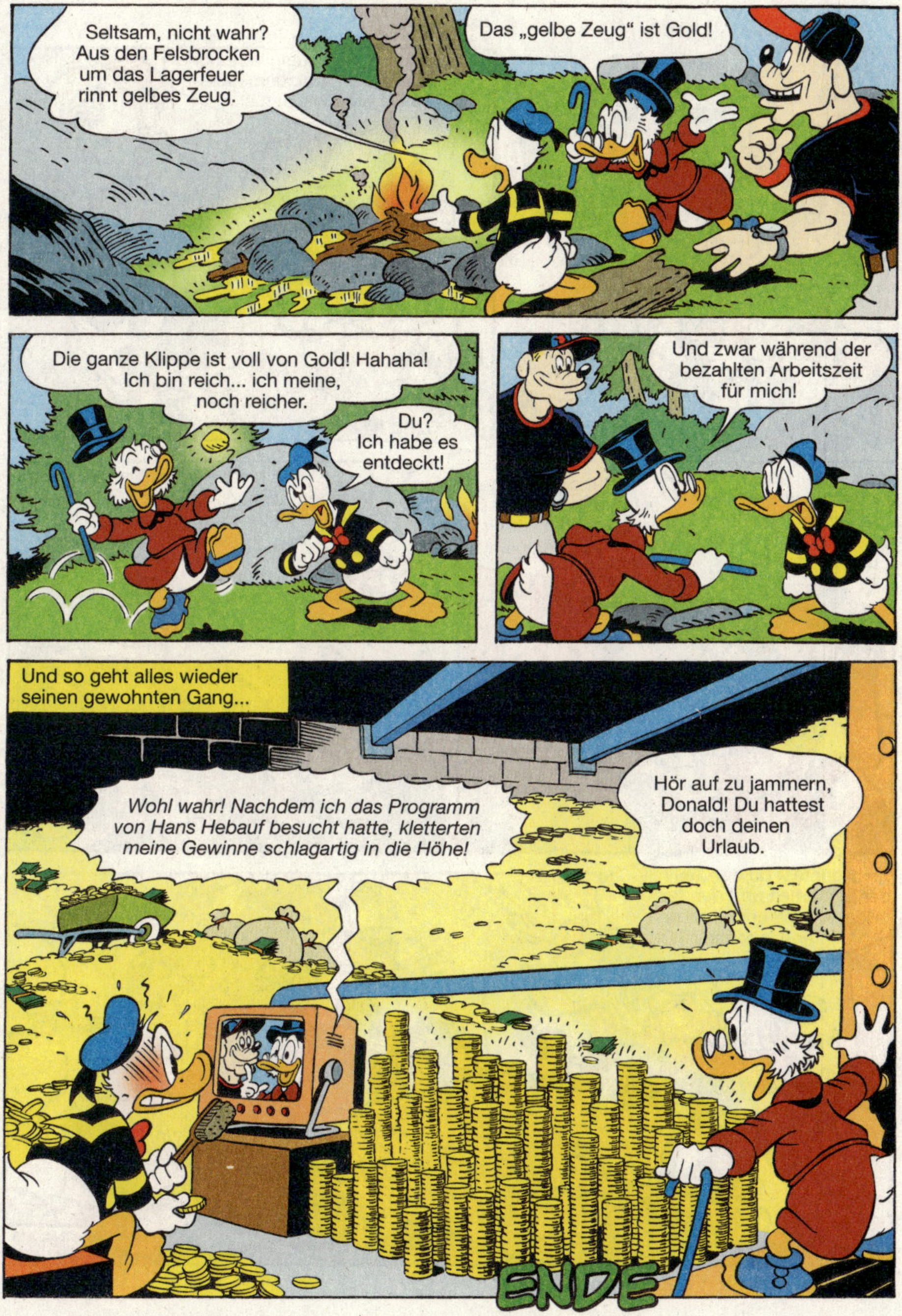
Seltsam, nicht wahr? Aus den Felsbrocken um das Lagerfeuer rinnt gelbes Zeug.
Das „gelbe Zeug“ ist Gold!
Die ganze Klippe ist voll von Gold! Hahaha! Ich bin reich... ich meine, noch reicher.
Du? Ich habe es entdeckt!
Und zwar während der bezahlten Arbeitszeit für mich!
Und so geht alles wieder seinen gewohnten Gang...
Wohl wahr! Nachdem ich das Programm von Hans Hebauf besucht hatte, kletterten meine Gewinne schlagartig in die Höhe!
Hör auf zu jammern, Donald! Du hattest doch deinen Urlaub.
ENDE

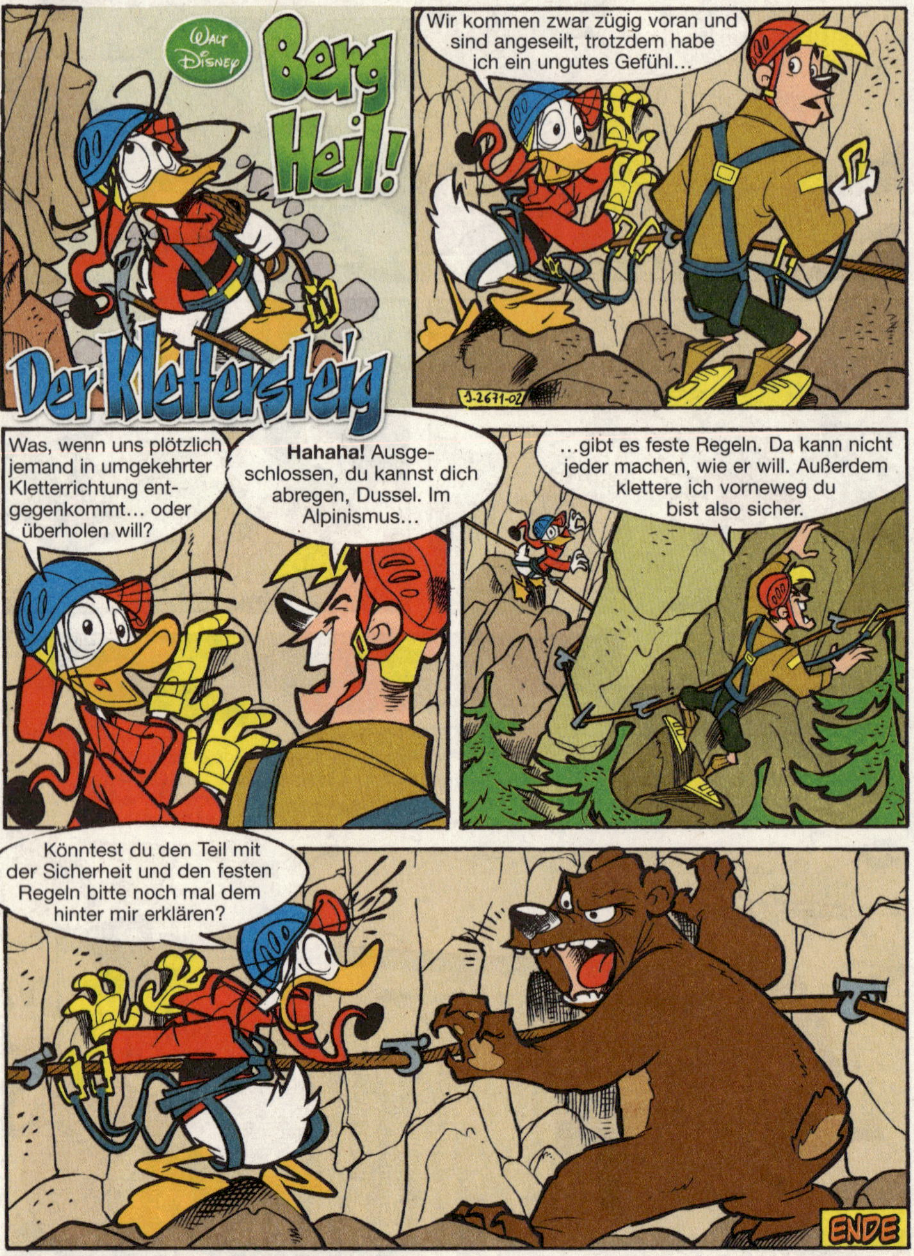

Danilo Barozzi (Story & Zeichnungen)

ROUTE 3

Klettertour von A bis Z

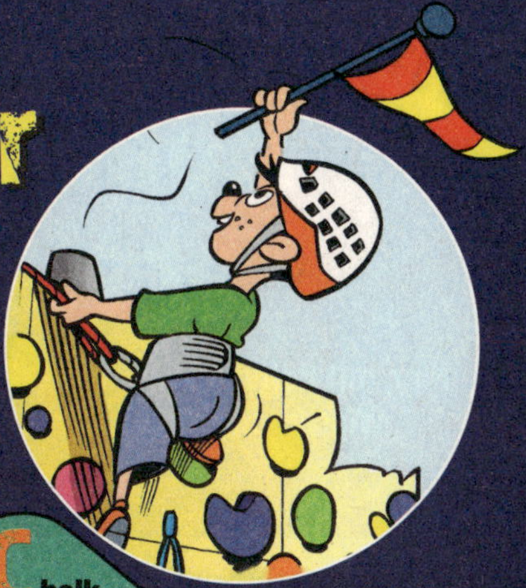

Beim Klettern gibt es noch ganz andere Hürden – nämlich all die speziellen Begriffe.

Abgespeckt
So nennt man eine Oberfläche am Felsen, die durch häufiges Klettern glatt geworden ist.

Beta
Informationen zu einer Kletterroute, beispielsweise eine Bewegungsabfolge der Griffe.

Chalk
… nennt man im Kletterjargon Magnesia, das den Handschweiß neutralisiert und für einen besseren Griff sorgt.

Dynamo
Das ist eine schwungvolle Klettertechnik, bei der ein Griff durch Anspringen und schnelles Greifen erreicht wird.

Einstieg
Der Anfang einer Kletterroute.

Froschtechnik
Der Kletterer beugt bei frontaler Stellung zur Wand die Knie nach außen, um einen möglichst wandnahen Körperschwerpunkt zu erreichen, quack!

Grip
Grips? Nein, Grip ist Englisch und steht für das Haltevermögen der Griffe.

Henkel
Ein großer, guter Griff für alle Finger.

Kamin
Wie lauschig! Dabei handelt es sich um eine breite Felsspalte, in die der Kletterer mit dem gesamten Körper hineinpasst.

Liegestart
Klingt entspannt? Eher nicht, denn hier startet der Kletterer beim Bouldern aus einer liegenden Position.

Mono
Das ist ein Griff, der nur von einem Finger gehalten werden kann.

Nähmaschine
Nähen beim Klettern? Es ist nur die Bezeichnung für ein starkes Muskelzittern der Beine beim Klettern.

Routenlesen
Erinnert an Fähnlein Fieselschweif! Damit ist allerdings gemeint, vor dem Klettern die Bewegungsabläufe vom Boden aus durchzuspielen.

Spotten
Sicherungstechnik beim Bouldern. Die am Boden stehende Person sorgt im Falle eines Sturzes des Kletterers für eine Landung auf den Füßen.

Toprope
Es wird geklettert mit einer Seilsicherung von oben.

Umlenker
Das ist ein sicherer Fixpunkt am Ende einer Kletterroute. Über den Umlenker kann der Kletterer wieder zum Boden abgelassen oder ein Toprope eingerichtet werden.

Vorstieg
Beim Vorstieg läuft das Seil vom Sportler nach unten. Es wird beim Klettern in die Zwischensicherungen eingehängt.

Zuschrauben
Oder auch das Halten eines Klettergriffes mit maximaler Kraft.

ROUTE 4

Höher, schneller, erstaunlicher!

Klar, mit Höhenrekorden lässt es sich gut angeben! Ob Donald mit seinem Wissen und abenteuerlichen Anekdoten bei Daisy punkten kann?

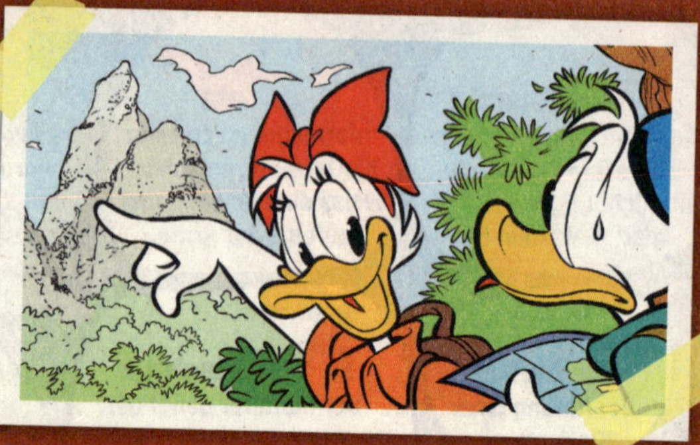

1 Namensvetter

Mit 8.849 Metern Höhe ist der Mount Everest der höchste Berg der Welt. Benannt wurde er nach George Everest, obwohl dieser den Berg nie gesehen hat! Der Landvermesser Everest war dafür, den Berg in einer lokalen Sprache zu benennen.

2 Rasanter Aufstieg

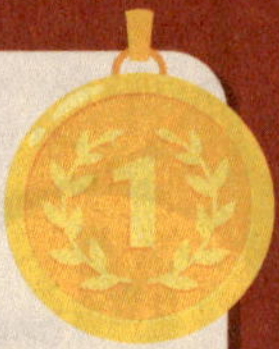

Im Dezember 2022 erklomm der US-Amerikaner Alexander Pruss innerhalb einer Stunde 1.014 Meter und kletterte sich damit in der Rangliste der Weltrekorde nach vorn!

3 Haste nicht gesehen!

1, 2, 3, 4 … 4,9 Sekunden! Da hat Veddriq Leonardo das Ziel der 15 Meter hohen Kletterwand erreicht. Mit dieser Zeit stellte er 2023 einen Weltrekord im Speedklettern auf. Aleksandra Mirosław knackte mit 6,24 Sekunden den Rekord der Damen!

4 Einsame Spitze

Als höchster Gipfel, der noch nicht bestiegen wurde, gilt der Gangkhar Puensum. 1994 wurde das Bergsteigen in dem Gebirge verboten, da das Königreich Bhutan es als Wohnort von Göttern ansieht. So bleibt der 7.570 Meter hohe Berg wohl auch weiterhin unberührt …

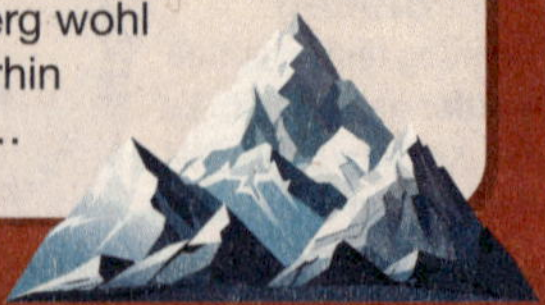

5 Fünf Kletterringe

Archäologische Fundstellen in luftigen Höhen zeigen, dass das Bedürfnis, Berge zu besteigen, älter ist als unsere Zeitrechnung. Olympisch lässt es sich aber erst seit Kurzem kraxeln – nämlich seit 2021!

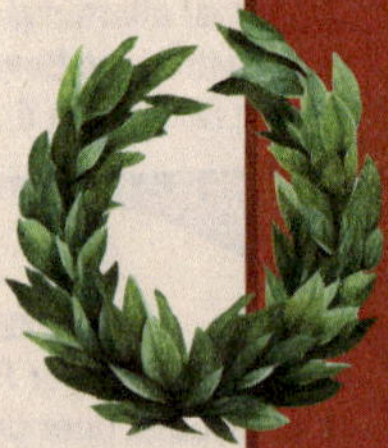

Walt Disney

Lockenköpfige Löwenzähne

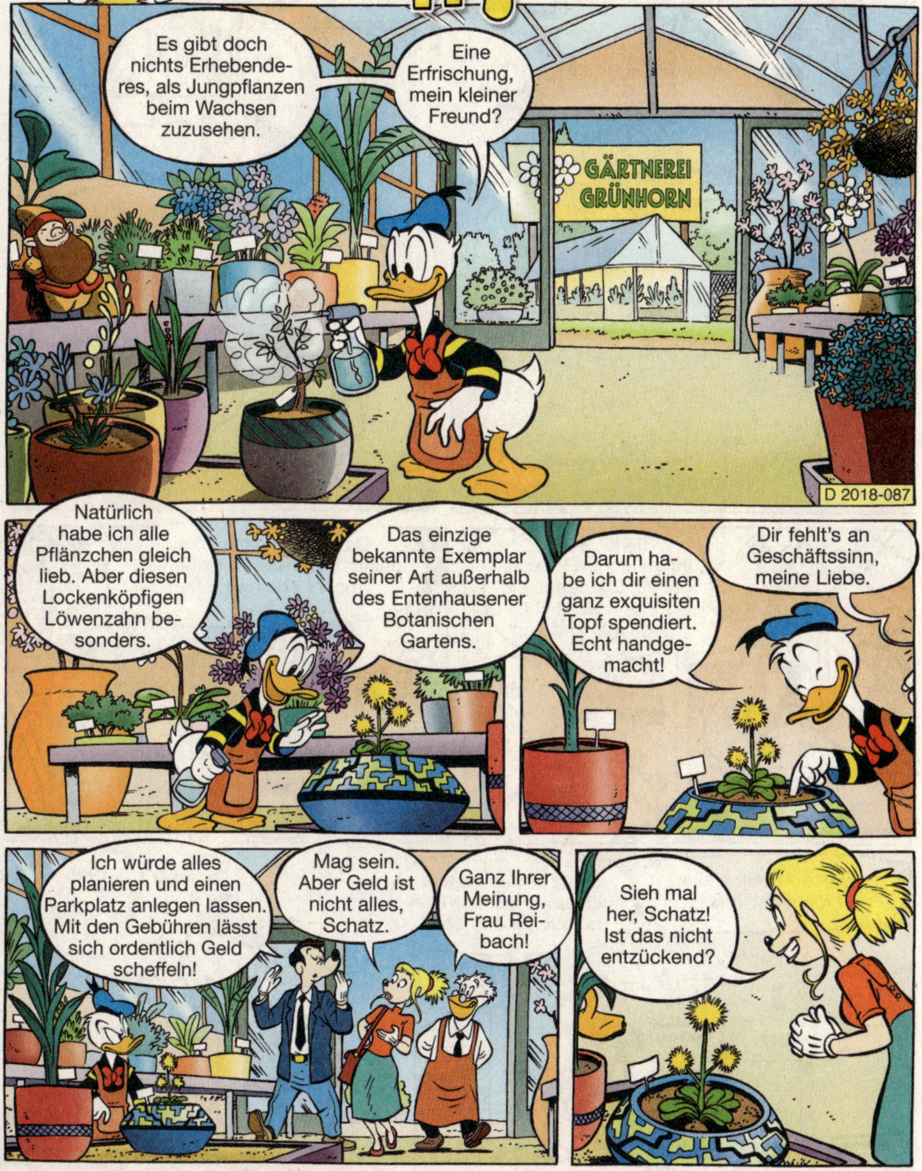

Sune Troelstrup (Story), **Francisco Rodriguez Peinado** (Zeichnungen)

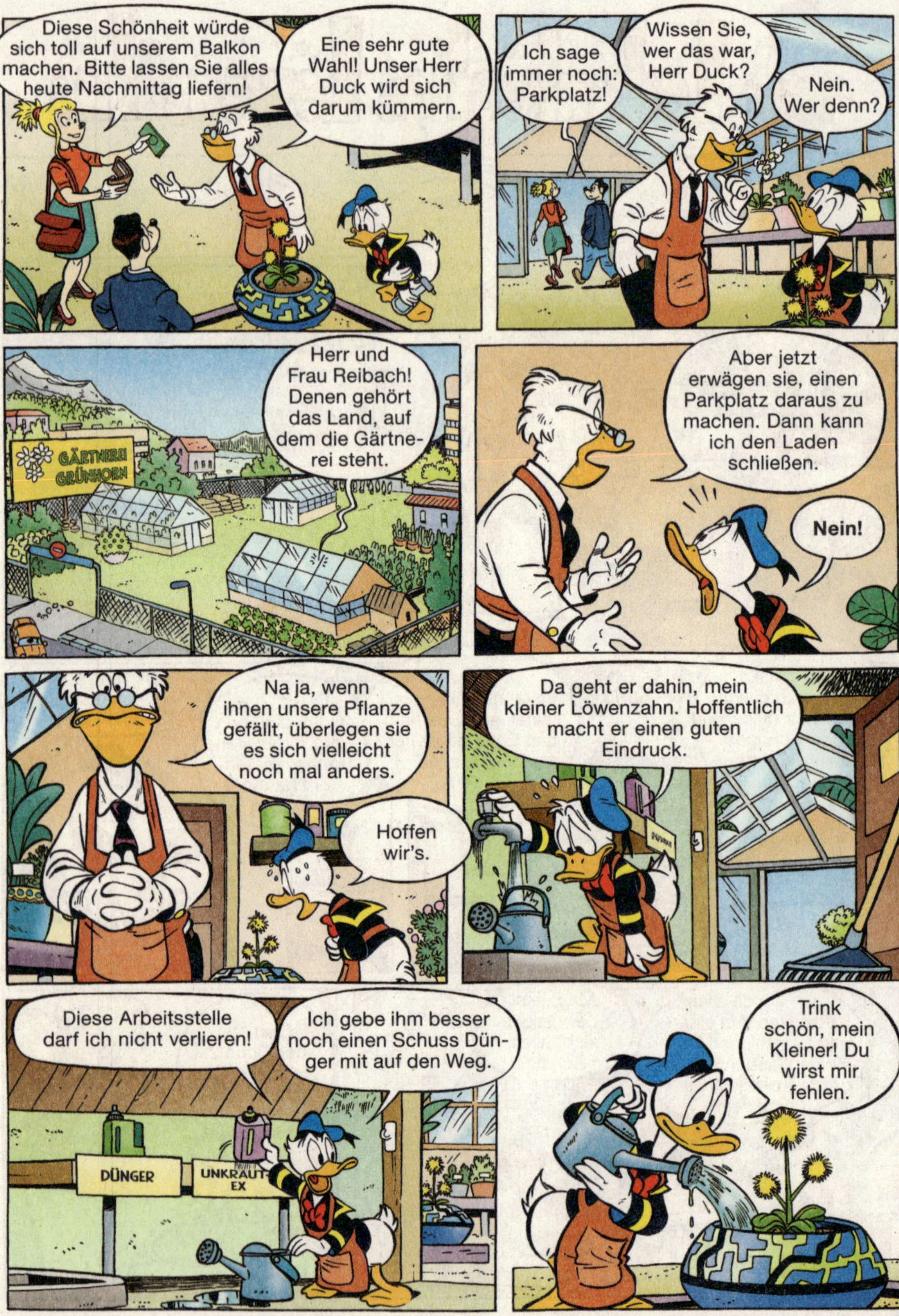
Diese Schönheit würde sich toll auf unserem Balkon machen. Bitte lassen Sie alles heute Nachmittag liefern!
Eine sehr gute Wahl! Unser Herr Duck wird sich darum kümmern.
Ich sage immer noch: Parkplatz!
Wissen Sie, wer das war, Herr Duck?
Nein. Wer denn?
GÄRTNEREI GRÜNHORN
Herr und Frau Reibach! Denen gehört das Land, auf dem die Gärtne-rei steht.
Aber jetzt erwägen sie, einen Parkplatz daraus zu machen. Dann kann ich den Laden schließen.
Nein!
Na ja, wenn ihnen unsere Pflanze gefällt, überlegen sie es sich vielleicht noch mal anders.
Hoffen wir's.
Da geht er dahin, mein kleiner Löwenzahn. Hoffentlich macht er einen guten Eindruck.
Diese Arbeitsstelle darf ich nicht verlieren!
Ich gebe ihm besser noch einen Schuss Dün-ger mit auf den Weg.
DÜNGER
UNKRAUT-EX
Trink schön, mein Kleiner! Du wirst mir fehlen.

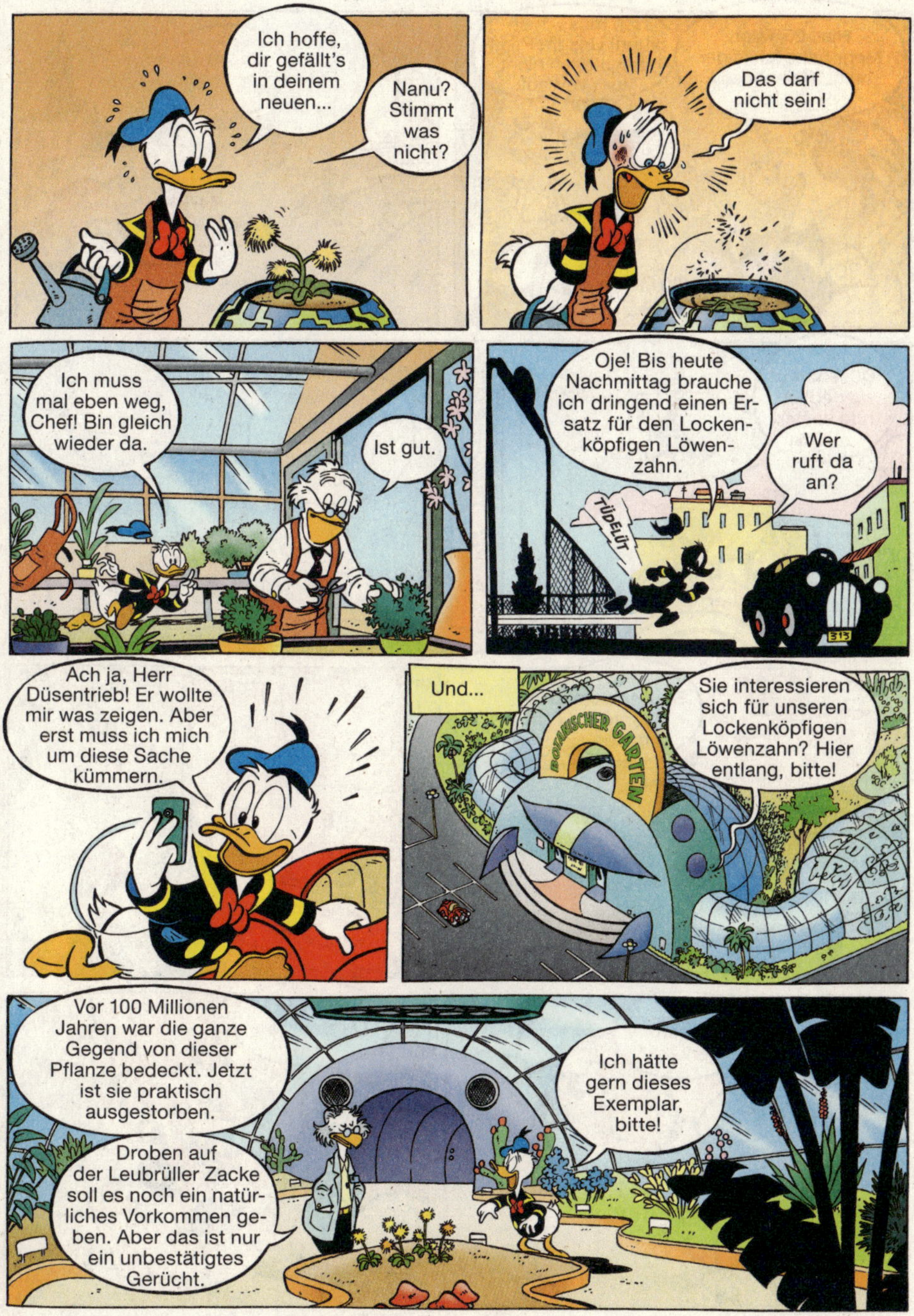
Ich hoffe, dir gefällt's in deinem neuen...
Nanu? Stimmt was nicht?
Das darf nicht sein!
Ich muss mal eben weg, Chef! Bin gleich wieder da.
Ist gut.
Oje! Bis heute Nachmittag brauche ich dringend einen Ersatz für den Lockenköpfigen Löwenzahn.
TÜDELÜT
Wer ruft da an?
Ach ja, Herr Düsentrieb! Er wollte mir was zeigen. Aber erst muss ich mich um diese Sache kümmern.
Und...
BOTANISCHER GARTEN
Sie interessieren sich für unseren Lockenköpfigen Löwenzahn? Hier entlang, bitte!
Vor 100 Millionen Jahren war die ganze Gegend von dieser Pflanze bedeckt. Jetzt ist sie praktisch ausgestorben.
Droben auf der Leubrüller Zacke soll es noch ein natürliches Vorkommen geben. Aber das ist nur ein unbestätigtes Gerücht.
Ich hätte gern dieses Exemplar, bitte!

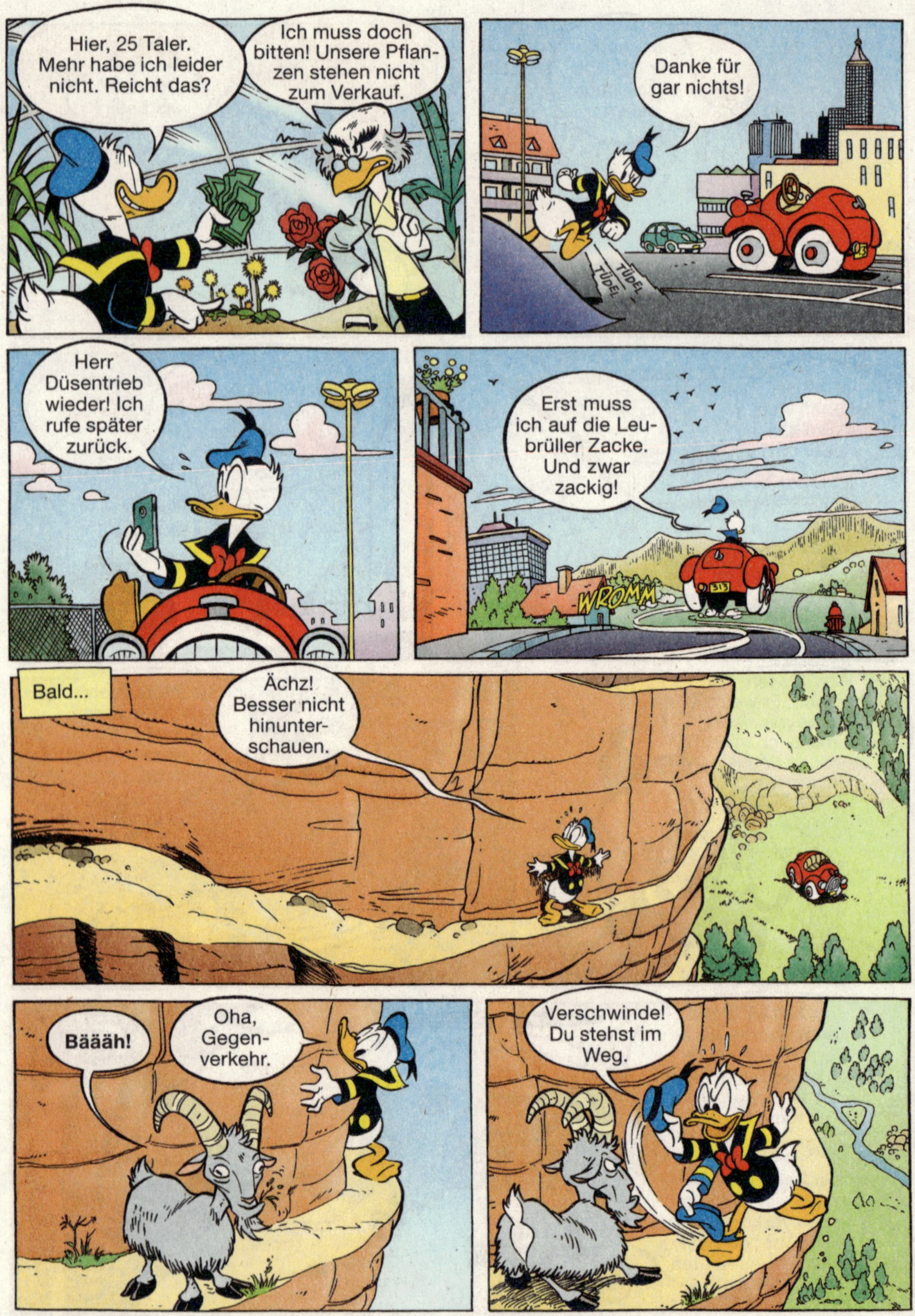
Hier, 25 Taler. Mehr habe ich leider nicht. Reicht das?
Ich muss doch bitten! Unsere Pflanzen stehen nicht zum Verkauf.
Danke für gar nichts!
TÜDEL TÜDEL
Herr Düsentrieb wieder! Ich rufe später zurück.
Erst muss ich auf die Leubrüller Zacke. Und zwar zackig!
WROMM
Bald...
Ächz! Besser nicht hinunterschauen.
Bäääh!
Oha, Gegenverkehr.
Verschwinde! Du stehst im Weg.

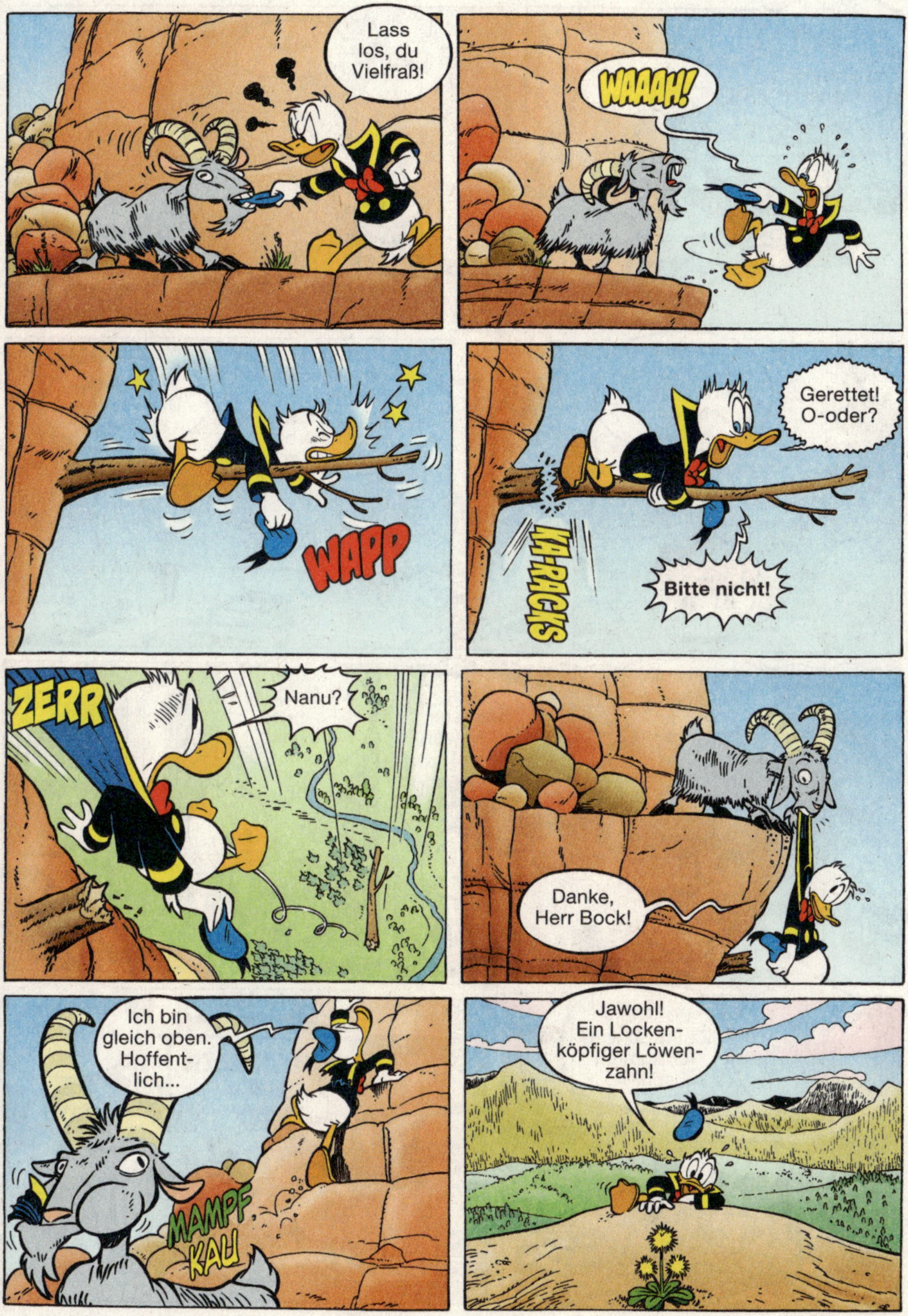
Lass los, du Vielfraß!
WAAAH!
WAPP
Gerettet! O-oder?
KA-RACKS
Bitte nicht!
ZERR
Nanu?
Danke, Herr Bock!
Ich bin gleich oben. Hoffent-lich...
MAMPF
KAU
Jawohl! Ein Locken-köpfiger Löwen-zahn!

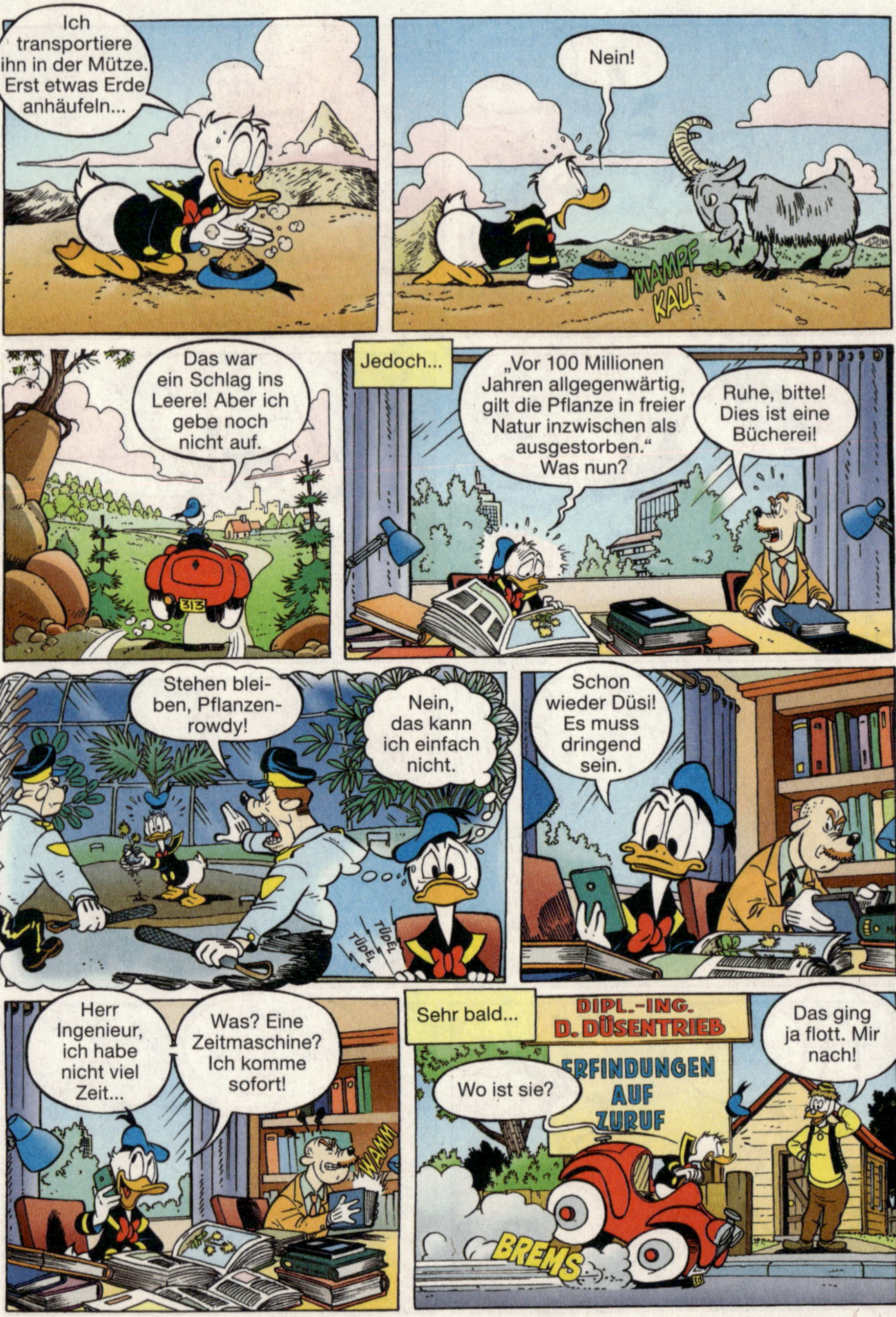
Ich transportiere ihn in der Mütze. Erst etwas Erde anhäufeln...
Nein!
MAMPF
KAU
Das war ein Schlag ins Leere! Aber ich gebe noch nicht auf.
313
Jedoch...
„Vor 100 Millionen Jahren allgegenwärtig, gilt die Pflanze in freier Natur inzwischen als ausgestorben.“ Was nun?
Ruhe, bitte! Dies ist eine Bücherei!
Stehen blei-ben, Pflanzen-rowdy!
Nein, das kann ich einfach nicht.
TÜDEL
TÜDEL
Schon wieder Düsi! Es muss dringend sein.
Herr Ingenieur, ich habe nicht viel Zeit...
Was? Eine Zeitmaschine? Ich komme sofort!
WAMM
Sehr bald...
DIPL.-ING. D. DÜSENTRIEB
ERFINDUNGEN AUF ZURUF
Wo ist sie?
Das ging ja flott. Mir nach!
BREMS

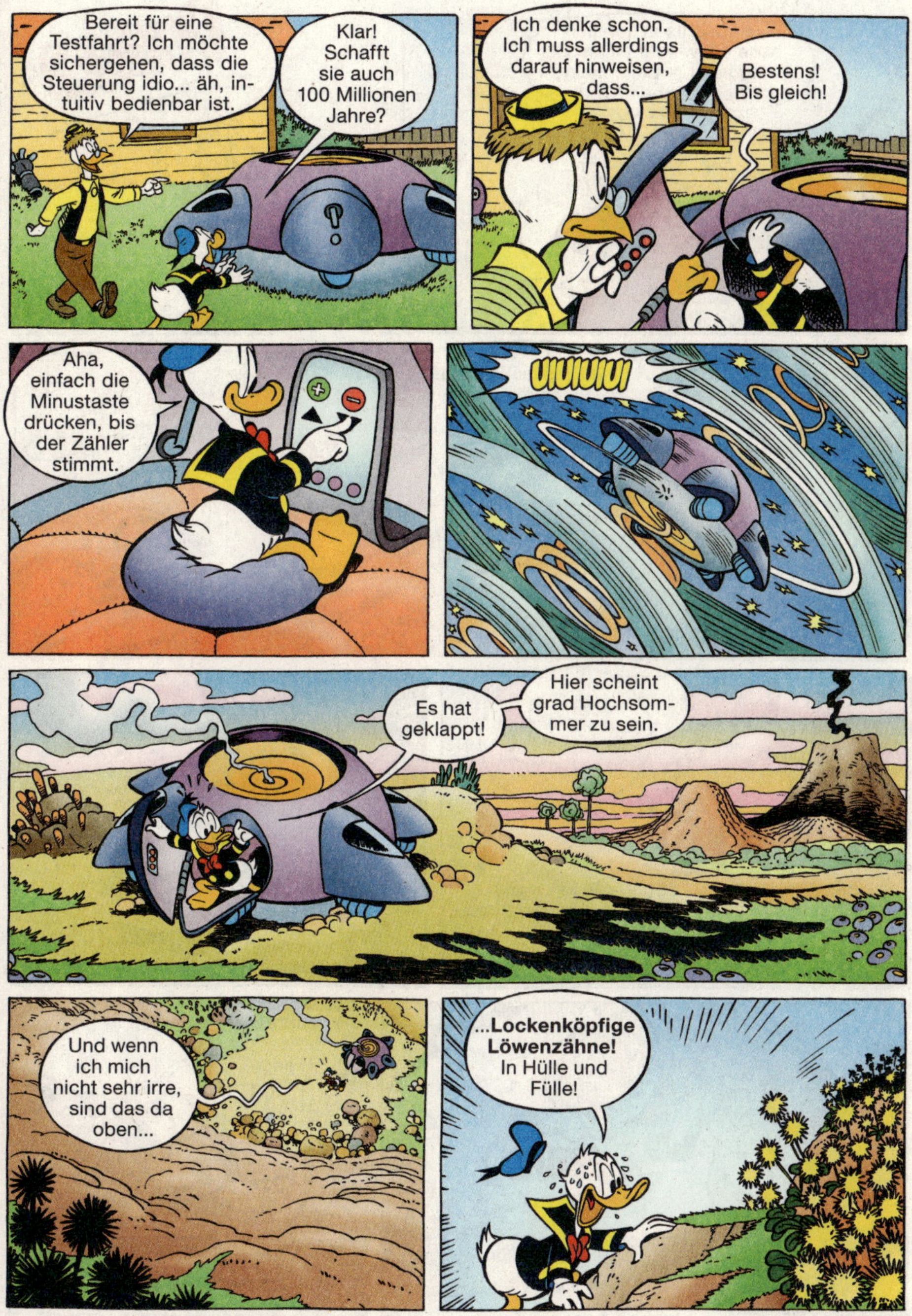

Bereit für eine Testfahrt? Ich möchte sichergehen, dass die Steuerung idio... äh, intuitiv bedienbar ist.
Klar! Schafft sie auch 100 Millionen Jahre?
Ich denke schon. Ich muss allerdings darauf hinweisen, dass...
Bestens! Bis gleich!
Aha, einfach die Minustaste drücken, bis der Zähler stimmt.
UIUIUIUI
Es hat geklappt!
Hier scheint grad Hochsommer zu sein.
Und wenn ich mich nicht sehr irre, sind das da oben...
...Lockenköpfige Löwenzähne! In Hülle und Fülle!

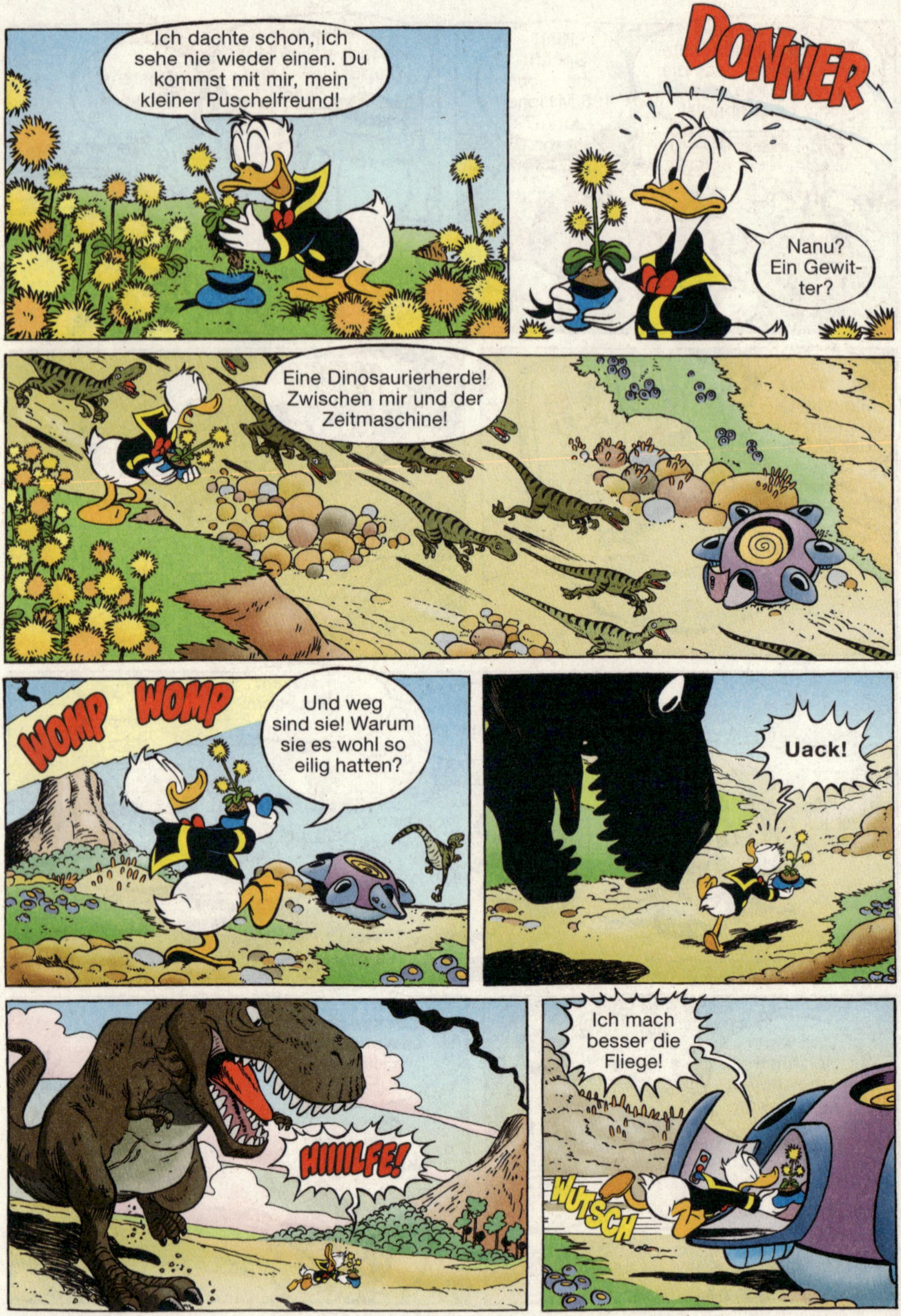
Ich dachte schon, ich sehe nie wieder einen. Du kommst mit mir, mein kleiner Puschelfreund!
DONNER
Nanu? Ein Gewitter?
Eine Dinosaurierherde! Zwischen mir und der Zeitmaschine!
WOMP WOMP
Und weg sind sie! Warum sie es wohl so eilig hatten?
Uack!
HIIIILFE!
Ich mach besser die Fliege!
WUTSCH

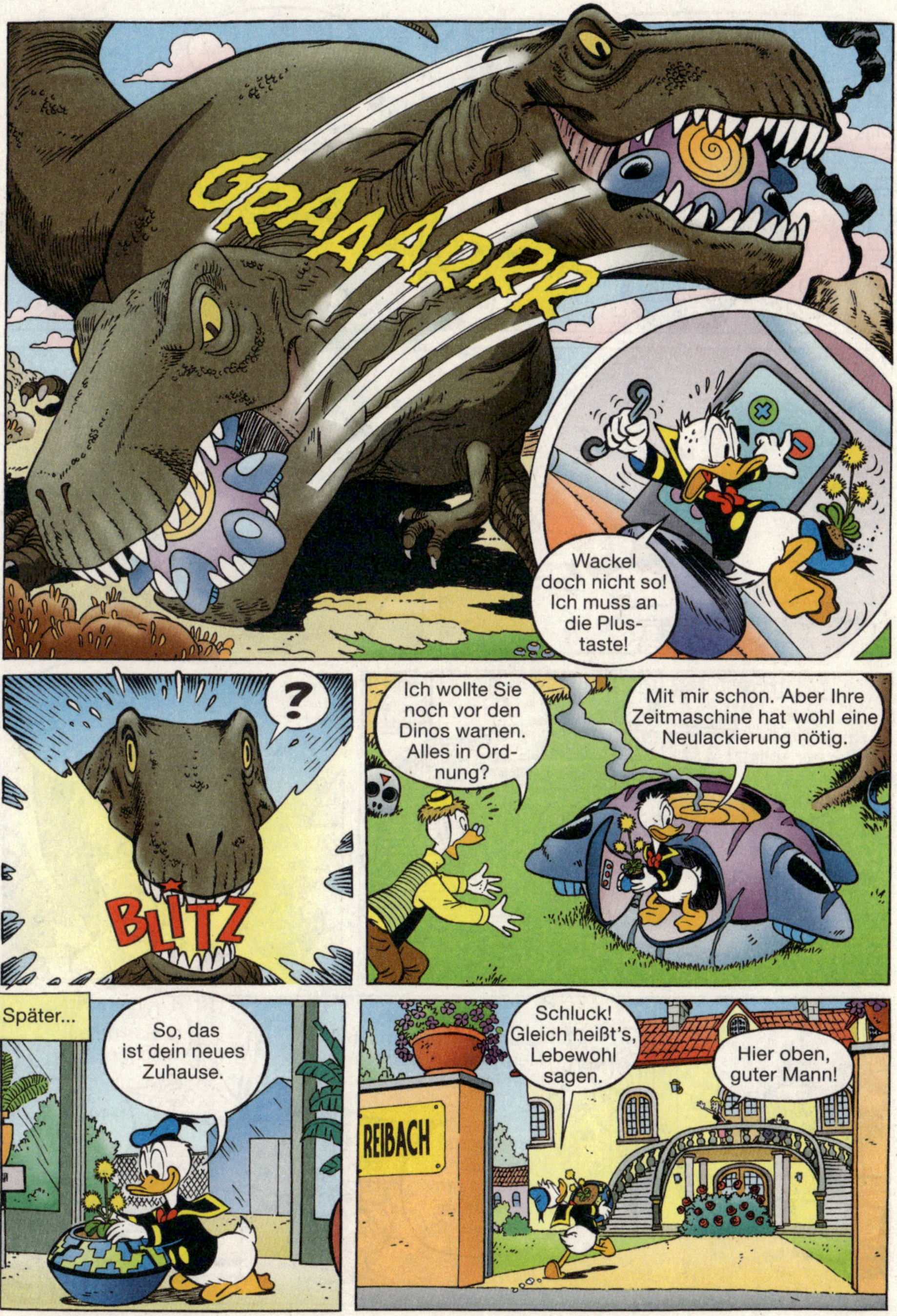
GRAAARRR
Wackel doch nicht so! Ich muss an die Plustaste!
?
BLITZ
Ich wollte Sie noch vor den Dinos warnen. Alles in Ordnung?
Mit mir schon. Aber Ihre Zeitmaschine hat wohl eine Neulackierung nötig.
Später...
So, das ist dein neues Zuhause.
REIBACH
Schluck! Gleich heißt's, Lebewohl sagen.
Hier oben, guter Mann!

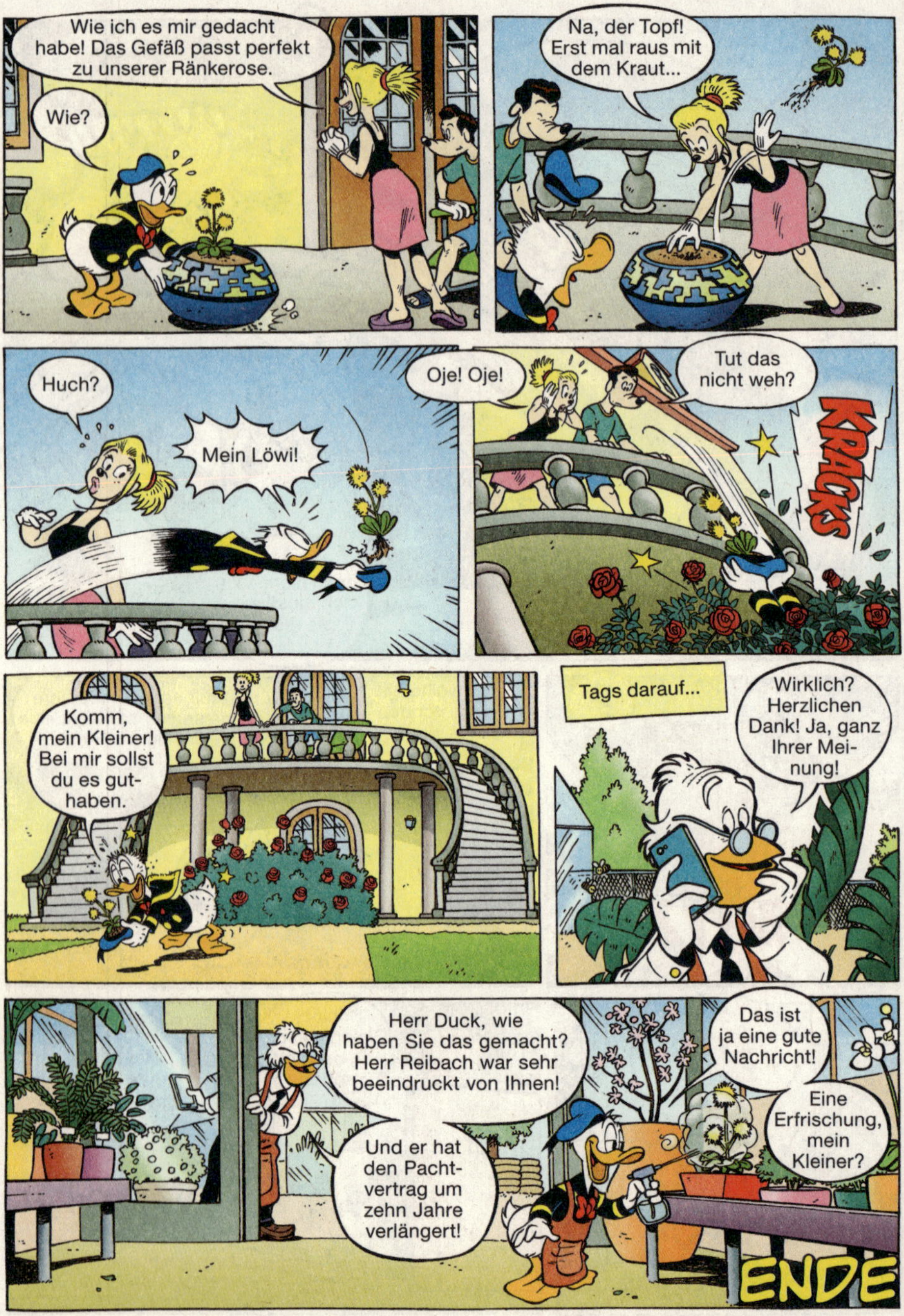
Wie ich es mir gedacht habe! Das Gefäß passt perfekt zu unserer Ränkerose.
Wie?
Na, der Topf! Erst mal raus mit dem Kraut...
Huch?
Mein Löwi!
Oje! Oje!
Tut das nicht weh?
KRACKS
Komm, mein Kleiner! Bei mir sollst du es gut-haben.
Tags darauf...
Wirklich? Herzlichen Dank! Ja, ganz Ihrer Mei-nung!
Herr Duck, wie haben Sie das gemacht? Herr Reibach war sehr beeindruckt von Ihnen!
Und er hat den Pacht-vertrag um zehn Jahre verlängert!
Das ist ja eine gute Nachricht!
Eine Erfrischung, mein Kleiner?
ENDE

ROUTE 5

Einstieg zum Aufstieg

Klettern wird immer beliebter – das solltest du wissen, bevor du startest!

1 Eine sichere Basis

Wer ernsthaft diesen Sport betreiben will, sollte sich zuerst gründlich mit den Techniken und den Sicherungsmöglichkeiten auseinandersetzen und sich über die nötige Ausrüstung informieren. Suche dir am besten Rat bei einem Profi und absolviere zuallererst einen Anfängerkurs. Nur so kann man schnell und vor allem sicher Fortschritte erzielen.

2 Kraftakt

Die Kraft, die man zum Klettern aufbringen muss, sollte man nicht unterschätzen. In den meisten Hallen findet man Kletterwände mit verschiedenfarbigen Griffen. Die Farbe legt den Schwierigkeitsgrad der Route fest. Bei einfachen Routen lassen sich die Griffe leichter erreichen und haben mehr Auflagefläche.

3 Partner in allen Höhen

Als Kletterer ist man zwar alleine an der Wand, aber besonders wichtig ist der Partner am Boden, der einen sichert oder wertvolle Tipps geben kann. Vertrauen und Kommunikation sind entscheidend! Denn Kommandos müssen schnell verstanden werden. Im Vorfeld sollten die Sicherungsmethoden miteinander besprochen werden, damit man unbeschwert loslegen kann.

4 Aber ... weil ...

Was gibt es nicht alles für Erklärungen, wenn ein Zug misslingt. Die Arme zu kurz? Die Füße zu groß? Natürlich hat der Körperbau auch Einfluss auf die Bewegungen, doch im Grunde kommt es auf die Technik an, die man sich mithilfe einiger Expertentipps aneignen kann. Nur zu!

5 Bis zum Gipfel

Nicht jede Route klappt auf Anhieb! Das sollte aber niemanden entmutigen – im Gegenteil! Viele erfahrene Kletterer ziehen nicht einfach eine Tour durch, sondern probieren sich weiter aus ... Es kommt auf die Herausforderung an, um im wahrsten Sinne des Wortes über sich und die Kletterwand hinauszuwachsen.

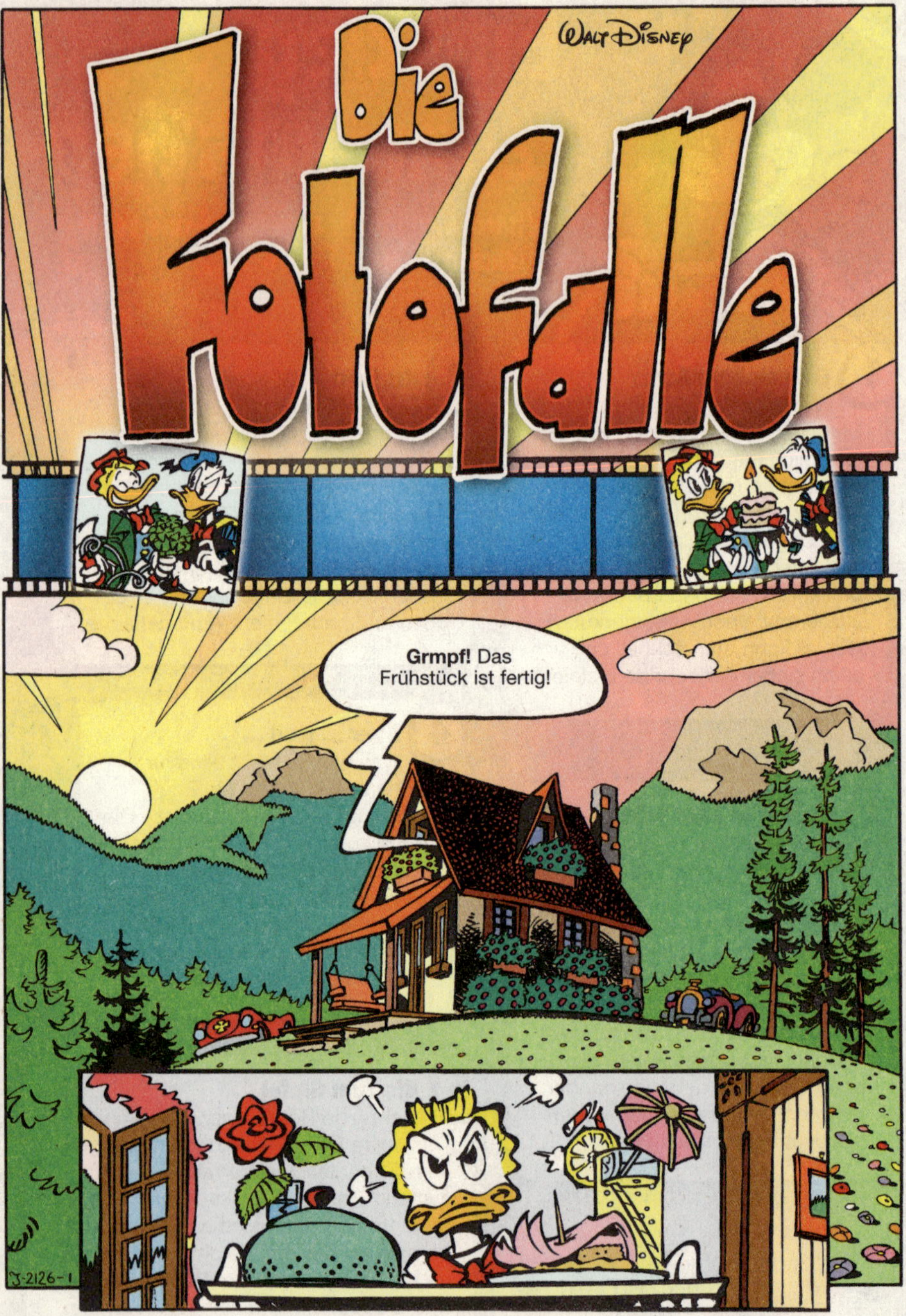

Davide Catenacci (Story), **Francesco Guerrini** (Zeichnungen)

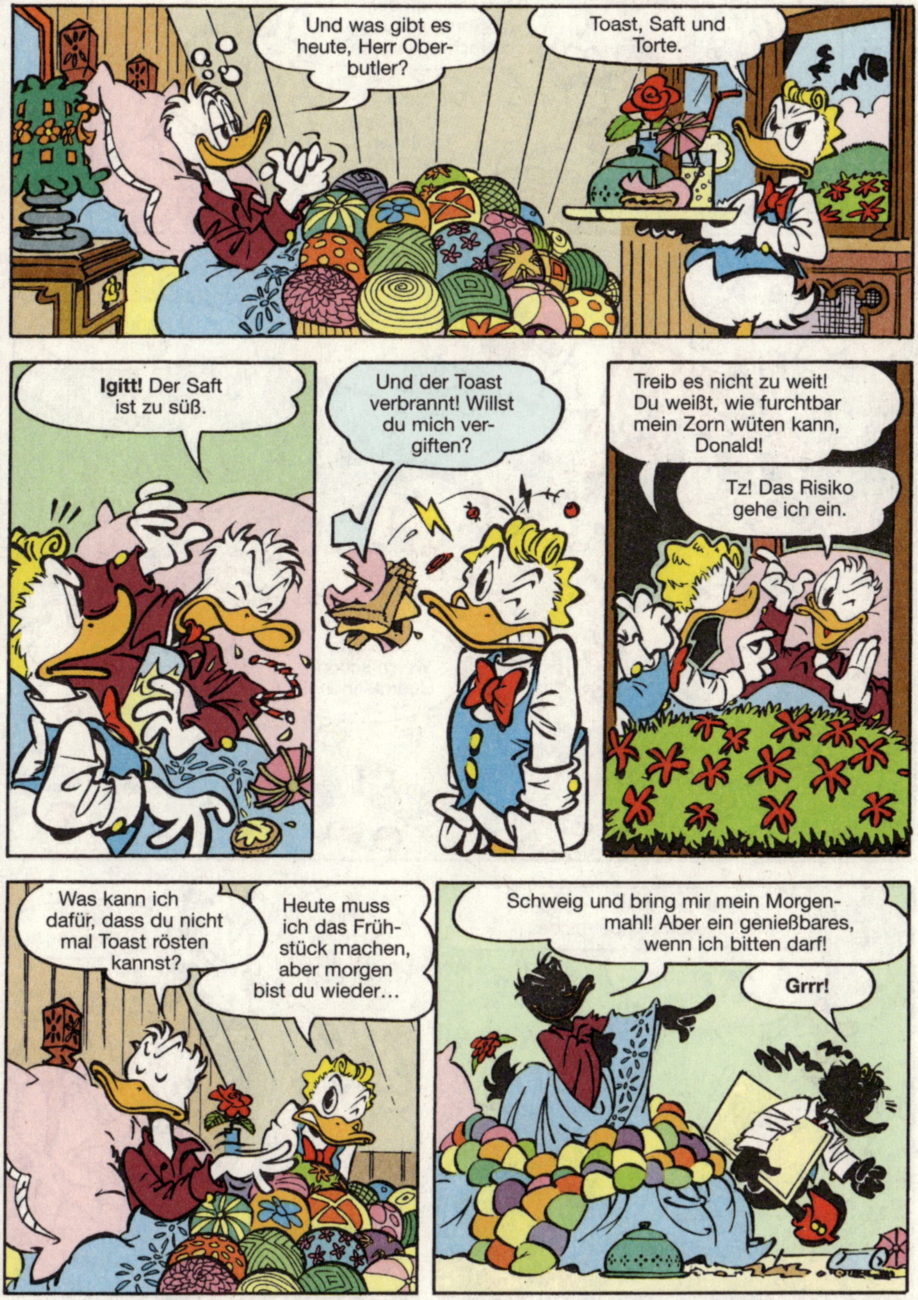
Und was gibt es heute, Herr Oberbutler?
Toast, Saft und Torte.
Igitt! Der Saft ist zu süß.
Und der Toast verbrannt! Willst du mich vergiften?
Treib es nicht zu weit! Du weißt, wie furchtbar mein Zorn wüten kann, Donald!
Tz! Das Risiko gehe ich ein.
Was kann ich dafür, dass du nicht mal Toast rösten kannst?
Heute muss ich das Frühstück machen, aber morgen bist du wieder…
Schweig und bring mir mein Morgenmahl! Aber ein genießbares, wenn ich bitten darf!
Grrr!

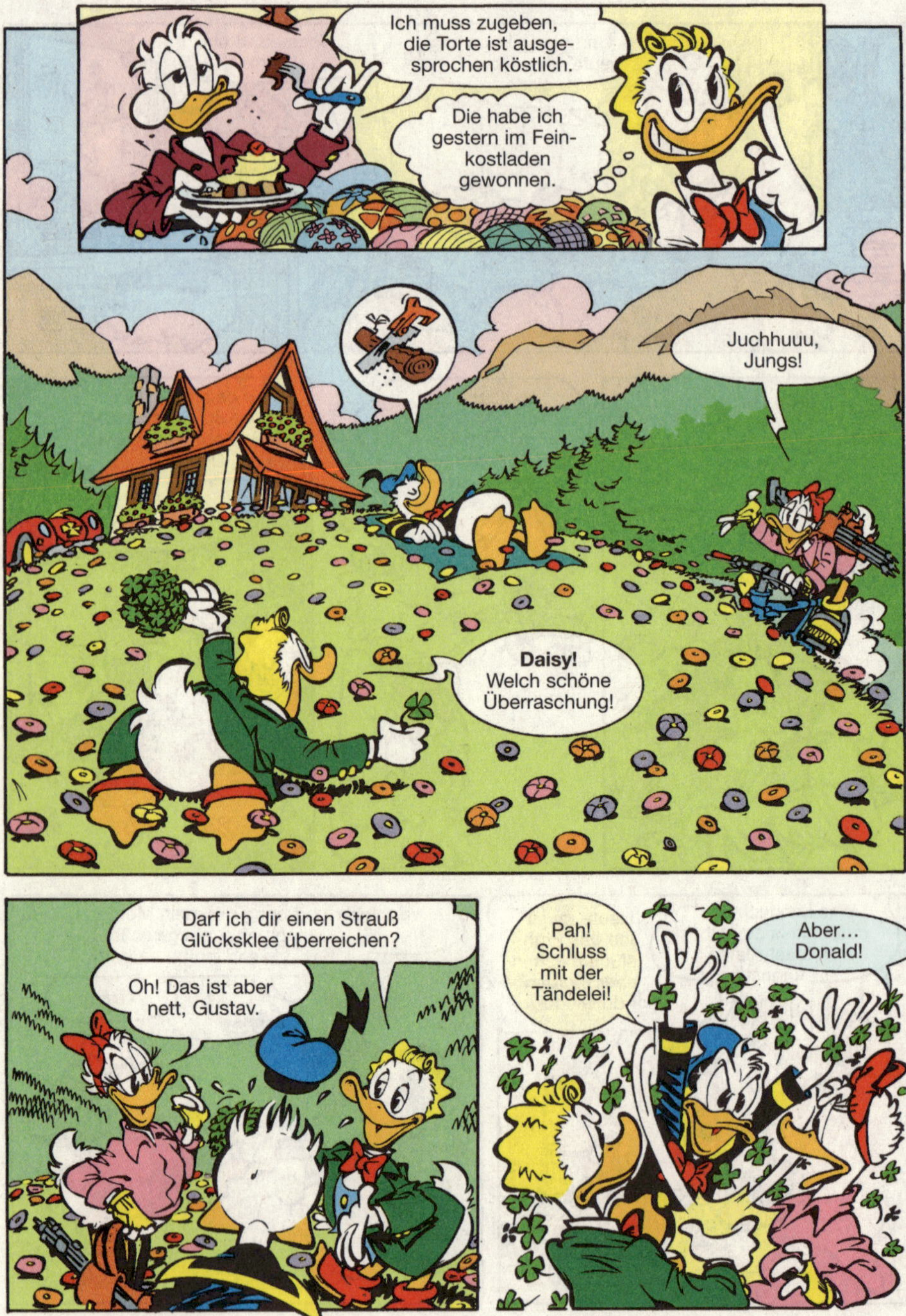
Ich muss zugeben, die Torte ist ausgesprochen köstlich.
Die habe ich gestern im Feinkostladen gewonnen.
Juchhuuu, Jungs!
Daisy! Welch schöne Überraschung!
Darf ich dir einen Strauß Glücksklee überreichen?
Oh! Das ist aber nett, Gustav.
Pah! Schluss mit der Tändelei!
Aber… Donald!

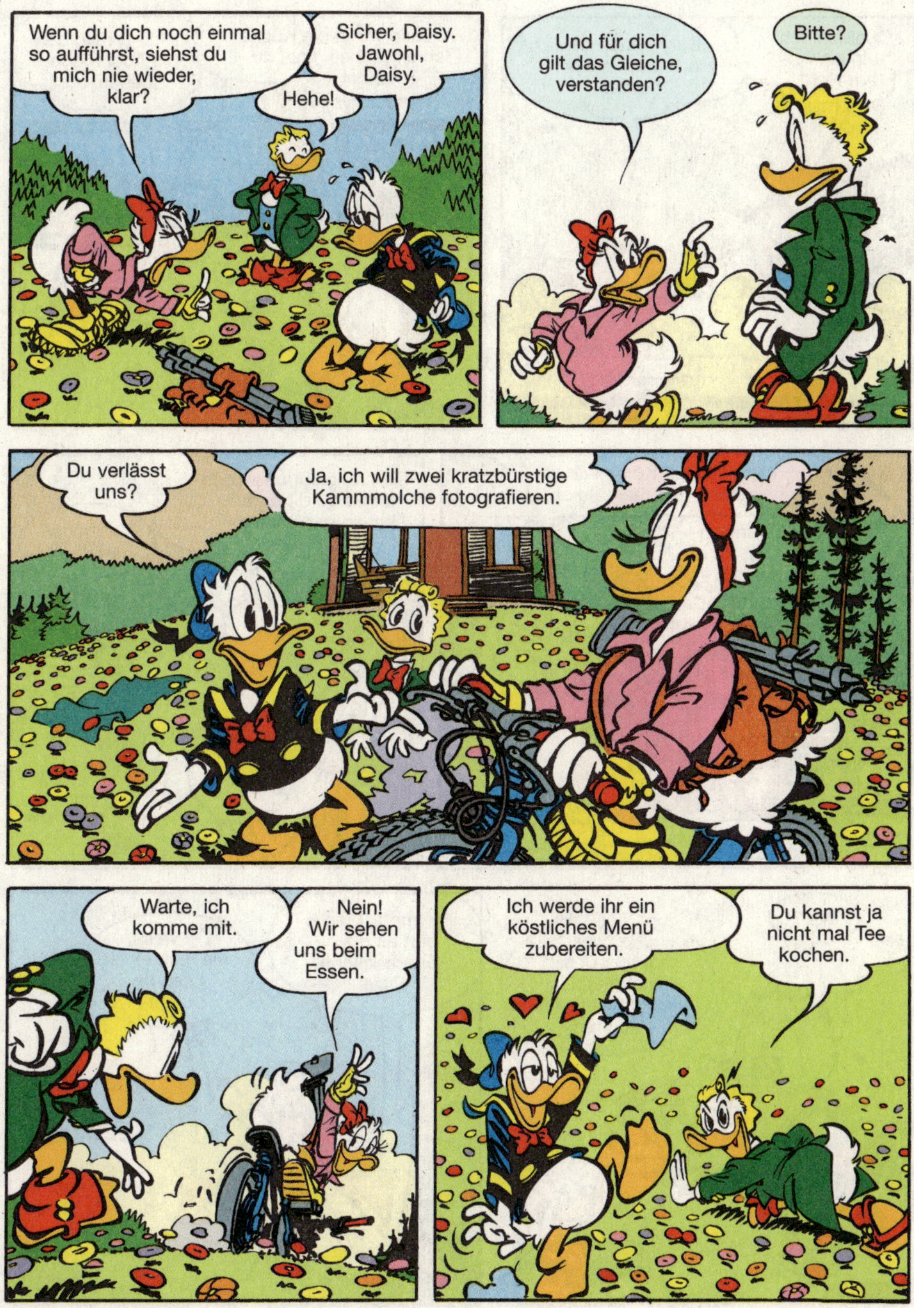
Wenn du dich noch einmal so aufführst, siehst du mich nie wieder, klar?
Hehe!
Sicher, Daisy. Jawohl, Daisy.
Und für dich gilt das Gleiche, verstanden?
Bitte?
Du verlässt uns?
Ja, ich will zwei kratzbürstige Kammmolche fotografieren.
Warte, ich komme mit.
Nein! Wir sehen uns beim Essen.
Ich werde ihr ein köstliches Menü zubereiten.
Du kannst ja nicht mal Tee kochen.

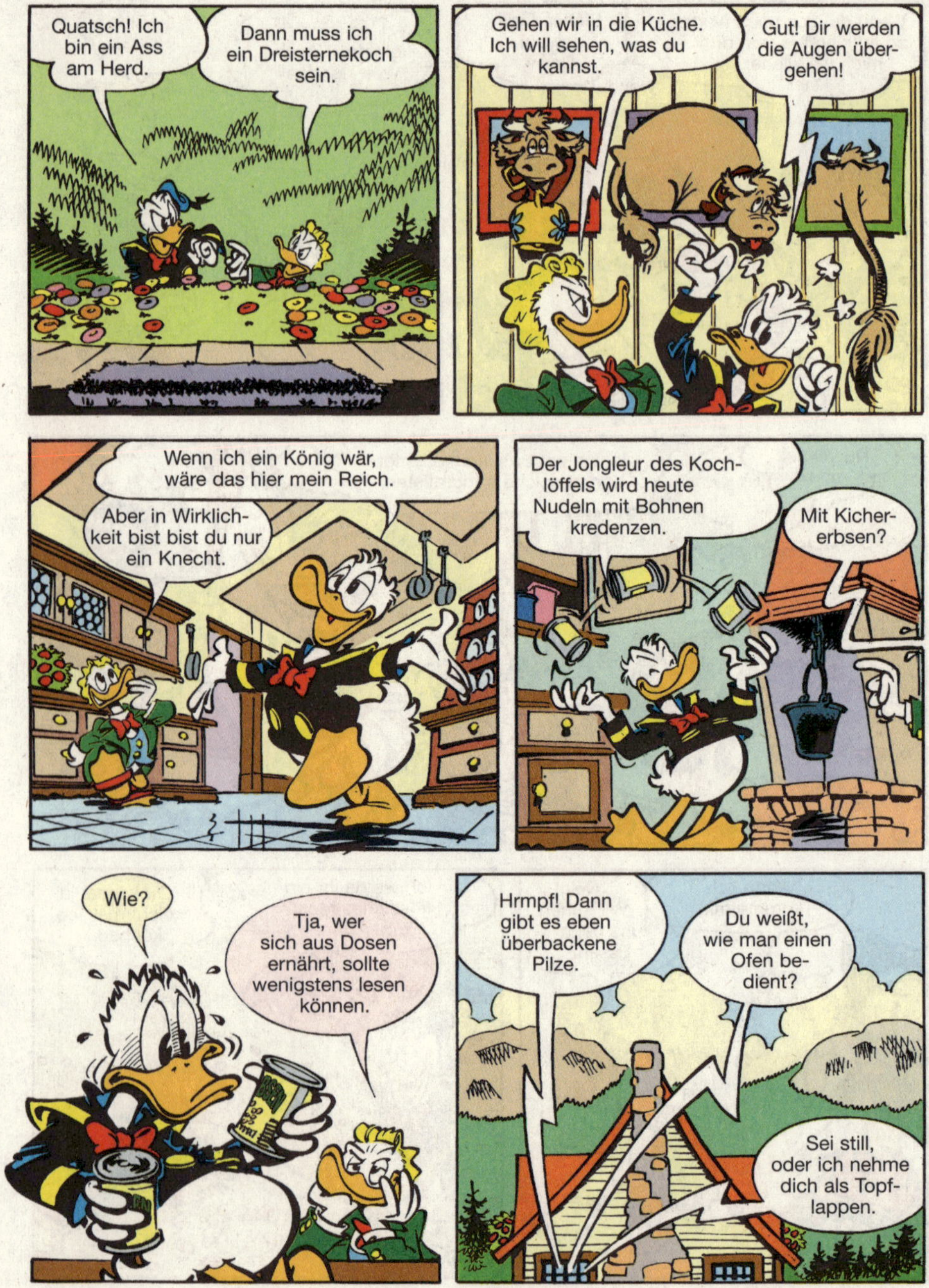
Quatsch! Ich bin ein Ass am Herd.
Dann muss ich ein Dreisternekoch sein.
Gehen wir in die Küche. Ich will sehen, was du kannst.
Gut! Dir werden die Augen übergehen!
Wenn ich ein König wär, wäre das hier mein Reich.
Aber in Wirklichkeit bist bist du nur ein Knecht.
Der Jongleur des Kochlöffels wird heute Nudeln mit Bohnen kredenzen.
Mit Kichererbsen?
Wie?
Tja, wer sich aus Dosen ernährt, sollte wenigstens lesen können.
Hrmpf! Dann gibt es eben überbackene Pilze.
Du weißt, wie man einen Ofen bedient?
Sei still, oder ich nehme dich als Topflappen.

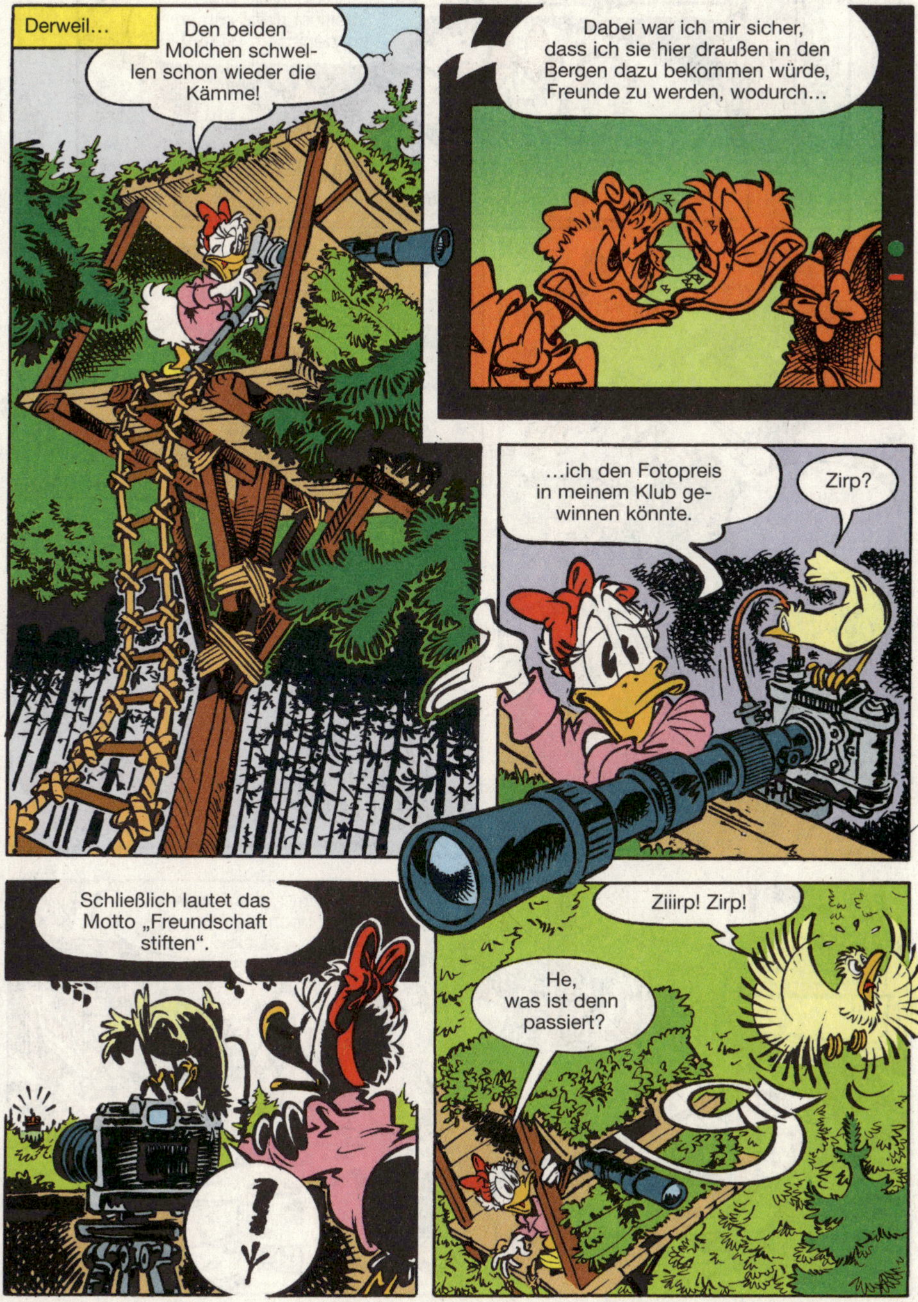
Derweil…
Den beiden Molchen schwellen schon wieder die Kämme!
Dabei war ich mir sicher, dass ich sie hier draußen in den Bergen dazu bekommen würde, Freunde zu werden, wodurch…
…ich den Fotopreis in meinem Klub gewinnen könnte.
Zirp?
Schließlich lautet das Motto „Freundschaft stiften“.
!
Ziiirp! Zirp!
He, was ist denn passiert?

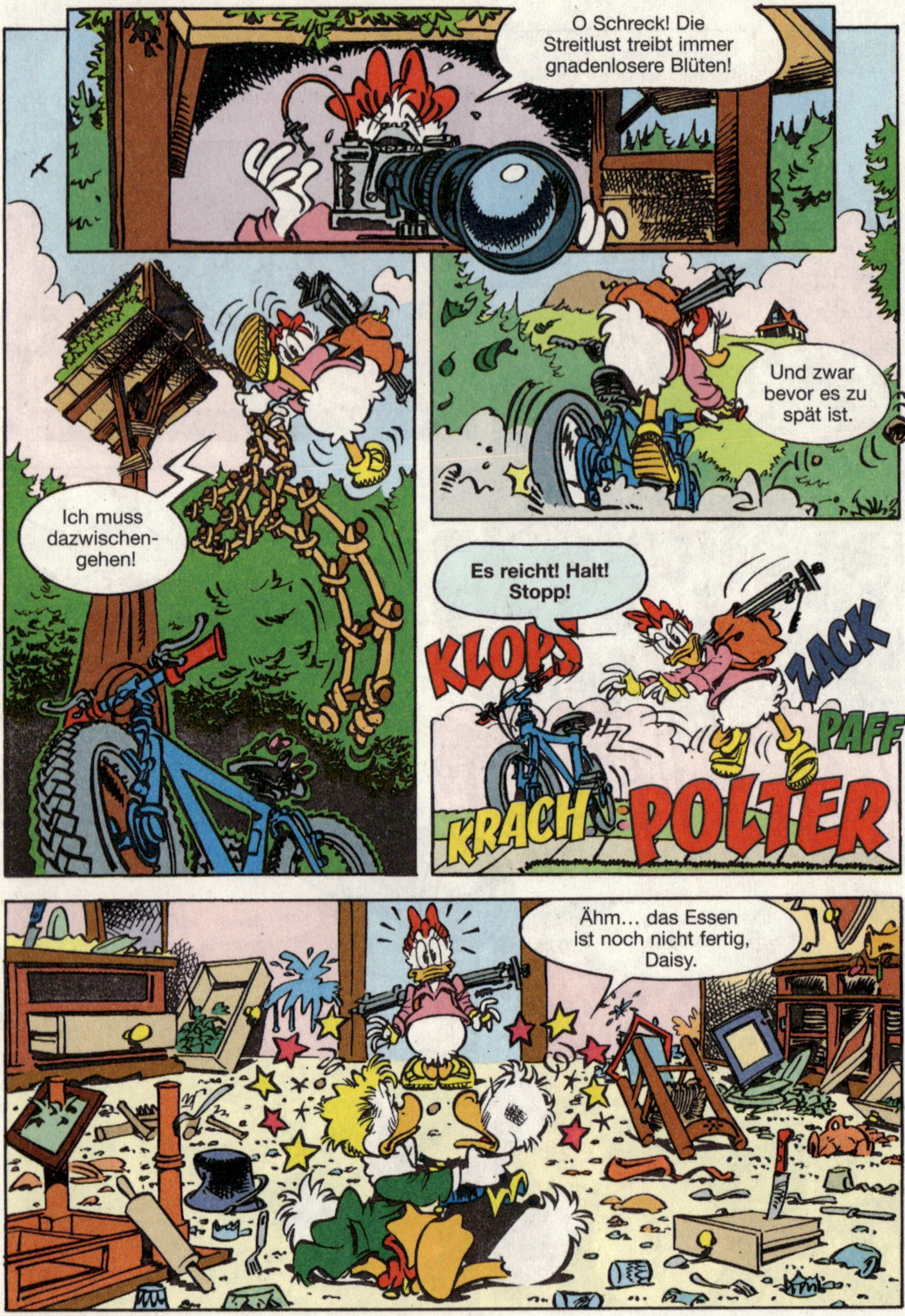
O Schreck! Die Streitlust treibt immer gnadenlosere Blüten!
Ich muss dazwischen-gehen!
Und zwar bevor es zu spät ist.
Es reicht! Halt! Stopp!
KLOPS
ZACK
PAFF
KRACH
POLTER
Ähm... das Essen ist noch nicht fertig, Daisy.

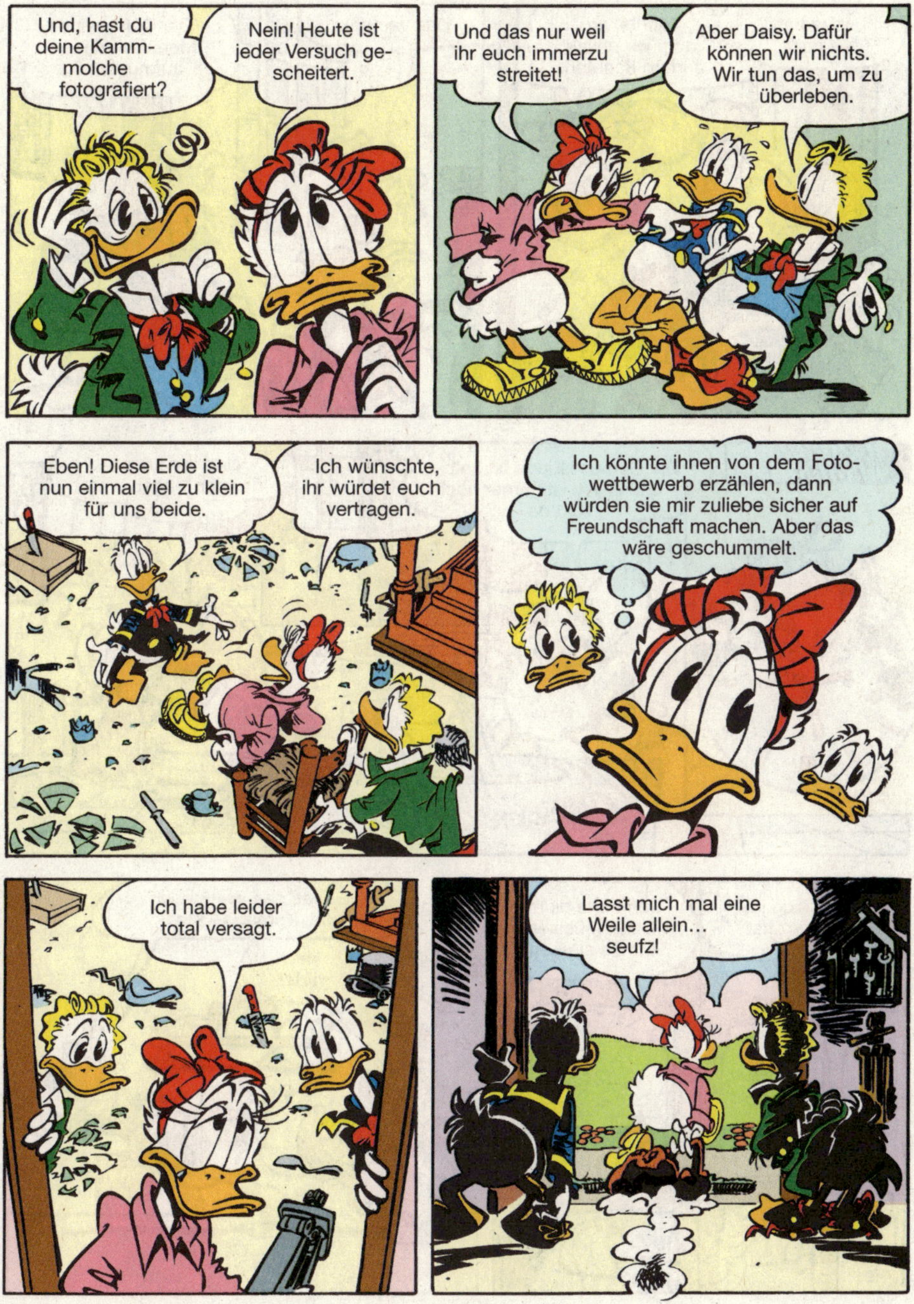
Und, hast du deine Kamm-molche fotografiert?
Nein! Heute ist jeder Versuch gescheitert.
Und das nur weil ihr euch immerzu streitet!
Aber Daisy. Dafür können wir nichts. Wir tun das, um zu überleben.
Eben! Diese Erde ist nun einmal viel zu klein für uns beide.
Ich wünschte, ihr würdet euch vertragen.
Ich könnte ihnen von dem Fotowettbewerb erzählen, dann würden sie mir zuliebe sicher auf Freundschaft machen. Aber das wäre geschummelt.
Ich habe leider total versagt.
Lasst mich mal eine Weile allein… seufz!

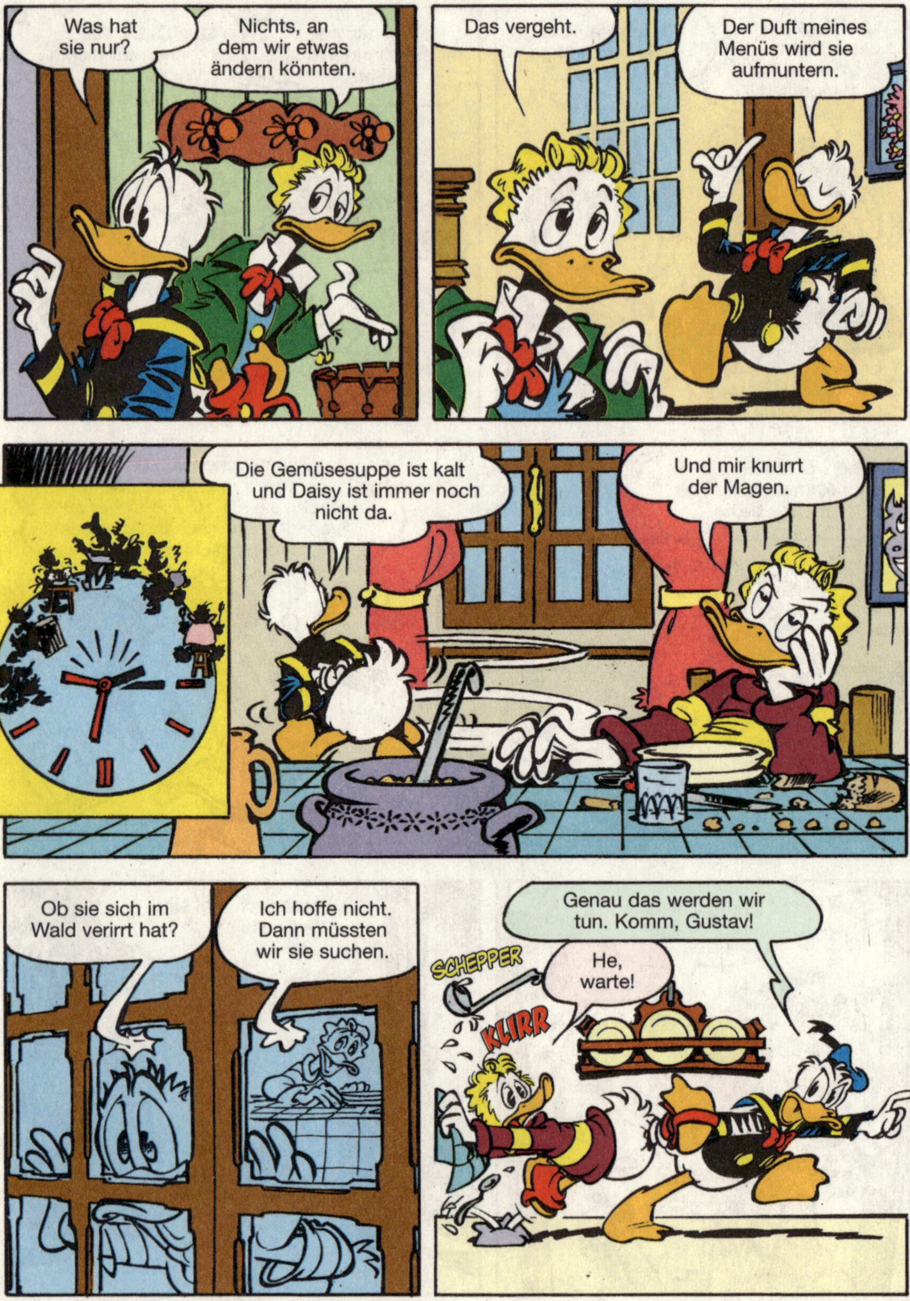
Was hat sie nur?
Nichts, an dem wir etwas ändern könnten.
Das vergeht.
Der Duft meines Menüs wird sie aufmuntern.
Die Gemüsesuppe ist kalt und Daisy ist immer noch nicht da.
Und mir knurrt der Magen.
Ob sie sich im Wald verirrt hat?
Ich hoffe nicht. Dann müssten wir sie suchen.
Genau das werden wir tun. Komm, Gustav!
SCHEPPER
KLIRR
He, warte!

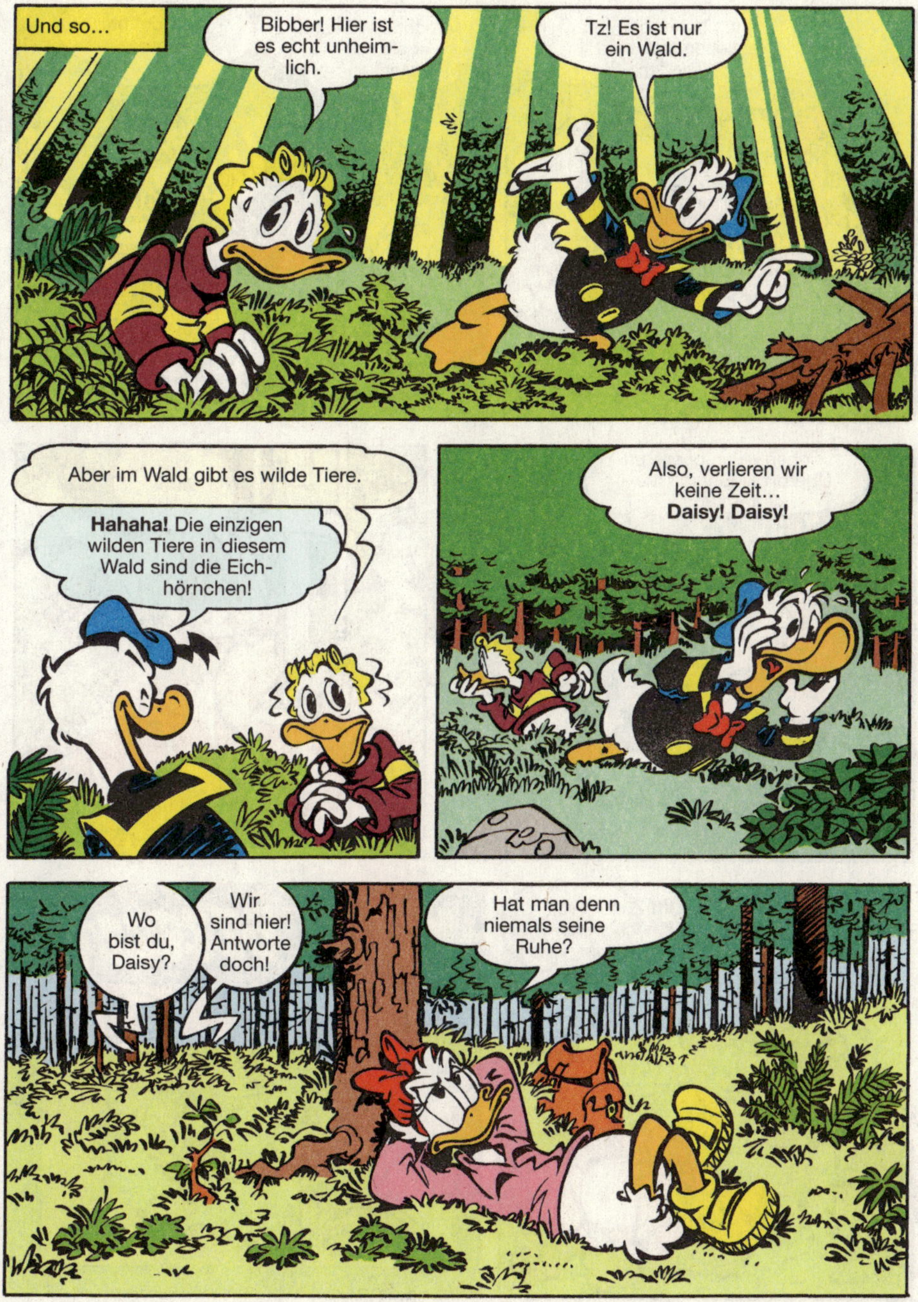
Und so…
Bibber! Hier ist es echt unheimlich.
Tz! Es ist nur ein Wald.
Aber im Wald gibt es wilde Tiere.
Hahaha! Die einzigen wilden Tiere in diesem Wald sind die Eichhörnchen!
Also, verlieren wir keine Zeit… **Daisy! Daisy!**
Wo bist du, Daisy?
Wir sind hier! Antworte doch!
Hat man denn niemals seine Ruhe?

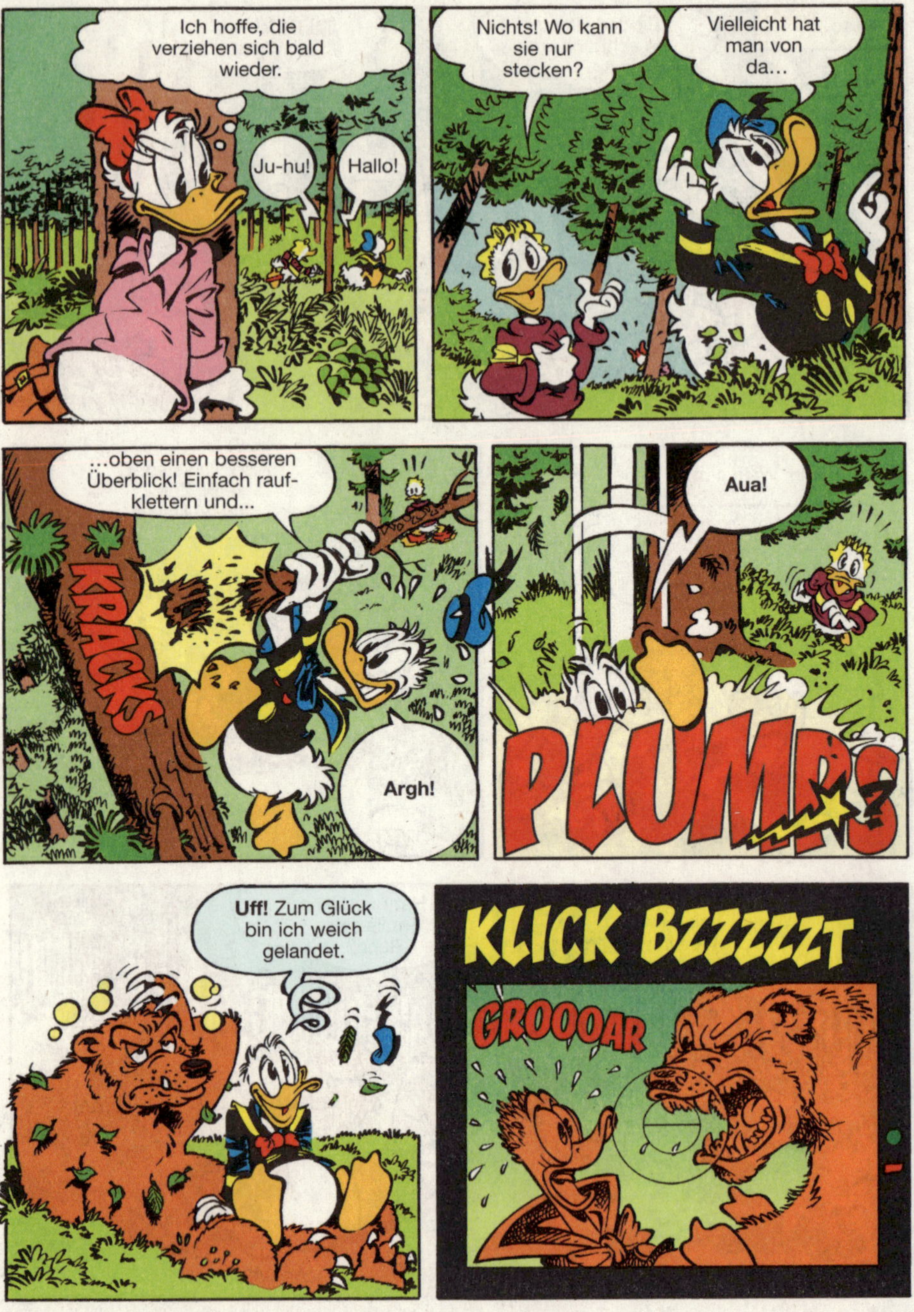

Ich hoffe, die verziehen sich bald wieder.
Ju-hu!
Hallo!
Nichts! Wo kann sie nur stecken?
Vielleicht hat man von da...
...oben einen besseren Überblick! Einfach raufklettern und...
KRACKS
Argh!
Aua!
PLUMPS
Uff! Zum Glück bin ich weich gelandet.
KLICK BZZZZZT
GROOOAR

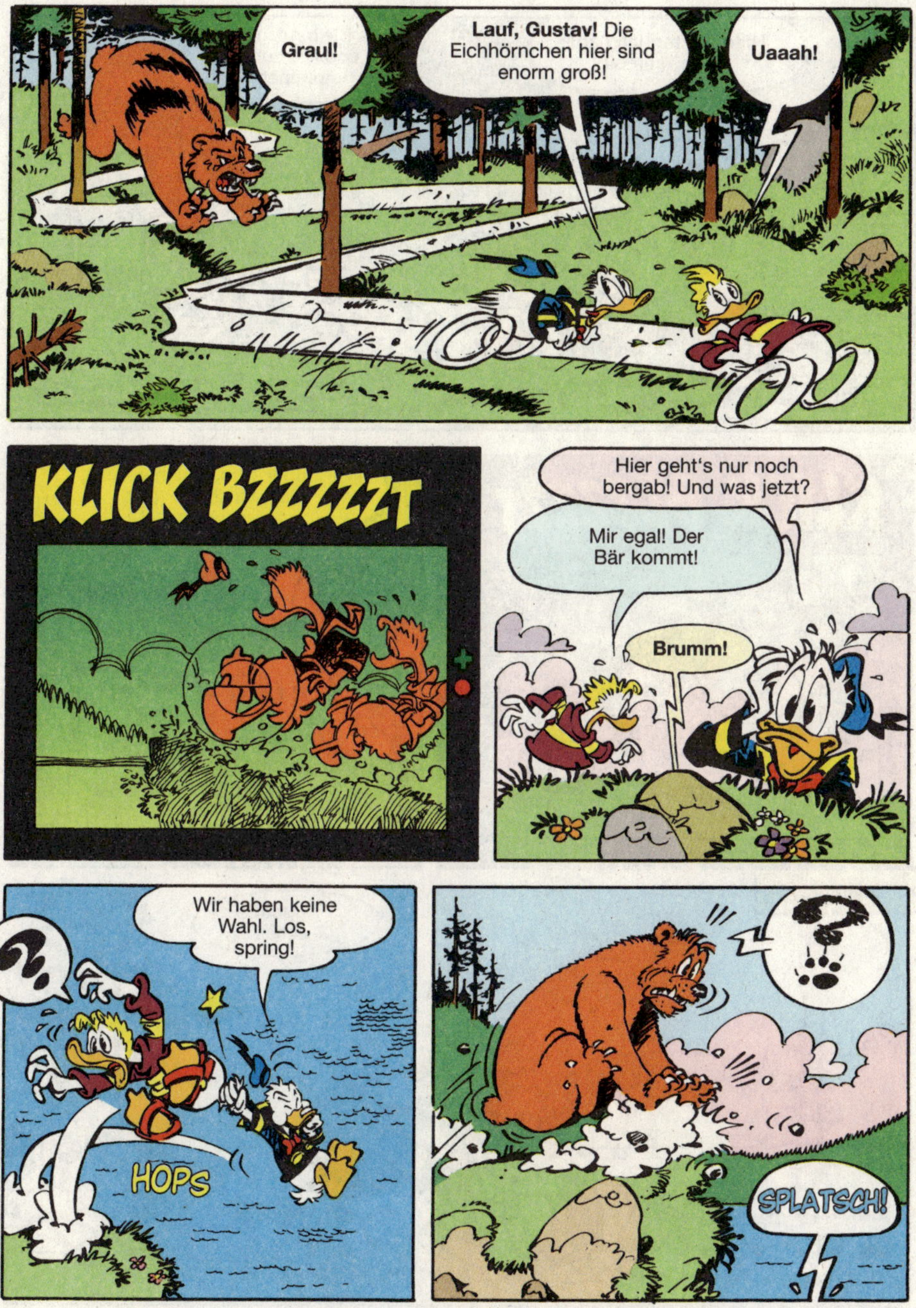
Graul!
Lauf, Gustav! Die Eichhörnchen hier sind enorm groß!
Uaaah!
KLICK BZZZZZT
Hier geht's nur noch bergab! Und was jetzt?
Mir egal! Der Bär kommt!
Brumm!
Wir haben keine Wahl. Los, spring!
HOPS
SPLATSCH!

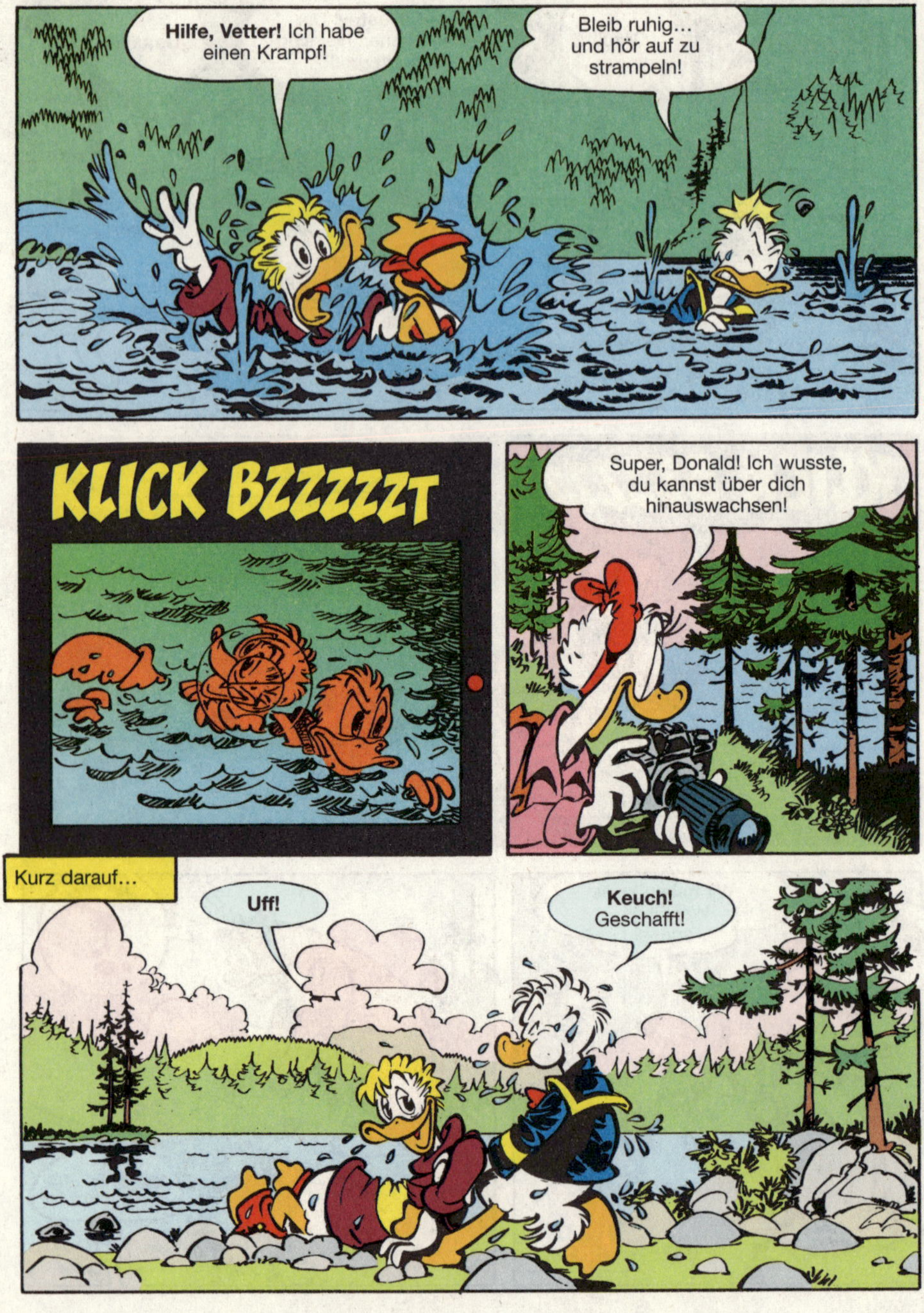
Hilfe, Vetter! Ich habe einen Krampf!
Bleib ruhig… und hör auf zu strampeln!
KLICK BZZZZZT
Super, Donald! Ich wusste, du kannst über dich hinauswachsen!
Kurz darauf…
Uff!
Keuch! Geschafft!

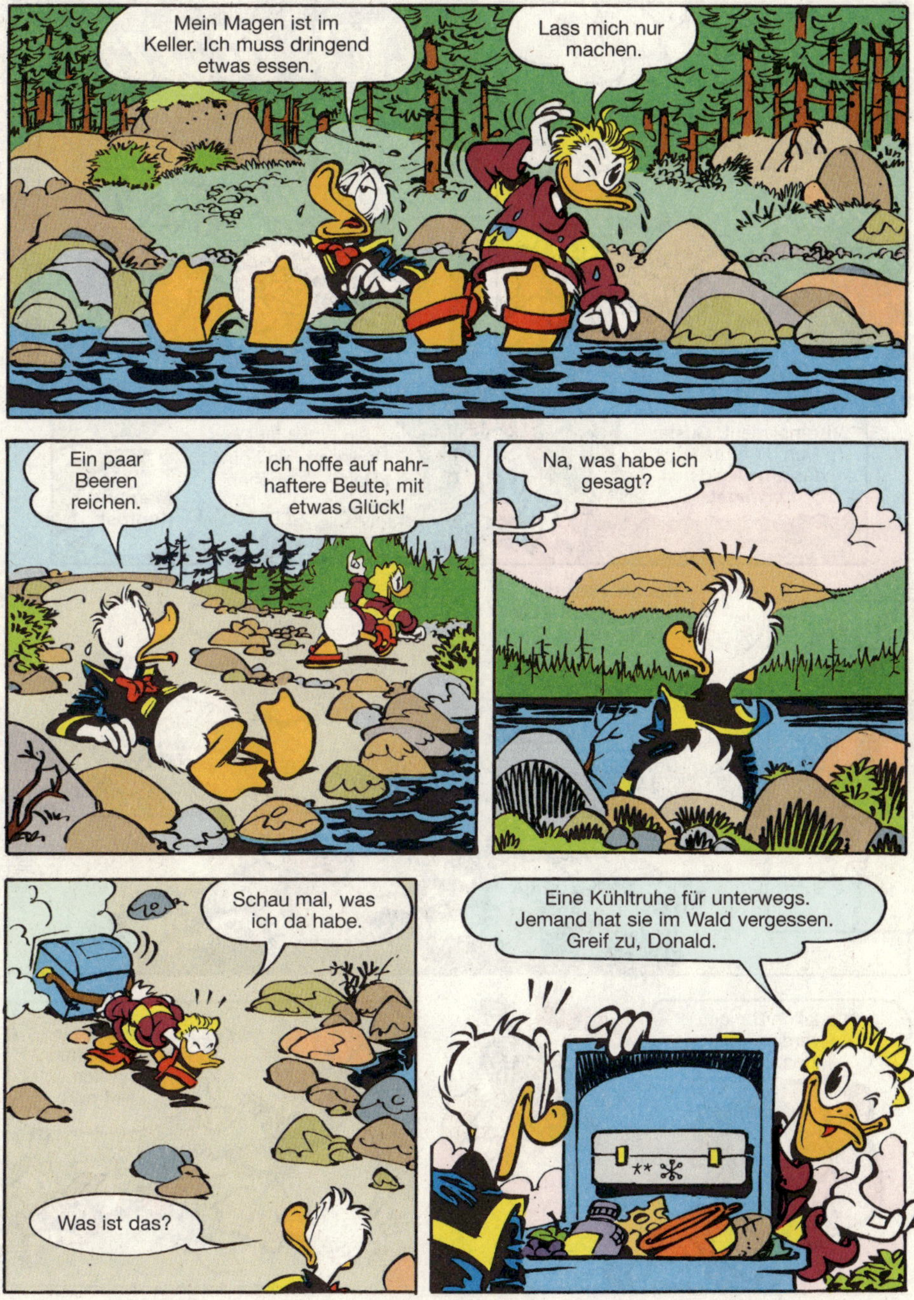
Mein Magen ist im Keller. Ich muss dringend etwas essen.
Lass mich nur machen.
Ein paar Beeren reichen.
Ich hoffe auf nahrhaftere Beute, mit etwas Glück!
Na, was habe ich gesagt?
Schau mal, was ich da habe.
Was ist das?
Eine Kühltruhe für unterwegs. Jemand hat sie im Wald vergessen. Greif zu, Donald.

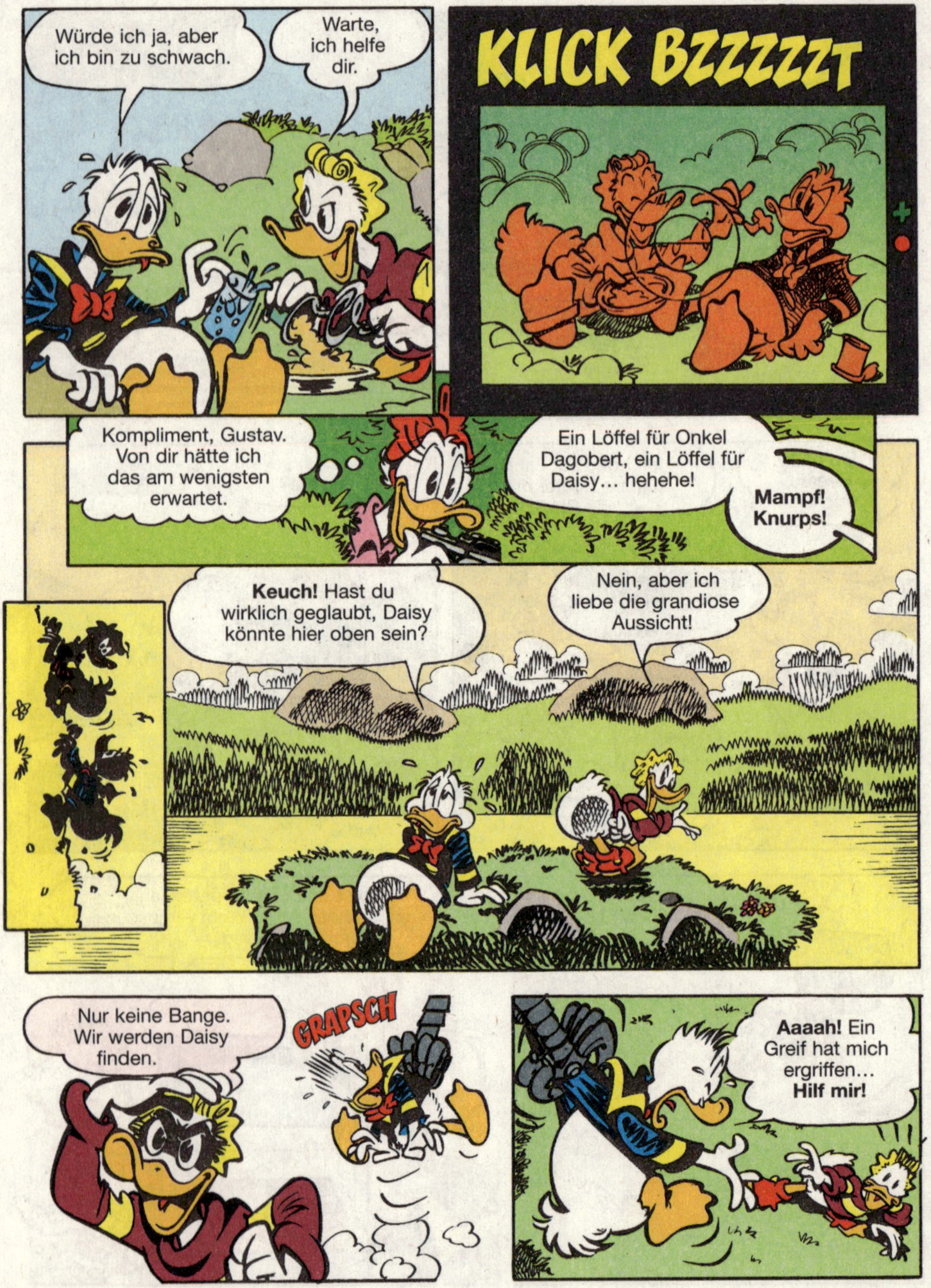
Würde ich ja, aber ich bin zu schwach.
Warte, ich helfe dir.
KLICK BZZZZZT
Kompliment, Gustav. Von dir hätte ich das am wenigsten erwartet.
Ein Löffel für Onkel Dagobert, ein Löffel für Daisy… hehehe!
Mampf! Knurps!
Keuch! Hast du wirklich geglaubt, Daisy könnte hier oben sein?
Nein, aber ich liebe die grandiose Aussicht!
Nur keine Bange. Wir werden Daisy finden.
GRAPSCH
Aaaah! Ein Greif hat mich ergriffen… Hilf mir!

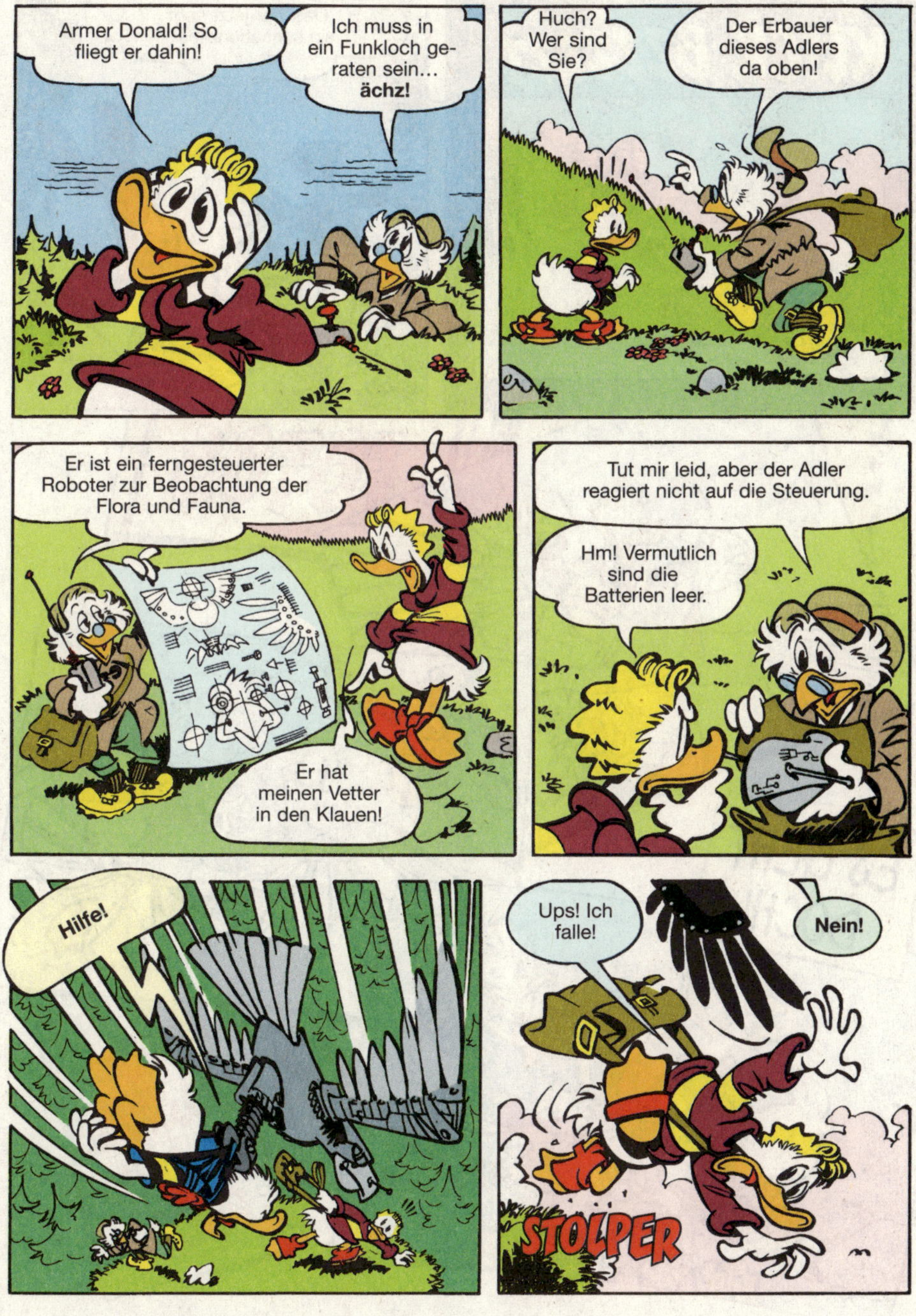
Armer Donald! So fliegt er dahin!
Ich muss in ein Funkloch geraten sein… **ächz!**
Huch? Wer sind Sie?
Der Erbauer dieses Adlers da oben!
Er ist ein ferngesteuerter Roboter zur Beobachtung der Flora und Fauna.
Er hat meinen Vetter in den Klauen!
Tut mir leid, aber der Adler reagiert nicht auf die Steuerung.
Hm! Vermutlich sind die Batterien leer.
Hilfe!
Ups! Ich falle!
Nein!
STOLPER

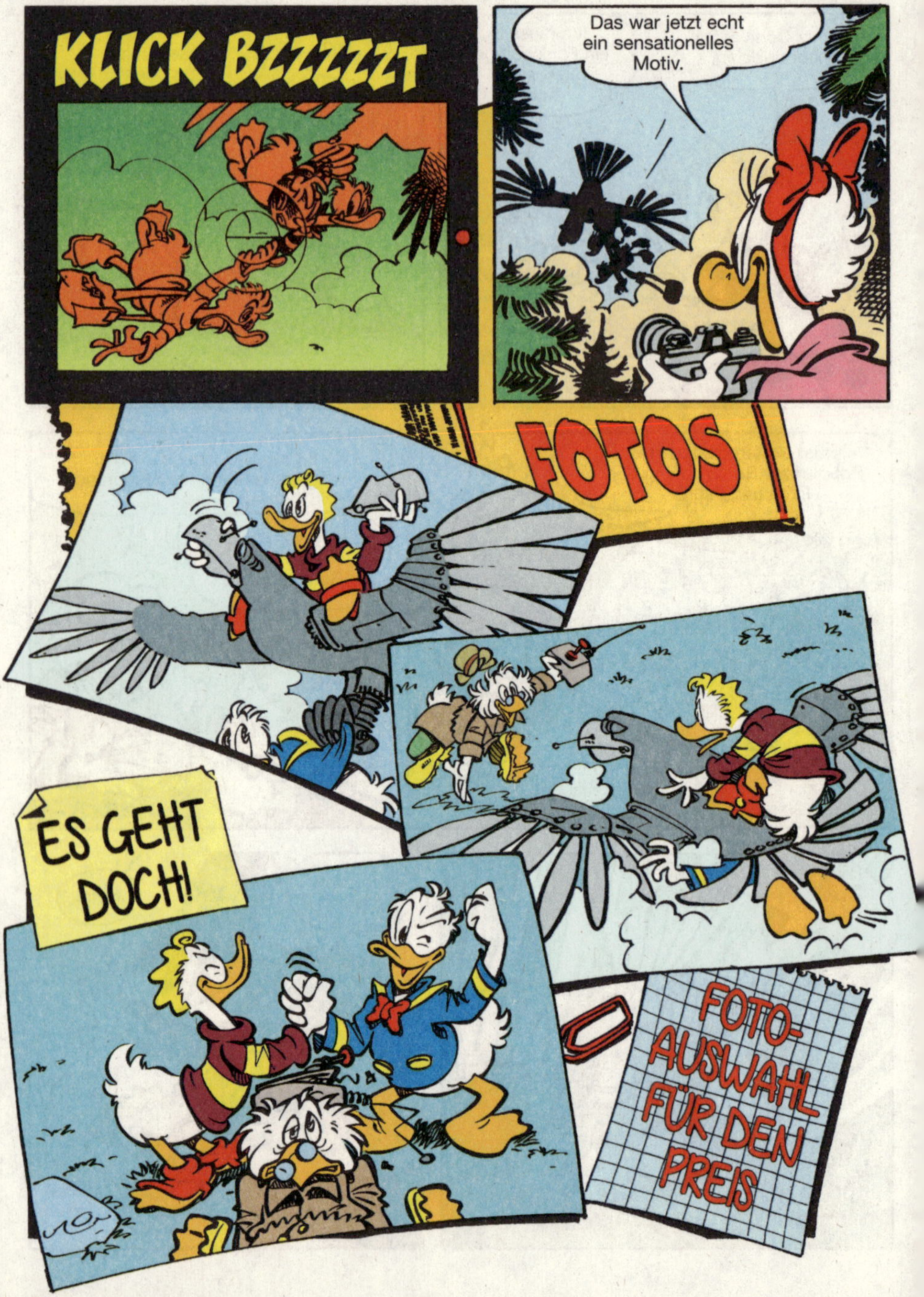
KLICK BZZZZZT
Das war jetzt echt
ein sensationelles
Motiv.
FOTOS
ES GEHT
DOCH!
FOTO-
AUSWAHL
FÜR DEN
PREIS

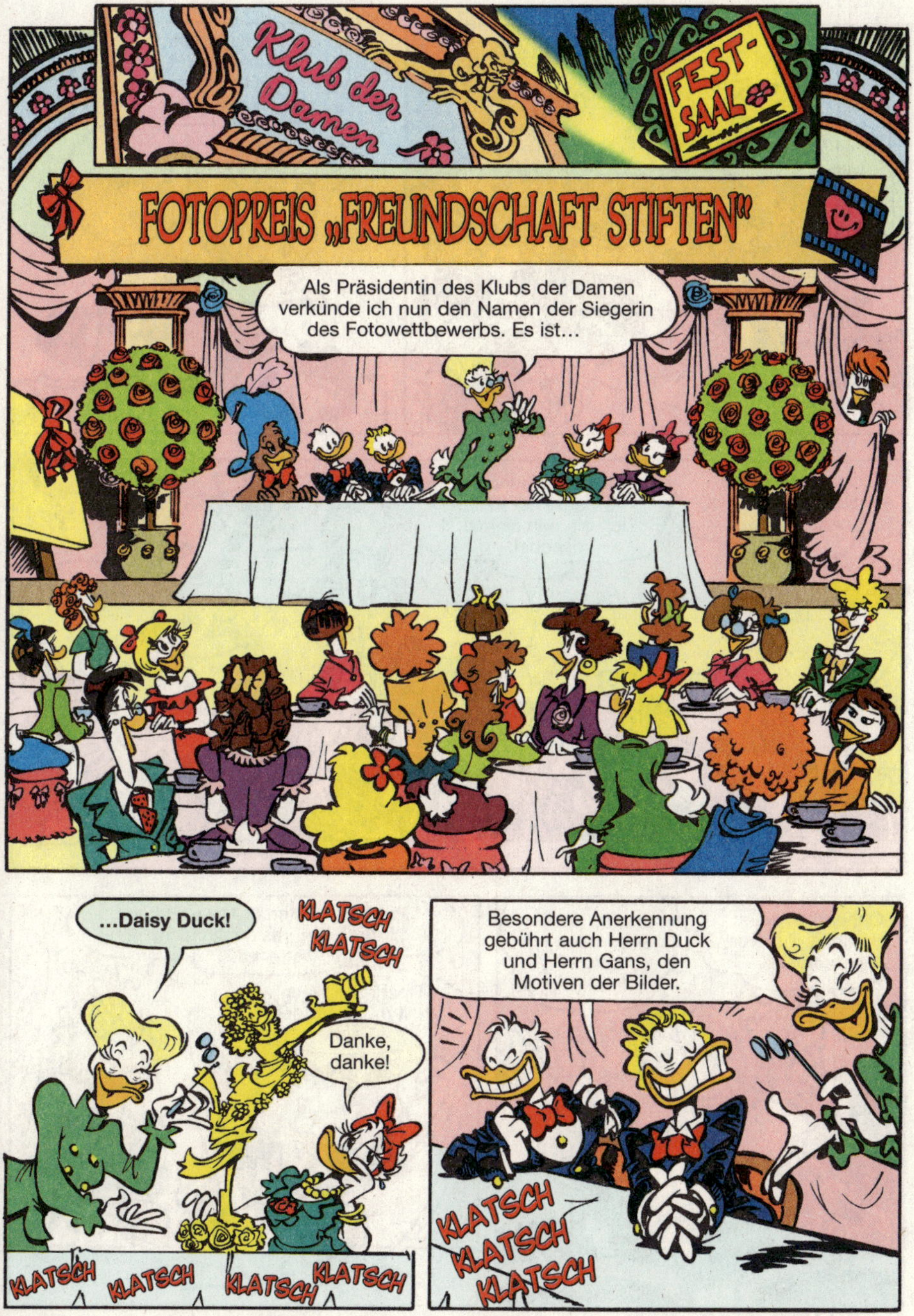
Klub der Damen
FEST-SAAL
FOTOPREIS „FREUNDSCHAFT STIFTEN"
Als Präsidentin des Klubs der Damen verkünde ich nun den Namen der Siegerin des Fotowettbewerbs. Es ist…
…Daisy Duck!
KLATSCH KLATSCH
Danke, danke!
KLATSCH KLATSCH KLATSCH KLATSCH
Besondere Anerkennung gebührt auch Herrn Duck und Herrn Gans, den Motiven der Bilder.
KLATSCH KLATSCH KLATSCH

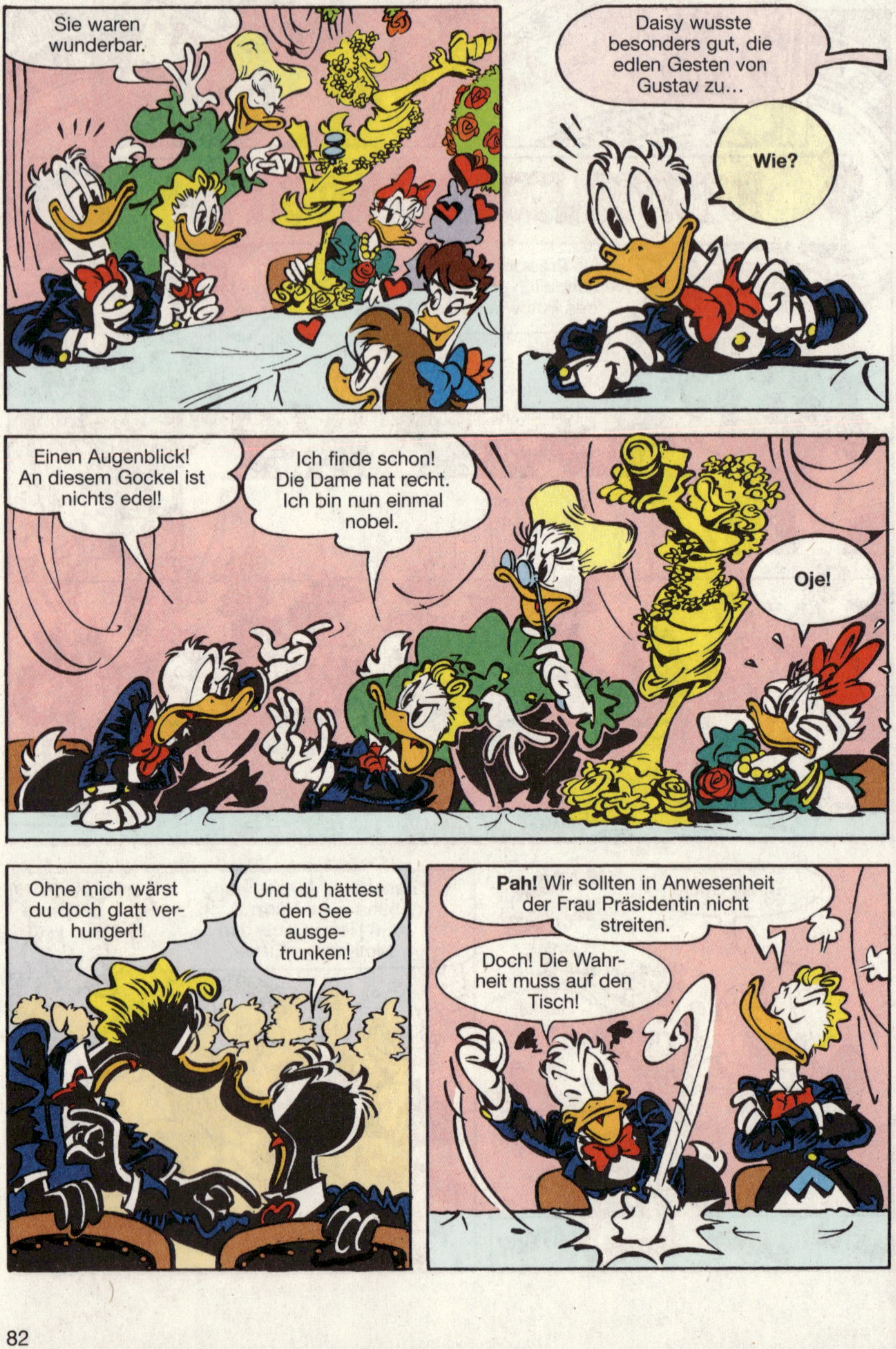
Sie waren wunderbar.
Daisy wusste besonders gut, die edlen Gesten von Gustav zu…
Wie?
Einen Augenblick! An diesem Gockel ist nichts edel!
Ich finde schon! Die Dame hat recht. Ich bin nun einmal nobel.
Oje!
Ohne mich wärst du doch glatt verhungert!
Und du hättest den See ausgetrunken!
Pah! Wir sollten in Anwesenheit der Frau Präsidentin nicht streiten.
Doch! Die Wahrheit muss auf den Tisch!

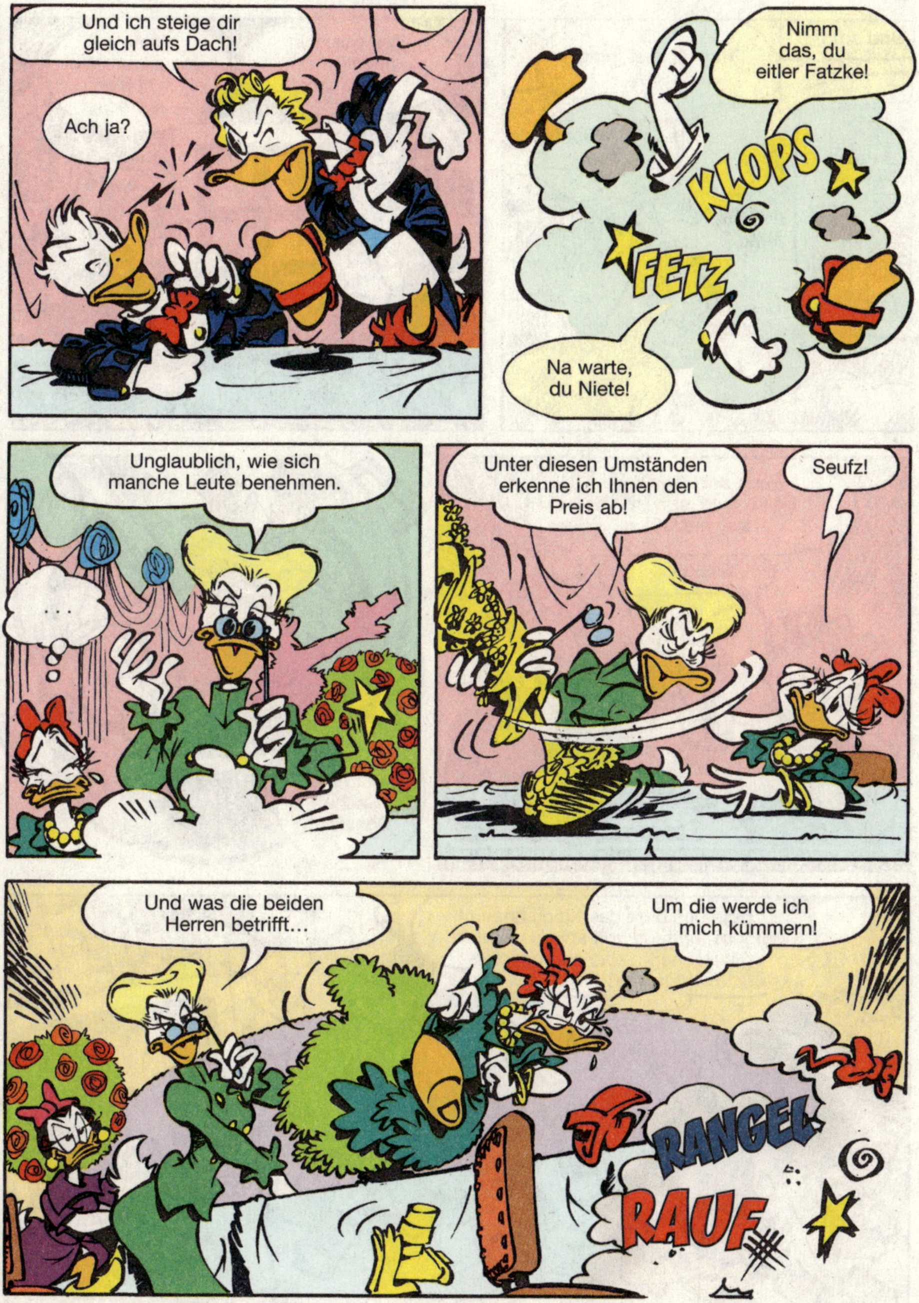
Und ich steige dir gleich aufs Dach!
Ach ja?
Nimm das, du eitler Fatzke!
KLOPS
FETZ
Na warte, du Niete!
Unglaublich, wie sich manche Leute benehmen.
. . .
Unter diesen Umständen erkenne ich Ihnen den Preis ab!
Seufz!
Und was die beiden Herren betrifft…
Um die werde ich mich kümmern!
RANGEL
RAUF

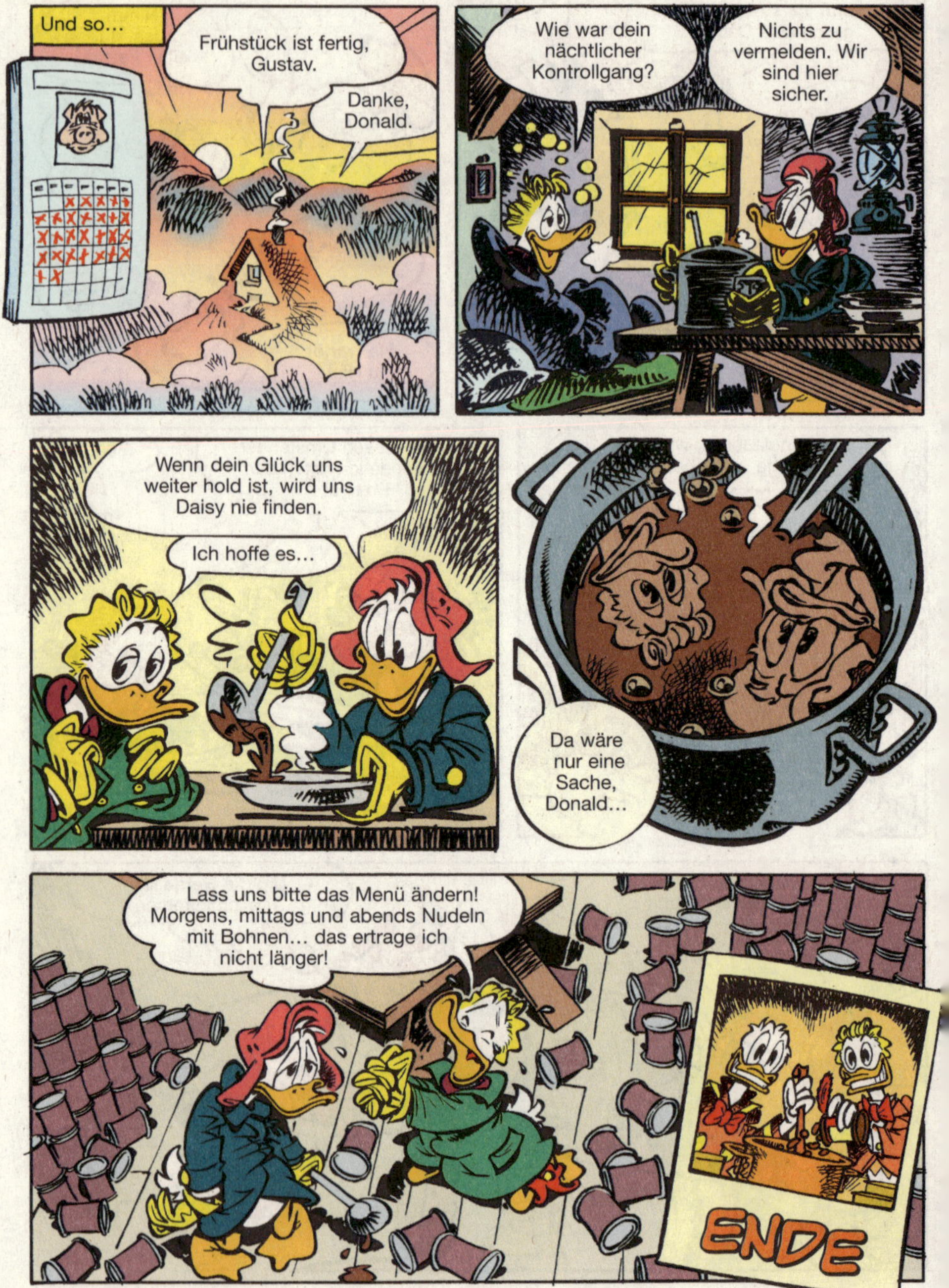
Und so…
Frühstück ist fertig, Gustav.
Danke, Donald.
Wie war dein nächtlicher Kontrollgang?
Nichts zu vermelden. Wir sind hier sicher.
Wenn dein Glück uns weiter hold ist, wird uns Daisy nie finden.
Ich hoffe es…
Da wäre nur eine Sache, Donald…
Lass uns bitte das Menü ändern! Morgens, mittags und abends Nudeln mit Bohnen… das ertrage ich nicht länger!
ENDE

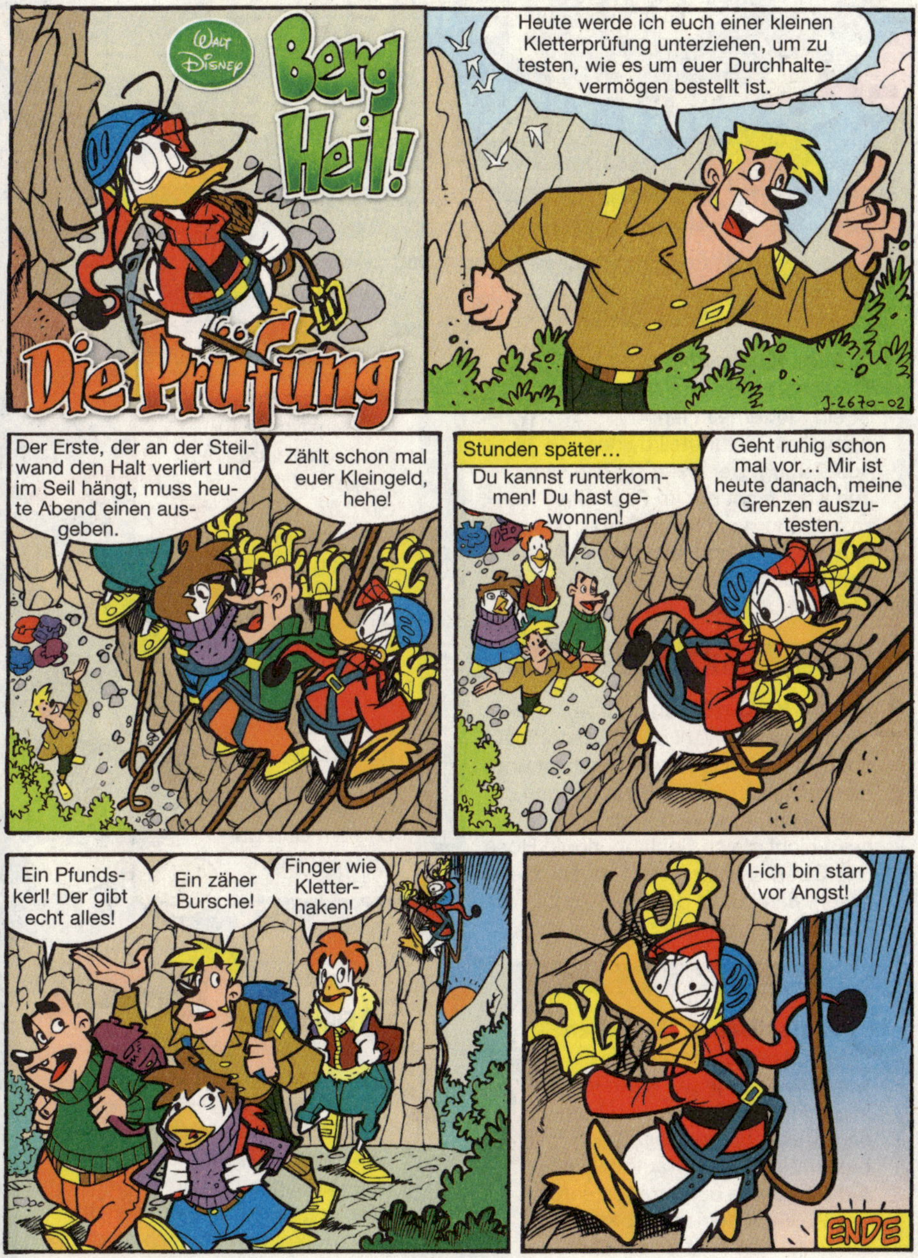

Danilo Barozzi (Story & Zeichnungen)

ROUTE 6

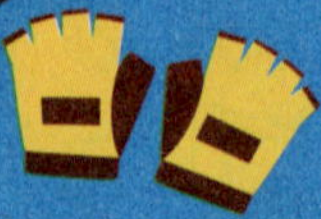

Gut gekleidet auf den Gipfel

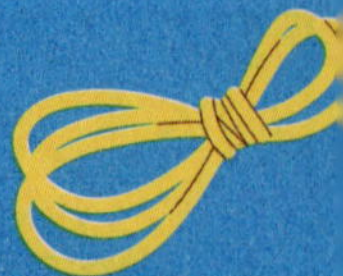

Wer Felswände erklimmt, muss nicht unbedingt modisch auf der Höhe sein. Trotzdem machen einige Kleidungsstücke und Accessoires den entscheidenden Unterschied zwischen einem Fiasko am Felsen und einem komfortablen Klettererlebnis.

1 Alles Kopfsache

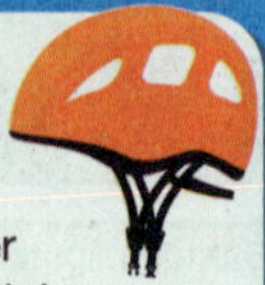

Insbesondere im Freien ist ein Kletterhelm ein sinnvoller Bestandteil deiner Ausrüstung. Der Helm schützt den Kopf nicht nur im Falle eines Sturzes, sondern auch vor Geröll, das sich von der Felswand lösen kann. Achte darauf, dass der Helm stabil sitzt und nicht verrutscht!

2 Gu(r)ter Rat

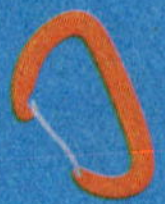

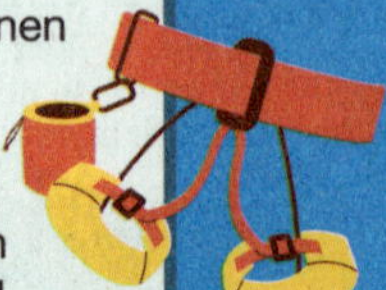

Das Must-have für alle Kletterdisziplinen mit Seil ist der Gurt! Er stellt eine sichere Verbindung zwischen dem Kletterer und dem Seil her und verhindert somit gefährliche Stürze. Außerdem lassen sich Ausrüstungsgegenstände wie Karabiner und das Chalkbag am Gurt gut transportieren.

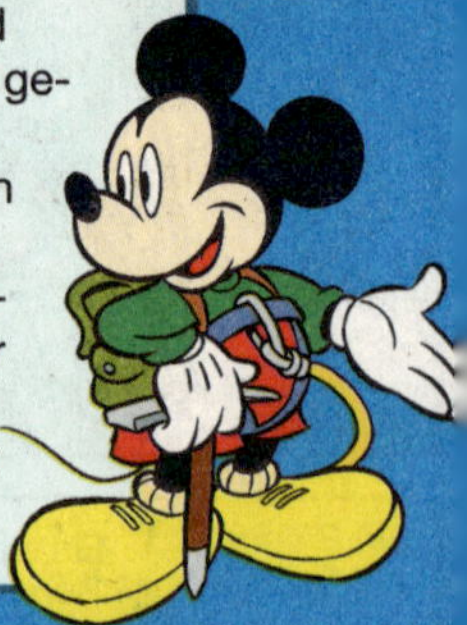

3 Nicht lockerlassen

Achte bei der Wahl deiner Kletterkleidung darauf, dass sie bequem ist und dir uneingeschränkte Bewegungen ermöglicht. Aber Achtung: Bequem heißt nicht gleich Schlabberlook! Hose und Oberteil sollten eher enganliegend sitzen, damit sich der Stoff nicht in den Klettergriffen verfängt.

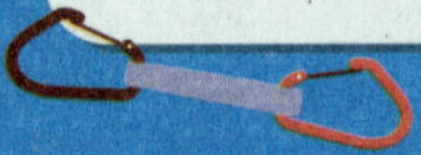

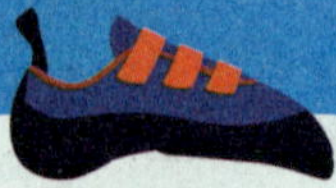

4 Fantastisches Täschchen

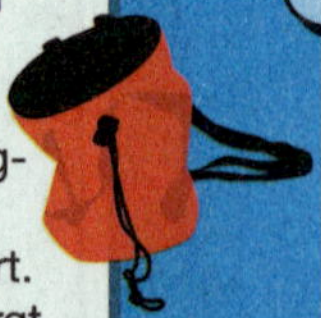

Ein Chalkbag ist das ideale Accessoire für jeden Kletterer! In der kleinen Tasche wird Magnesiumcarbonatpulver – auch bekannt als Chalk – aufbewahrt. Auf die Hände aufgetragen sorgt das Pulver für einen verbesserten Griff, indem es den (Höhenangst-)Schweiß absorbiert!

5 Fuß fassen

Da die Fußarbeit beim Klettern besonders wichtig ist, sollte das Schuhwerk gut gewählt sein. Kletterschuhe sorgen mit ihrer dünnen, profillosen Sohle für den richtigen Halt am Felsen. Die enge Passform ermöglicht es zudem, den Fuß nah an der Wand zu platzieren.

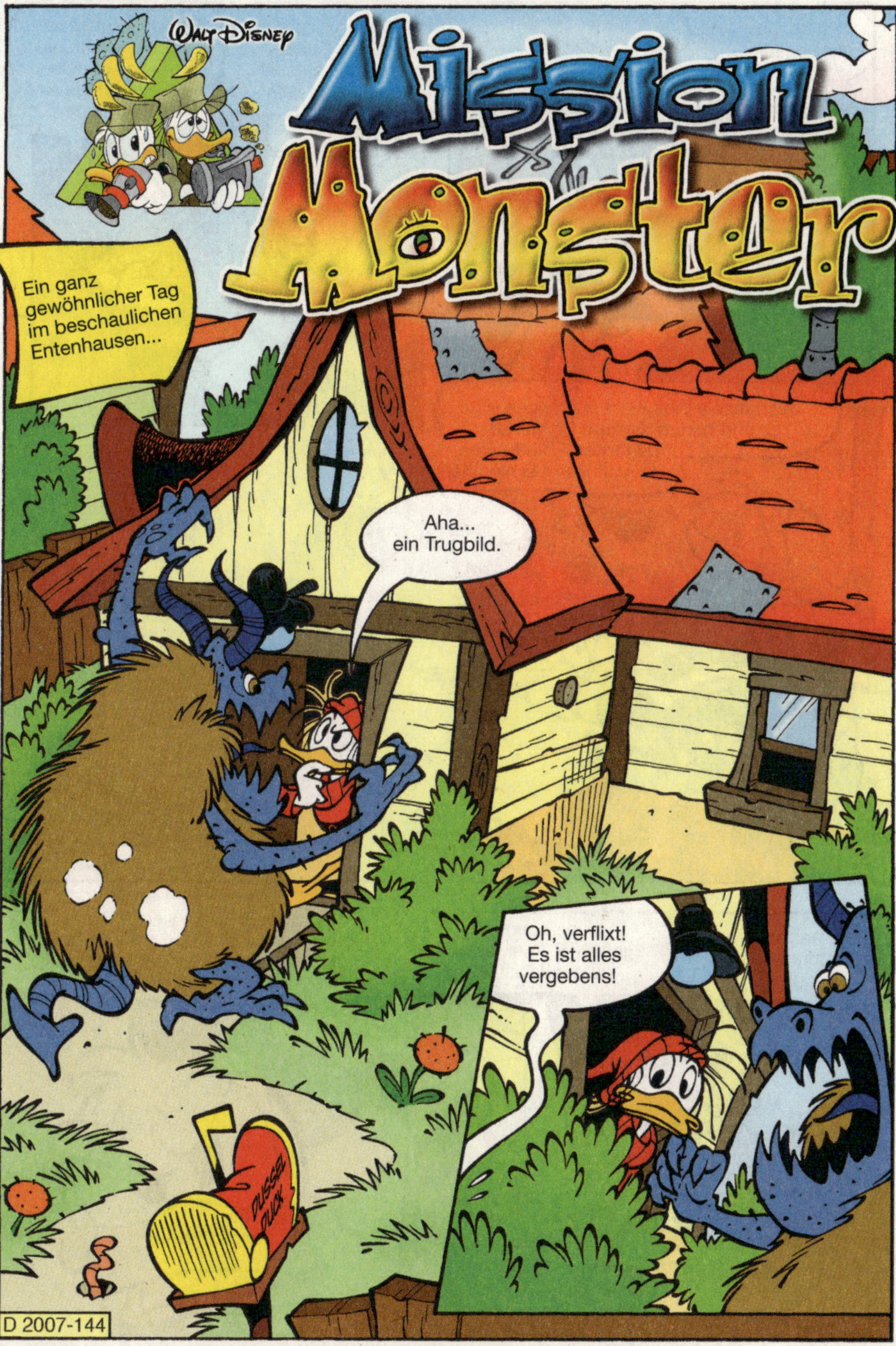

David Gerstein, Lars Jensen (Story), **Flemming Andersen** (Zeichnungen)

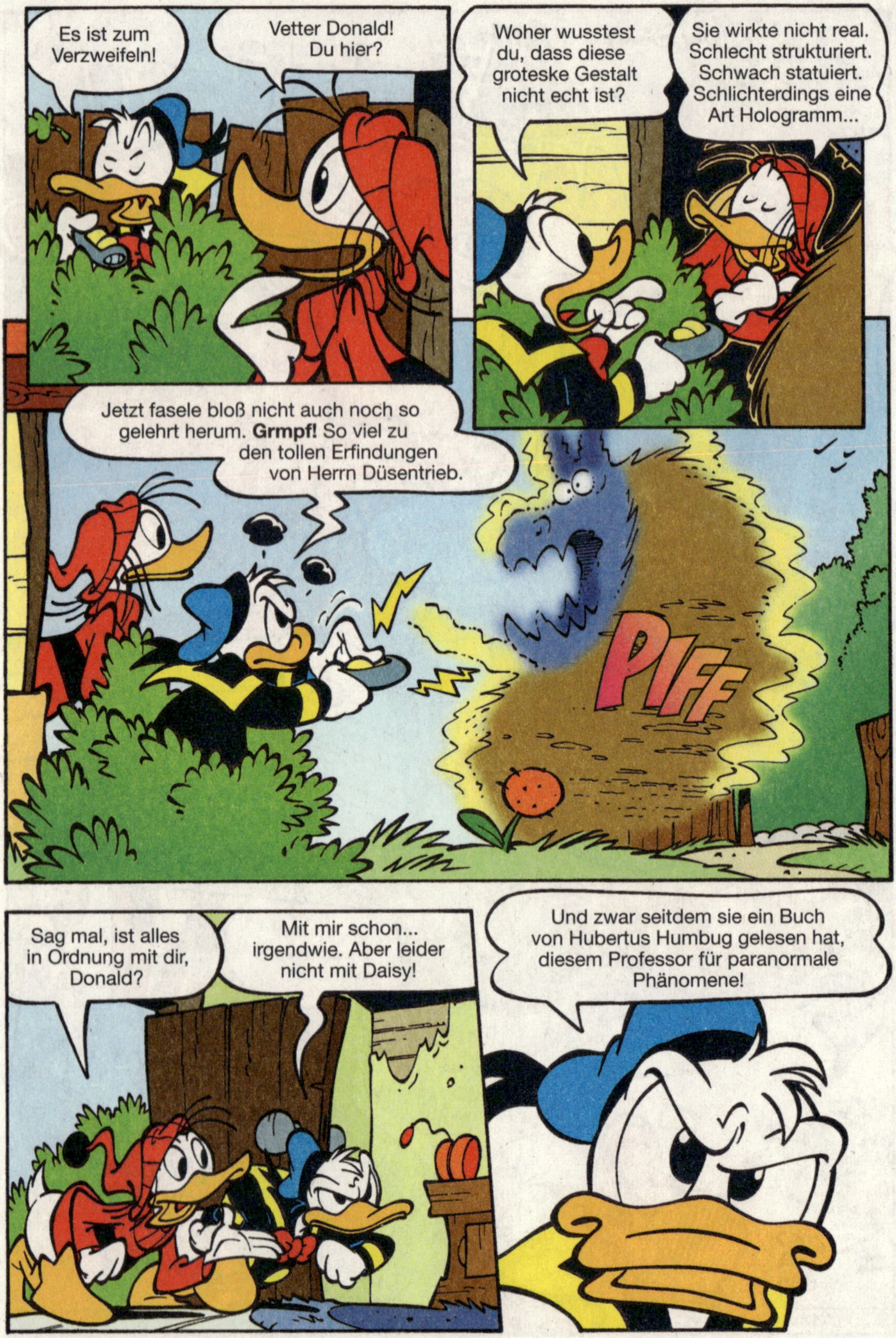
Es ist zum Verzweifeln!
Vetter Donald! Du hier?
Woher wusstest du, dass diese groteske Gestalt nicht echt ist?
Sie wirkte nicht real. Schlecht strukturiert. Schwach statuiert. Schlichterdings eine Art Hologramm...
Jetzt fasele bloß nicht auch noch so gelehrt herum. **Grmpf!** So viel zu den tollen Erfindungen von Herrn Düsentrieb.
PIFF
Sag mal, ist alles in Ordnung mit dir, Donald?
Mit mir schon... irgendwie. Aber leider nicht mit Daisy!
Und zwar seitdem sie ein Buch von Hubertus Humbug gelesen hat, diesem Professor für paranormale Phänomene!

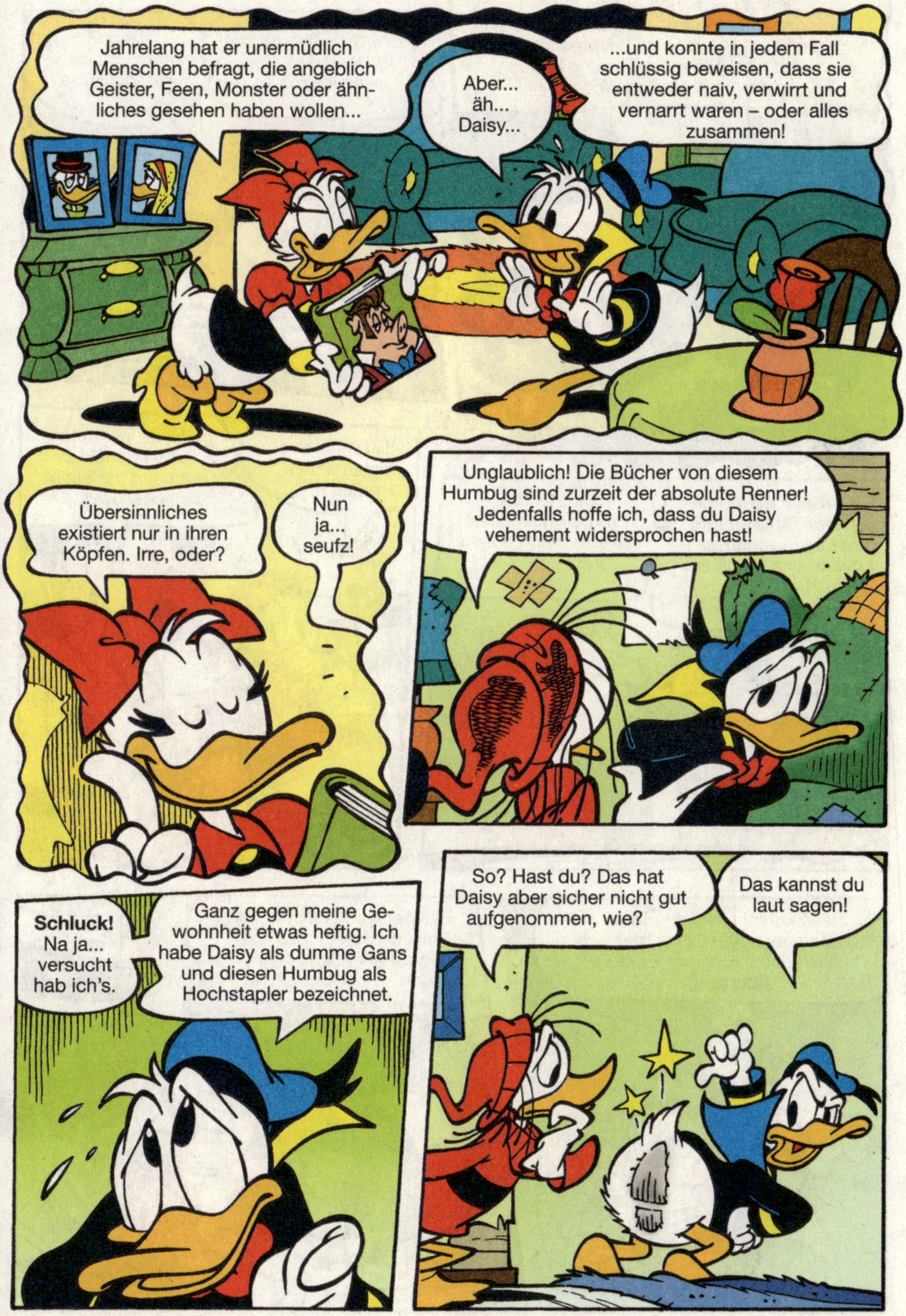

Jahrelang hat er unermüdlich Menschen befragt, die angeblich Geister, Feen, Monster oder ähnliches gesehen haben wollen...
Aber... äh... Daisy...
...und konnte in jedem Fall schlüssig beweisen, dass sie entweder naiv, verwirrt und vernarrt waren – oder alles zusammen!
Übersinnliches existiert nur in ihren Köpfen. Irre, oder?
Nun ja... seufz!
Unglaublich! Die Bücher von diesem Humbug sind zurzeit der absolute Renner! Jedenfalls hoffe ich, dass du Daisy vehement widersprochen hast!
Schluck! Na ja... versucht hab ich's.
Ganz gegen meine Gewohnheit etwas heftig. Ich habe Daisy als dumme Gans und diesen Humbug als Hochstapler bezeichnet.
So? Hast du? Das hat Daisy aber sicher nicht gut aufgenommen, wie?
Das kannst du laut sagen!

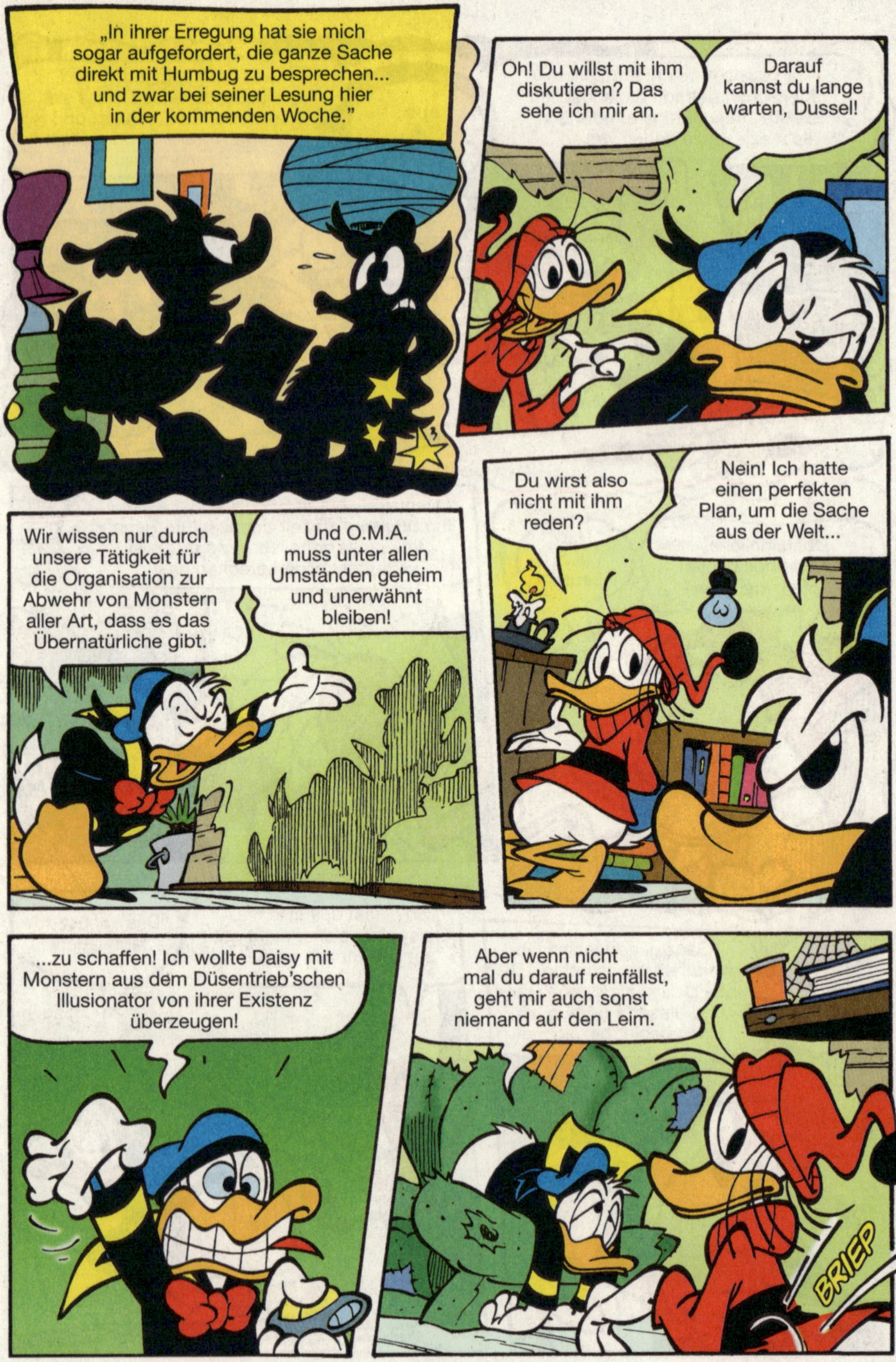
„In ihrer Erregung hat sie mich sogar aufgefordert, die ganze Sache direkt mit Humbug zu besprechen... und zwar bei seiner Lesung hier in der kommenden Woche."
Oh! Du willst mit ihm diskutieren? Das sehe ich mir an.
Darauf kannst du lange warten, Dussel!
Wir wissen nur durch unsere Tätigkeit für die Organisation zur Abwehr von Monstern aller Art, dass es das Übernatürliche gibt.
Und O.M.A. muss unter allen Umständen geheim und unerwähnt bleiben!
Du wirst also nicht mit ihm reden?
Nein! Ich hatte einen perfekten Plan, um die Sache aus der Welt...
...zu schaffen! Ich wollte Daisy mit Monstern aus dem Düsentrieb'schen Illusionator von ihrer Existenz überzeugen!
Aber wenn nicht mal du darauf reinfällst, geht mir auch sonst niemand auf den Leim.
BRIEP

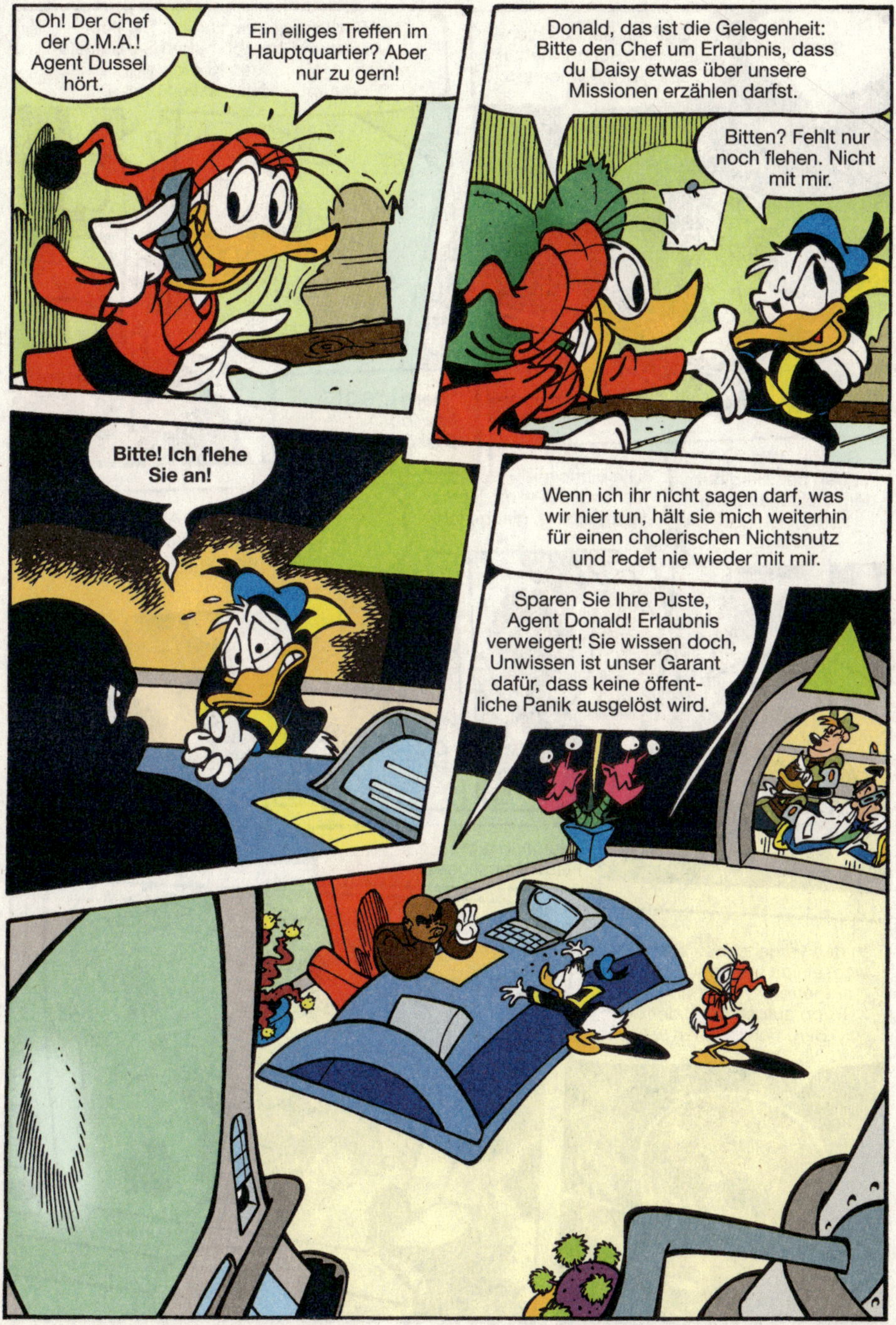
Oh! Der Chef der O.M.A.! Agent Dussel hört.
Ein eiliges Treffen im Hauptquartier? Aber nur zu gern!
Donald, das ist die Gelegenheit: Bitte den Chef um Erlaubnis, dass du Daisy etwas über unsere Missionen erzählen darfst.
Bitten? Fehlt nur noch flehen. Nicht mit mir.
Bitte! Ich flehe Sie an!
Wenn ich ihr nicht sagen darf, was wir hier tun, hält sie mich weiterhin für einen cholerischen Nichtsnutz und redet nie wieder mit mir.
Sparen Sie Ihre Puste, Agent Donald! Erlaubnis verweigert! Sie wissen doch, Unwissen ist unser Garant dafür, dass keine öffentliche Panik ausgelöst wird.

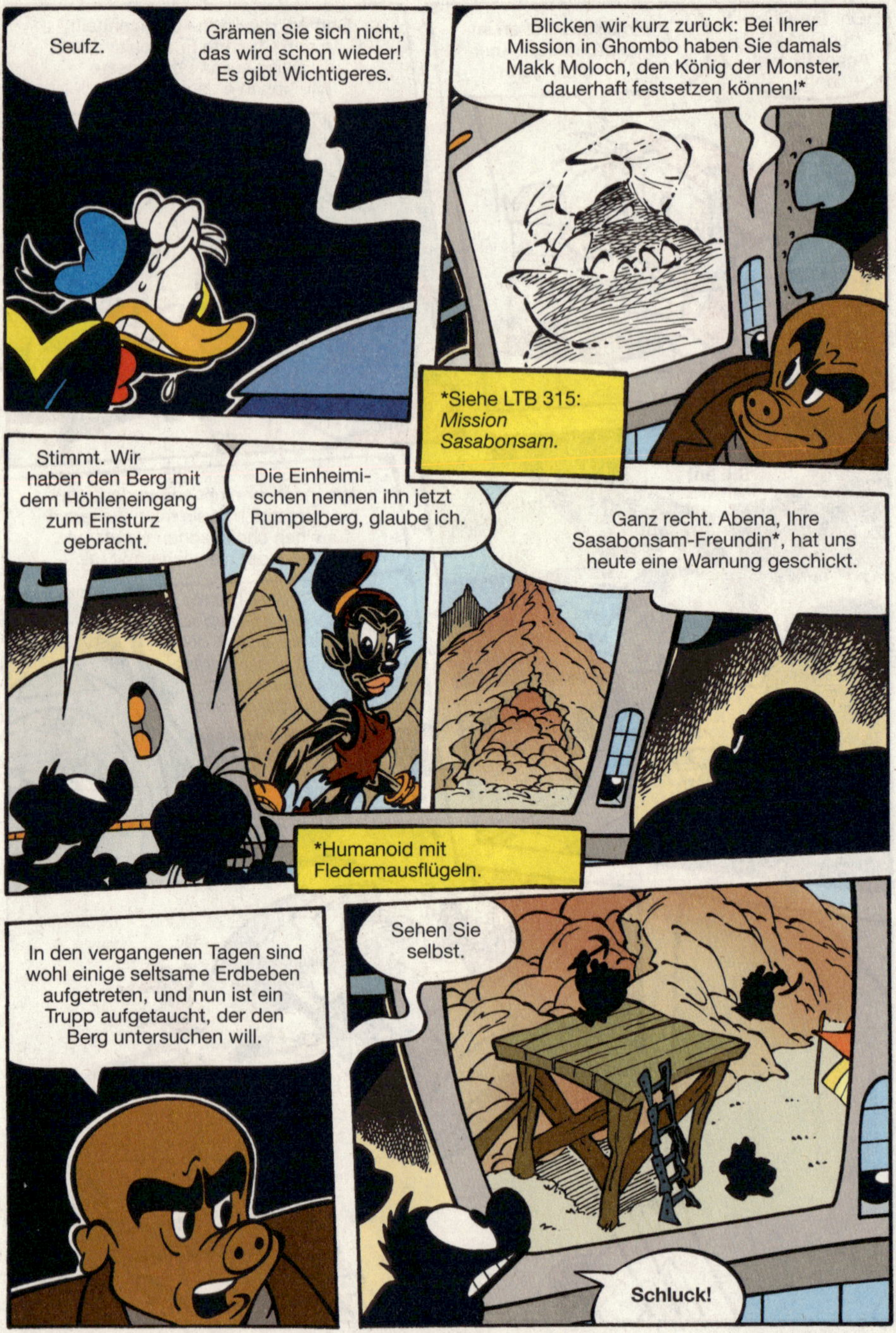
Seufz.
Grämen Sie sich nicht, das wird schon wieder! Es gibt Wichtigeres.
Blicken wir kurz zurück: Bei Ihrer Mission in Ghombo haben Sie damals Makk Moloch, den König der Monster, dauerhaft festsetzen können!*
*Siehe LTB 315: *Mission Sasabonsam.*
Stimmt. Wir haben den Berg mit dem Höhleneingang zum Einsturz gebracht.
Die Einheimischen nennen ihn jetzt Rumpelberg, glaube ich.
Ganz recht. Abena, Ihre Sasabonsam-Freundin*, hat uns heute eine Warnung geschickt.
*Humanoid mit Fledermausflügeln.
In den vergangenen Tagen sind wohl einige seltsame Erdbeben aufgetreten, und nun ist ein Trupp aufgetaucht, der den Berg untersuchen will.
Sehen Sie selbst.
Schluck!

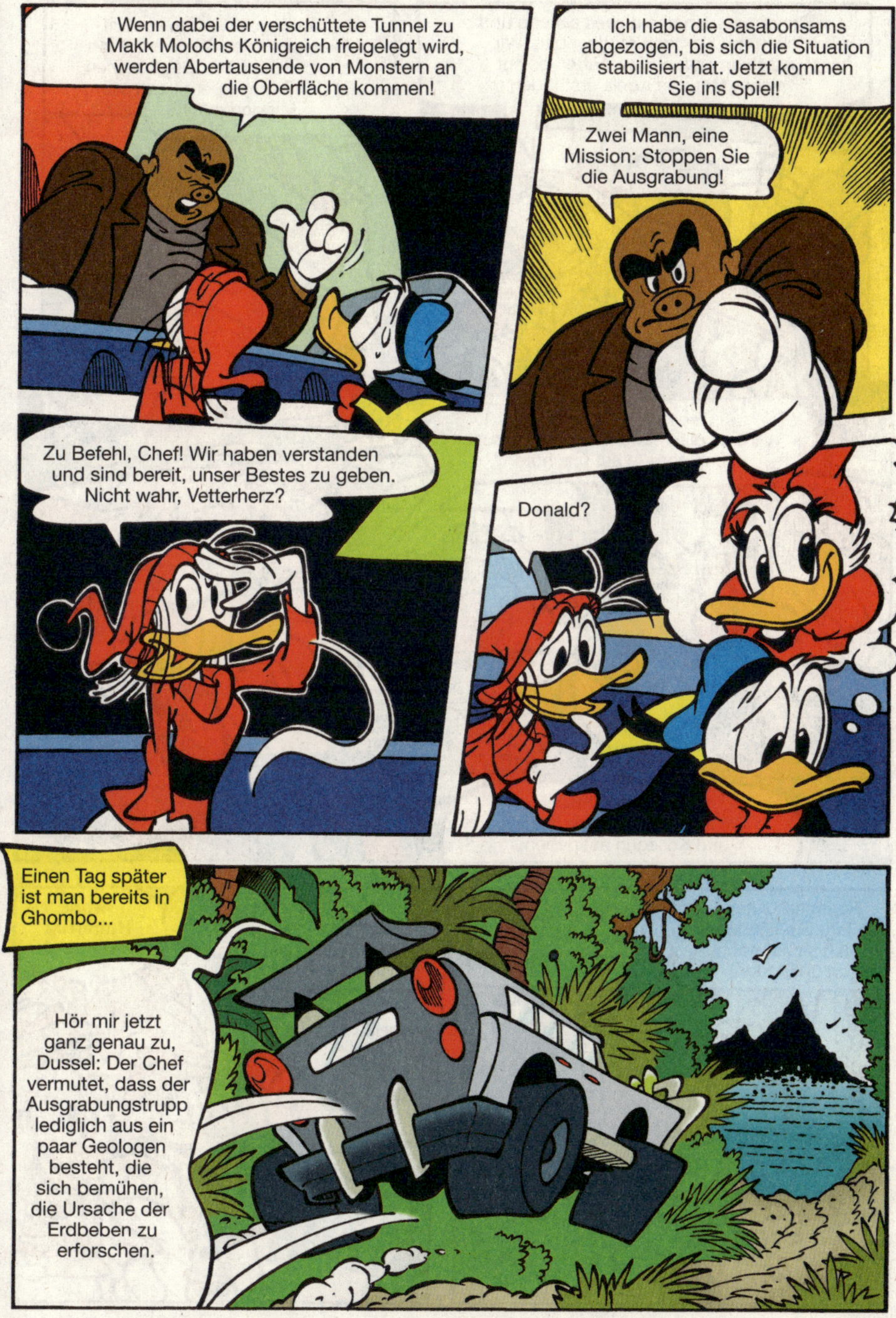
Wenn dabei der verschüttete Tunnel zu Makk Molochs Königreich freigelegt wird, werden Abertausende von Monstern an die Oberfläche kommen!
Ich habe die Sasabonsams abgezogen, bis sich die Situation stabilisiert hat. Jetzt kommen Sie ins Spiel!
Zwei Mann, eine Mission: Stoppen Sie die Ausgrabung!
Zu Befehl, Chef! Wir haben verstanden und sind bereit, unser Bestes zu geben. Nicht wahr, Vetterherz?
Donald?
Einen Tag später ist man bereits in Ghombo...
Hör mir jetzt ganz genau zu, Dussel: Der Chef vermutet, dass der Ausgrabungstrupp lediglich aus ein paar Geologen besteht, die sich bemühen, die Ursache der Erdbeben zu erforschen.

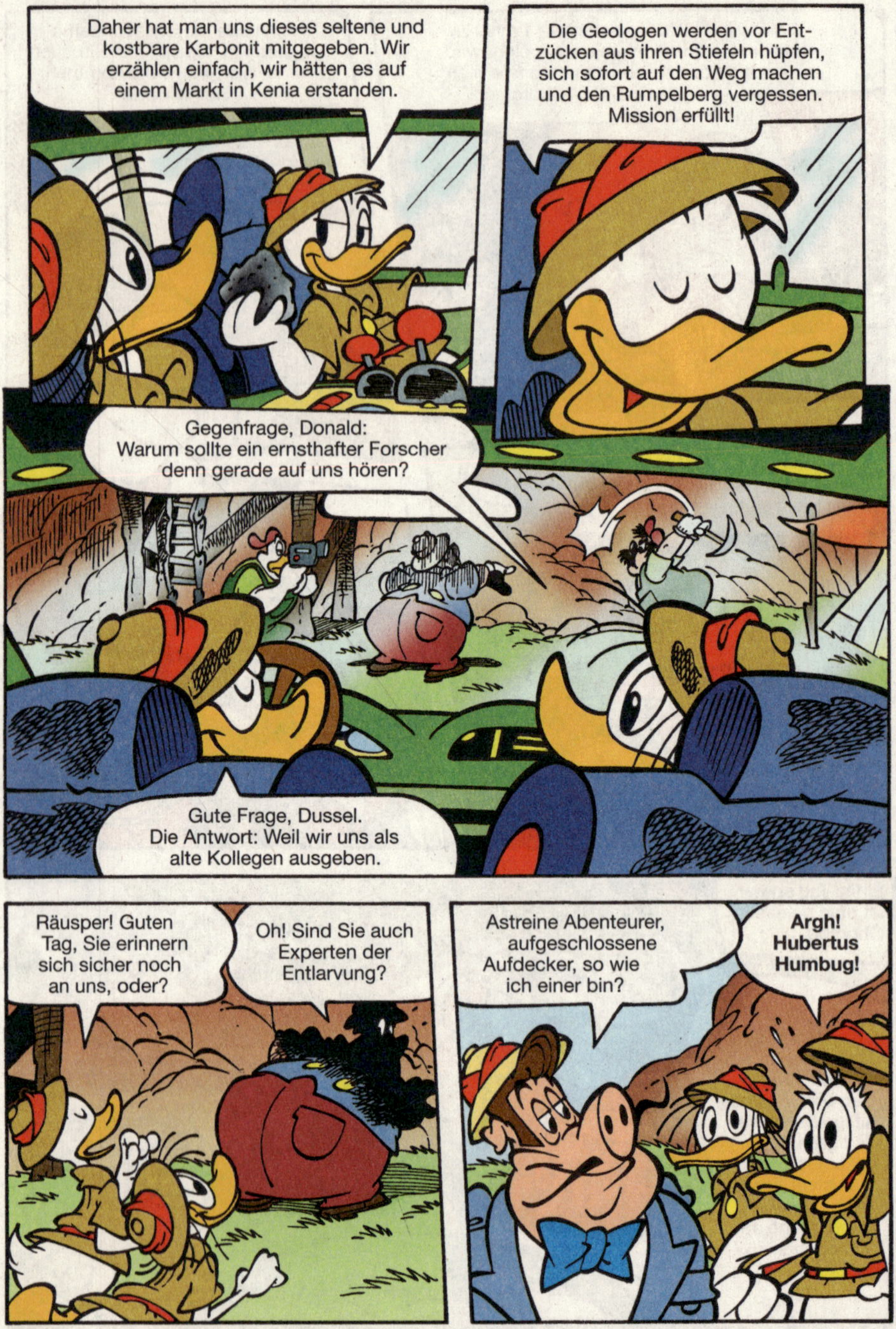
Daher hat man uns dieses seltene und kostbare Karbonit mitgegeben. Wir erzählen einfach, wir hätten es auf einem Markt in Kenia erstanden.
Die Geologen werden vor Entzücken aus ihren Stiefeln hüpfen, sich sofort auf den Weg machen und den Rumpelberg vergessen. Mission erfüllt!
Gegenfrage, Donald: Warum sollte ein ernsthafter Forscher denn gerade auf uns hören?
Gute Frage, Dussel. Die Antwort: Weil wir uns als alte Kollegen ausgeben.
Räusper! Guten Tag, Sie erinnern sich sicher noch an uns, oder?
Oh! Sind Sie auch Experten der Entlarvung?
Astreine Abenteurer, aufgeschlossene Aufdecker, so wie ich einer bin?
Argh! Hubertus Humbug!

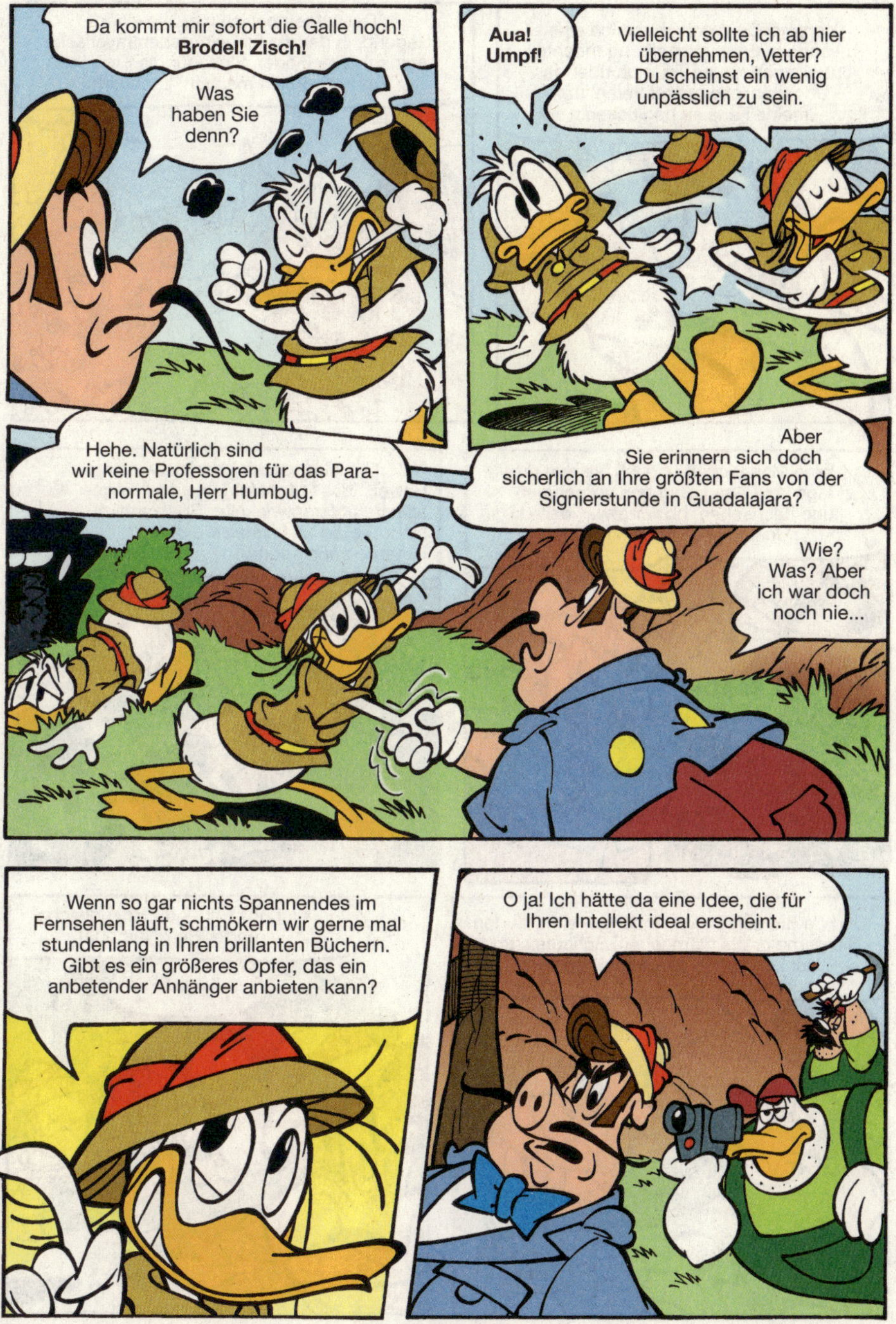
Da kommt mir sofort die Galle hoch! **Brodel! Zisch!**
Was haben Sie denn?
Aua! Umpf!
Vielleicht sollte ich ab hier übernehmen, Vetter? Du scheinst ein wenig unpässlich zu sein.
Hehe. Natürlich sind wir keine Professoren für das Paranormale, Herr Humbug.
Aber Sie erinnern sich doch sicherlich an Ihre größten Fans von der Signierstunde in Guadalajara?
Wie? Was? Aber ich war doch noch nie...
Wenn so gar nichts Spannendes im Fernsehen läuft, schmökern wir gerne mal stundenlang in Ihren brillanten Büchern. Gibt es ein größeres Opfer, das ein anbetender Anhänger anbieten kann?
O ja! Ich hätte da eine Idee, die für Ihren Intellekt ideal erscheint.

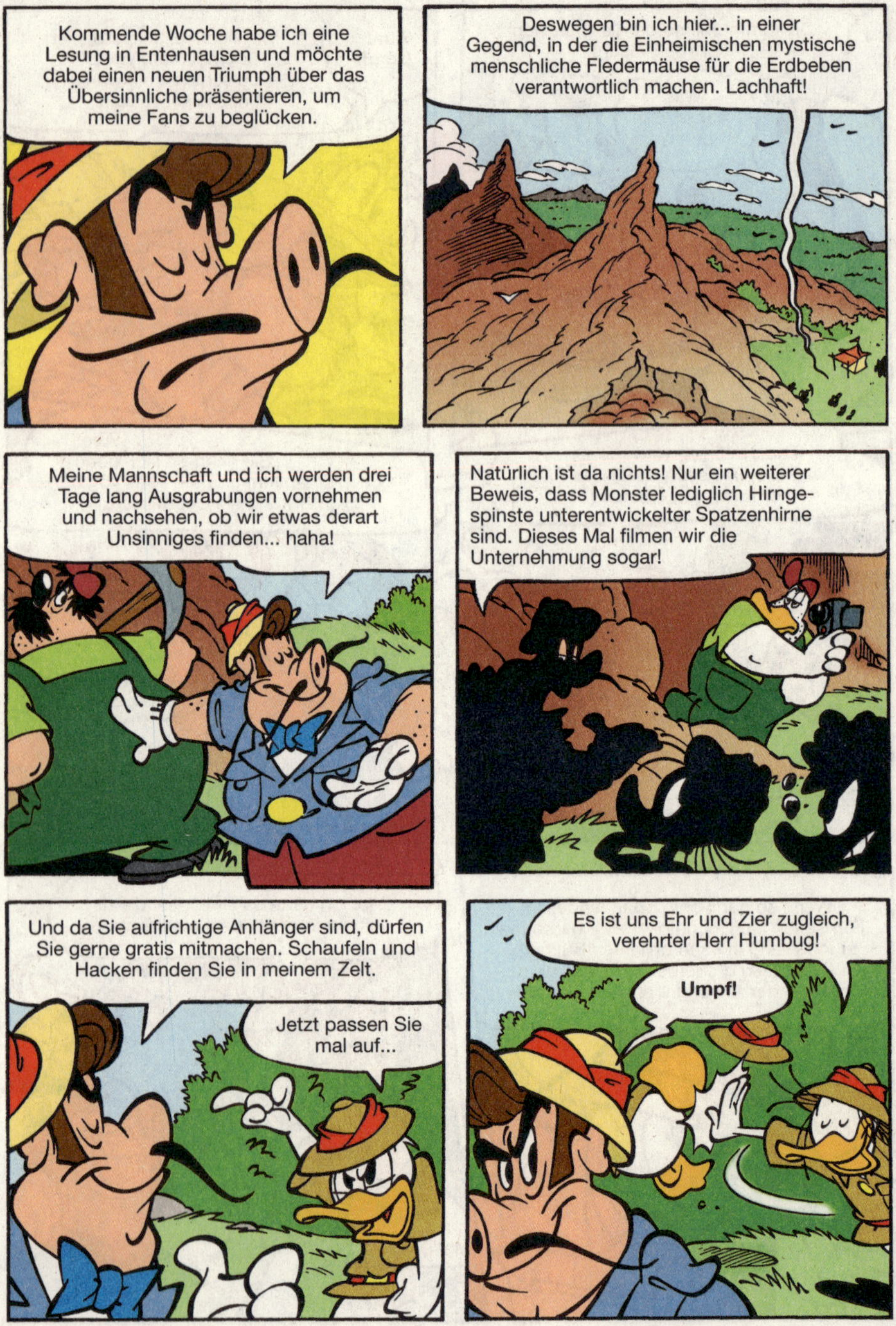

Kommende Woche habe ich eine Lesung in Entenhausen und möchte dabei einen neuen Triumph über das Übersinnliche präsentieren, um meine Fans zu beglücken.
Deswegen bin ich hier... in einer Gegend, in der die Einheimischen mystische menschliche Fledermäuse für die Erdbeben verantwortlich machen. Lachhaft!
Meine Mannschaft und ich werden drei Tage lang Ausgrabungen vornehmen und nachsehen, ob wir etwas derart Unsinniges finden... haha!
Natürlich ist da nichts! Nur ein weiterer Beweis, dass Monster lediglich Hirngespinste unterentwickelter Spatzenhirne sind. Dieses Mal filmen wir die Unternehmung sogar!
Und da Sie aufrichtige Anhänger sind, dürfen Sie gerne gratis mitmachen. Schaufeln und Hacken finden Sie in meinem Zelt.
Jetzt passen Sie mal auf...
Es ist uns Ehr und Zier zugleich, verehrter Herr Humbug!
Umpf!

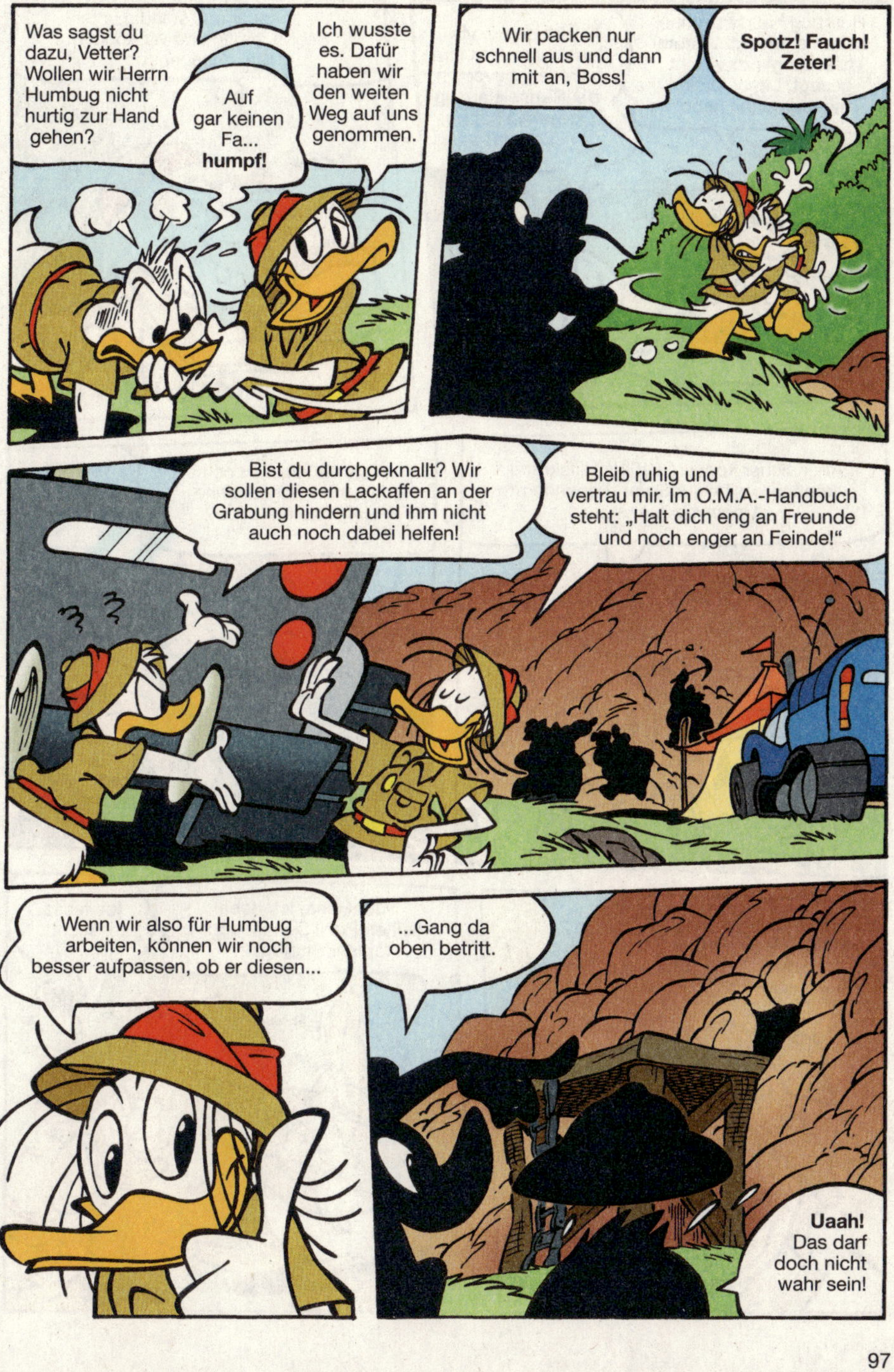

Was sagst du dazu, Vetter? Wollen wir Herrn Humbug nicht hurtig zur Hand gehen?
Auf gar keinen Fa... **humpf!**
Ich wusste es. Dafür haben wir den weiten Weg auf uns genommen.
Wir packen nur schnell aus und dann mit an, Boss!
Spotz! Fauch! Zeter!
Bist du durchgeknallt? Wir sollen diesen Lackaffen an der Grabung hindern und ihm nicht auch noch dabei helfen!
Bleib ruhig und vertrau mir. Im O.M.A.-Handbuch steht: „Halt dich eng an Freunde und noch enger an Feinde!"
Wenn wir also für Humbug arbeiten, können wir noch besser aufpassen, ob er diesen...
...Gang da oben betritt.
Uaah! Das darf doch nicht wahr sein!

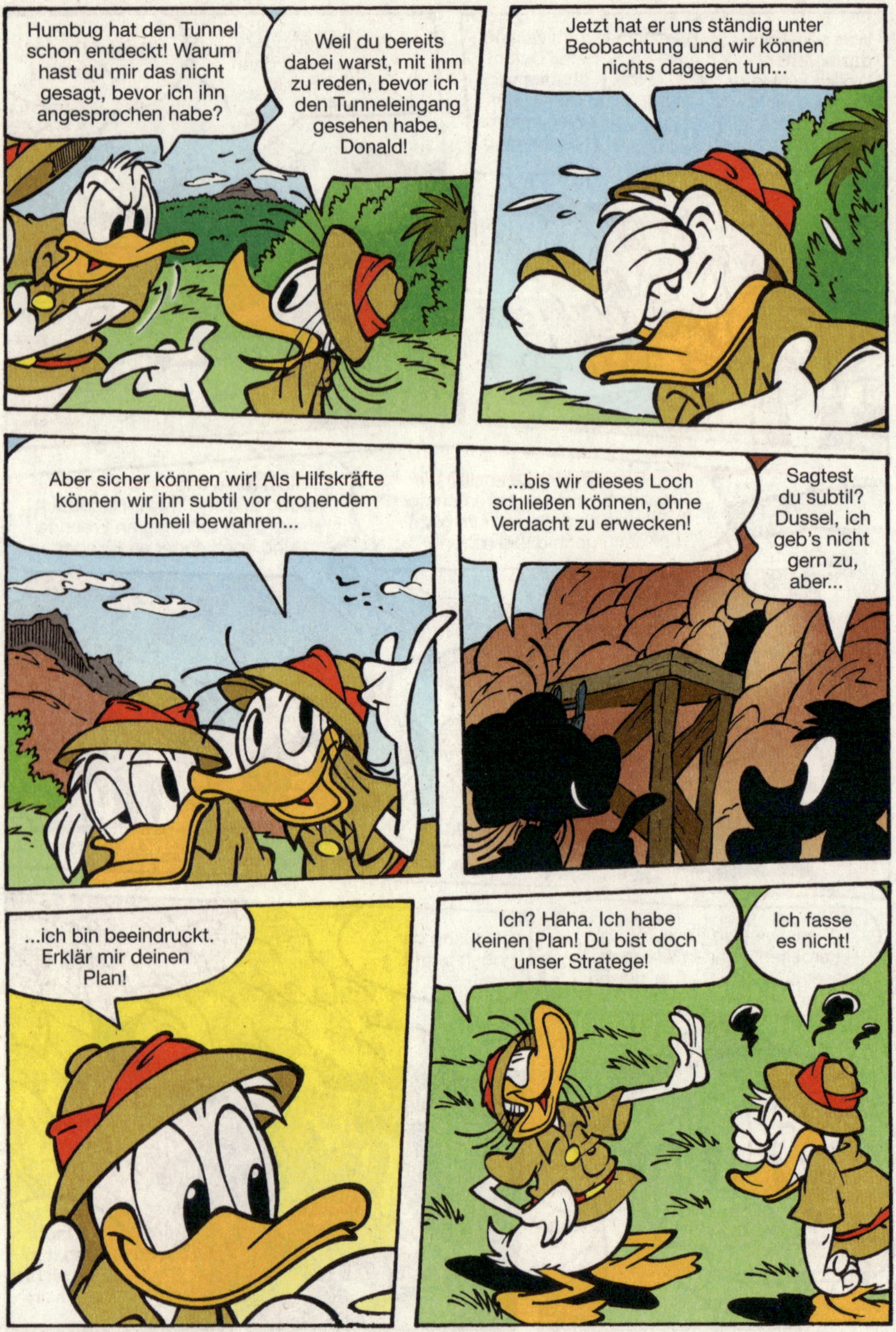
Humbug hat den Tunnel schon entdeckt! Warum hast du mir das nicht gesagt, bevor ich ihn angesprochen habe?
Weil du bereits dabei warst, mit ihm zu reden, bevor ich den Tunneleingang gesehen habe, Donald!
Jetzt hat er uns ständig unter Beobachtung und wir können nichts dagegen tun...
Aber sicher können wir! Als Hilfskräfte können wir ihn subtil vor drohendem Unheil bewahren...
...bis wir dieses Loch schließen können, ohne Verdacht zu erwecken!
Sagtest du subtil? Dussel, ich geb's nicht gern zu, aber...
...ich bin beeindruckt. Erklär mir deinen Plan!
Ich? Haha. Ich habe keinen Plan! Du bist doch unser Stratege!
Ich fasse es nicht!

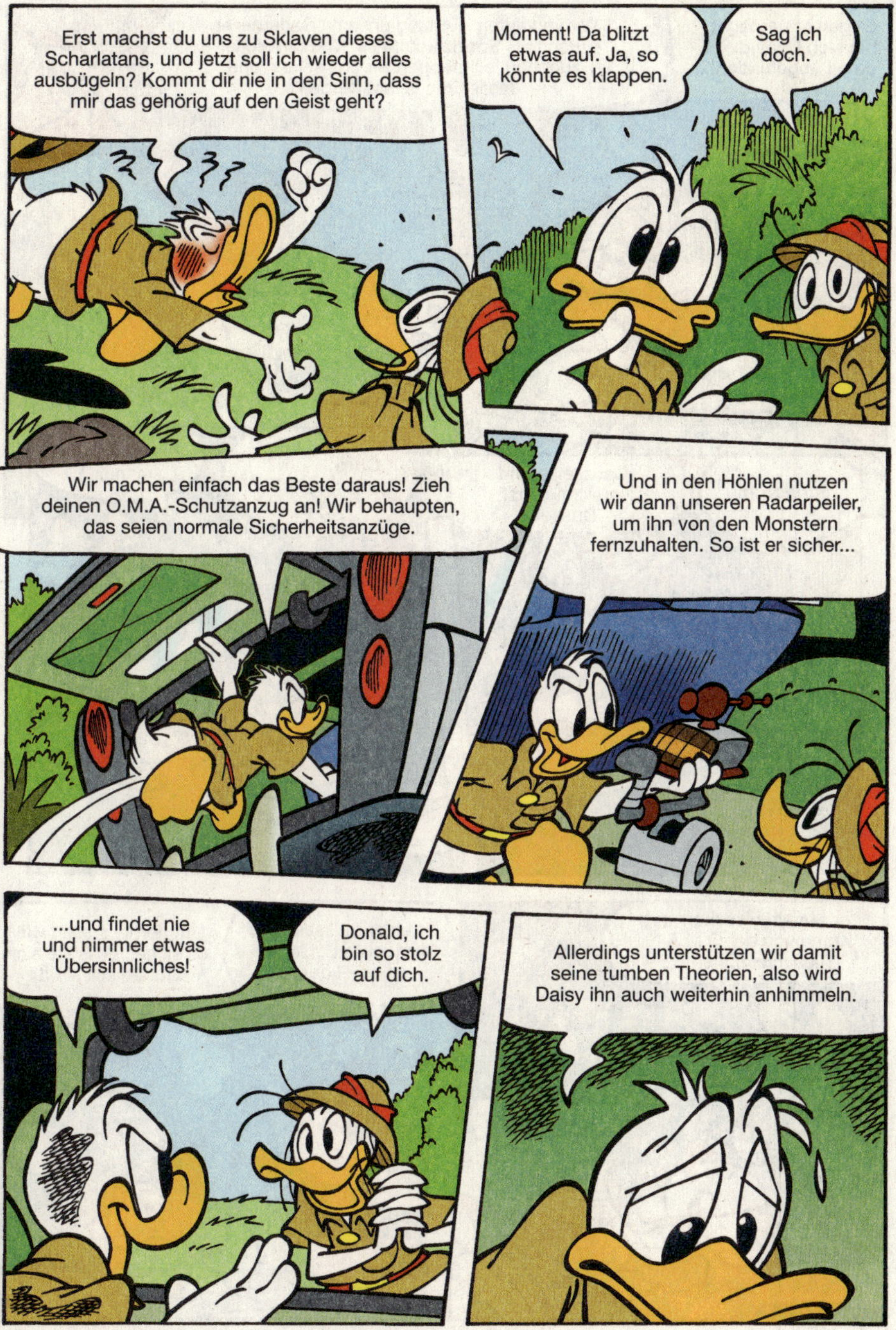
Erst machst du uns zu Sklaven dieses Scharlatans, und jetzt soll ich wieder alles ausbügeln? Kommt dir nie in den Sinn, dass mir das gehörig auf den Geist geht?
Moment! Da blitzt etwas auf. Ja, so könnte es klappen.
Sag ich doch.
Wir machen einfach das Beste daraus! Zieh deinen O.M.A.-Schutzanzug an! Wir behaupten, das seien normale Sicherheitsanzüge.
Und in den Höhlen nutzen wir dann unseren Radarpeiler, um ihn von den Monstern fernzuhalten. So ist er sicher...
...und findet nie und nimmer etwas Übersinnliches!
Donald, ich bin so stolz auf dich.
Allerdings unterstützen wir damit seine tumben Theorien, also wird Daisy ihn auch weiterhin anhimmeln.

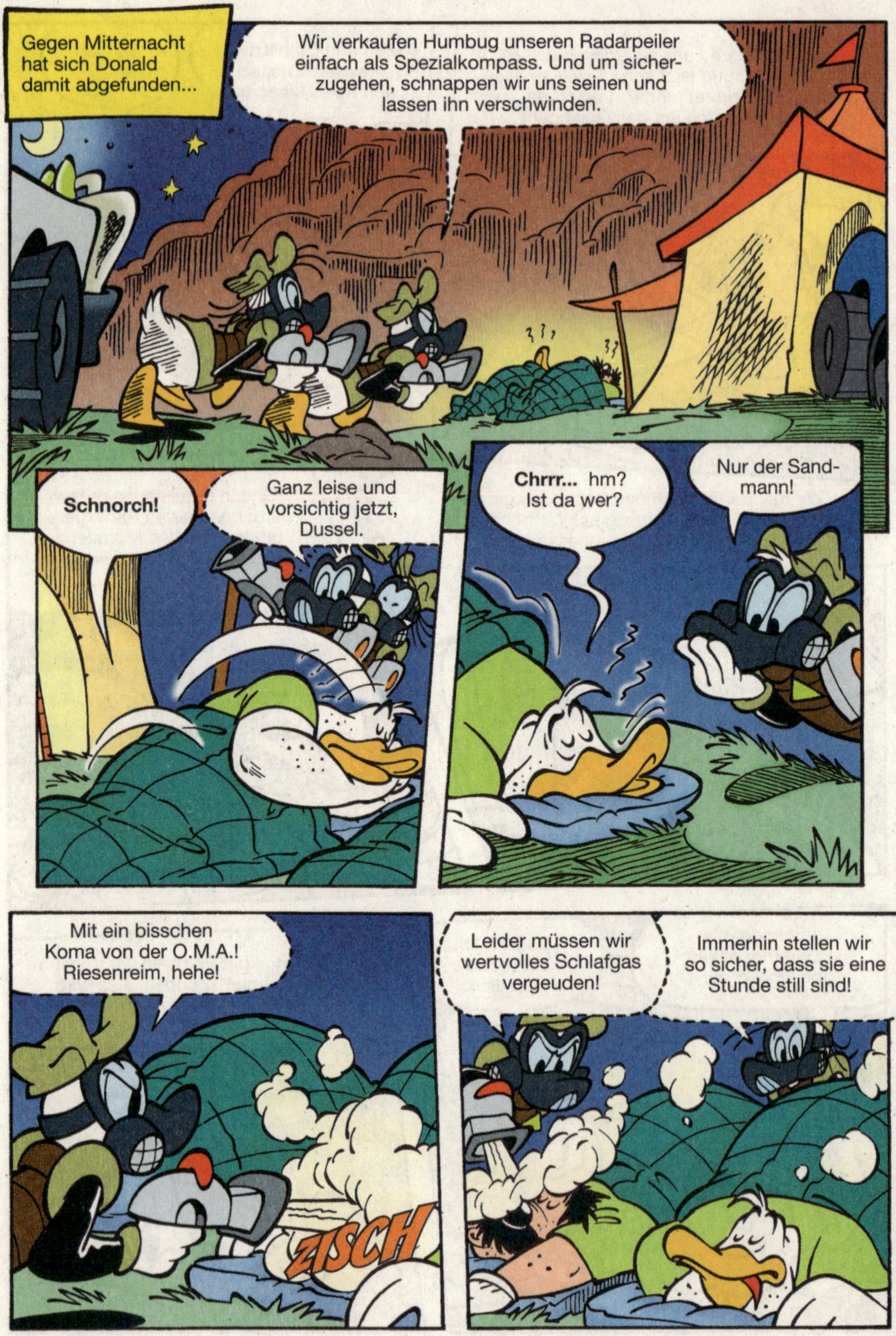

Gegen Mitternacht hat sich Donald damit abgefunden...
Wir verkaufen Humbug unseren Radarpeiler einfach als Spezialkompass. Und um sicher-zugehen, schnappen wir uns seinen und lassen ihn verschwinden.
Schnorch!
Ganz leise und vorsichtig jetzt, Dussel.
Chrrr... hm? Ist da wer?
Nur der Sand-mann!
Mit ein bisschen Koma von der O.M.A.! Riesenreim, hehe!
ZISCH
Leider müssen wir wertvolles Schlafgas vergeuden!
Immerhin stellen wir so sicher, dass sie eine Stunde still sind!

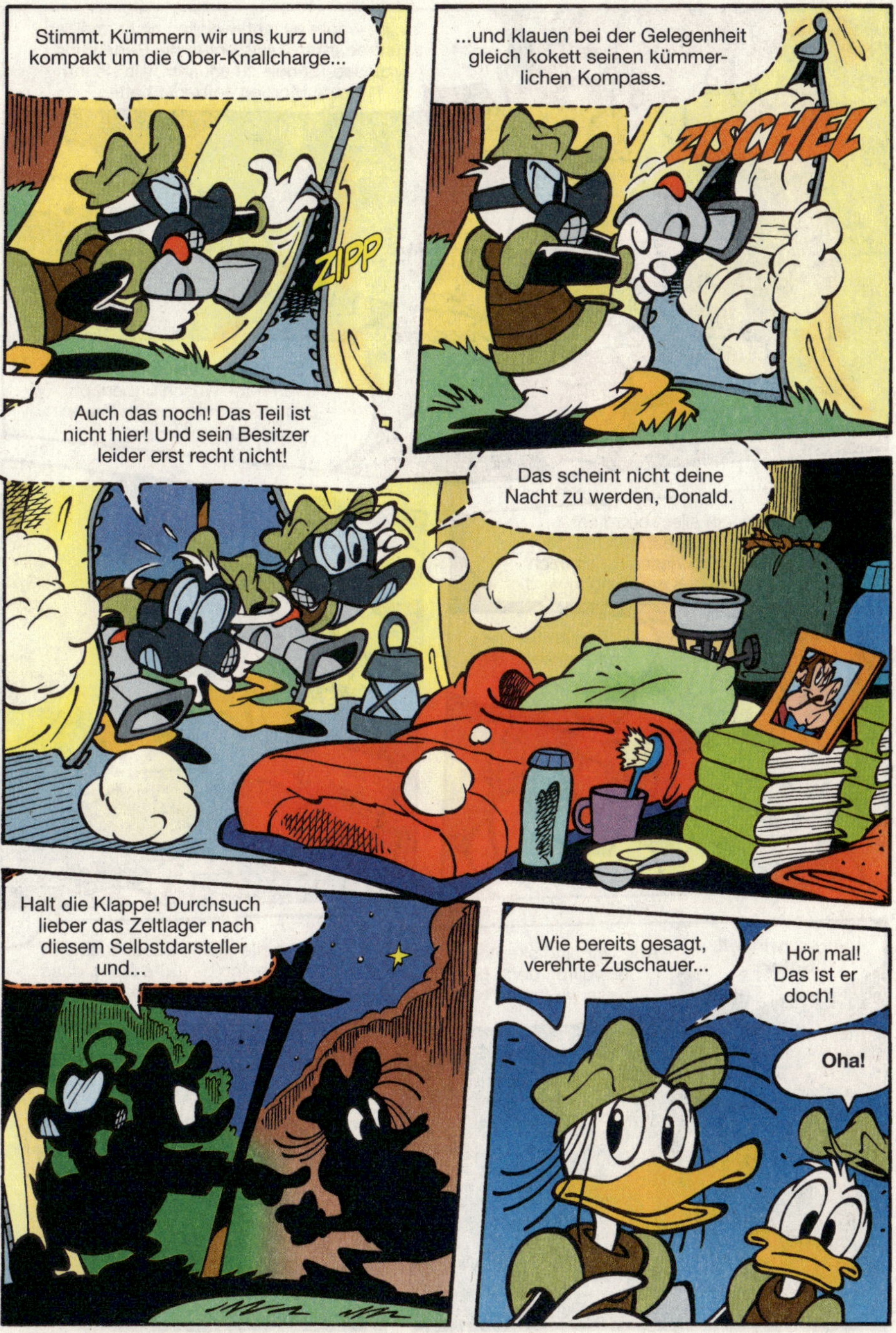
Stimmt. Kümmern wir uns kurz und kompakt um die Ober-Knallcharge...
ZIPP
...und klauen bei der Gelegenheit gleich kokett seinen kümmerlichen Kompass.
ZISCHEL
Auch das noch! Das Teil ist nicht hier! Und sein Besitzer leider erst recht nicht!
Das scheint nicht deine Nacht zu werden, Donald.
Halt die Klappe! Durchsuch lieber das Zeltlager nach diesem Selbstdarsteller und...
Wie bereits gesagt, verehrte Zuschauer...
Hör mal! Das ist er doch!
Oha!

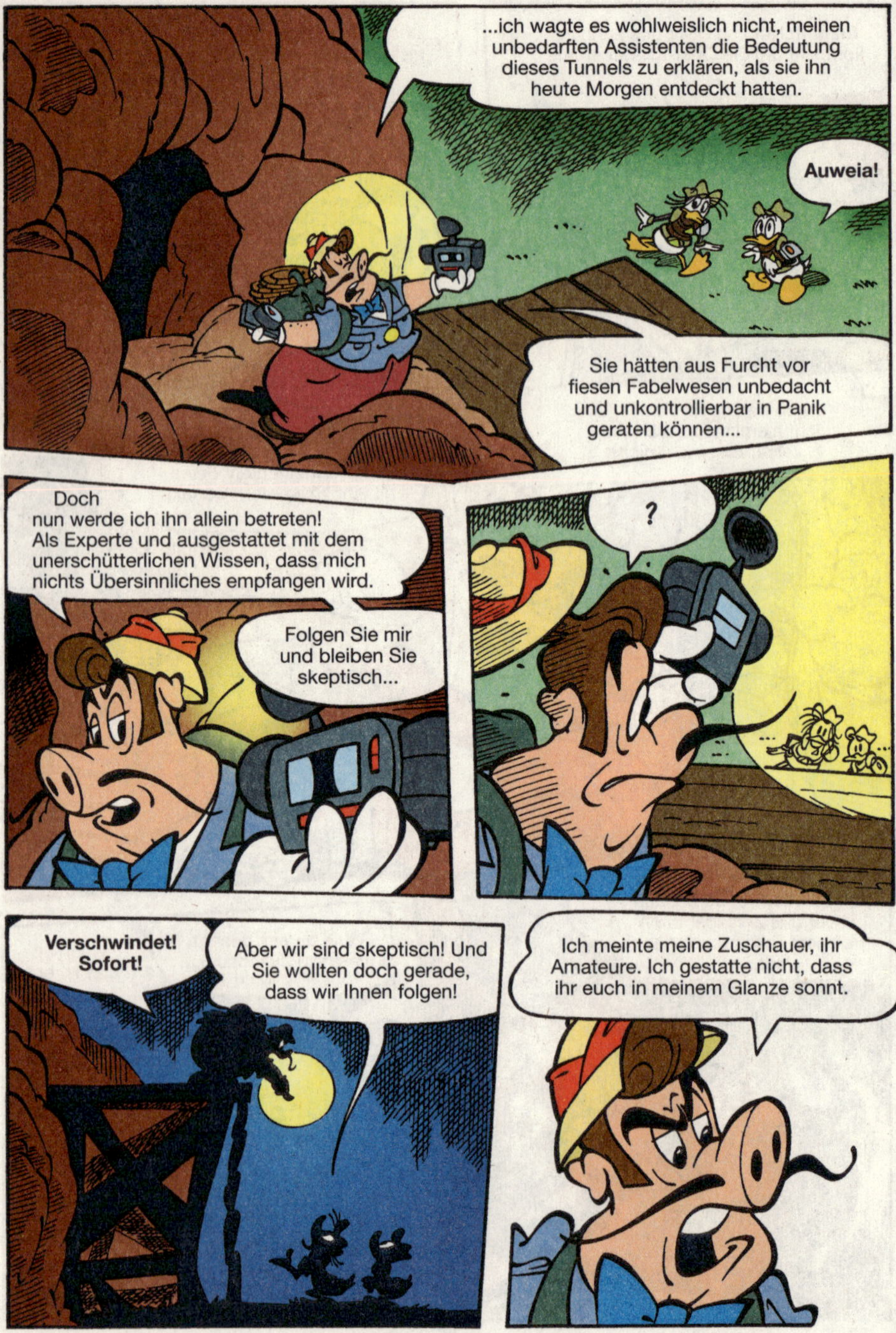
...ich wagte es wohlweislich nicht, meinen unbedarften Assistenten die Bedeutung dieses Tunnels zu erklären, als sie ihn heute Morgen entdeckt hatten.
Auweia!
Sie hätten aus Furcht vor fiesen Fabelwesen unbedacht und unkontrollierbar in Panik geraten können...
Doch nun werde ich ihn allein betreten! Als Experte und ausgestattet mit dem unerschütterlichen Wissen, dass mich nichts Übersinnliches empfangen wird.
Folgen Sie mir und bleiben Sie skeptisch...
?
Verschwindet! Sofort!
Aber wir sind skeptisch! Und Sie wollten doch gerade, dass wir Ihnen folgen!
Ich meinte meine Zuschauer, ihr Amateure. Ich gestatte nicht, dass ihr euch in meinem Glanze sonnt.

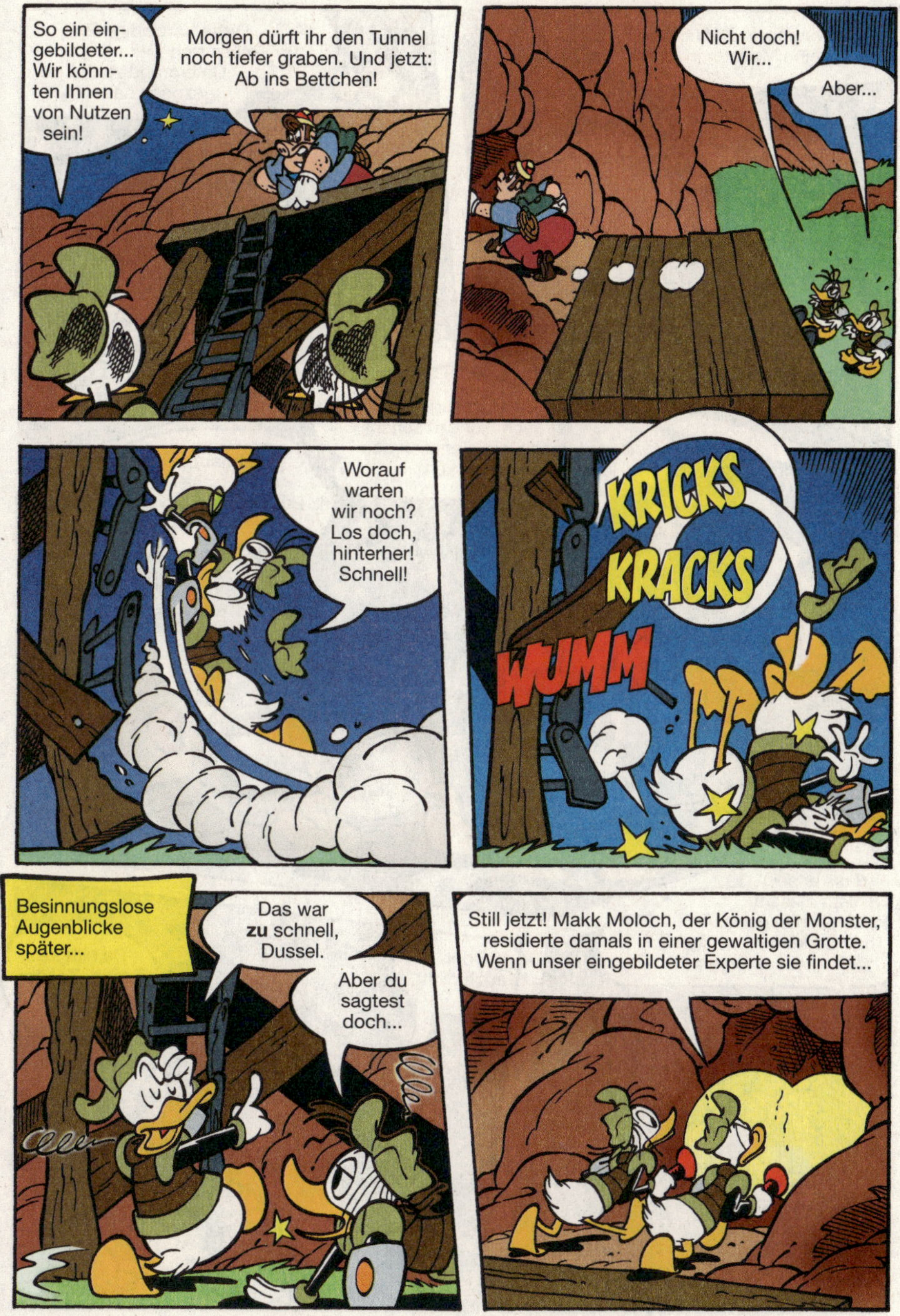
So ein eingebildeter... Wir könnten Ihnen von Nutzen sein!
Morgen dürft ihr den Tunnel noch tiefer graben. Und jetzt: Ab ins Bettchen!
Nicht doch! Wir...
Aber...
Worauf warten wir noch? Los doch, hinterher! Schnell!
KRICKS
KRACKS
WUMM
Besinnungslose Augenblicke später...
Das war **zu** schnell, Dussel.
Aber du sagtest doch...
Still jetzt! Makk Moloch, der König der Monster, residierte damals in einer gewaltigen Grotte. Wenn unser eingebildeter Experte sie findet...

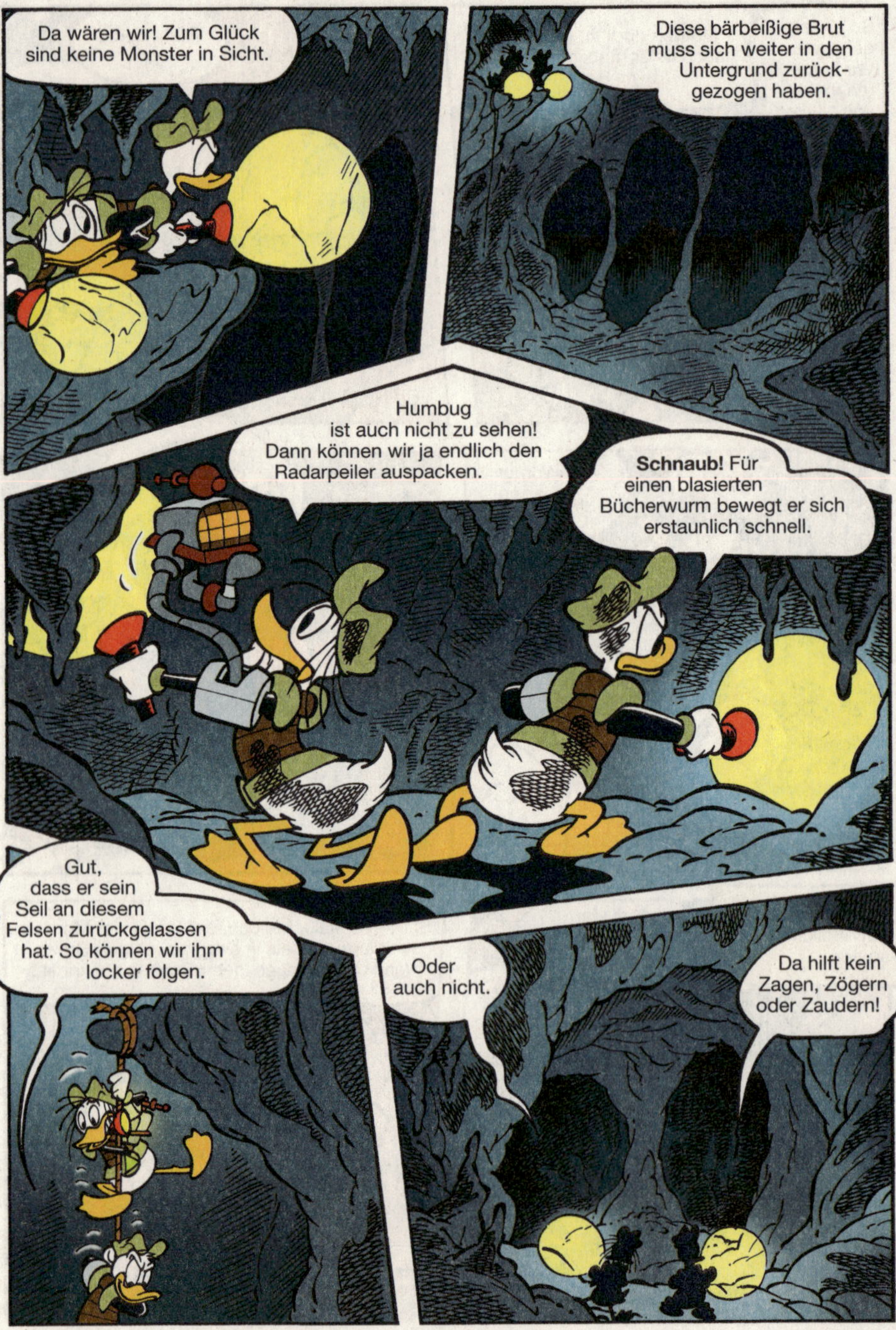
Da wären wir! Zum Glück sind keine Monster in Sicht.
Diese bärbeißige Brut muss sich weiter in den Untergrund zurückgezogen haben.
Humbug ist auch nicht zu sehen! Dann können wir ja endlich den Radarpeiler auspacken.
Schnaub! Für einen blasierten Bücherwurm bewegt er sich erstaunlich schnell.
Gut, dass er sein Seil an diesem Felsen zurückgelassen hat. So können wir ihm locker folgen.
Oder auch nicht.
Da hilft kein Zagen, Zögern oder Zaudern!

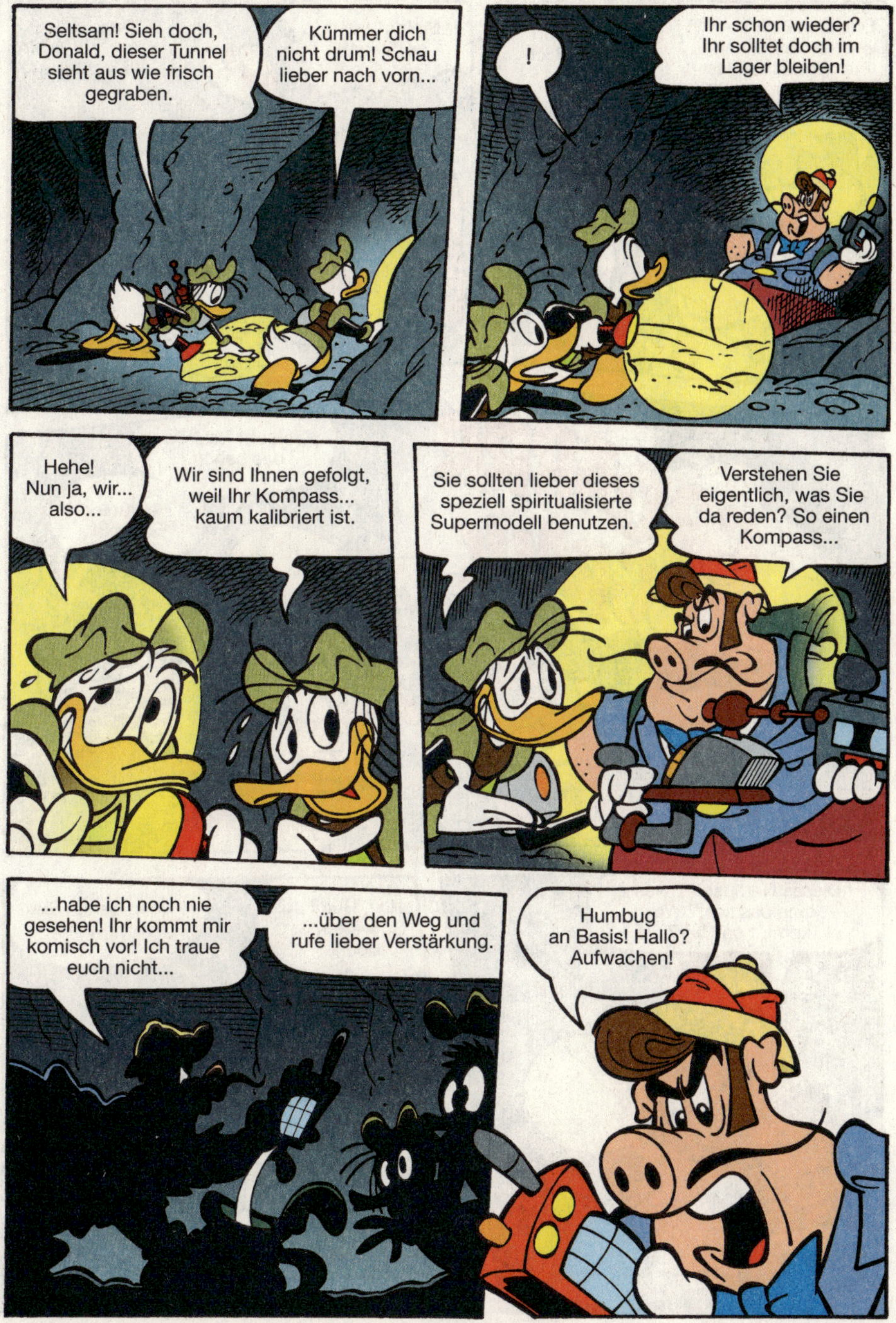
Seltsam! Sieh doch, Donald, dieser Tunnel sieht aus wie frisch gegraben.
Kümmer dich nicht drum! Schau lieber nach vorn...
!
Ihr schon wieder? Ihr solltet doch im Lager bleiben!
Hehe! Nun ja, wir... also...
Wir sind Ihnen gefolgt, weil Ihr Kompass... kaum kalibriert ist.
Sie sollten lieber dieses speziell spiritualisierte Supermodell benutzen.
Verstehen Sie eigentlich, was Sie da reden? So einen Kompass...
...habe ich noch nie gesehen! Ihr kommt mir komisch vor! Ich traue euch nicht...
...über den Weg und rufe lieber Verstärkung.
Humbug an Basis! Hallo? Aufwachen!

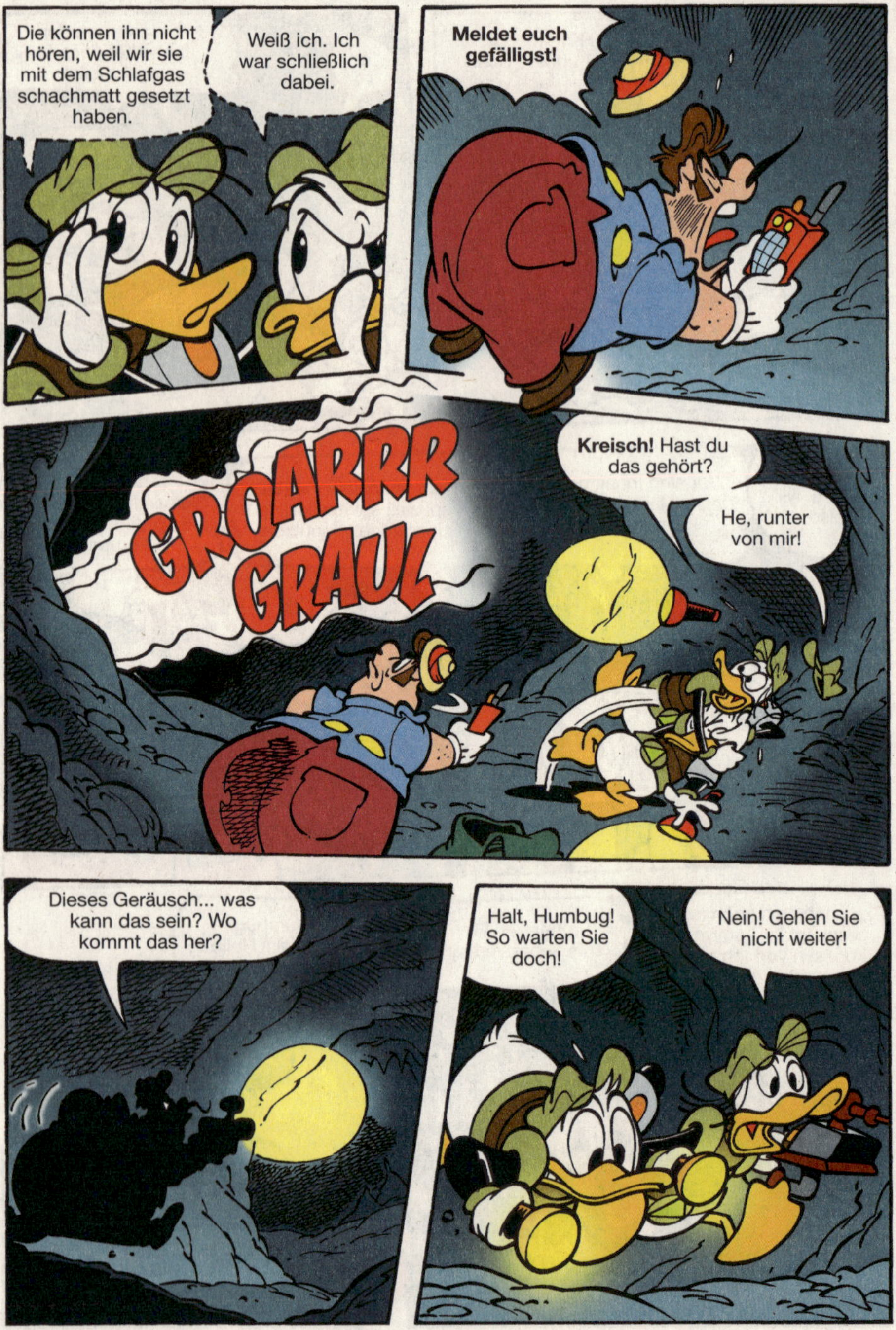
Die können ihn nicht hören, weil wir sie mit dem Schlafgas schachmatt gesetzt haben.
Weiß ich. Ich war schließlich dabei.
Meldet euch gefälligst!
GROARRR GRAUL
Kreisch! Hast du das gehört?
He, runter von mir!
Dieses Geräusch... was kann das sein? Wo kommt das her?
Halt, Humbug! So warten Sie doch!
Nein! Gehen Sie nicht weiter!

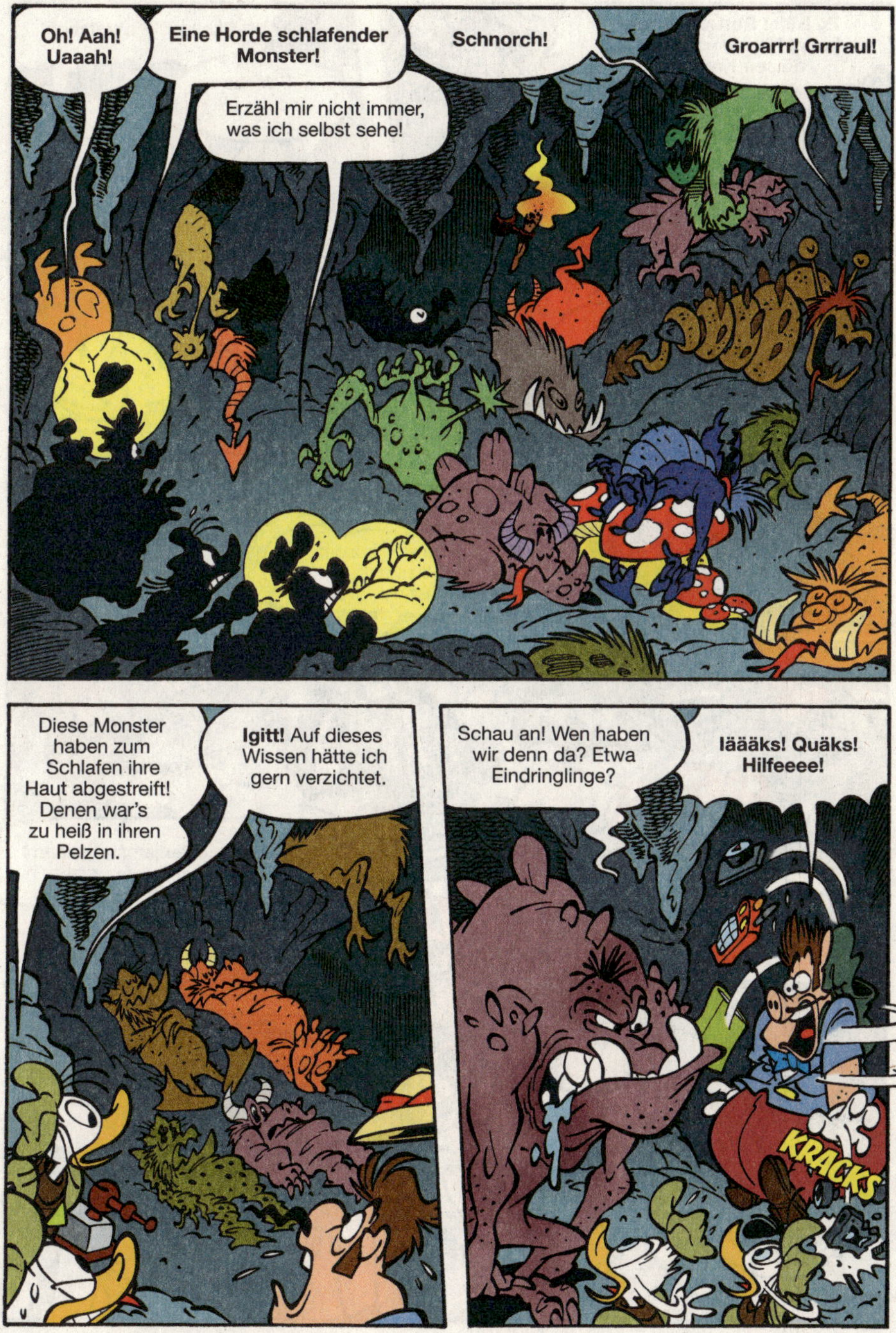
Oh! Aah! Uaaah!
Eine Horde schlafender Monster!
Erzähl mir nicht immer, was ich selbst sehe!
Schnorch!
Groarrr! Grrraul!
Diese Monster haben zum Schlafen ihre Haut abgestreift! Denen war's zu heiß in ihren Pelzen.
Igitt! Auf dieses Wissen hätte ich gern verzichtet.
Schau an! Wen haben wir denn da? Etwa Eindringlinge?
Iääkks! Quäks! Hilfeeee!
KRACKS

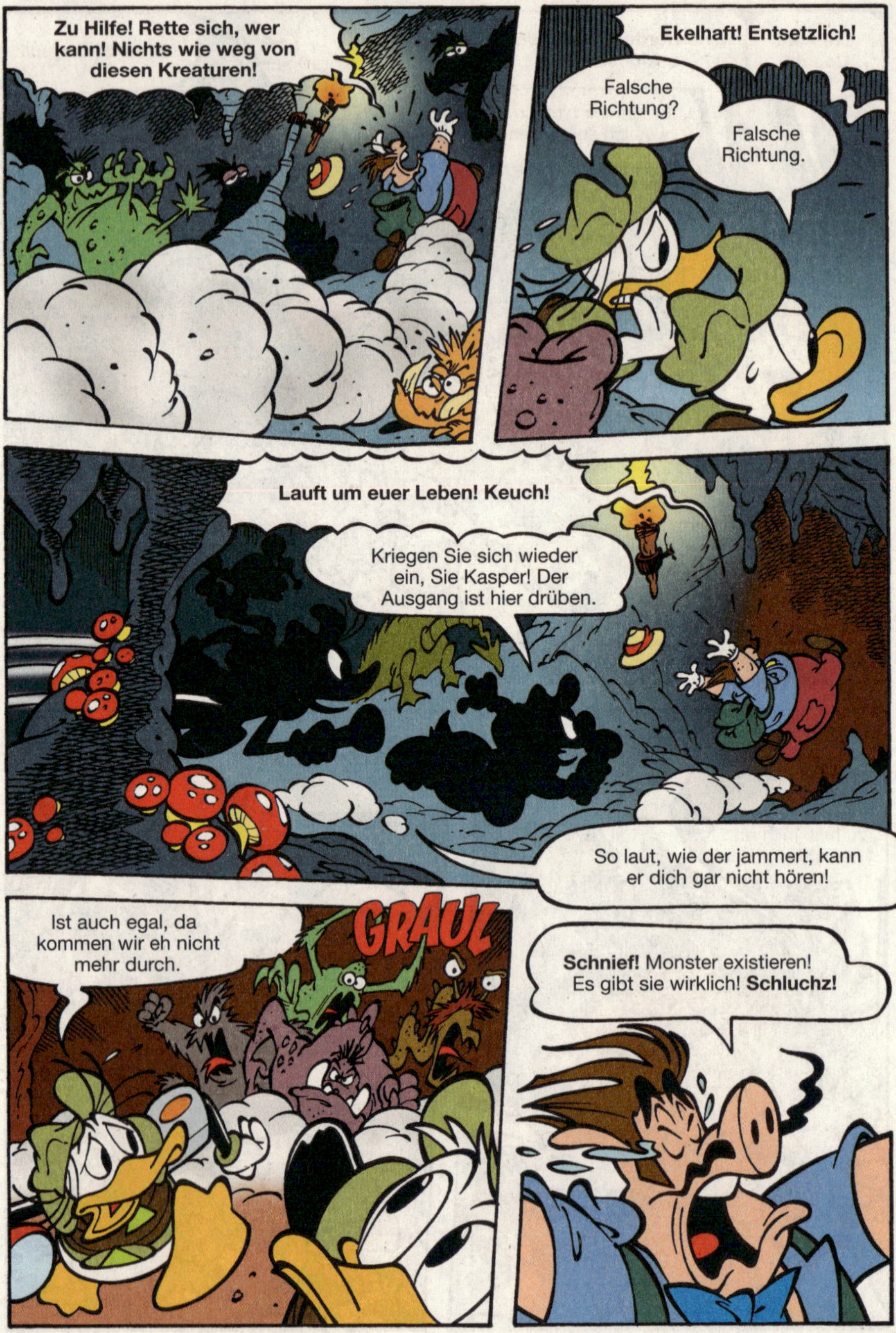
Zu Hilfe! Rette sich, wer kann! Nichts wie weg von diesen Kreaturen!
Ekelhaft! Entsetzlich!
Falsche Richtung?
Falsche Richtung.
Lauft um euer Leben! Keuch!
Kriegen Sie sich wieder ein, Sie Kasper! Der Ausgang ist hier drüben.
So laut, wie der jammert, kann er dich gar nicht hören!
Ist auch egal, da kommen wir eh nicht mehr durch.
GRAUL
Schnief! Monster existieren! Es gibt sie wirklich! **Schluchz!**

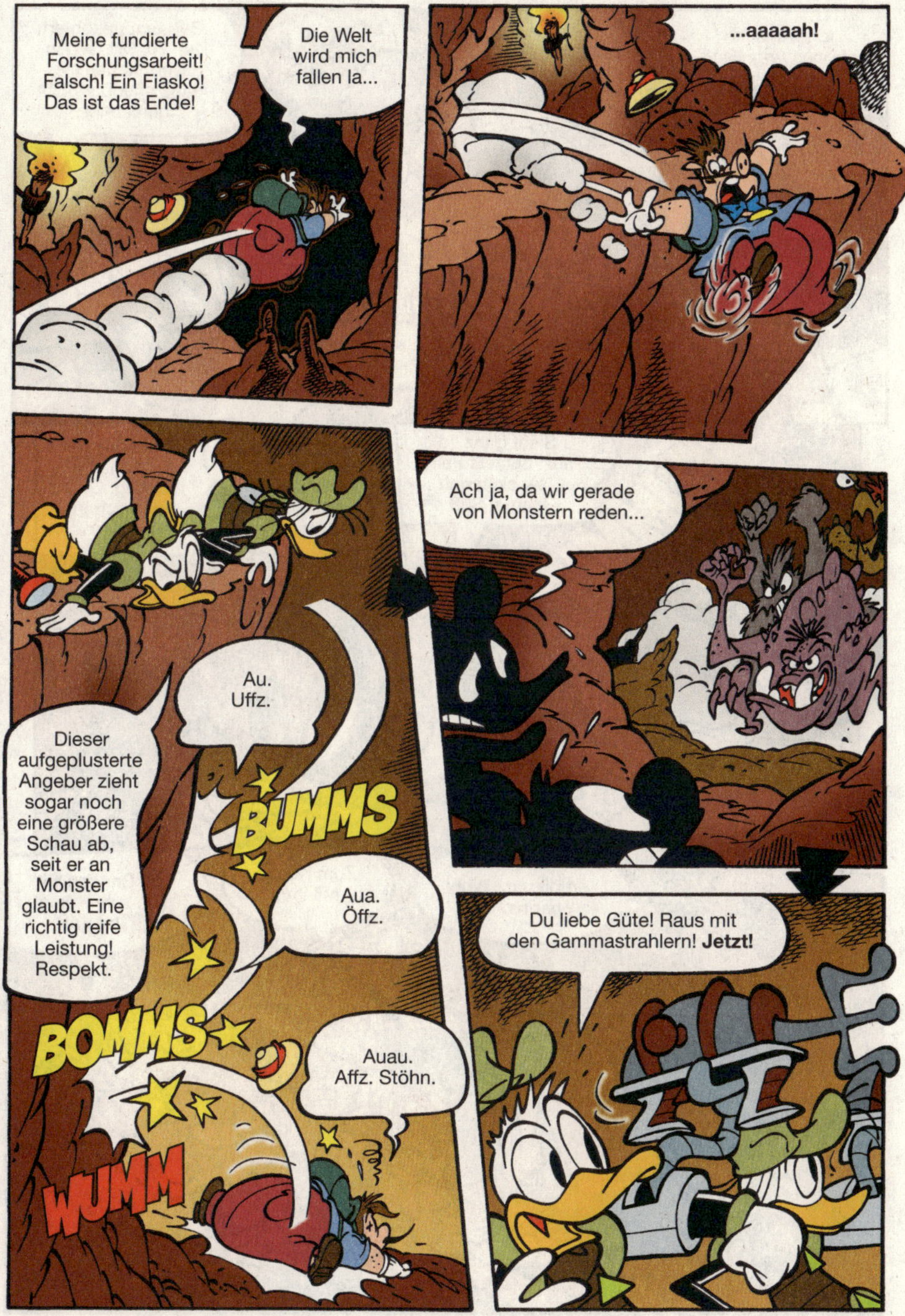
Meine fundierte Forschungsarbeit! Falsch! Ein Fiasko! Das ist das Ende!
Die Welt wird mich fallen la...
...aaaaah!
Dieser aufgeplusterte Angeber zieht sogar noch eine größere Schau ab, seit er an Monster glaubt. Eine richtig reife Leistung! Respekt.
Au. Uffz.
BUMMS
Aua. Öffz.
BOMMS
Auau. Affz. Stöhn.
WUMM
Ach ja, da wir gerade von Monstern reden...
Du liebe Güte! Raus mit den Gammastrahlern! **Jetzt!**

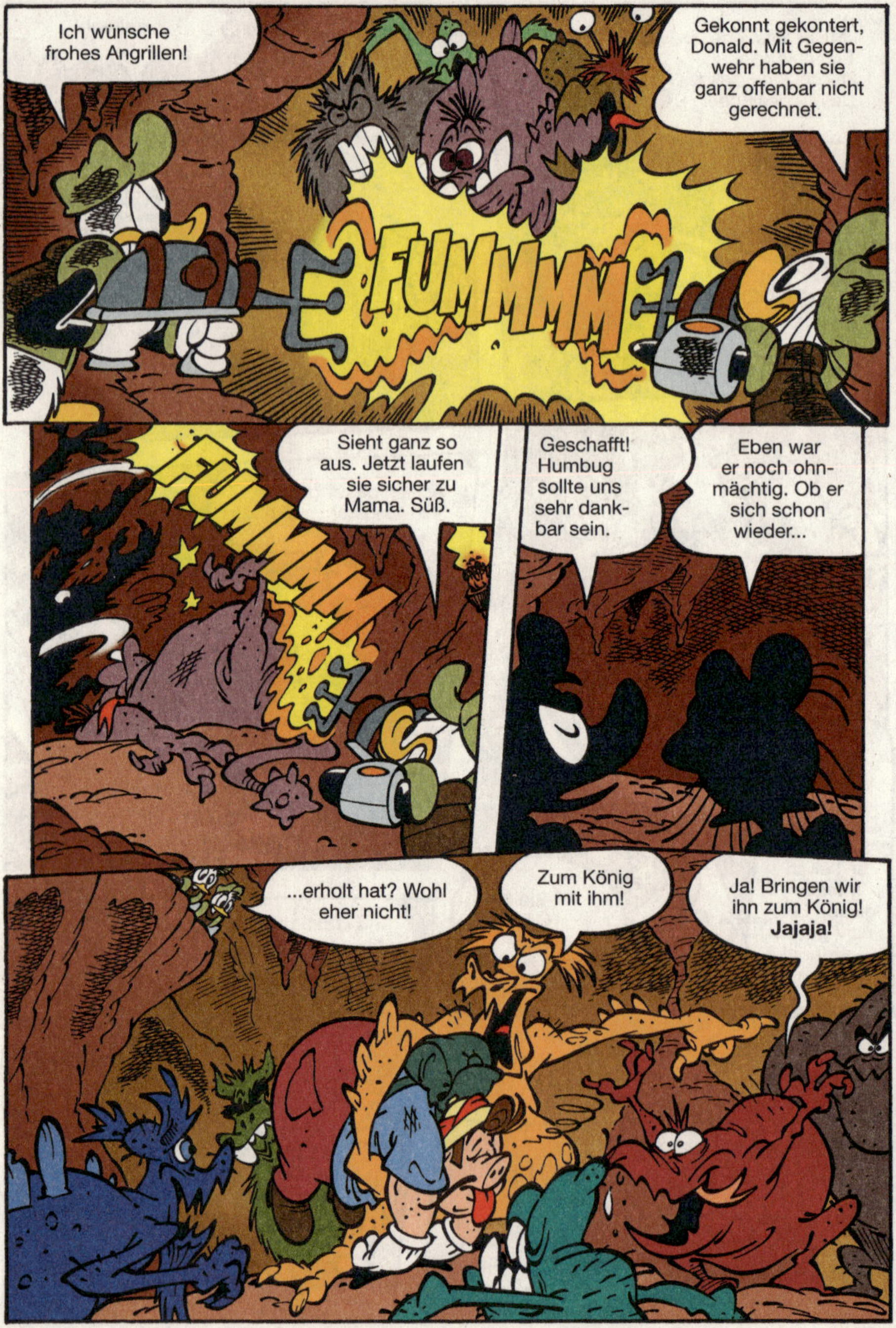
Ich wünsche frohes Angrillen!
Gekonnt gekontert, Donald. Mit Gegenwehr haben sie ganz offenbar nicht gerechnet.
FUMMMMM
FUMMMMM
Sieht ganz so aus. Jetzt laufen sie sicher zu Mama. Süß.
Geschafft! Humbug sollte uns sehr dankbar sein.
Eben war er noch ohnmächtig. Ob er sich schon wieder...
...erholt hat? Wohl eher nicht!
Zum König mit ihm!
Ja! Bringen wir ihn zum König! **Jajaja!**

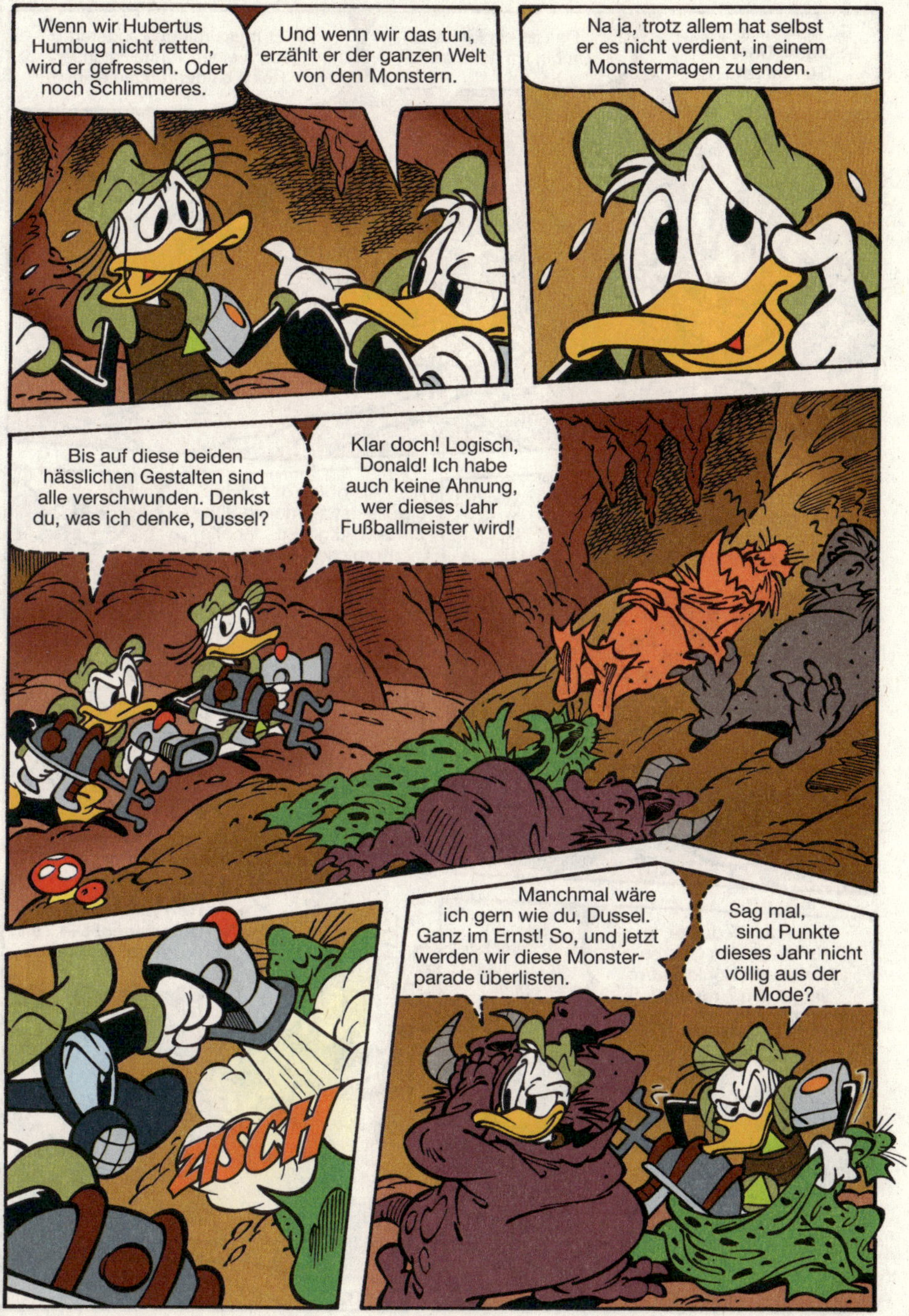
Wenn wir Hubertus Humbug nicht retten, wird er gefressen. Oder noch Schlimmeres.
Und wenn wir das tun, erzählt er der ganzen Welt von den Monstern.
Na ja, trotz allem hat selbst er es nicht verdient, in einem Montermagen zu enden.
Bis auf diese beiden hässlichen Gestalten sind alle verschwunden. Denkst du, was ich denke, Dussel?
Klar doch! Logisch, Donald! Ich habe auch keine Ahnung, wer dieses Jahr Fußballmeister wird!
ZISCH
Manchmal wäre ich gern wie du, Dussel. Ganz im Ernst! So, und jetzt werden wir diese Monsterparade überlisten.
Sag mal, sind Punkte dieses Jahr nicht völlig aus der Mode?

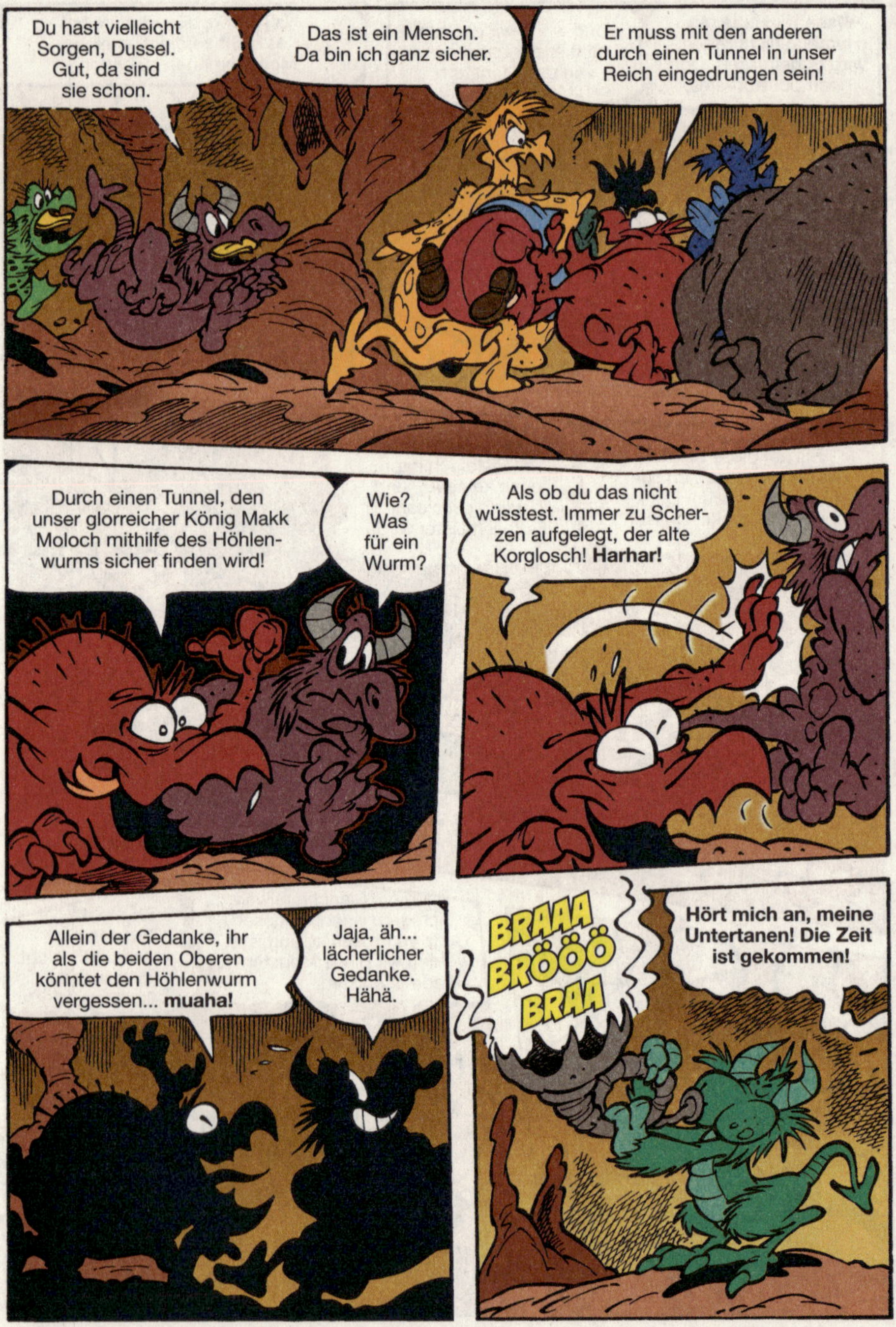

Du hast vielleicht Sorgen, Dussel. Gut, da sind sie schon.
Das ist ein Mensch. Da bin ich ganz sicher.
Er muss mit den anderen durch einen Tunnel in unser Reich eingedrungen sein!
Durch einen Tunnel, den unser glorreicher König Makk Moloch mithilfe des Höhlenwurms sicher finden wird!
Wie? Was für ein Wurm?
Als ob du das nicht wüsstest. Immer zu Scherzen aufgelegt, der alte Korglosch! **Harhar!**
Allein der Gedanke, ihr als die beiden Oberen könntet den Höhlenwurm vergessen... **muaha!**
Jaja, äh... lächerlicher Gedanke. Hähä.
BRAAA BRÖÖÖ BRAA
Hört mich an, meine Untertanen! Die Zeit ist gekommen!

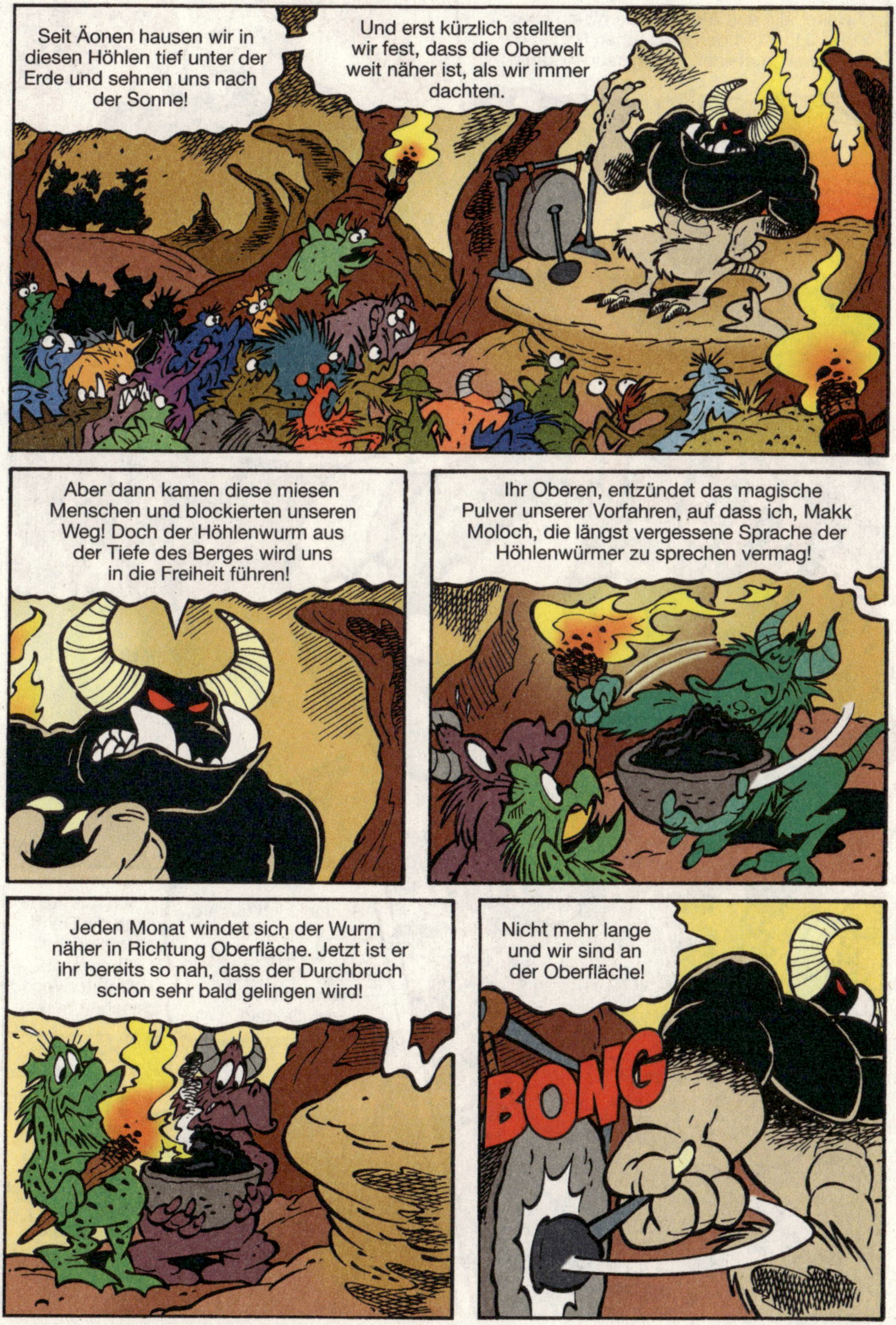
Seit Äonen hausen wir in diesen Höhlen tief unter der Erde und sehnen uns nach der Sonne!
Und erst kürzlich stellten wir fest, dass die Oberwelt weit näher ist, als wir immer dachten.
Aber dann kamen diese miesen Menschen und blockierten unseren Weg! Doch der Höhlenwurm aus der Tiefe des Berges wird uns in die Freiheit führen!
Ihr Oberen, entzündet das magische Pulver unserer Vorfahren, auf dass ich, Makk Moloch, die längst vergessene Sprache der Höhlenwürmer zu sprechen vermag!
Jeden Monat windet sich der Wurm näher in Richtung Oberfläche. Jetzt ist er ihr bereits so nah, dass der Durchbruch schon sehr bald gelingen wird!
Nicht mehr lange und wir sind an der Oberfläche!
BONG

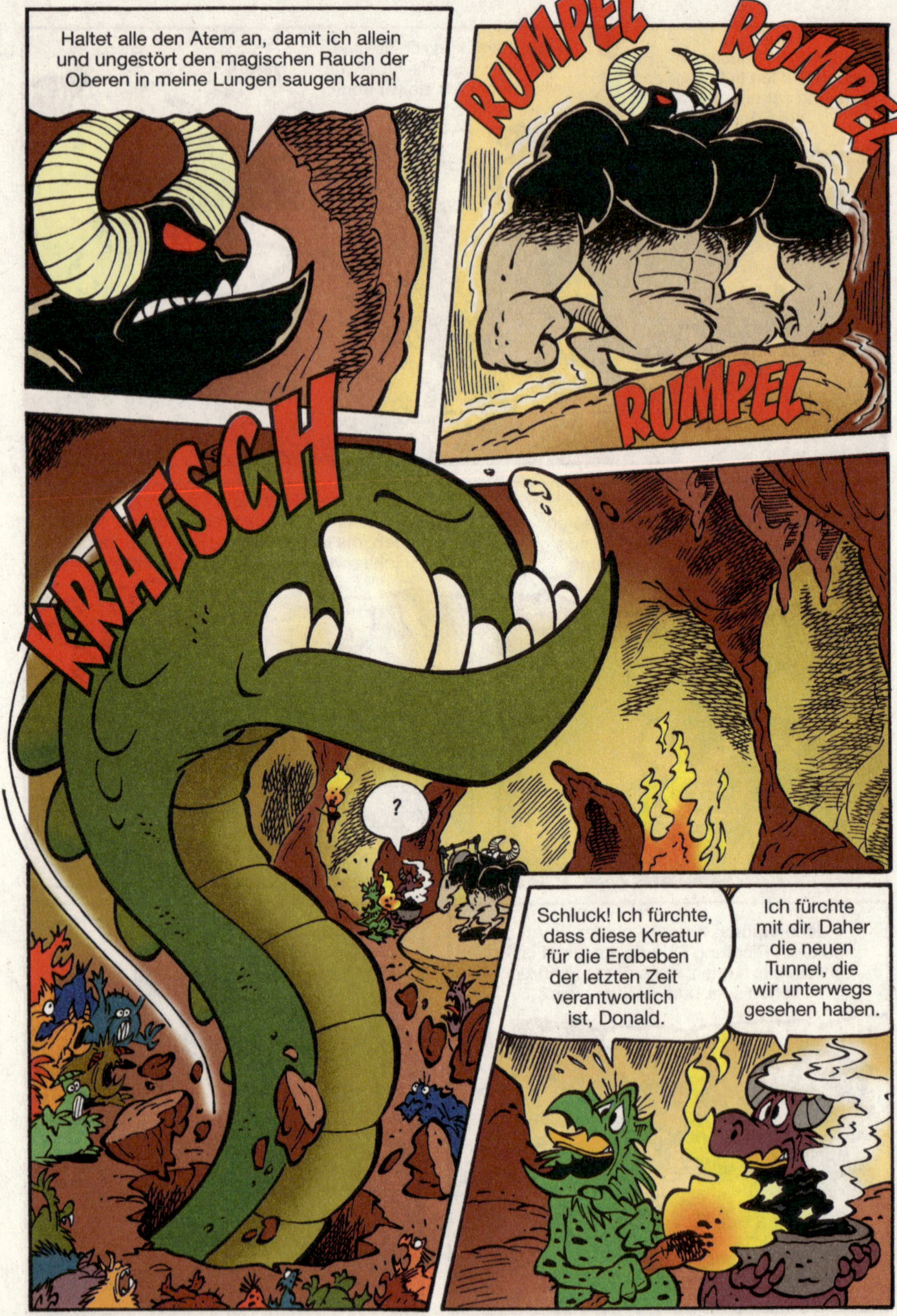
Haltet alle den Atem an, damit ich allein und ungestört den magischen Rauch der Oberen in meine Lungen saugen kann!
RUMPEL ROMPEL
RUMPEL
KRATSCH
?
Schluck! Ich fürchte, dass diese Kreatur für die Erdbeben der letzten Zeit verantwortlich ist, Donald.
Ich fürchte mit dir. Daher die neuen Tunnel, die wir unterwegs gesehen haben.

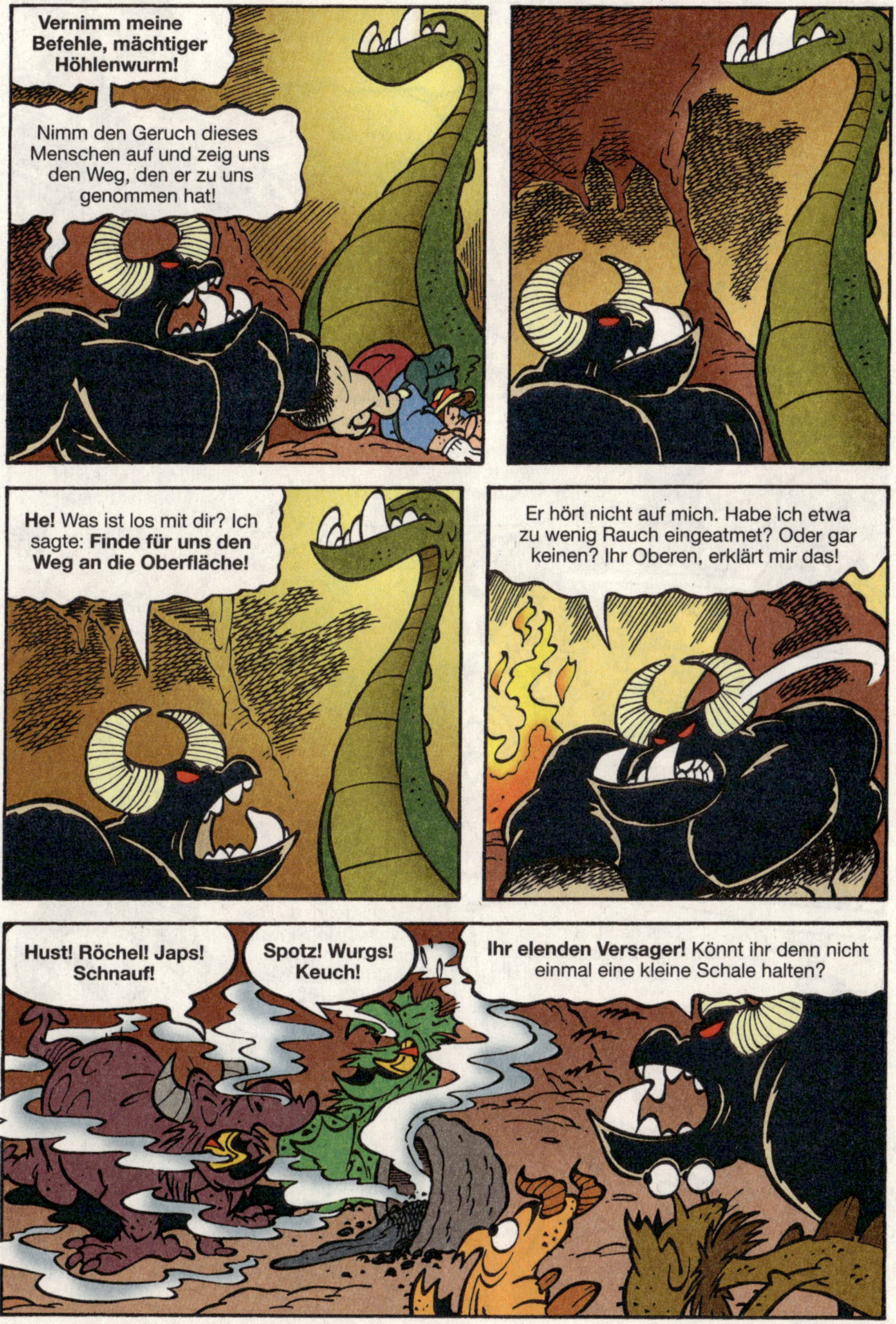
Vernimm meine Befehle, mächtiger Höhlenwurm!
Nimm den Geruch dieses Menschen auf und zeig uns den Weg, den er zu uns genommen hat!
He! Was ist los mit dir? Ich sagte: Finde für uns den Weg an die Oberfläche!
Er hört nicht auf mich. Habe ich etwa zu wenig Rauch eingeatmet? Oder gar keinen? Ihr Oberen, erklärt mir das!
Hust! Röchel! Japs! Schnauf!
Spotz! Wurgs! Keuch!
Ihr elenden Versager! Könnt ihr denn nicht einmal eine kleine Schale halten?

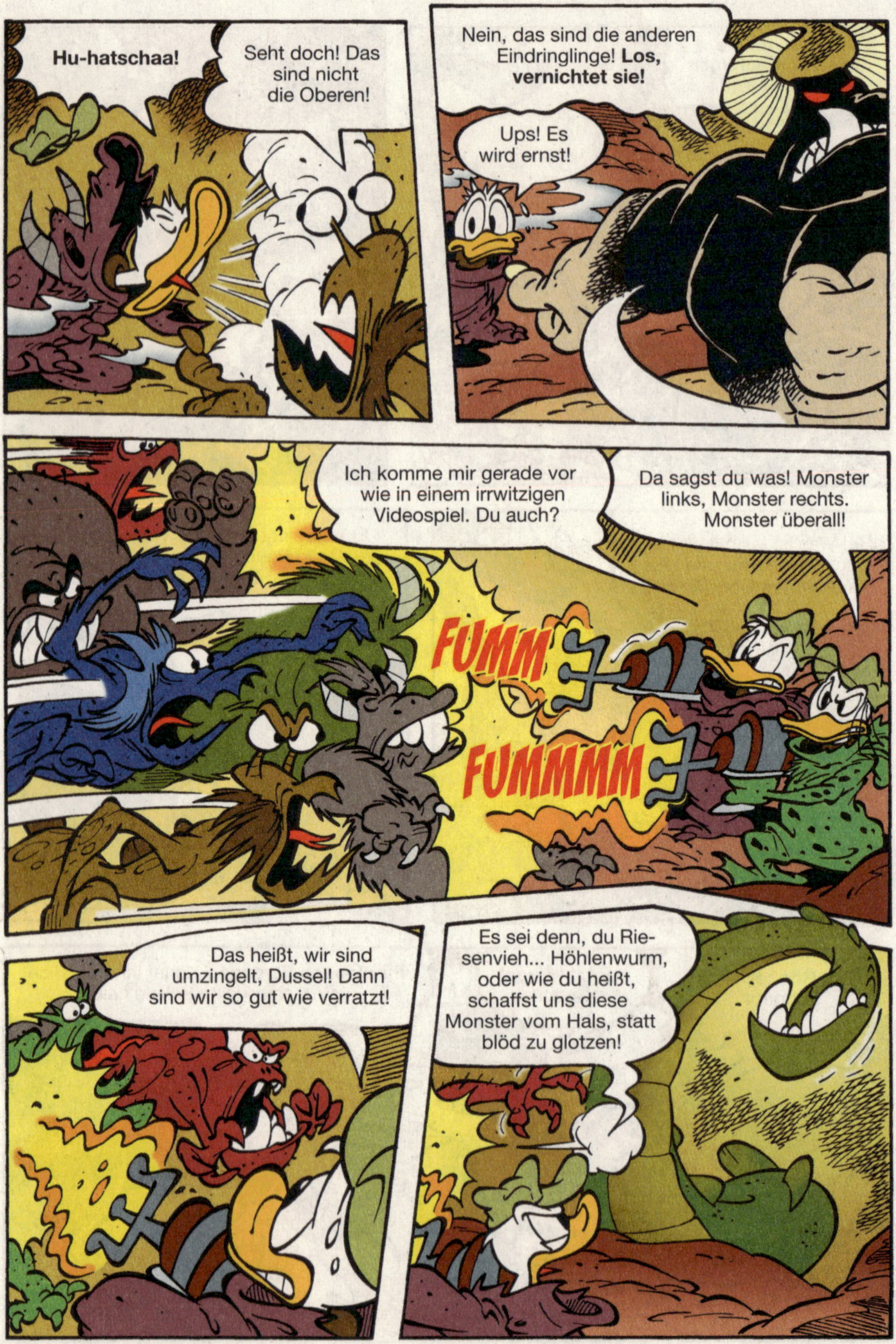
Hu-hatschaa!
Seht doch! Das sind nicht die Oberen!
Nein, das sind die anderen Eindringlinge! **Los, vernichtet sie!**
Ups! Es wird ernst!
Ich komme mir gerade vor wie in einem irrwitzigen Videospiel. Du auch?
Da sagst du was! Monster links, Monster rechts. Monster überall!
FUMM
FUMMMM
Das heißt, wir sind umzingelt, Dussel! Dann sind wir so gut wie verratzt!
Es sei denn, du Riesenvieh... Höhlenwurm, oder wie du heißt, schaffst uns diese Monster vom Hals, statt blöd zu glotzen!

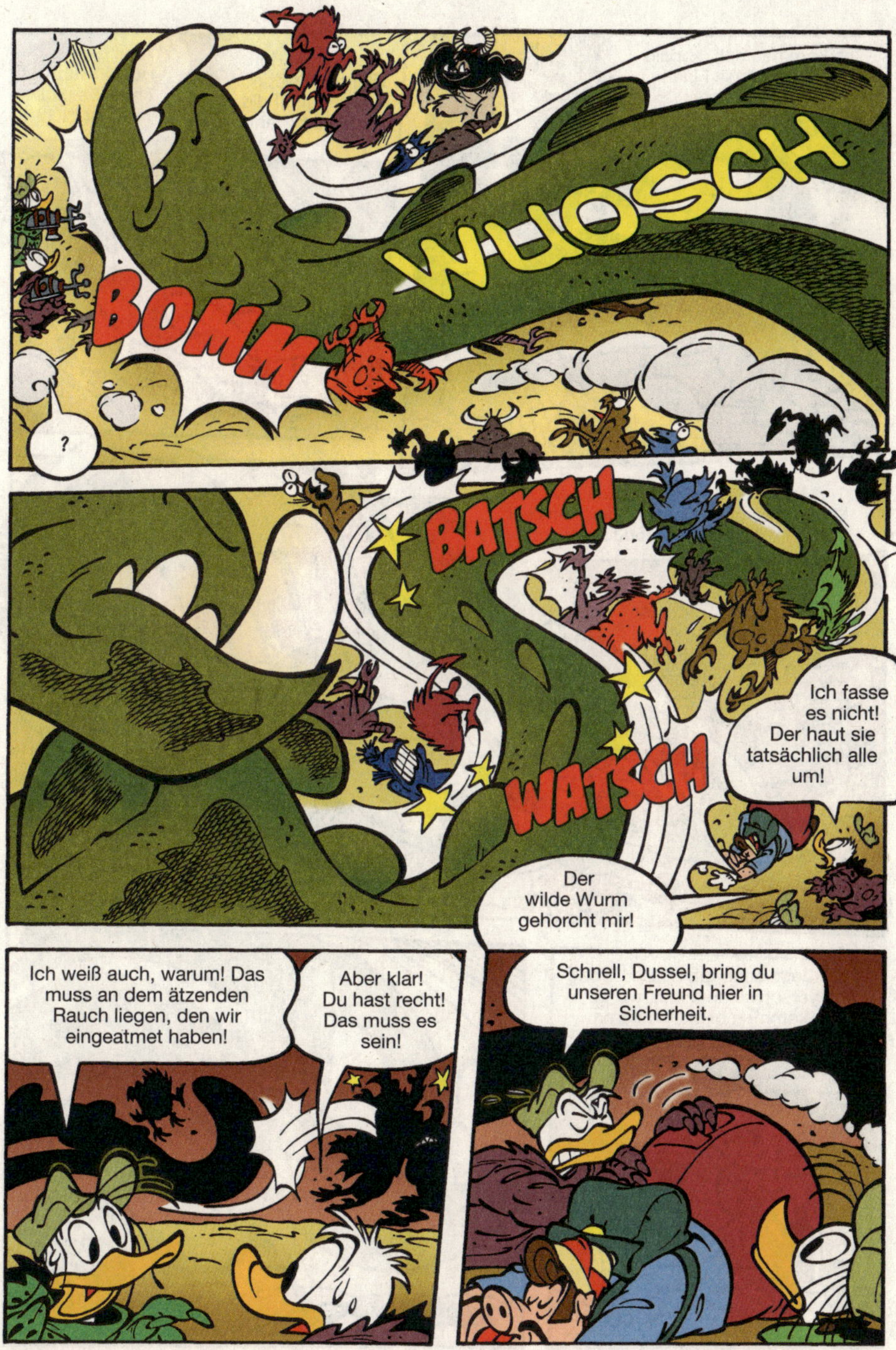
WUOSCH
BOMM
?
BATSCH
WATSCH
Ich fasse es nicht! Der haut sie tatsächlich alle um!
Der wilde Wurm gehorcht mir!
Ich weiß auch, warum! Das muss an dem ätzenden Rauch liegen, den wir eingeatmet haben!
Aber klar! Du hast recht! Das muss es sein!
Schnell, Dussel, bring du unseren Freund hier in Sicherheit.

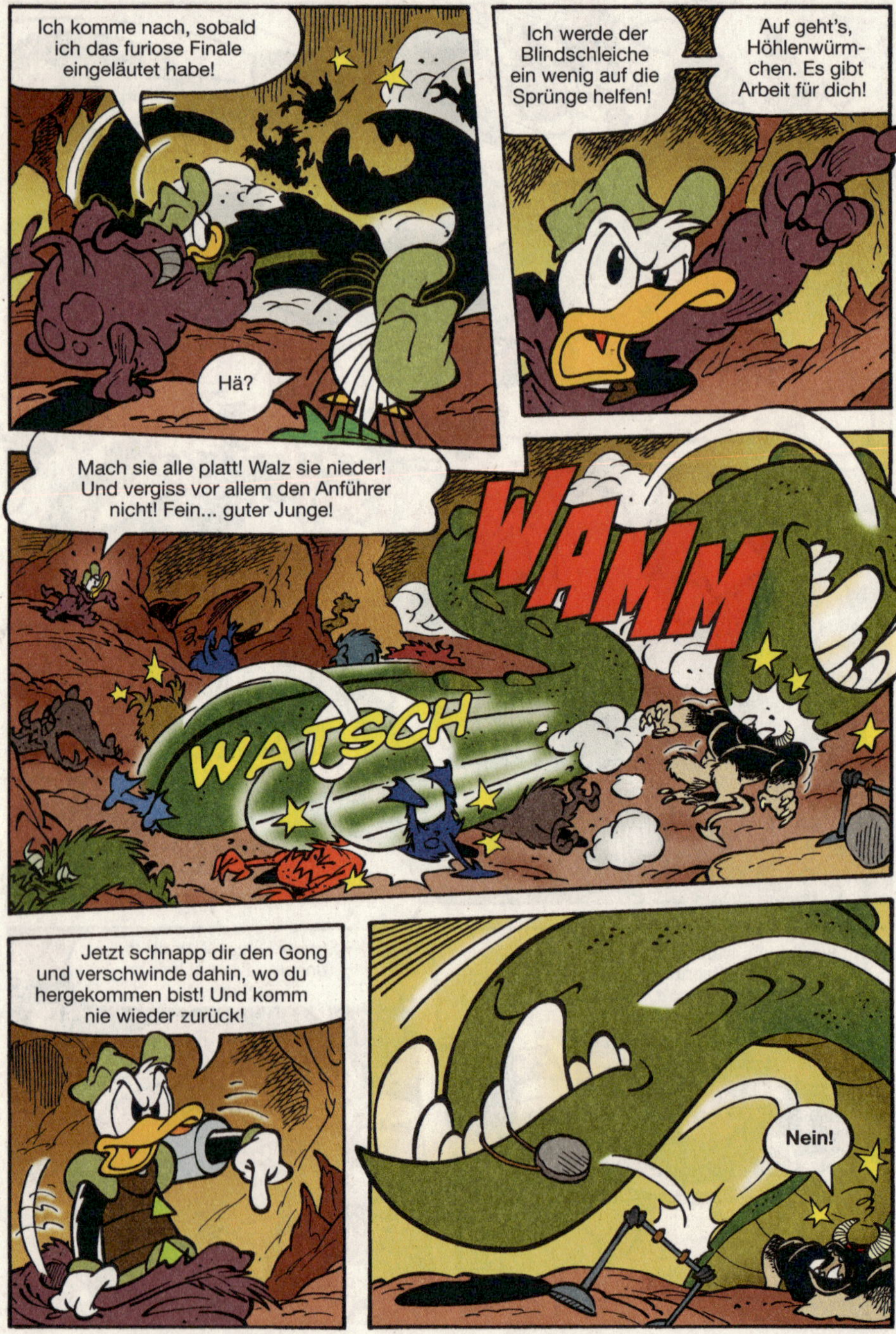
Ich komme nach, sobald ich das furiose Finale eingeläutet habe!
Hä?
Ich werde der Blindschleiche ein wenig auf die Sprünge helfen!
Auf geht's, Höhlenwürmchen. Es gibt Arbeit für dich!
Mach sie alle platt! Walz sie nieder! Und vergiss vor allem den Anführer nicht! Fein... guter Junge!
WAMM
WATSCH
Jetzt schnapp dir den Gong und verschwinde dahin, wo du hergekommen bist! Und komm nie wieder zurück!
Nein!

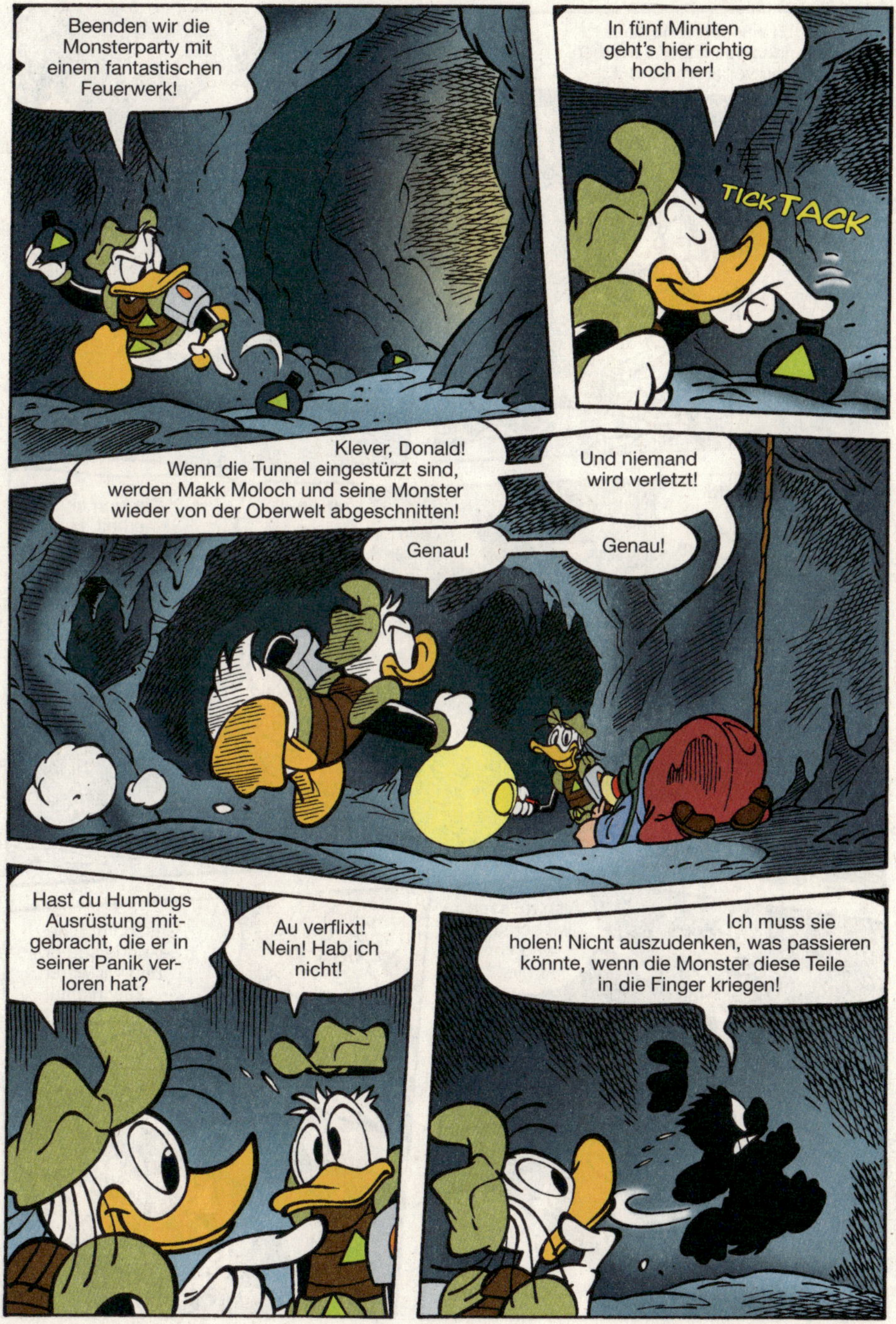
Beenden wir die Monsterparty mit einem fantastischen Feuerwerk!
In fünf Minuten geht's hier richtig hoch her!
TICK TACK
Klever, Donald! Wenn die Tunnel eingestürzt sind, werden Makk Moloch und seine Monster wieder von der Oberwelt abgeschnitten!
Und niemand wird verletzt!
Genau!
Genau!
Hast du Humbugs Ausrüstung mitgebracht, die er in seiner Panik verloren hat?
Au verflixt! Nein! Hab ich nicht!
Ich muss sie holen! Nicht auszudenken, was passieren könnte, wenn die Monster diese Teile in die Finger kriegen!

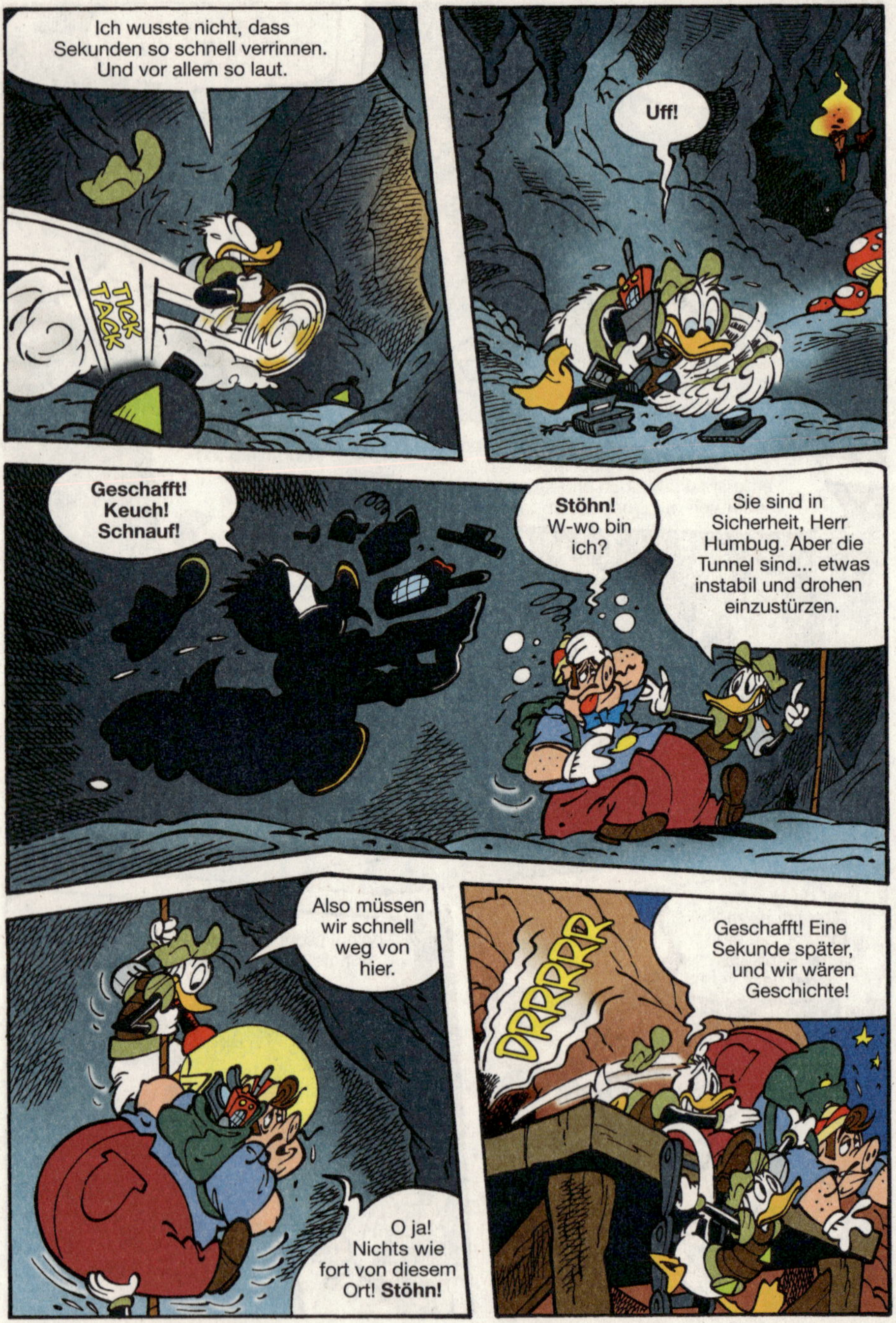
Ich wusste nicht, dass Sekunden so schnell verrinnen. Und vor allem so laut.
TICK TACK
Uff!
Geschafft! Keuch! Schnauf!
Stöhn! W-wo bin ich?
Sie sind in Sicherheit, Herr Humbug. Aber die Tunnel sind... etwas instabil und drohen einzustürzen.
Also müssen wir schnell weg von hier.
O ja! Nichts wie fort von diesem Ort! **Stöhn!**
DRRRRR
Geschafft! Eine Sekunde später, und wir wären Geschichte!

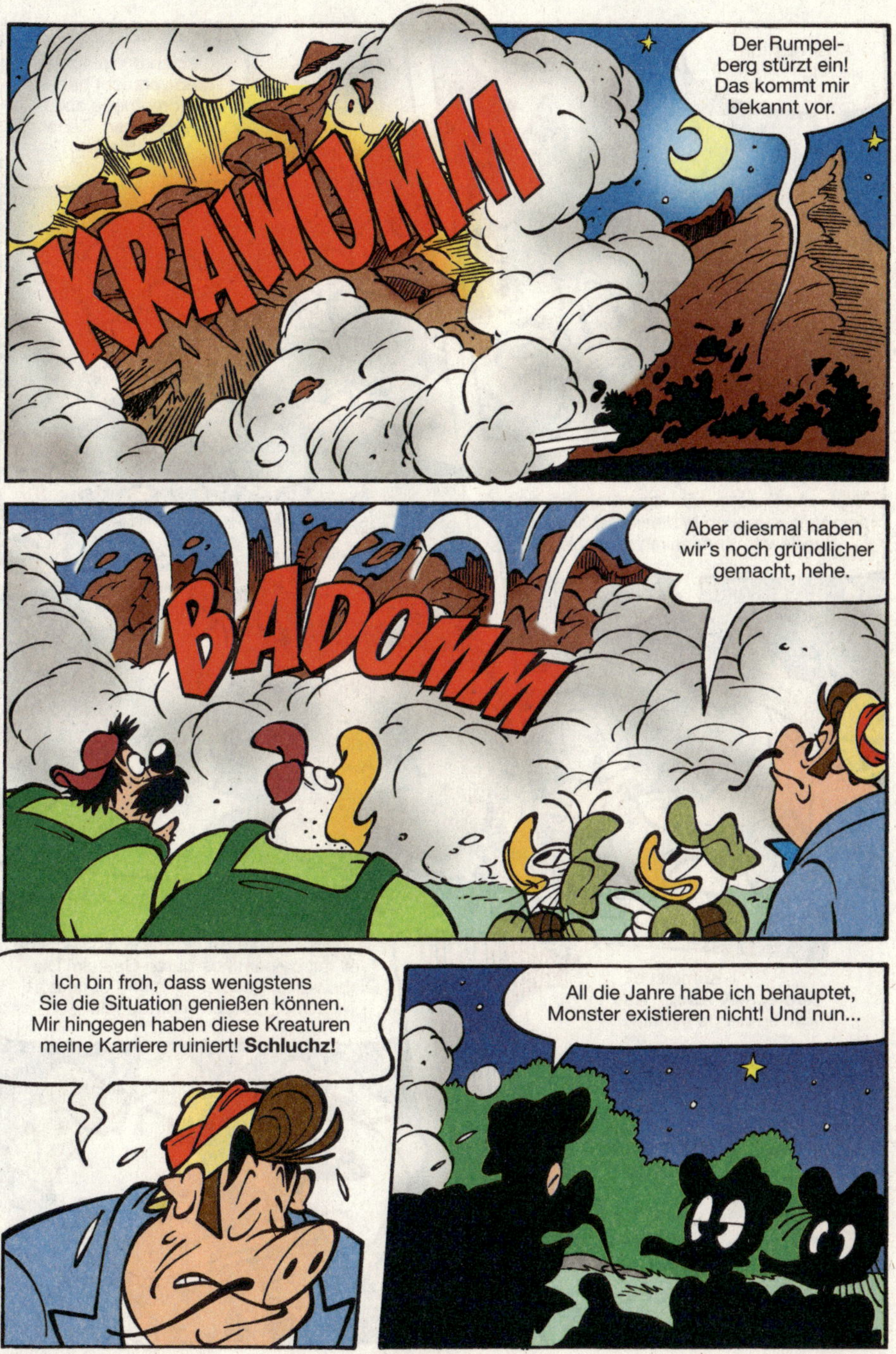
KRAWUMM
Der Rumpelberg stürzt ein! Das kommt mir bekannt vor.
BADOMM
Aber diesmal haben wir's noch gründlicher gemacht, hehe.
Ich bin froh, dass wenigstens Sie die Situation genießen können. Mir hingegen haben diese Kreaturen meine Karriere ruiniert! **Schluchz!**
All die Jahre habe ich behauptet, Monster existieren nicht! Und nun...

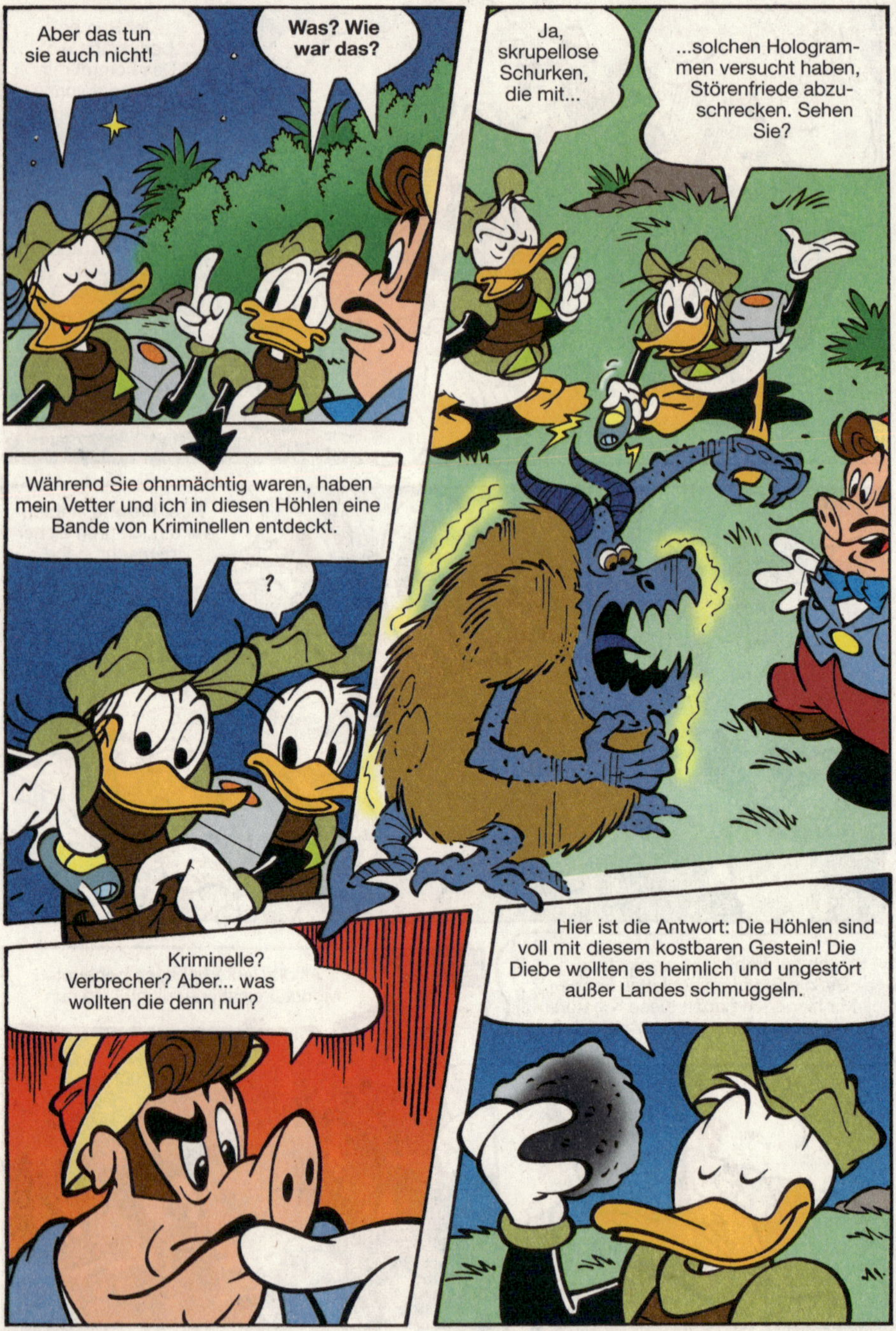
Aber das tun sie auch nicht!
Was? Wie war das?
Ja, skrupellose Schurken, die mit...
...solchen Hologrammen versucht haben, Störenfriede abzuschrecken. Sehen Sie?
Während Sie ohnmächtig waren, haben mein Vetter und ich in diesen Höhlen eine Bande von Kriminellen entdeckt.
?
Kriminelle? Verbrecher? Aber... was wollten die denn nur?
Hier ist die Antwort: Die Höhlen sind voll mit diesem kostbaren Gestein! Die Diebe wollten es heimlich und ungestört außer Landes schmuggeln.

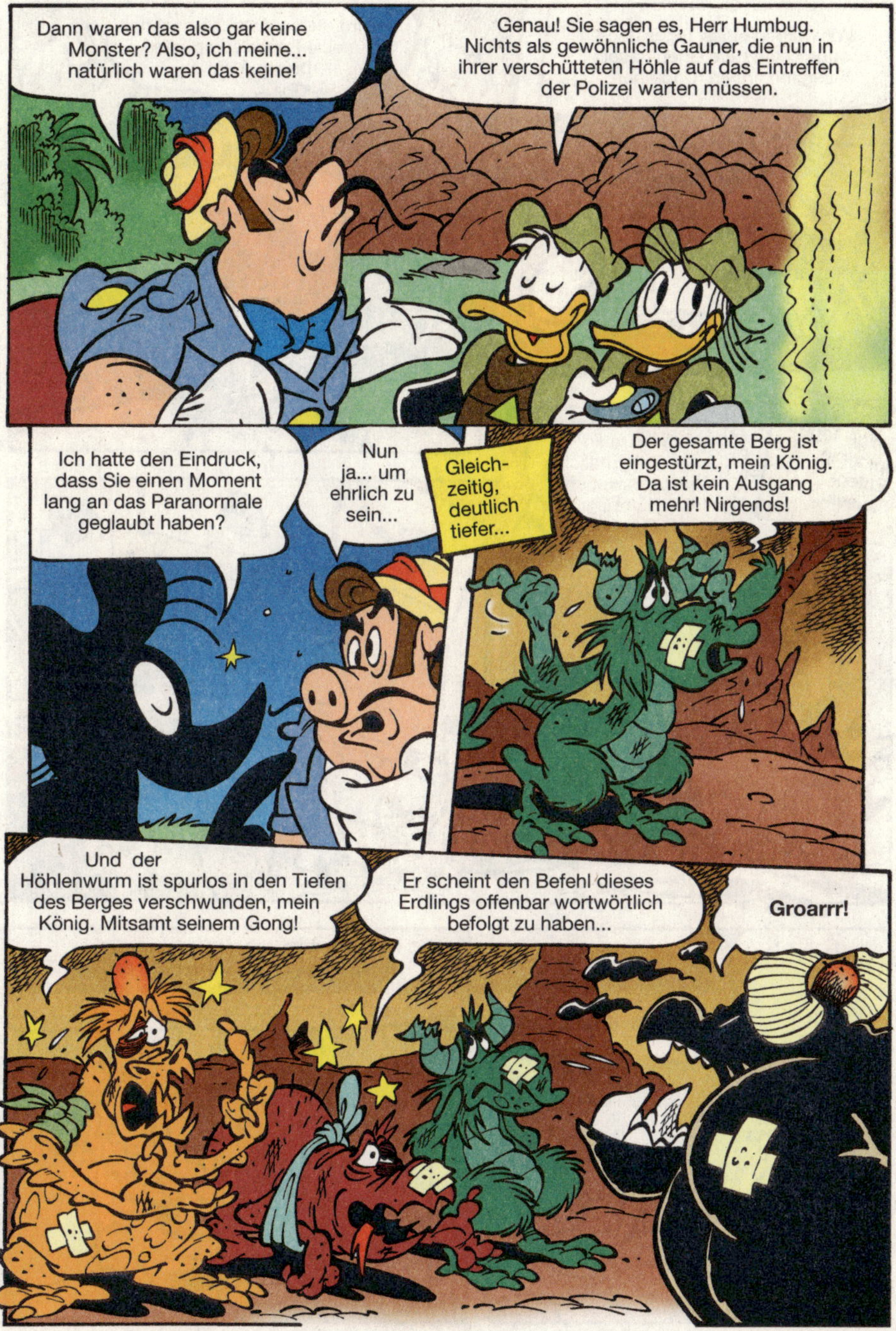

Dann waren das also gar keine Monster? Also, ich meine... natürlich waren das keine!
Genau! Sie sagen es, Herr Humbug. Nichts als gewöhnliche Gauner, die nun in ihrer verschütteten Höhle auf das Eintreffen der Polizei warten müssen.
Ich hatte den Eindruck, dass Sie einen Moment lang an das Paranormale geglaubt haben?
Nun ja... um ehrlich zu sein...
Gleichzeitig, deutlich tiefer...
Der gesamte Berg ist eingestürzt, mein König. Da ist kein Ausgang mehr! Nirgends!
Und der Höhlenwurm ist spurlos in den Tiefen des Berges verschwunden, mein König. Mitsamt seinem Gong!
Er scheint den Befehl dieses Erdlings offenbar wortwörtlich befolgt zu haben...
Groarrr!

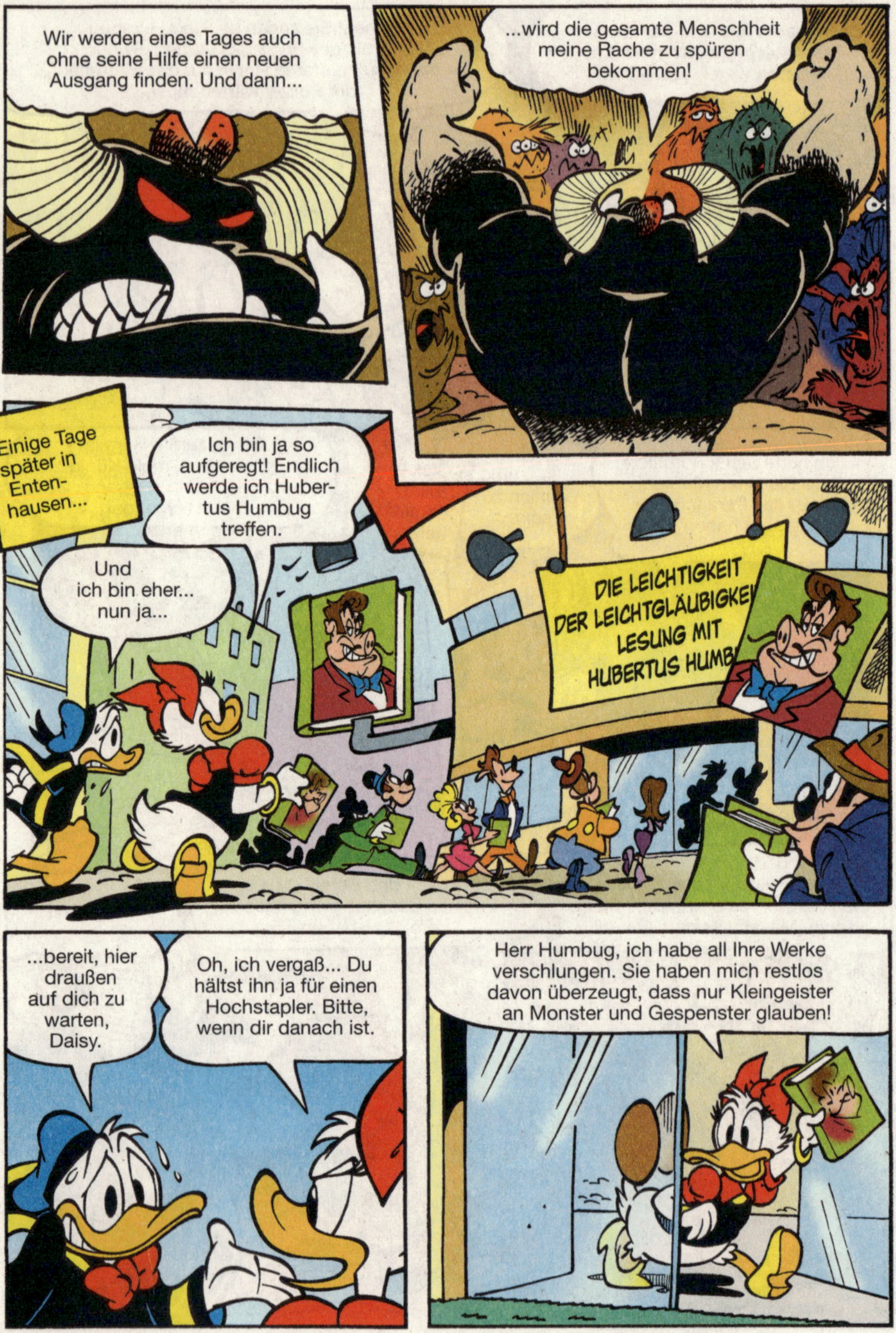
Wir werden eines Tages auch ohne seine Hilfe einen neuen Ausgang finden. Und dann...
...wird die gesamte Menschheit meine Rache zu spüren bekommen!
Einige Tage später in Entenhausen...
Ich bin ja so aufgeregt! Endlich werde ich Hubertus Humbug treffen.
Und ich bin eher... nun ja...
DIE LEICHTIGKEIT DER LEICHTGLÄUBIGKE LESUNG MIT HUBERTUS HUMB
...bereit, hier draußen auf dich zu warten, Daisy.
Oh, ich vergaß... Du hältst ihn ja für einen Hochstapler. Bitte, wenn dir danach ist.
Herr Humbug, ich habe all Ihre Werke verschlungen. Sie haben mich restlos davon überzeugt, dass nur Kleingeister an Monster und Gespenster glauben!

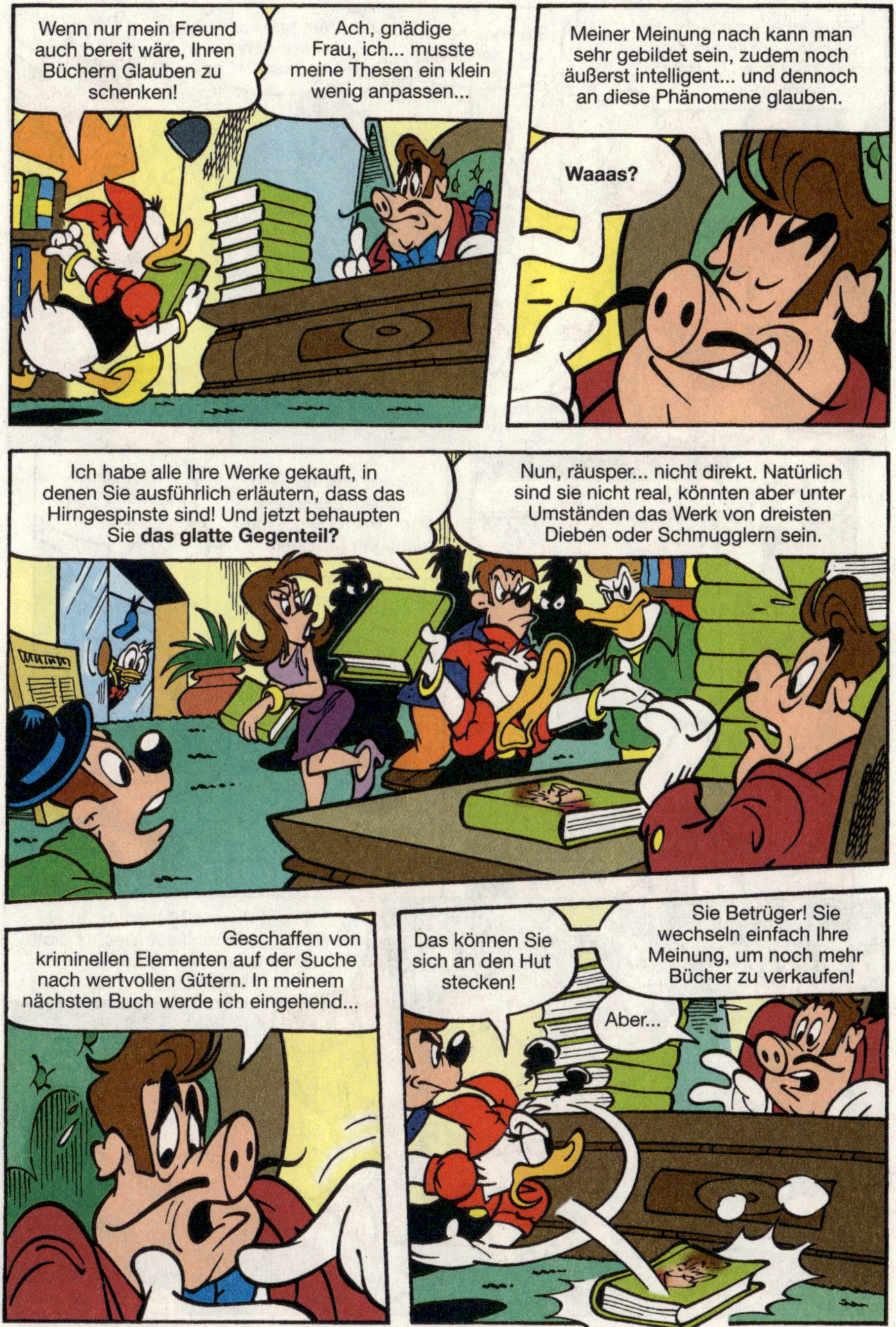
Wenn nur mein Freund auch bereit wäre, Ihren Büchern Glauben zu schenken!
Ach, gnädige Frau, ich... musste meine Thesen ein klein wenig anpassen...
Meiner Meinung nach kann man sehr gebildet sein, zudem noch äußerst intelligent... und dennoch an diese Phänomene glauben.
Waaas?
Ich habe alle Ihre Werke gekauft, in denen Sie ausführlich erläutern, dass das Hirngespinste sind! Und jetzt behaupten Sie **das glatte Gegenteil?**
Nun, räusper... nicht direkt. Natürlich sind sie nicht real, könnten aber unter Umständen das Werk von dreisten Dieben oder Schmugglern sein.
Geschaffen von kriminellen Elementen auf der Suche nach wertvollen Gütern. In meinem nächsten Buch werde ich eingehend...
Das können Sie sich an den Hut stecken!
Sie Betrüger! Sie wechseln einfach Ihre Meinung, um noch mehr Bücher zu verkaufen!
Aber...

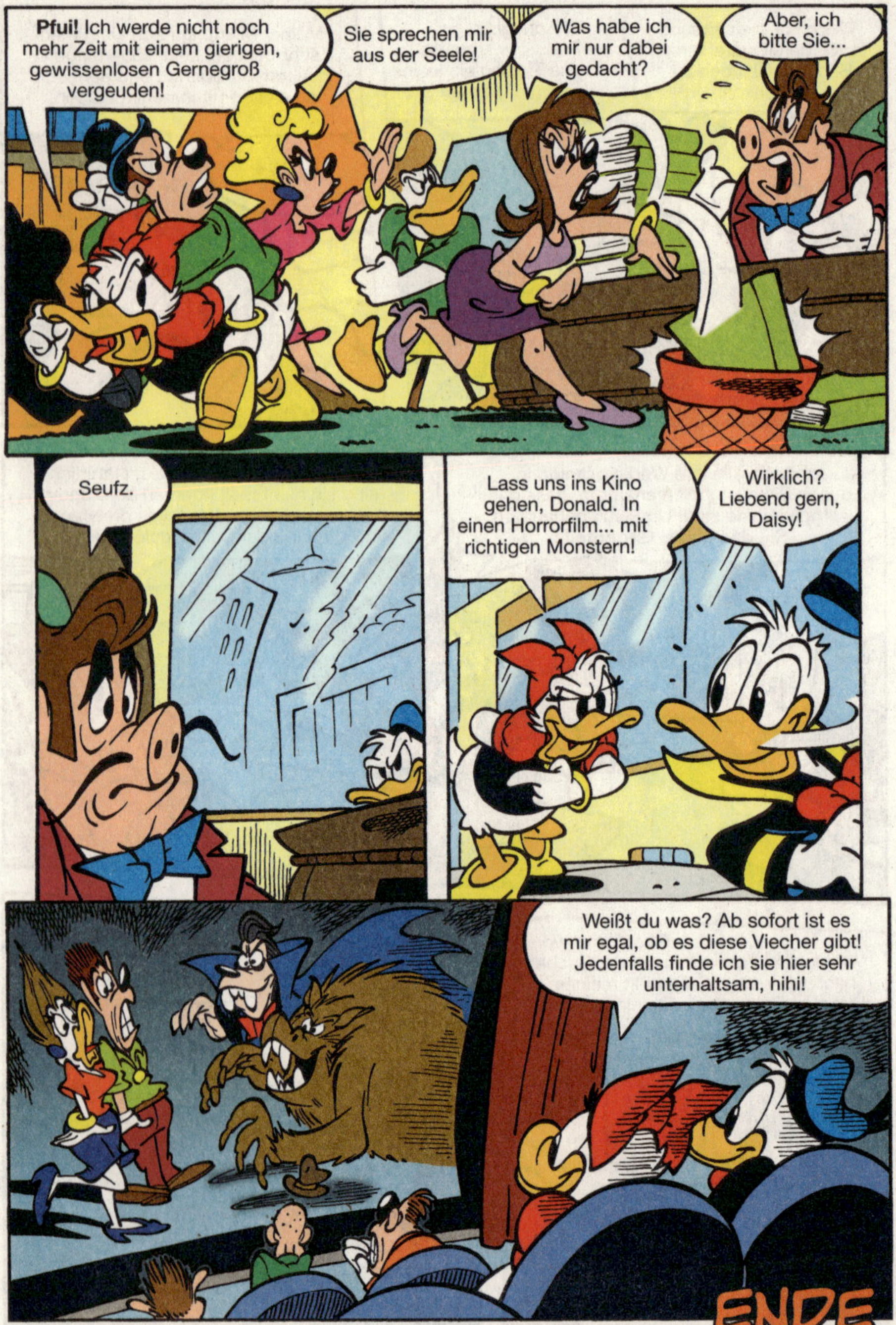
Pfui! Ich werde nicht noch mehr Zeit mit einem gierigen, gewissenlosen Gernegroß vergeuden!
Sie sprechen mir aus der Seele!
Was habe ich mir nur dabei gedacht?
Aber, ich bitte Sie...
Seufz.
Lass uns ins Kino gehen, Donald. In einen Horrorfilm... mit richtigen Monstern!
Wirklich? Liebend gern, Daisy!
Weißt du was? Ab sofort ist es mir egal, ob es diese Viecher gibt! Jedenfalls finde ich sie hier sehr unterhaltsam, hihi!
ENDE

ROUTE 7

Vor dem Klettern ist nach dem Klettern

Wer sich wie Tick fürs Klettern erwärmt, sollte sich gut aufwärmen und richtig trainieren, um das Beste aus sich herauszuholen.

1 Komm in Schwung!

Bring dein Herz-Kreislauf-System erst mal auf Trab! Entweder fährst du mit dem Fahrrad zur Kletterhalle oder du springst kurz mit dem Seil.

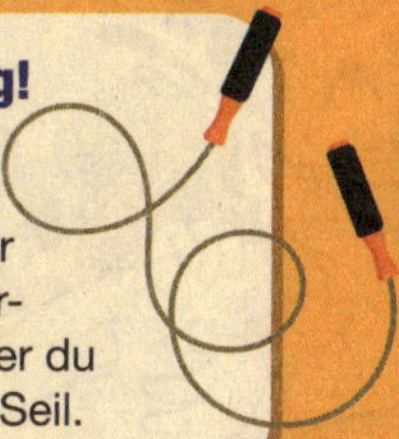

Die Fingerbeuger werden beim Klettern stark beansprucht. Du solltest aber auch deine Fingerstrecker trainieren: Platziere Knetmasse auf den Tisch und setze die Fingerspitzen auf die Knete. Strecke dann die Finger dem Widerstand entgegen. Wiederhole die Übung.

2 Gnieks!

Bewege und dehne deine Gelenke, um sie geschmeidiger zu machen. Damit du nichts vergisst, arbeite dich am besten von oben nach unten. Denke vor allem auch an die Finger!

3 Ab an die Wand

Um dich fürs Klettern aufzuwärmen, hilft eine leichte Boulder-Route. Die bereitet deinen Körper auf die Aktivität vor. Du solltest dich aber nicht gleich zu sehr beanspruchen.

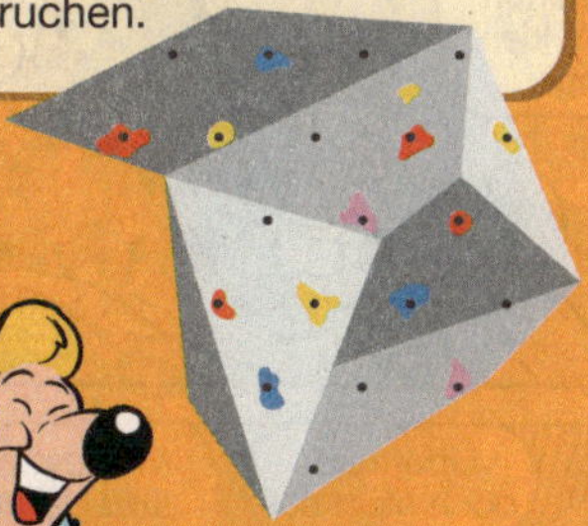

4 Feste Griffel

In Hallen gibt allerlei Griffbretter, um sich mit den Fingern dranzuhängen und ein paar Klimmzüge zu machen … Aber lass als Anfänger erst mal die Finger davon, um diese nicht zu schädigen. Deine Finger brauchen mehr Geduld!

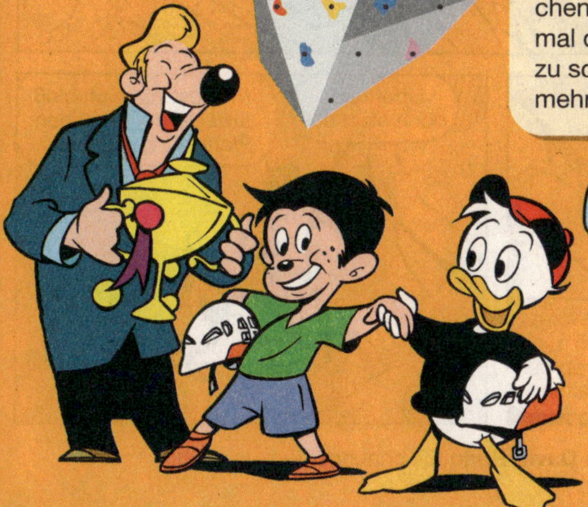

5 Gib Contra!

Wie bei fast allen Sportarten werden auch beim Klettern die gleichen Muskelpartien trainiert. Um auch die anderen Muskeln zu stärken und Fehlhaltungen vorzubeugen, sind Ausgleichsübungen wichtig.

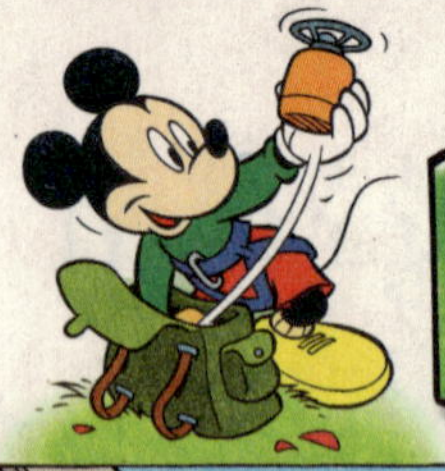

Walt Disney

Der Tee tut weh

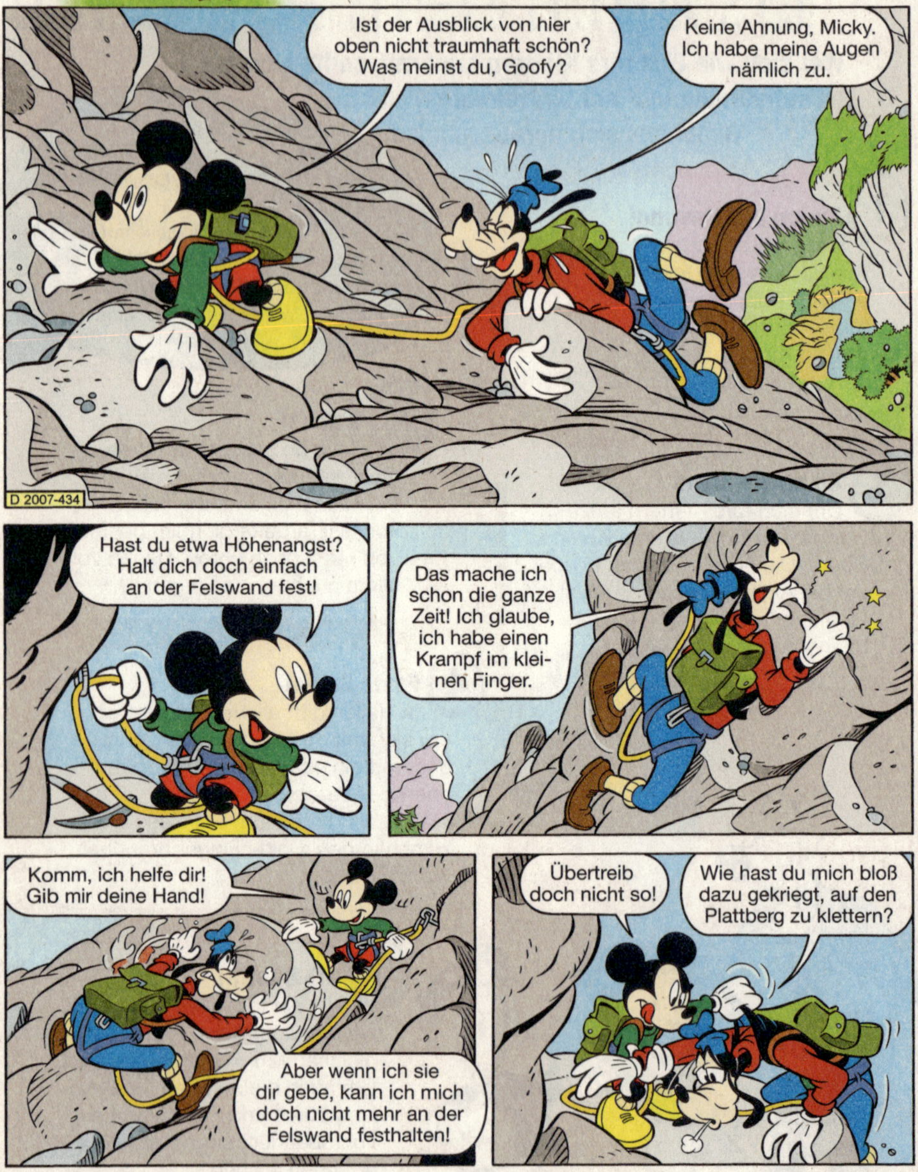

Carol McGreal, Pat McGreal (Story), **Jorge David Redo** (Zeichnungen)

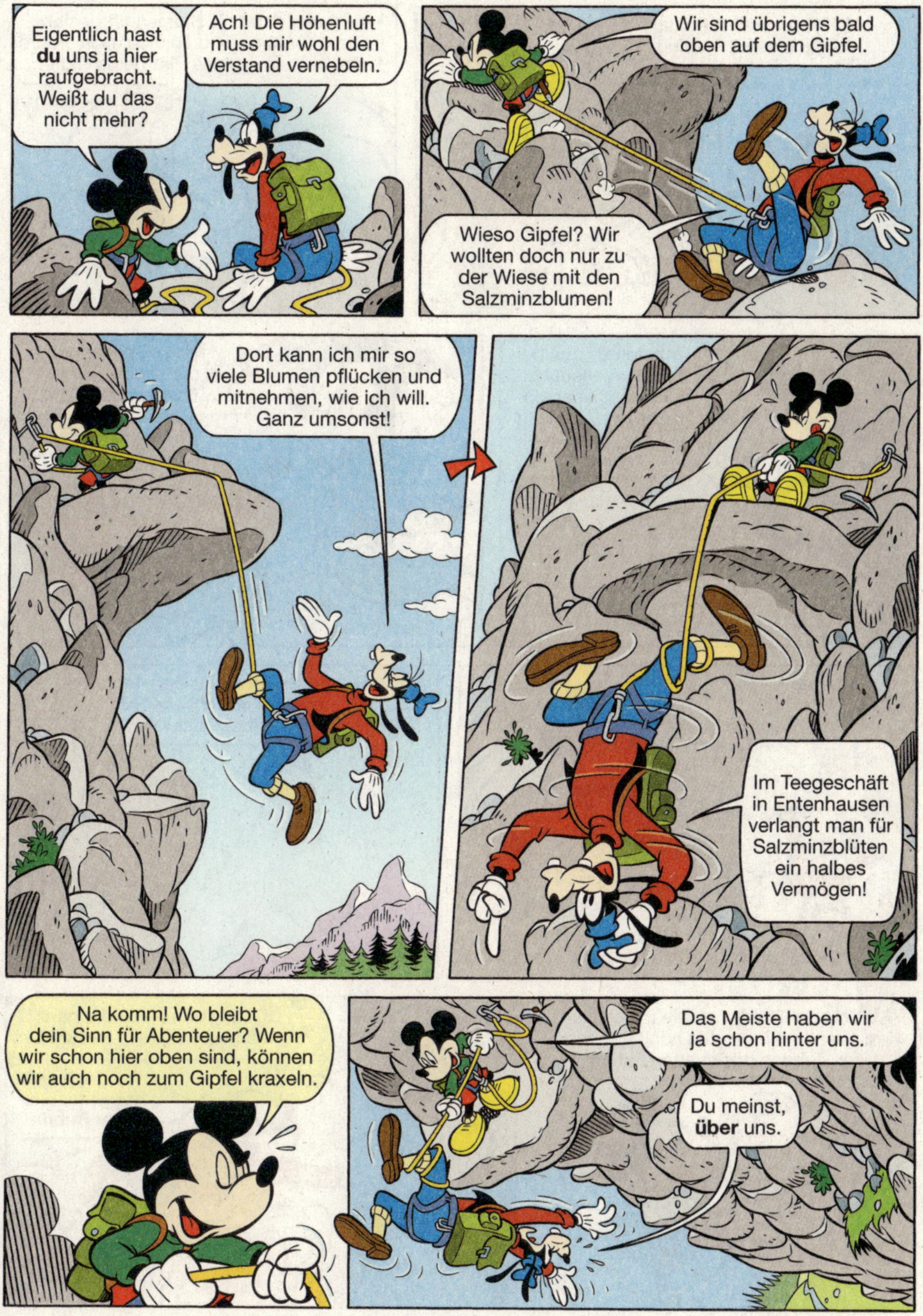

Eigentlich hast **du** uns ja hier raufgebracht. Weißt du das nicht mehr?
Ach! Die Höhenluft muss mir wohl den Verstand vernebeln.
Wir sind übrigens bald oben auf dem Gipfel.
Wieso Gipfel? Wir wollten doch nur zu der Wiese mit den Salzminzblumen!
Dort kann ich mir so viele Blumen pflücken und mitnehmen, wie ich will. Ganz umsonst!
Im Teegeschäft in Entenhausen verlangt man für Salzminzblüten ein halbes Vermögen!
Na komm! Wo bleibt dein Sinn für Abenteuer? Wenn wir schon hier oben sind, können wir auch noch zum Gipfel kraxeln.
Das Meiste haben wir ja schon hinter uns.
Du meinst, **über** uns.

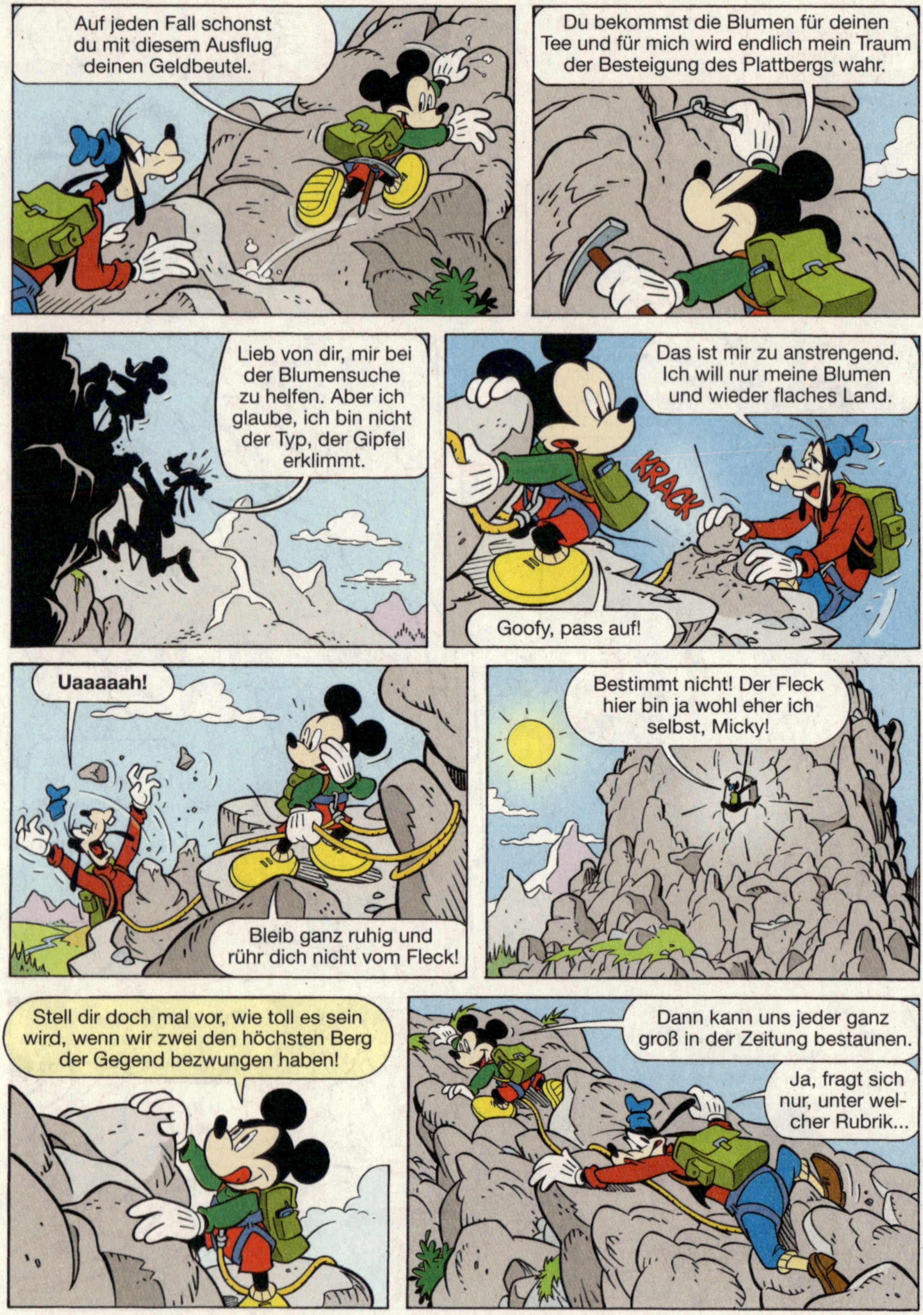

Auf jeden Fall schonst du mit diesem Ausflug deinen Geldbeutel.
Du bekommst die Blumen für deinen Tee und für mich wird endlich mein Traum der Besteigung des Plattbergs wahr.
Lieb von dir, mir bei der Blumensuche zu helfen. Aber ich glaube, ich bin nicht der Typ, der Gipfel erklimmt.
Das ist mir zu anstrengend. Ich will nur meine Blumen und wieder flaches Land.
KRACK
Goofy, pass auf!
Uaaaaah!
Bleib ganz ruhig und rühr dich nicht vom Fleck!
Bestimmt nicht! Der Fleck hier bin ja wohl eher ich selbst, Micky!
Stell dir doch mal vor, wie toll es sein wird, wenn wir zwei den höchsten Berg der Gegend bezwungen haben!
Dann kann uns jeder ganz groß in der Zeitung bestaunen.
Ja, fragt sich nur, unter welcher Rubrik...

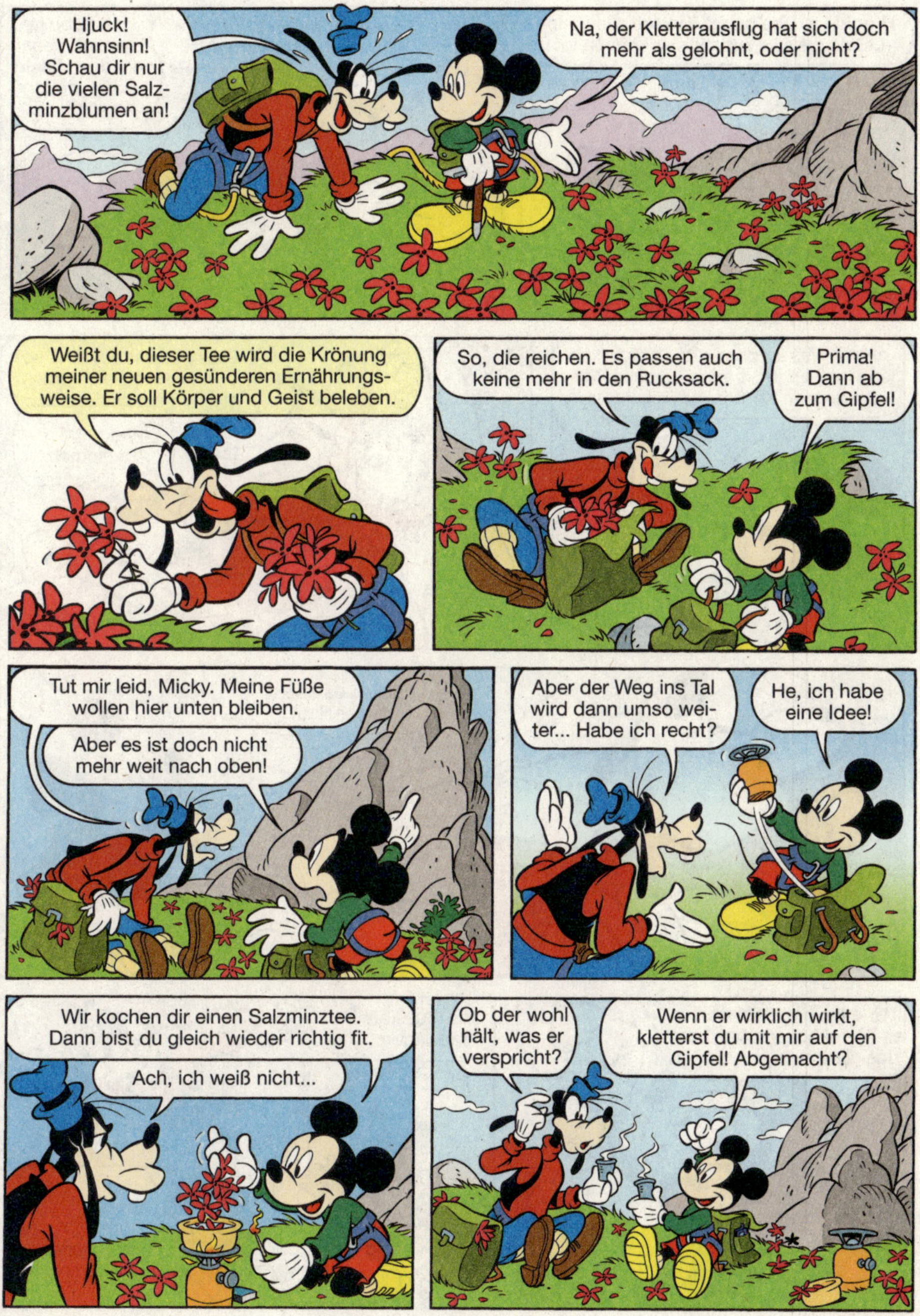
Hjuck! Wahnsinn! Schau dir nur die vielen Salzminzblumen an!
Na, der Kletterausflug hat sich doch mehr als gelohnt, oder nicht?
Weißt du, dieser Tee wird die Krönung meiner neuen gesünderen Ernährungsweise. Er soll Körper und Geist beleben.
So, die reichen. Es passen auch keine mehr in den Rucksack.
Prima! Dann ab zum Gipfel!
Aber es ist doch nicht mehr weit nach oben!
Tut mir leid, Micky. Meine Füße wollen hier unten bleiben.
Aber der Weg ins Tal wird dann umso weiter... Habe ich recht?
He, ich habe eine Idee!
Wir kochen dir einen Salzminztee. Dann bist du gleich wieder richtig fit.
Ach, ich weiß nicht...
Wenn er wirklich wirkt, kletterst du mit mir auf den Gipfel! Abgemacht?
Ob der wohl hält, was er verspricht?

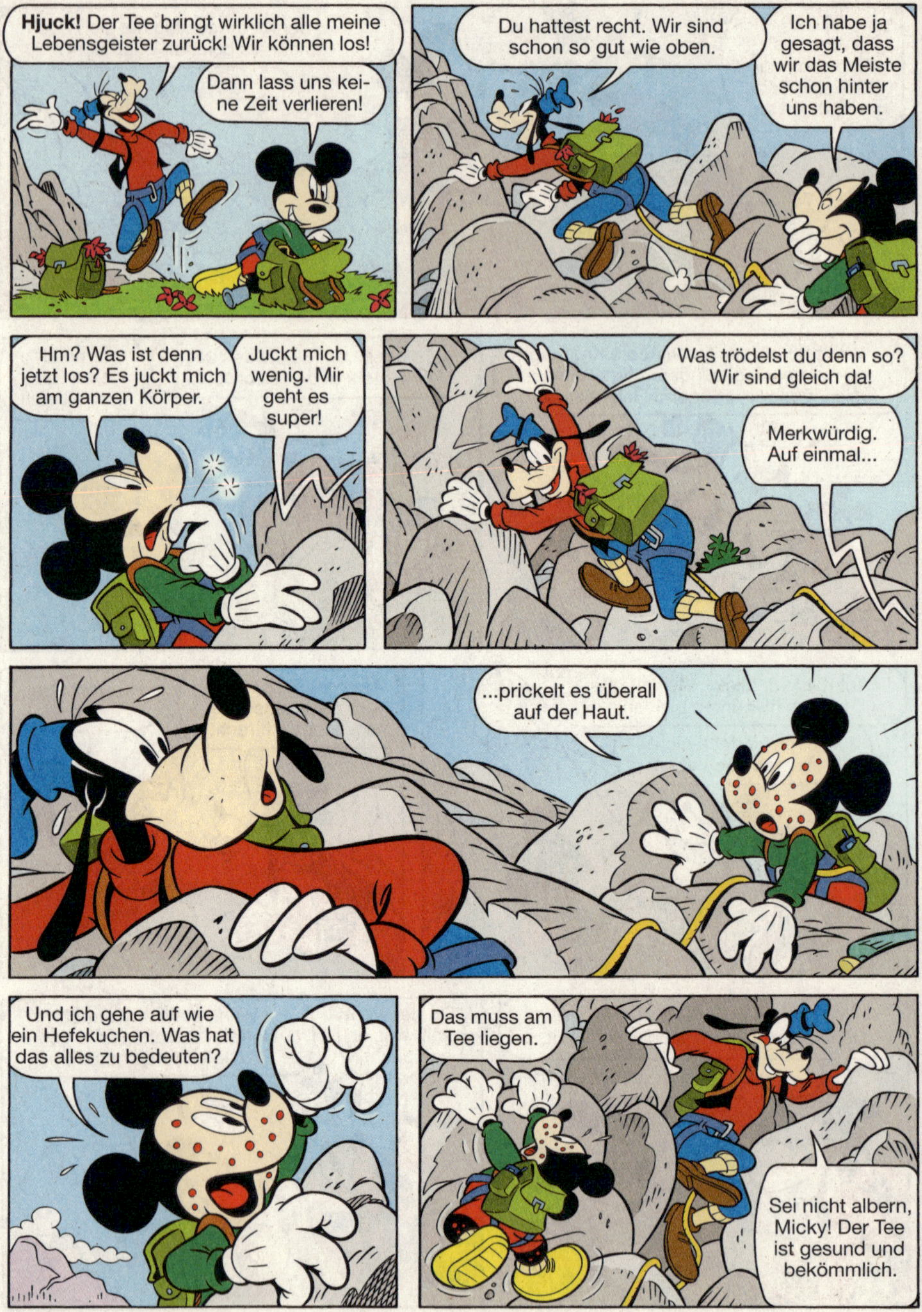
Hjuck! Der Tee bringt wirklich alle meine Lebensgeister zurück! Wir können los!
Dann lass uns keine Zeit verlieren!
Du hattest recht. Wir sind schon so gut wie oben.
Ich habe ja gesagt, dass wir das Meiste schon hinter uns haben.
Hm? Was ist denn jetzt los? Es juckt mich am ganzen Körper.
Juckt mich wenig. Mir geht es super!
Was trödelst du denn so? Wir sind gleich da!
Merkwürdig. Auf einmal...
...prickelt es überall auf der Haut.
Und ich gehe auf wie ein Hefekuchen. Was hat das alles zu bedeuten?
Das muss am Tee liegen.
Sei nicht albern, Micky! Der Tee ist gesund und bekömmlich.

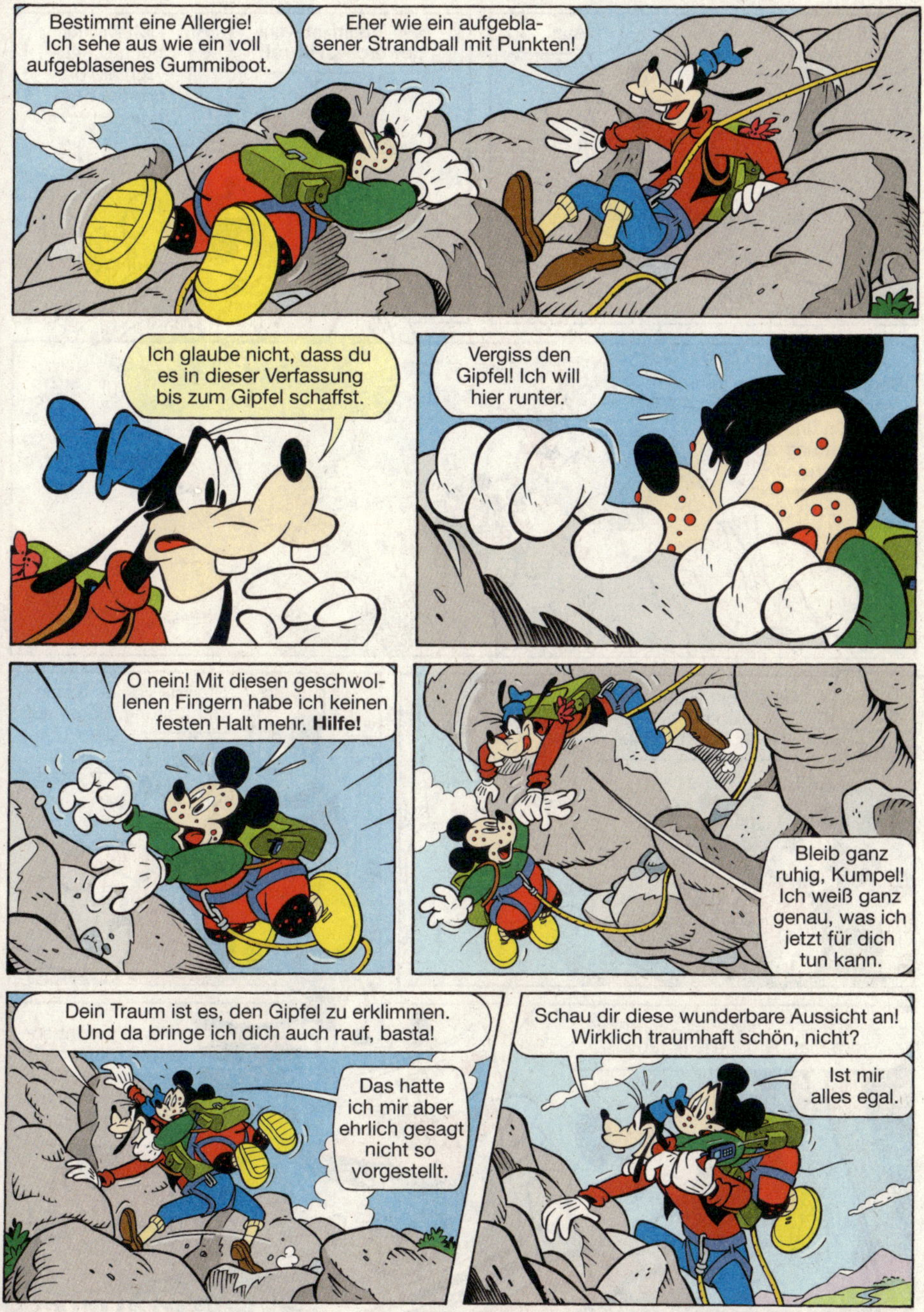
Bestimmt eine Allergie! Ich sehe aus wie ein voll aufgeblasenes Gummiboot.
Eher wie ein aufgeblasener Strandball mit Punkten!
Ich glaube nicht, dass du es in dieser Verfassung bis zum Gipfel schaffst.
Vergiss den Gipfel! Ich will hier runter.
O nein! Mit diesen geschwollenen Fingern habe ich keinen festen Halt mehr. **Hilfe!**
Bleib ganz ruhig, Kumpel! Ich weiß ganz genau, was ich jetzt für dich tun kann.
Dein Traum ist es, den Gipfel zu erklimmen. Und da bringe ich dich auch rauf, basta!
Das hatte ich mir aber ehrlich gesagt nicht so vorgestellt.
Schau dir diese wunderbare Aussicht an! Wirklich traumhaft schön, nicht?
Ist mir alles egal.

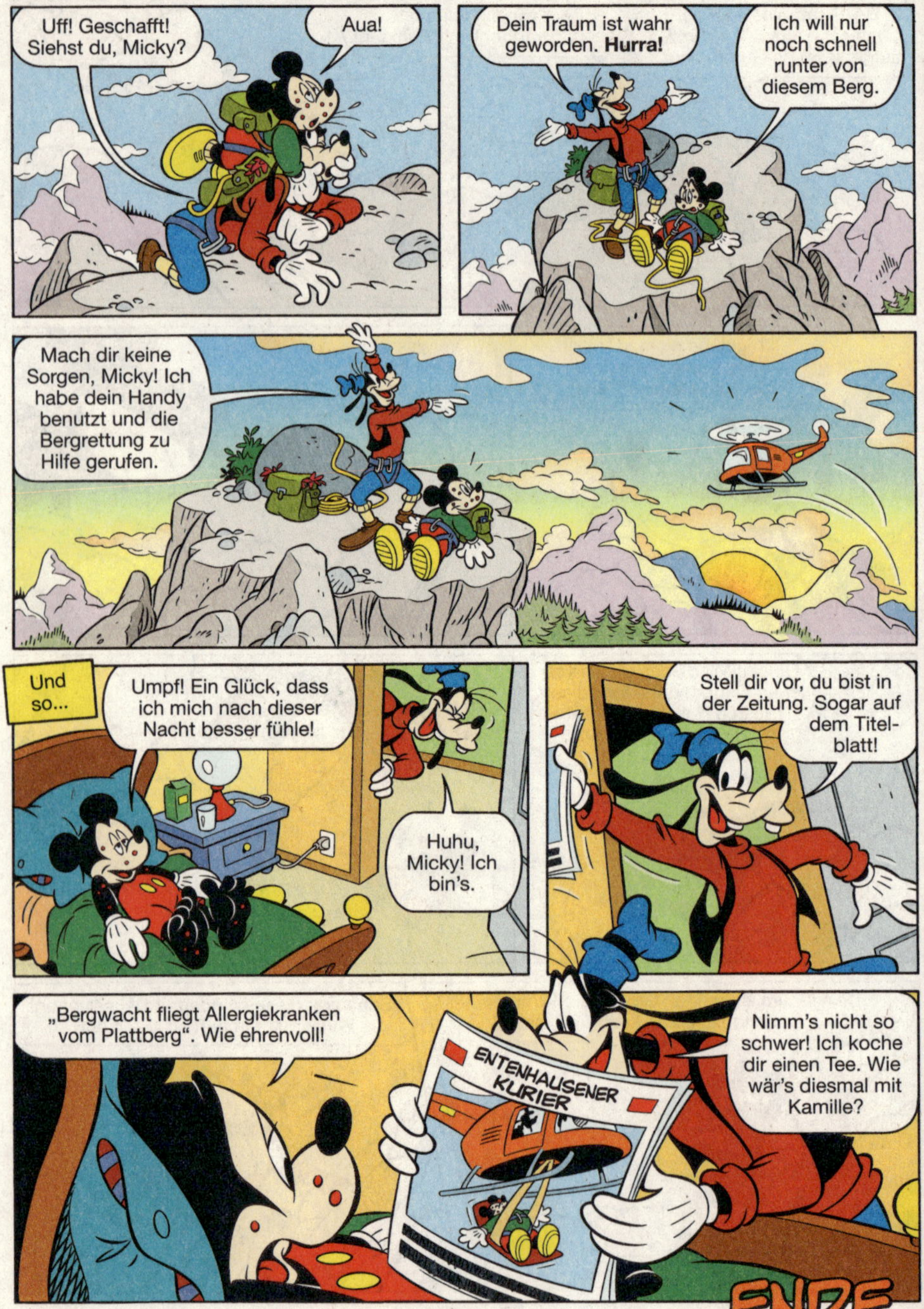
Uff! Geschafft! Siehst du, Micky?
Aua!
Dein Traum ist wahr geworden. **Hurra!**
Ich will nur noch schnell runter von diesem Berg.
Mach dir keine Sorgen, Micky! Ich habe dein Handy benutzt und die Bergrettung zu Hilfe gerufen.
Und so...
Umpf! Ein Glück, dass ich mich nach dieser Nacht besser fühle!
Huhu, Micky! Ich bin's.
Stell dir vor, du bist in der Zeitung. Sogar auf dem Titelblatt!
„Bergwacht fliegt Allergiekranken vom Plattberg". Wie ehrenvoll!
ENTENHAUSENER KURIER
Nimm's nicht so schwer! Ich koche dir einen Tee. Wie wär's diesmal mit Kamille?
ENDE

ROUTE 8

Witzel-Gipfelstürmer

Kletterfans wie Tick, Trick und Track kennen bestimmt keine flachen Witze!

Was sagt ein Felsvorsprung zum anderen?

Lass mal abhängen!

Daniel Düsentrieb sagt zu Sergei Schlamassi: „Ich interessiere mich ja sehr fürs Bergsteigen." Daraufhin erwidert er: ***„Ich nicht, ich habe keinen Hang dazu!"***

Was veranstalten Kletterer auf dem Berg?

Ein Gipfeltreffen.

Was ist orange und klettert auf den Berg?

Eine Kletterine.

Was ist weiß und rollt den Berg hoch?

Eine Lawine mit Heimweh.

Warum haben Bergsteiger immer ein Fernglas dabei?

Damit sie sehen können, ob der Gipfel wirklich so hoch ist, wie er aussieht!

Was sagt der Bergsteiger auf dem höchsten Berg?

Einsame Spitze.

Ein Kletterer geht zum Frisör:

„Nur die Spitzen, bitte!"

Warum ist es schwierig, einem Berg einen Witz zu erzählen?

Er ist so eisig, dass es ihn völlig kalt lässt!

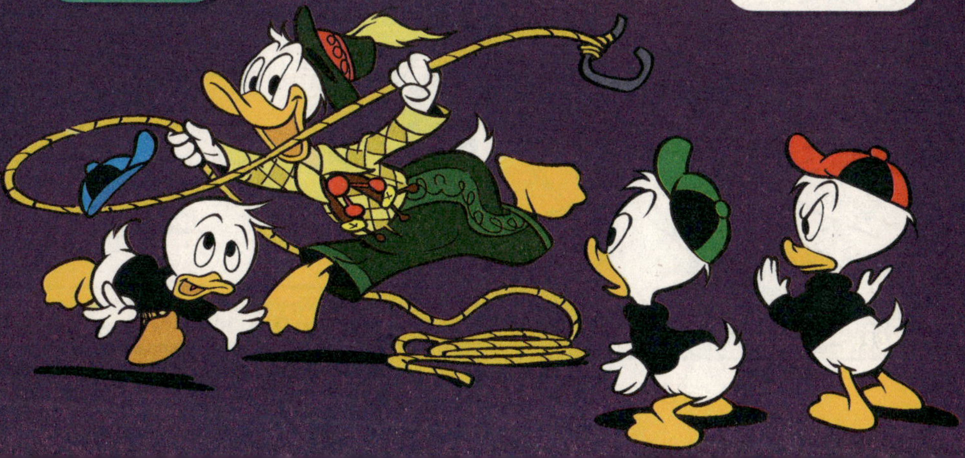

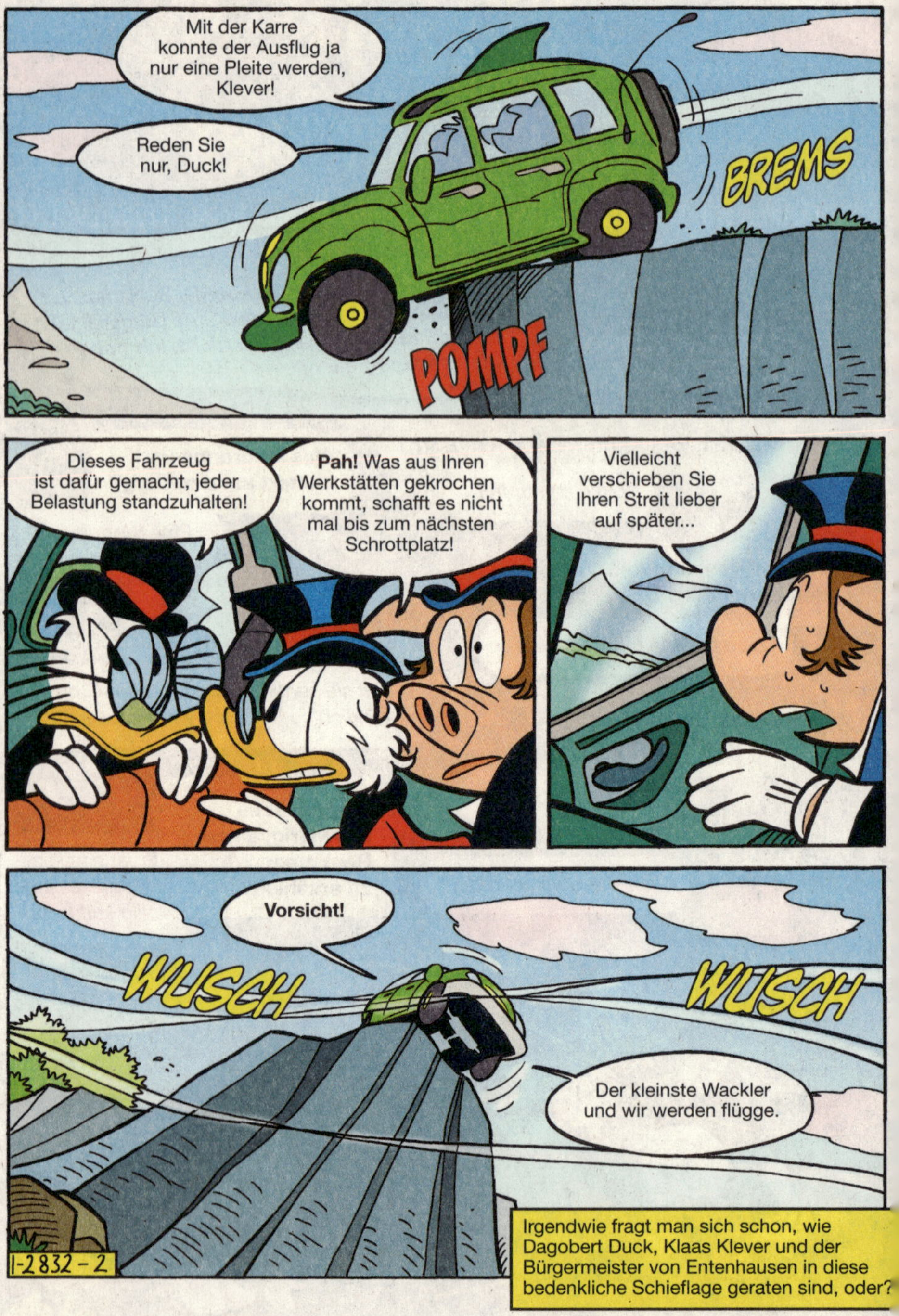
Mit der Karre konnte der Ausflug ja nur eine Pleite werden, Klever!
Reden Sie nur, Duck!
BREMS
POMPF
Dieses Fahrzeug ist dafür gemacht, jeder Belastung standzuhalten!
Pah! Was aus Ihren Werkstätten gekrochen kommt, schafft es nicht mal bis zum nächsten Schrottplatz!
Vielleicht verschieben Sie Ihren Streit lieber auf später...
Vorsicht!
WUSCH
WUSCH
Der kleinste Wackler und wir werden flügge.
I-2832-2
Irgendwie fragt man sich schon, wie Dagobert Duck, Klaas Klever und der Bürgermeister von Entenhausen in diese bedenkliche Schieflage geraten sind, oder?

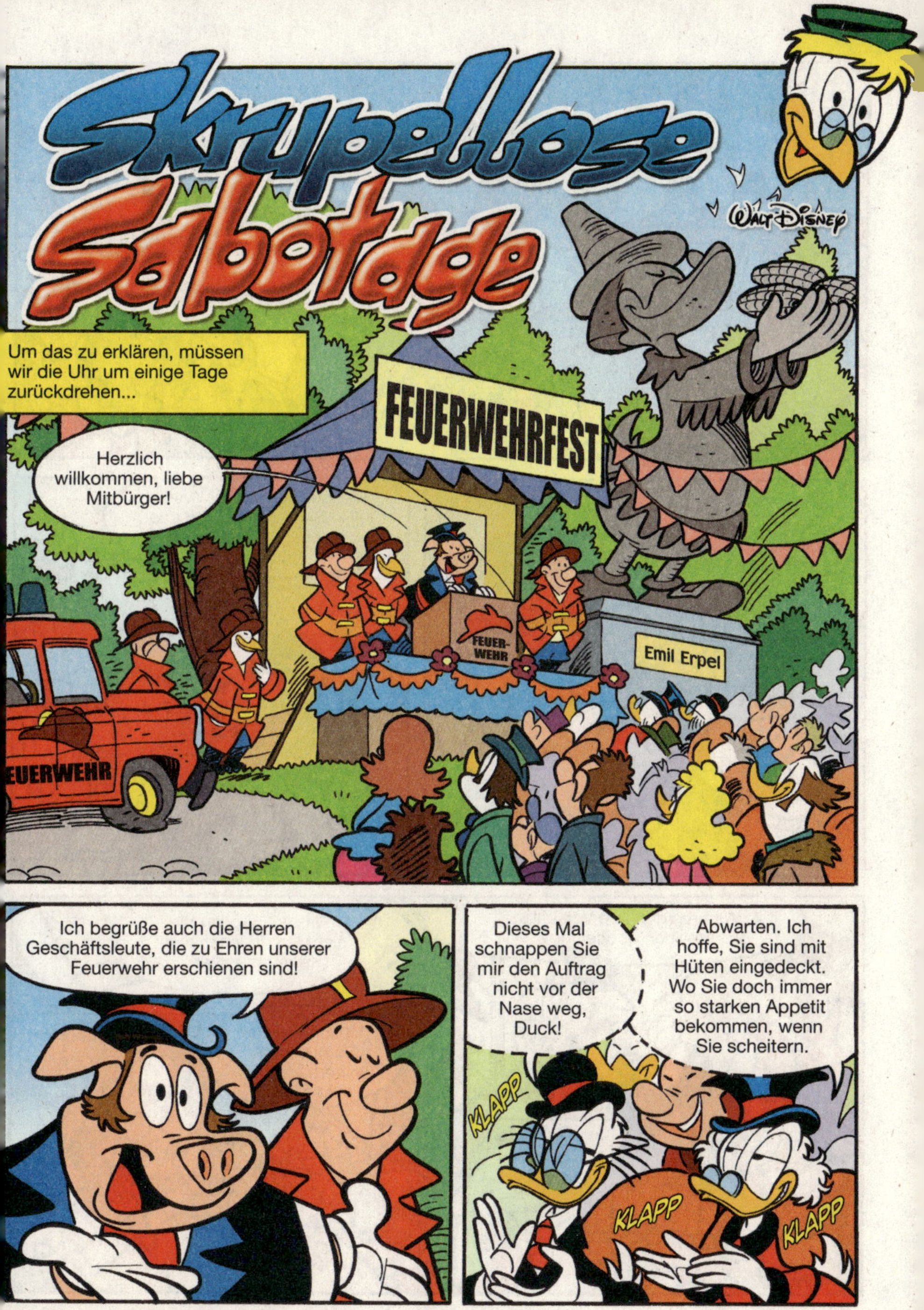

Gabriele Panini (Story), **Marco Mazzarello** (Zeichnungen)

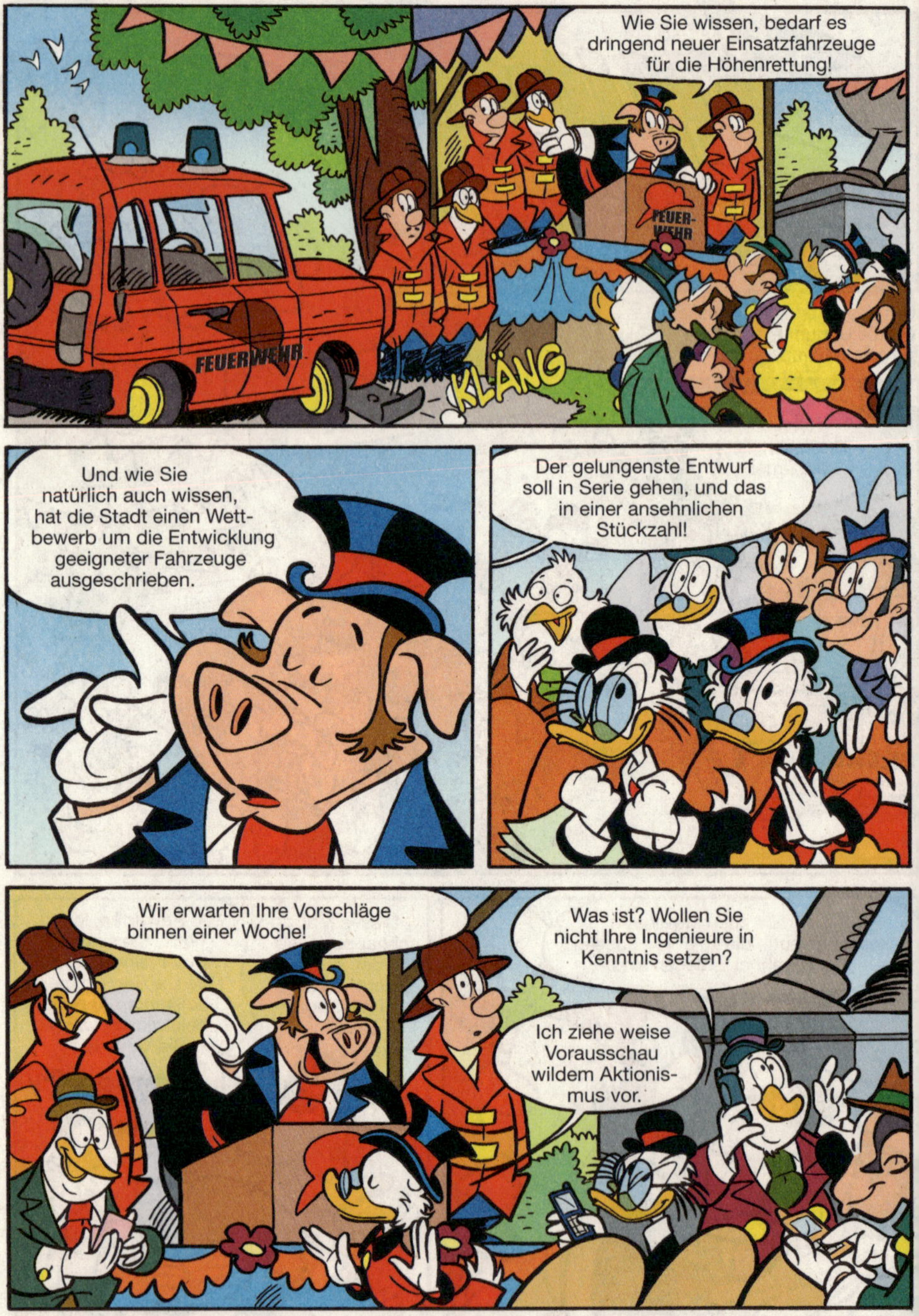
Wie Sie wissen, bedarf es dringend neuer Einsatzfahrzeuge für die Höhenrettung!
FEUERWEHR
FEUERWEHR
KLÄNG
Und wie Sie natürlich auch wissen, hat die Stadt einen Wettbewerb um die Entwicklung geeigneter Fahrzeuge ausgeschrieben.
Der gelungenste Entwurf soll in Serie gehen, und das in einer ansehnlichen Stückzahl!
Wir erwarten Ihre Vorschläge binnen einer Woche!
Was ist? Wollen Sie nicht Ihre Ingenieure in Kenntnis setzen?
Ich ziehe weise Vorausschau wildem Aktionismus vor.

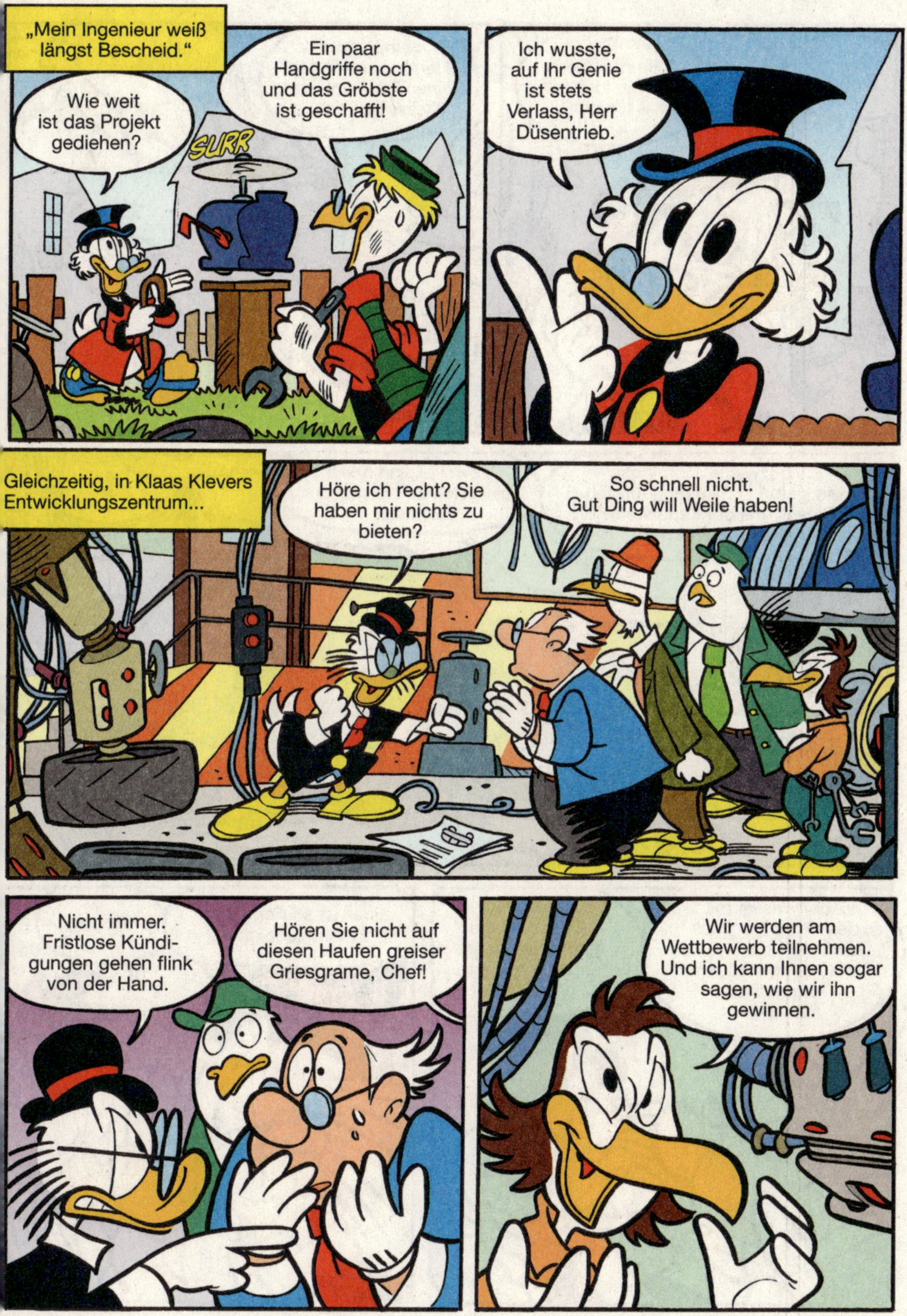
„Mein Ingenieur weiß längst Bescheid."
Wie weit ist das Projekt gediehen?
Ein paar Handgriffe noch und das Gröbste ist geschafft!
SURR
Ich wusste, auf Ihr Genie ist stets Verlass, Herr Düsentrieb.
Gleichzeitig, in Klaas Klevers Entwicklungszentrum...
Höre ich recht? Sie haben mir nichts zu bieten?
So schnell nicht. Gut Ding will Weile haben!
Nicht immer. Fristlose Kündigungen gehen flink von der Hand.
Hören Sie nicht auf diesen Haufen greiser Griesgrame, Chef!
Wir werden am Wettbewerb teilnehmen. Und ich kann Ihnen sogar sagen, wie wir ihn gewinnen.

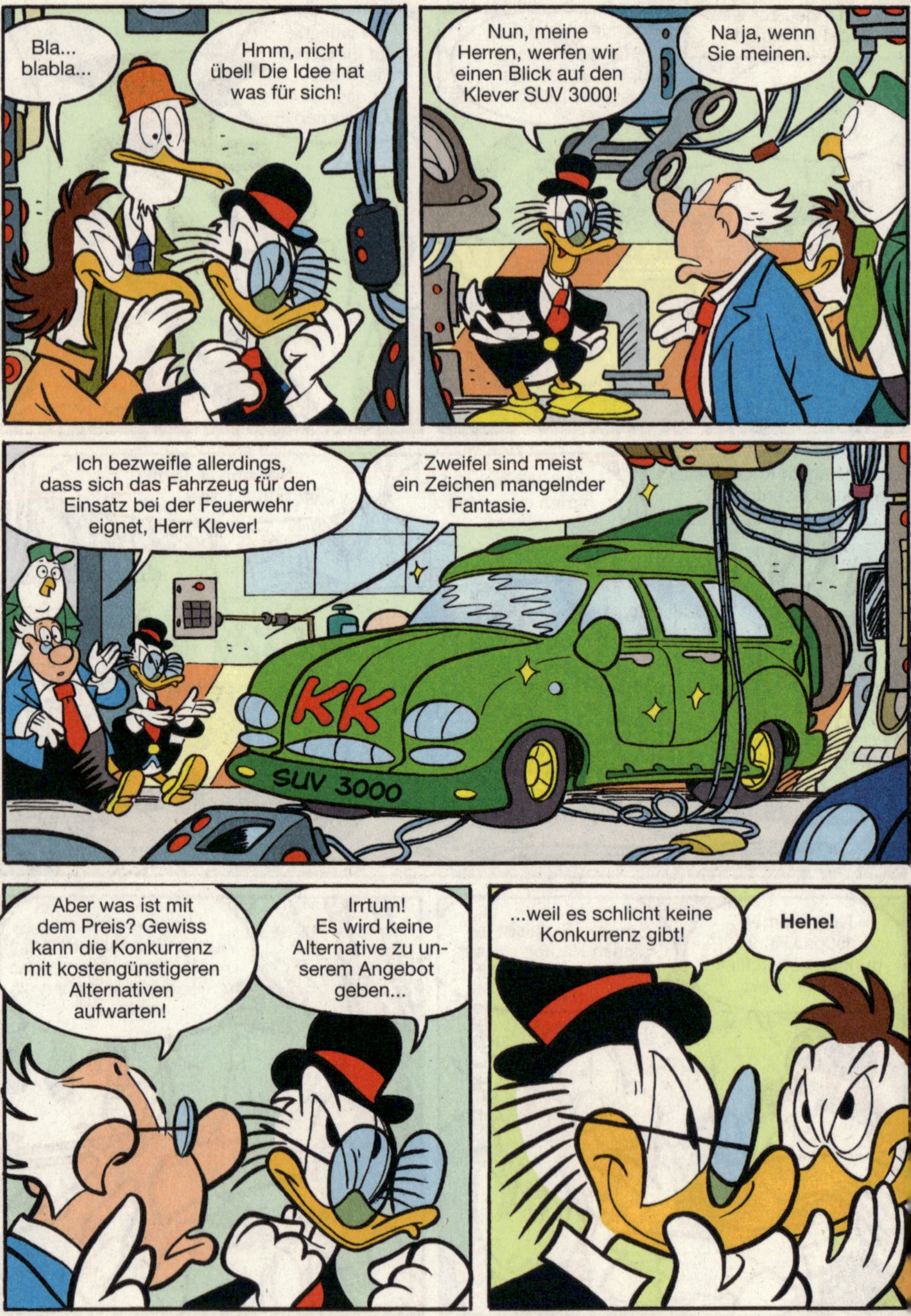
Bla... blabla...
Hmm, nicht übel! Die Idee hat was für sich!
Nun, meine Herren, werfen wir einen Blick auf den Klever SUV 3000!
Na ja, wenn Sie meinen.
Ich bezweifle allerdings, dass sich das Fahrzeug für den Einsatz bei der Feuerwehr eignet, Herr Klever!
Zweifel sind meist ein Zeichen mangelnder Fantasie.
KK
SUV 3000
Aber was ist mit dem Preis? Gewiss kann die Konkurrenz mit kostengünstigeren Alternativen aufwarten!
Irrtum! Es wird keine Alternative zu unserem Angebot geben...
...weil es schlicht keine Konkurrenz gibt!
Hehe!

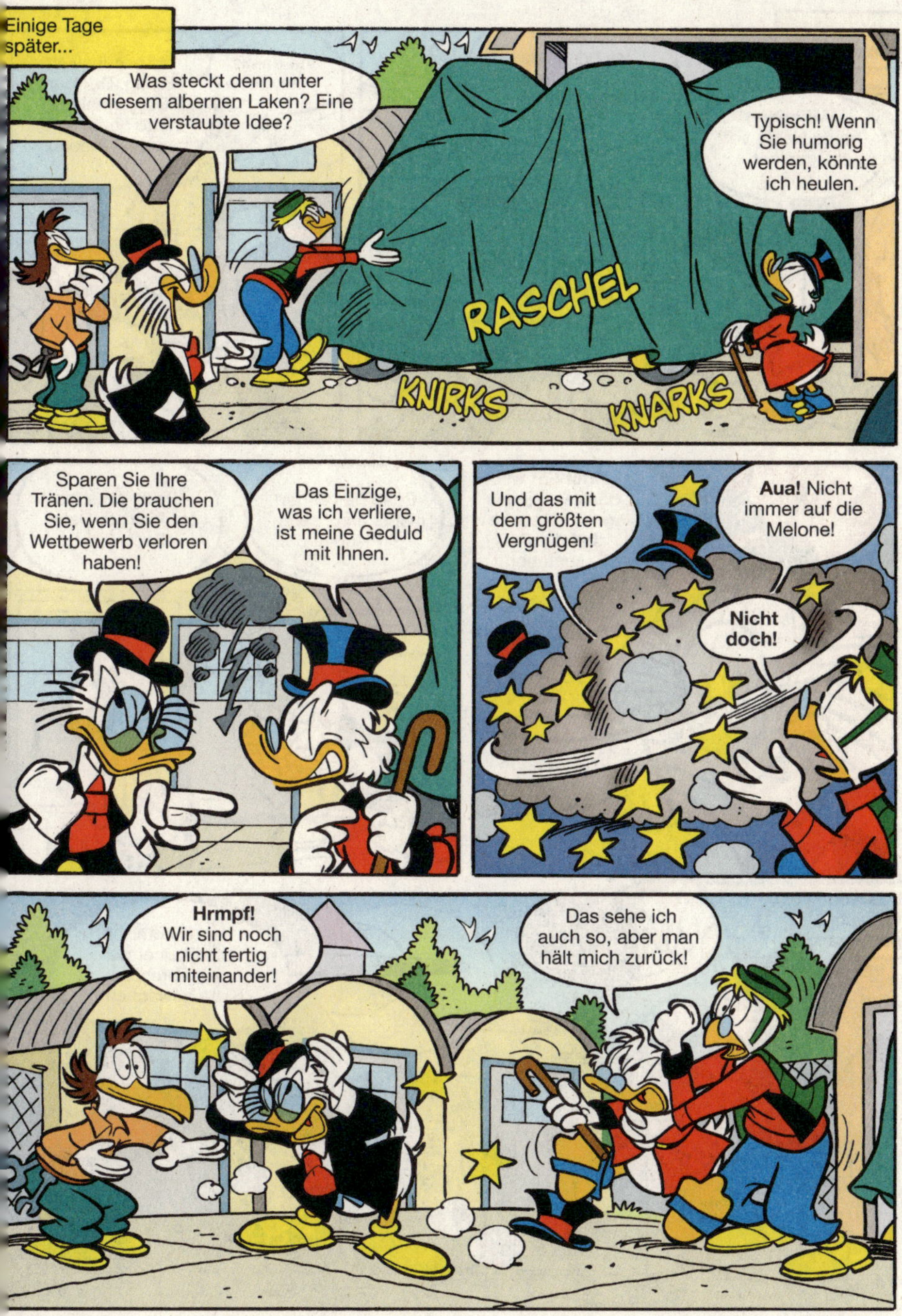
Einige Tage später...
Was steckt denn unter diesem albernen Laken? Eine verstaubte Idee?
Typisch! Wenn Sie humorig werden, könnte ich heulen.
RASCHEL
KNIRKS
KNARKS
Sparen Sie Ihre Tränen. Die brauchen Sie, wenn Sie den Wettbewerb verloren haben!
Das Einzige, was ich verliere, ist meine Geduld mit Ihnen.
Und das mit dem größten Vergnügen!
Aua! Nicht immer auf die Melone!
Nicht doch!
Hrmpf! Wir sind noch nicht fertig miteinander!
Das sehe ich auch so, aber man hält mich zurück!

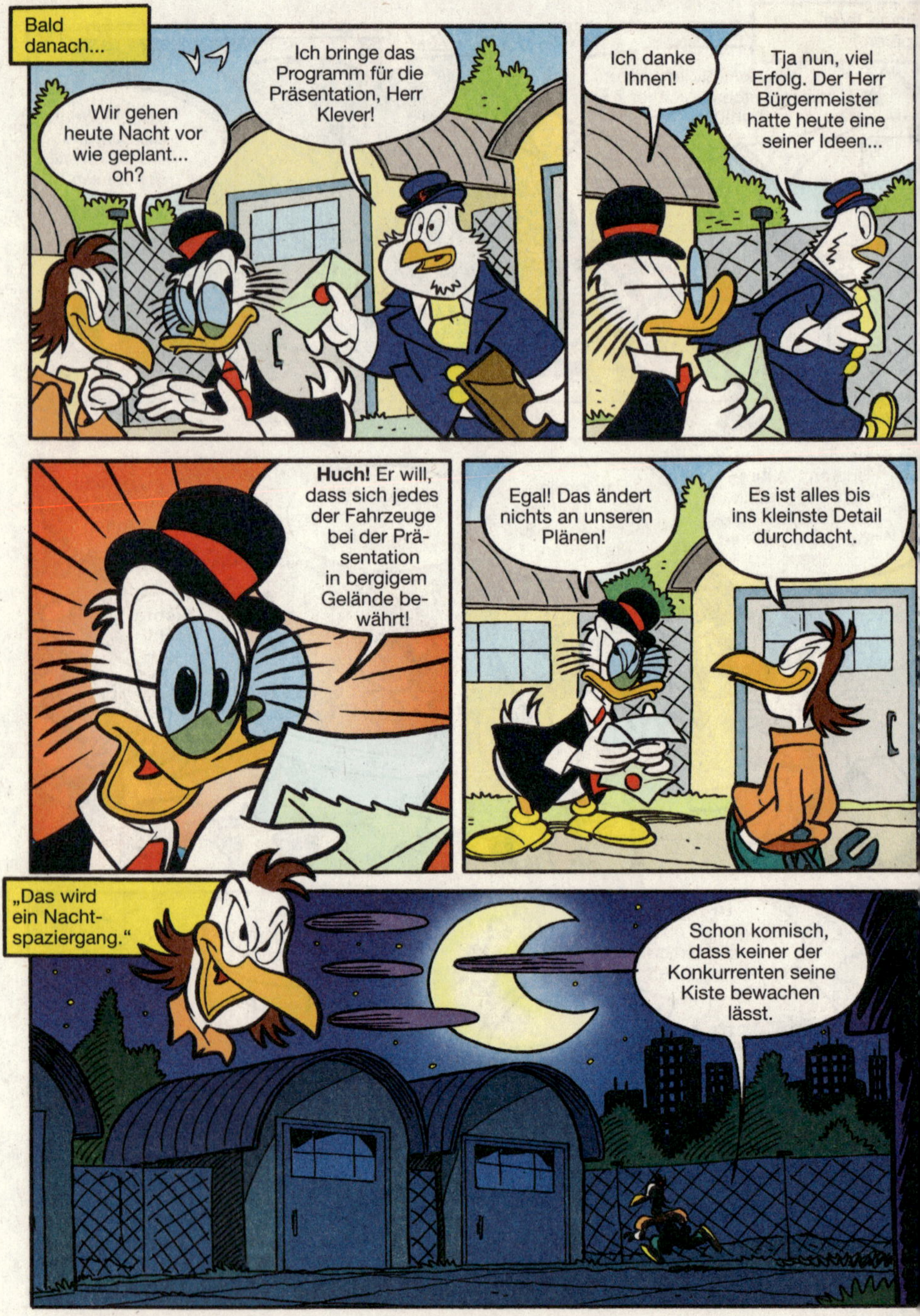
Bald danach...
Wir gehen heute Nacht vor wie geplant... oh?
Ich bringe das Programm für die Präsentation, Herr Klever!
Ich danke Ihnen!
Tja nun, viel Erfolg. Der Herr Bürgermeister hatte heute eine seiner Ideen...
Huch! Er will, dass sich jedes der Fahrzeuge bei der Präsentation in bergigem Gelände bewährt!
Egal! Das ändert nichts an unseren Plänen!
Es ist alles bis ins kleinste Detail durchdacht.
„Das wird ein Nachtspaziergang."
Schon komisch, dass keiner der Konkurrenten seine Kiste bewachen lässt.

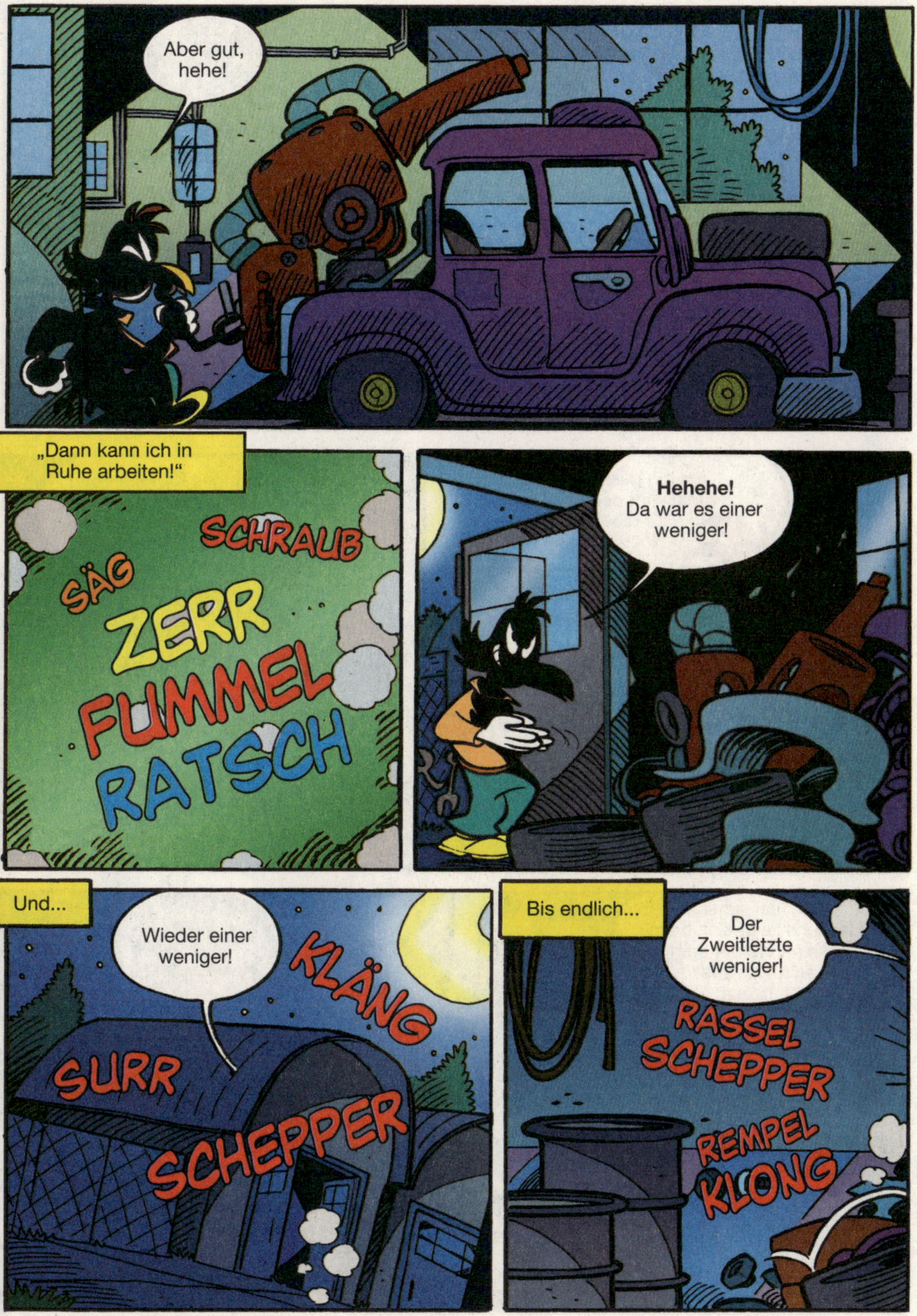
Aber gut, hehe!
„Dann kann ich in Ruhe arbeiten!“
SCHRAUB
SÄG
ZERR
FUMMEL
RATSCH
Hehehe! Da war es einer weniger!
Und...
Wieder einer weniger!
KLÄNG
SURR
SCHEPPER
Bis endlich...
Der Zweitletzte weniger!
RASSEL
SCHEPPER
REMPEL
KLONG

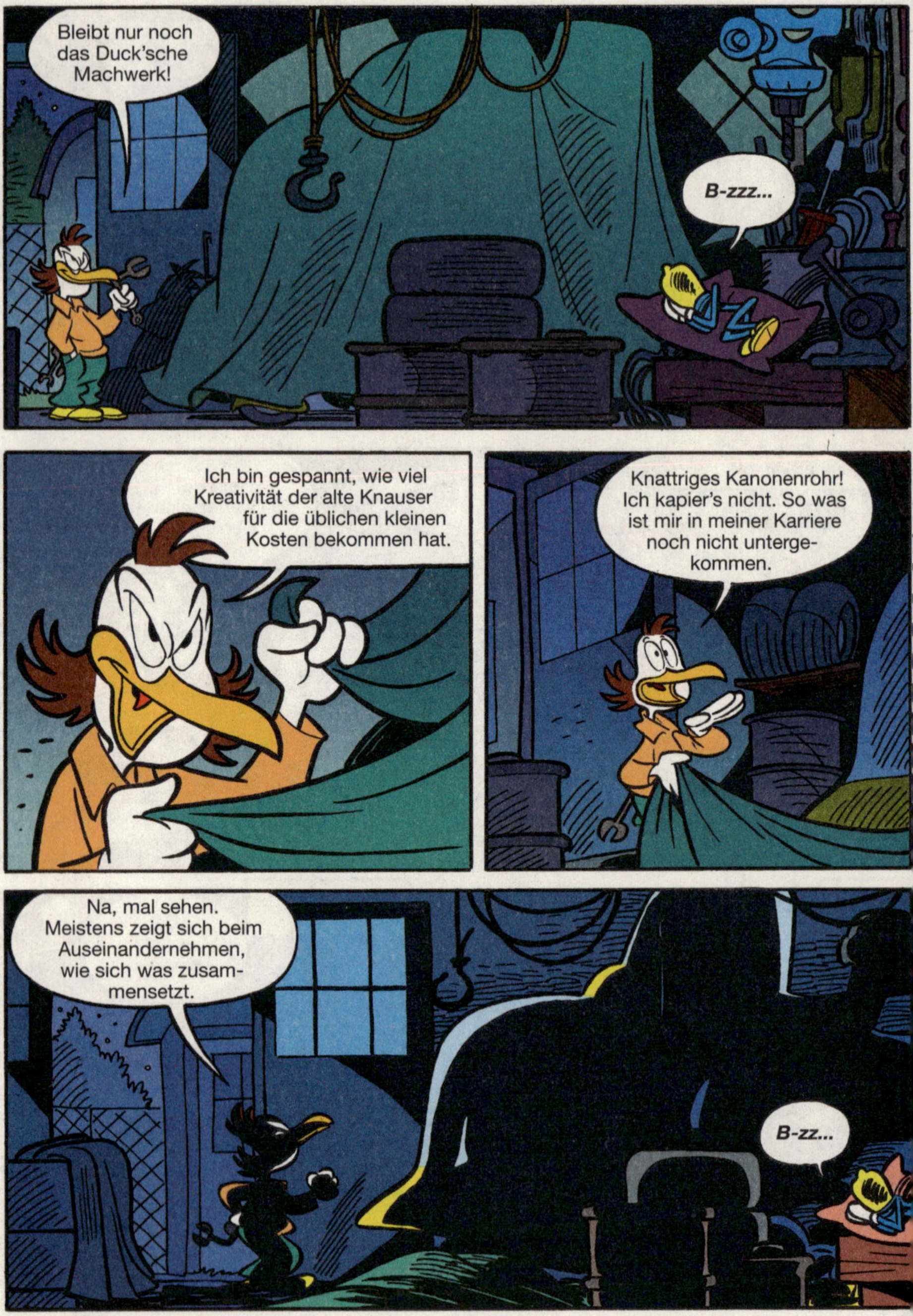
Bleibt nur noch das Duck'sche Machwerk!
B-zzz...
Ich bin gespannt, wie viel Kreativität der alte Knauser für die üblichen kleinen Kosten bekommen hat.
Knattriges Kanonenrohr! Ich kapier's nicht. So was ist mir in meiner Karriere noch nicht untergekommen.
Na, mal sehen. Meistens zeigt sich beim Auseinandernehmen, wie sich was zusammensetzt.
B-zz...

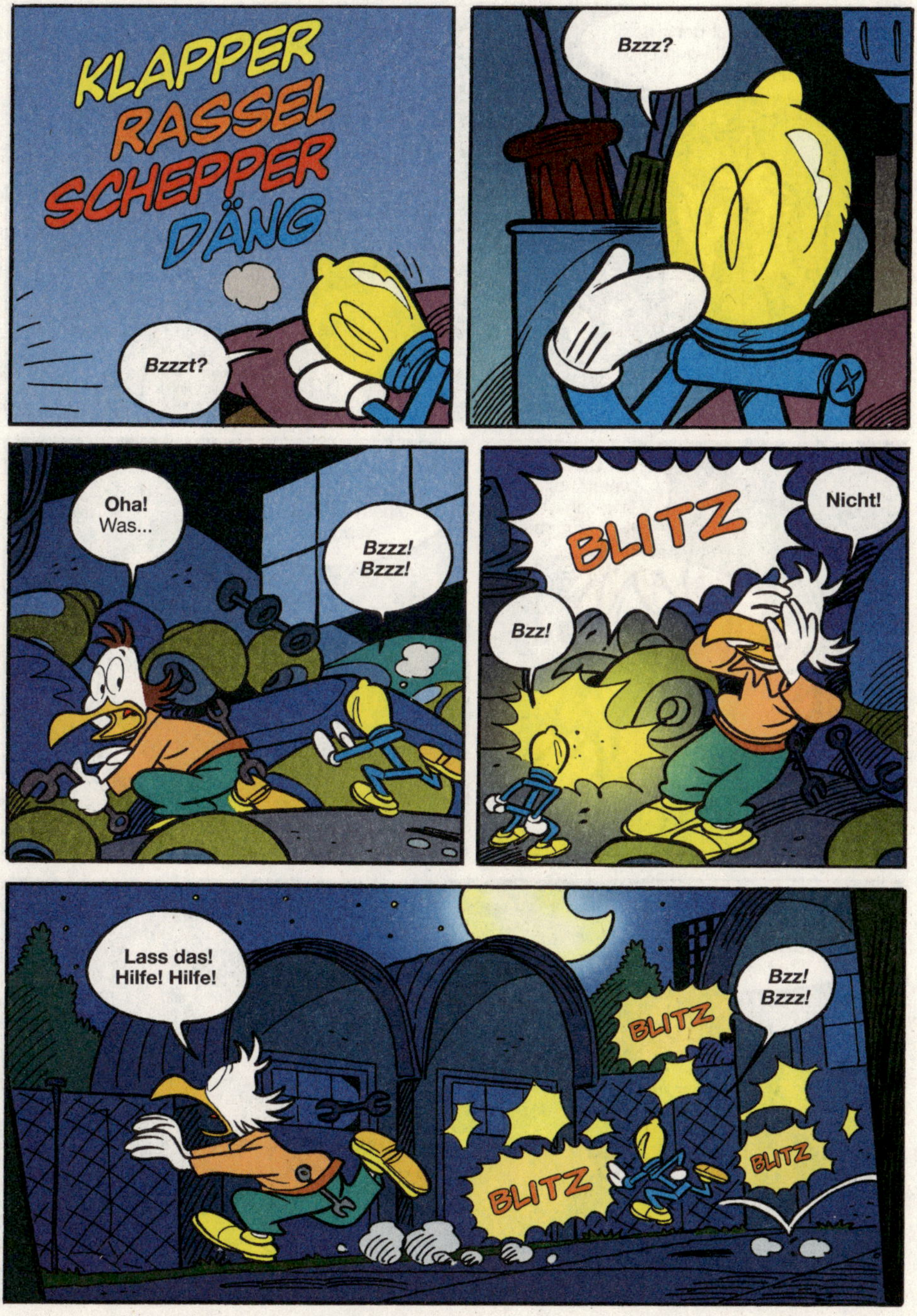
KLAPPER
RASSEL
SCHEPPER
DÄNG
Bzzzt?
Bzzz?
Oha!
Was...
Bzzz!
Bzzz!
BLITZ
Nicht!
Bzz!
Lass das!
Hilfe! Hilfe!
Bzz!
Bzzz!
BLITZ
BLITZ
BLITZ

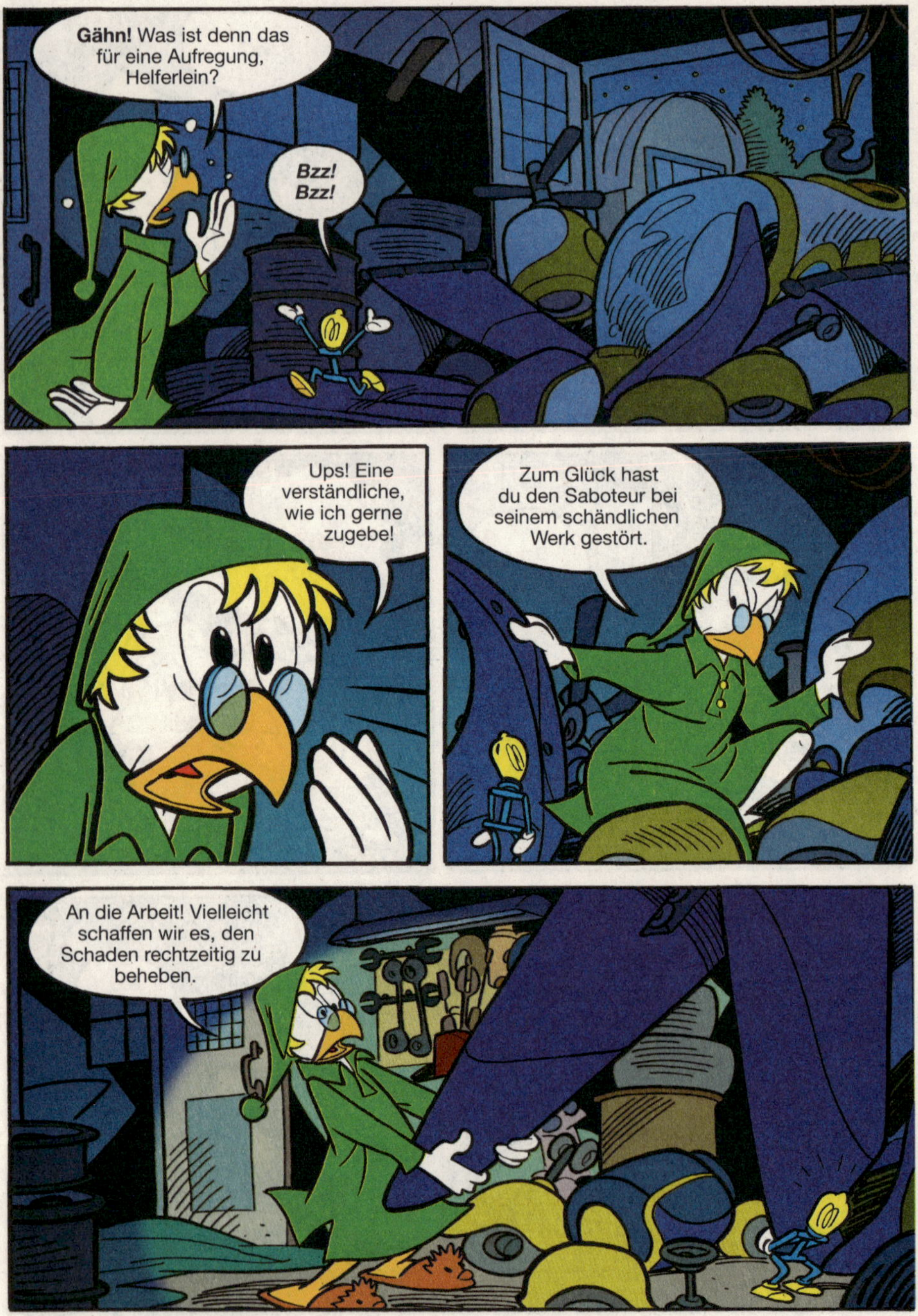
Gähn! Was ist denn das für eine Aufregung, Helferlein?
Bzz! Bzz!
Ups! Eine verständliche, wie ich gerne zugebe!
Zum Glück hast du den Saboteur bei seinem schändlichen Werk gestört.
An die Arbeit! Vielleicht schaffen wir es, den Schaden rechtzeitig zu beheben.

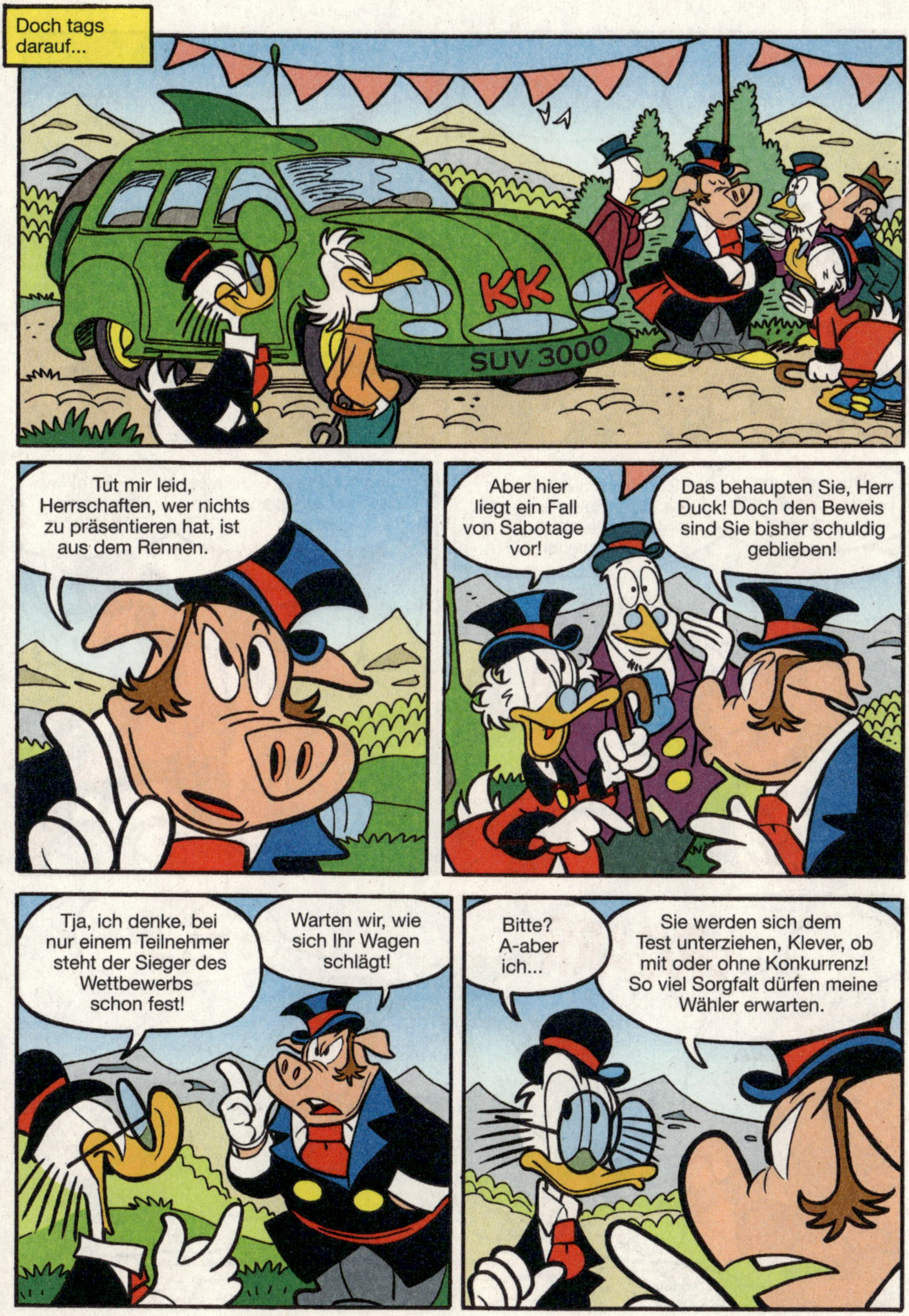
Doch tags darauf...
KK
SUV 3000
Tut mir leid, Herrschaften, wer nichts zu präsentieren hat, ist aus dem Rennen.
Aber hier liegt ein Fall von Sabotage vor!
Das behaupten Sie, Herr Duck! Doch den Beweis sind Sie bisher schuldig geblieben!
Tja, ich denke, bei nur einem Teilnehmer steht der Sieger des Wettbewerbs schon fest!
Warten wir, wie sich Ihr Wagen schlägt!
Bitte? A-aber ich...
Sie werden sich dem Test unterziehen, Klever, ob mit oder ohne Konkurrenz! So viel Sorgfalt dürfen meine Wähler erwarten.

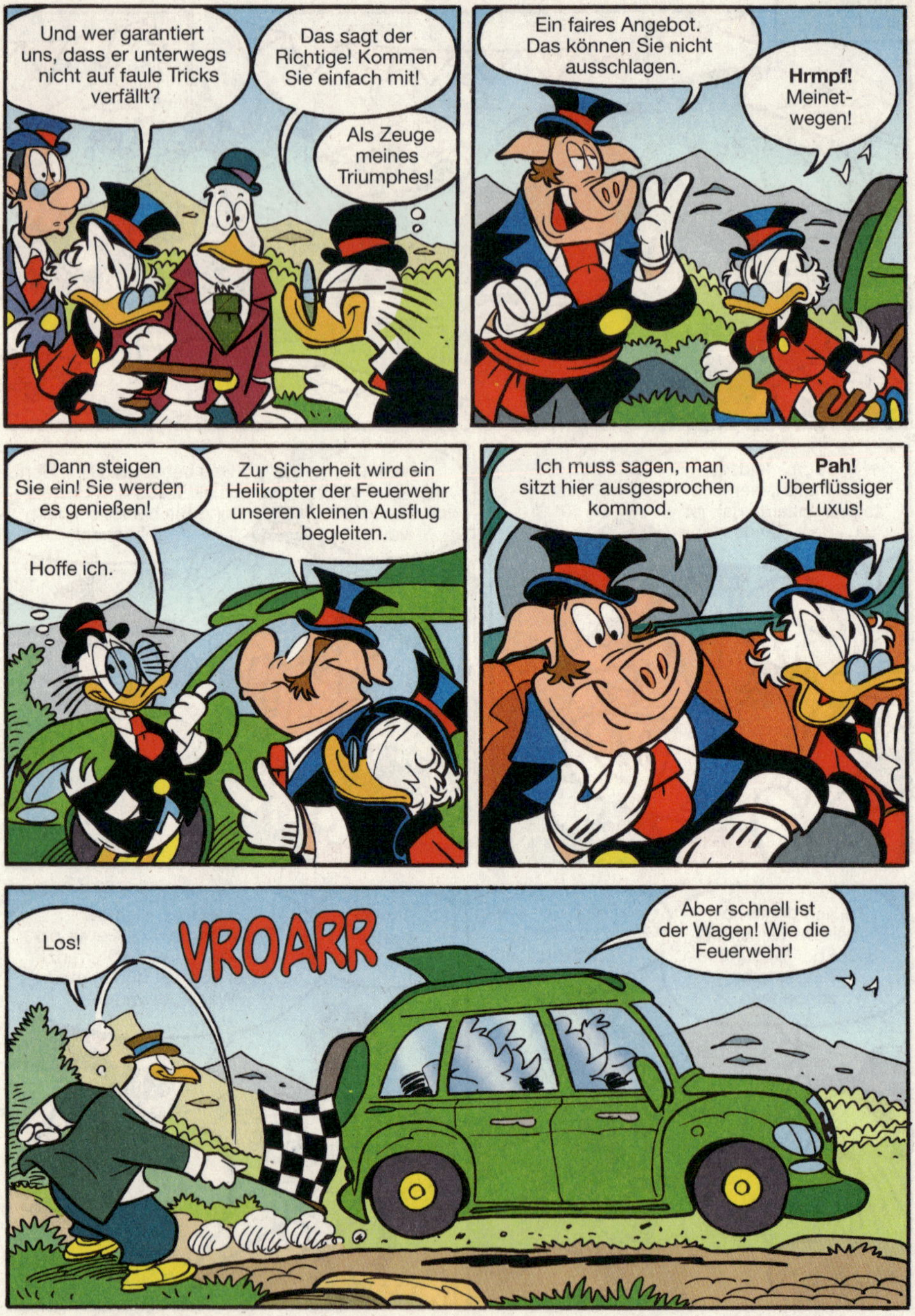
Und wer garantiert uns, dass er unterwegs nicht auf faule Tricks verfällt?
Das sagt der Richtige! Kommen Sie einfach mit!
Als Zeuge meines Triumphes!
Ein faires Angebot. Das können Sie nicht ausschlagen.
Hrmpf! Meinet-wegen!
Dann steigen Sie ein! Sie werden es genießen!
Zur Sicherheit wird ein Helikopter der Feuerwehr unseren kleinen Ausflug begleiten.
Hoffe ich.
Ich muss sagen, man sitzt hier ausgesprochen kommod.
Pah! Überflüssiger Luxus!
Los!
VROARR
Aber schnell ist der Wagen! Wie die Feuerwehr!

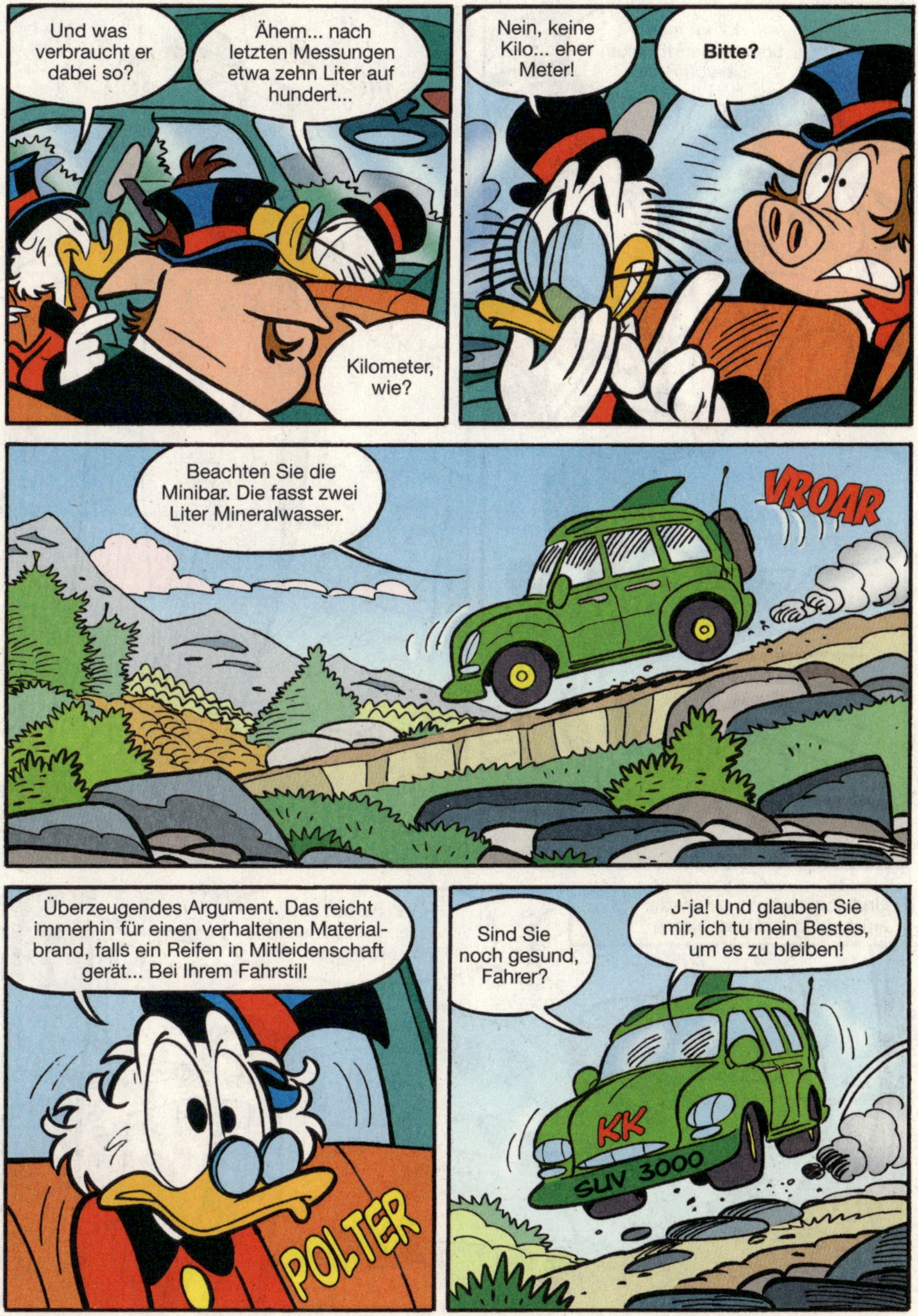
Und was verbraucht er dabei so?
Ähem... nach letzten Messungen etwa zehn Liter auf hundert...
Kilometer, wie?
Nein, keine Kilo... eher Meter!
Bitte?
Beachten Sie die Minibar. Die fasst zwei Liter Mineralwasser.
VROAR
Überzeugendes Argument. Das reicht immerhin für einen verhaltenen Materialbrand, falls ein Reifen in Mitleidenschaft gerät... Bei Ihrem Fahrstil!
POLTER
Sind Sie noch gesund, Fahrer?
J-ja! Und glauben Sie mir, ich tu mein Bestes, um es zu bleiben!
KK
SUV 3000

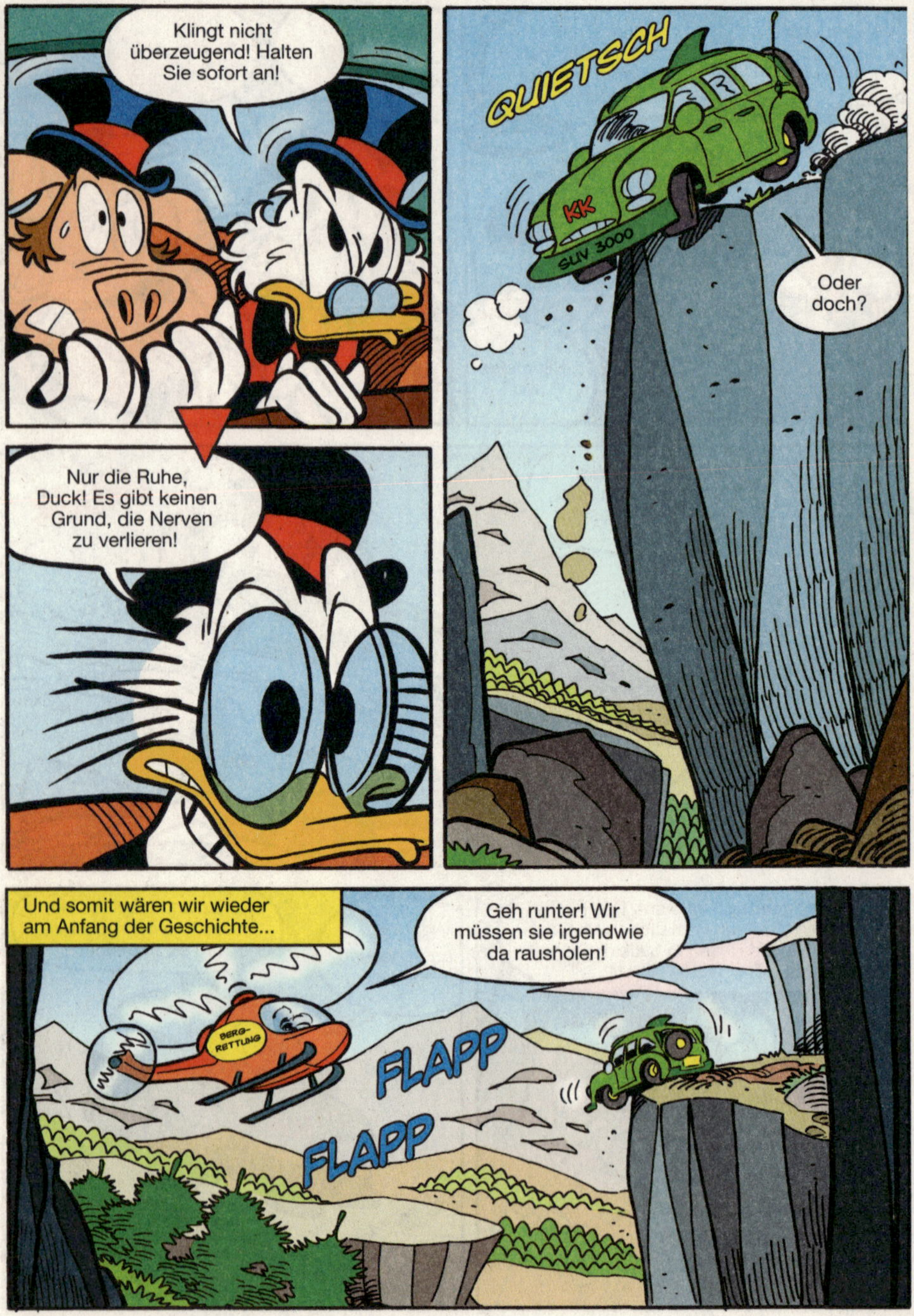
Klingt nicht überzeugend! Halten Sie sofort an!
Nur die Ruhe, Duck! Es gibt keinen Grund, die Nerven zu verlieren!
QUIETSCH
KK
SUV 3000
Oder doch?
Und somit wären wir wieder am Anfang der Geschichte...
Geh runter! Wir müssen sie irgendwie da rausholen!
BERG-RETTUNG
FLAPP
FLAPP

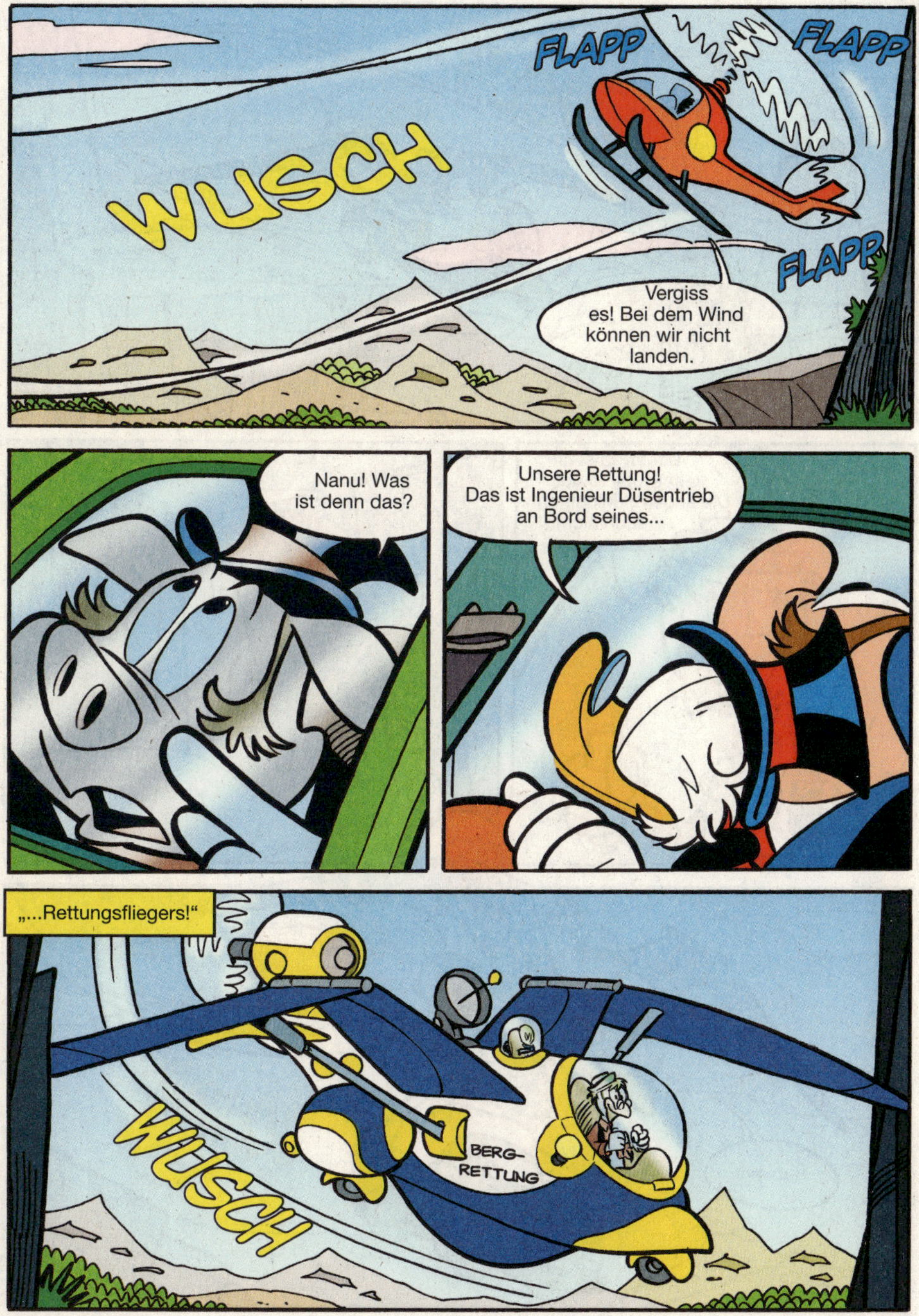
FLAPP
FLAPP
WUSCH
FLAPP
Vergiss es! Bei dem Wind können wir nicht landen.
Nanu! Was ist denn das?
Unsere Rettung! Das ist Ingenieur Düsentrieb an Bord seines...
„...Rettungsfliegers!“
BERG-RETTUNG
WUSCH

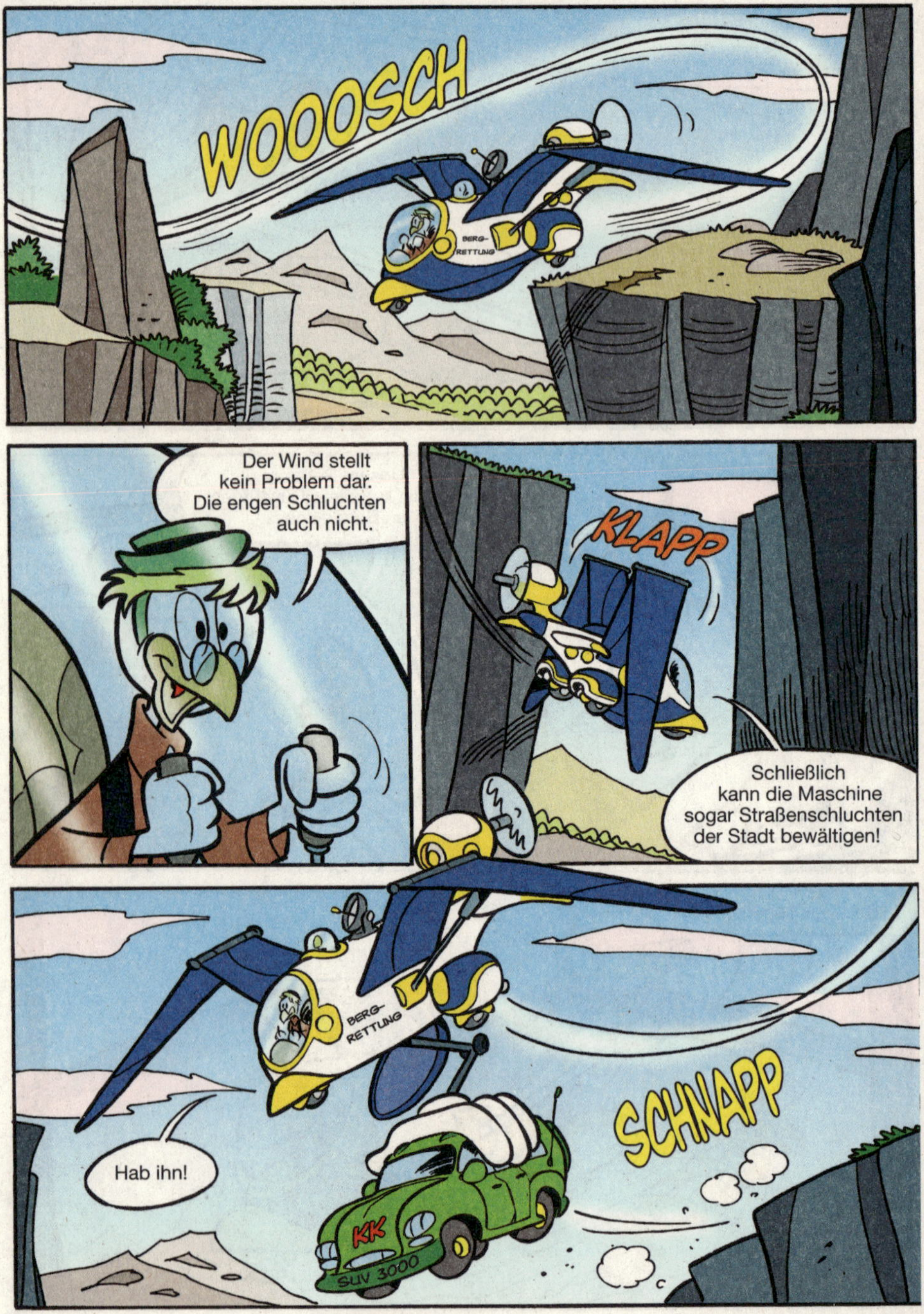
WOOOSCH
BERG-RETTUNG
Der Wind stellt kein Problem dar. Die engen Schluchten auch nicht.
KLAPP
Schließlich kann die Maschine sogar Straßenschluchten der Stadt bewältigen!
BERG-RETTUNG
SCHNAPP
Hab ihn!
KK
SUV 3000

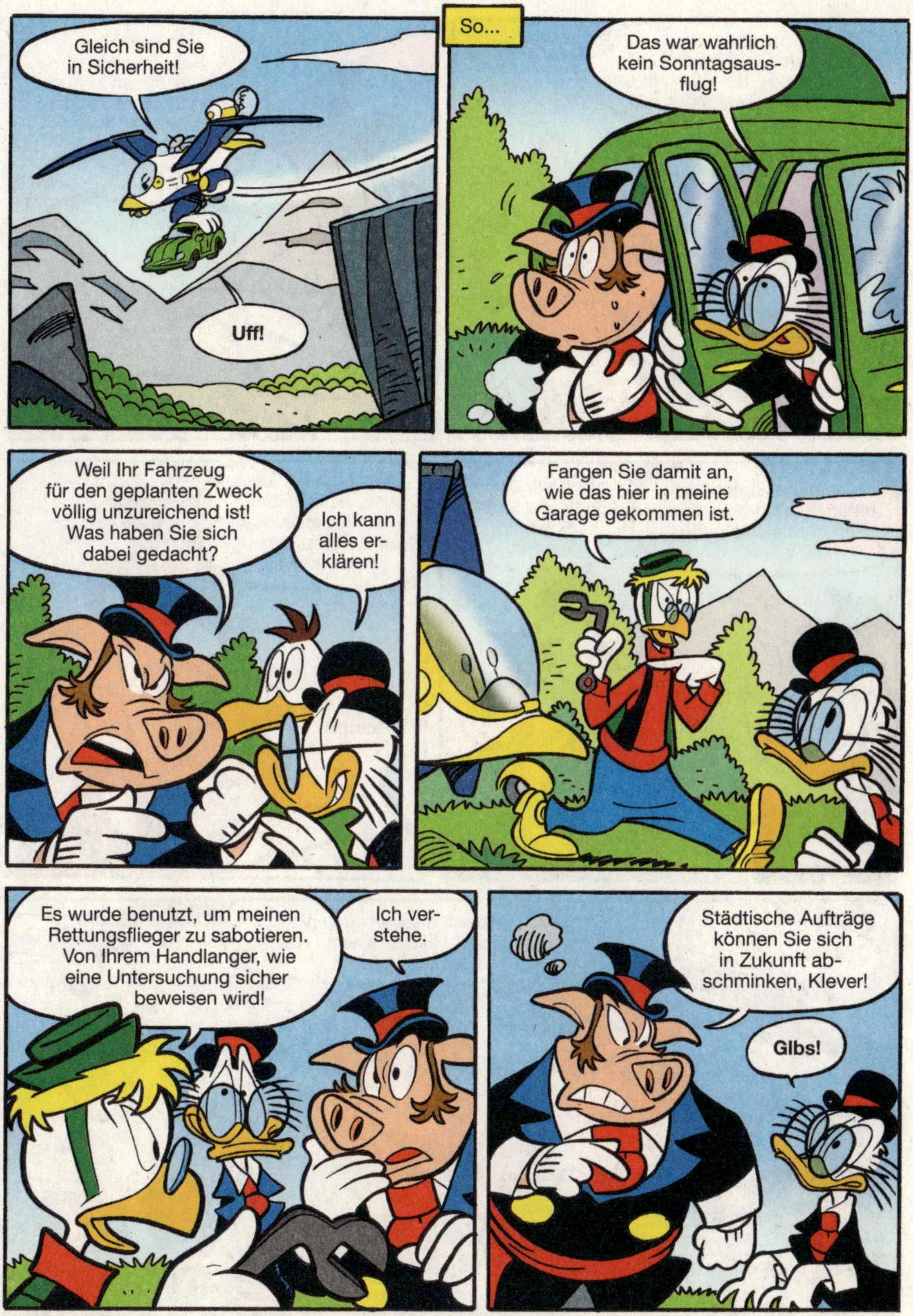
Gleich sind Sie in Sicherheit!
Uff!
So...
Das war wahrlich kein Sonntagsausflug!
Weil Ihr Fahrzeug für den geplanten Zweck völlig unzureichend ist! Was haben Sie sich dabei gedacht?
Ich kann alles erklären!
Fangen Sie damit an, wie das hier in meine Garage gekommen ist.
Es wurde benutzt, um meinen Rettungsflieger zu sabotieren. Von Ihrem Handlanger, wie eine Untersuchung sicher beweisen wird!
Ich verstehe.
Städtische Aufträge können Sie sich in Zukunft abschminken, Klever!
Glbs!

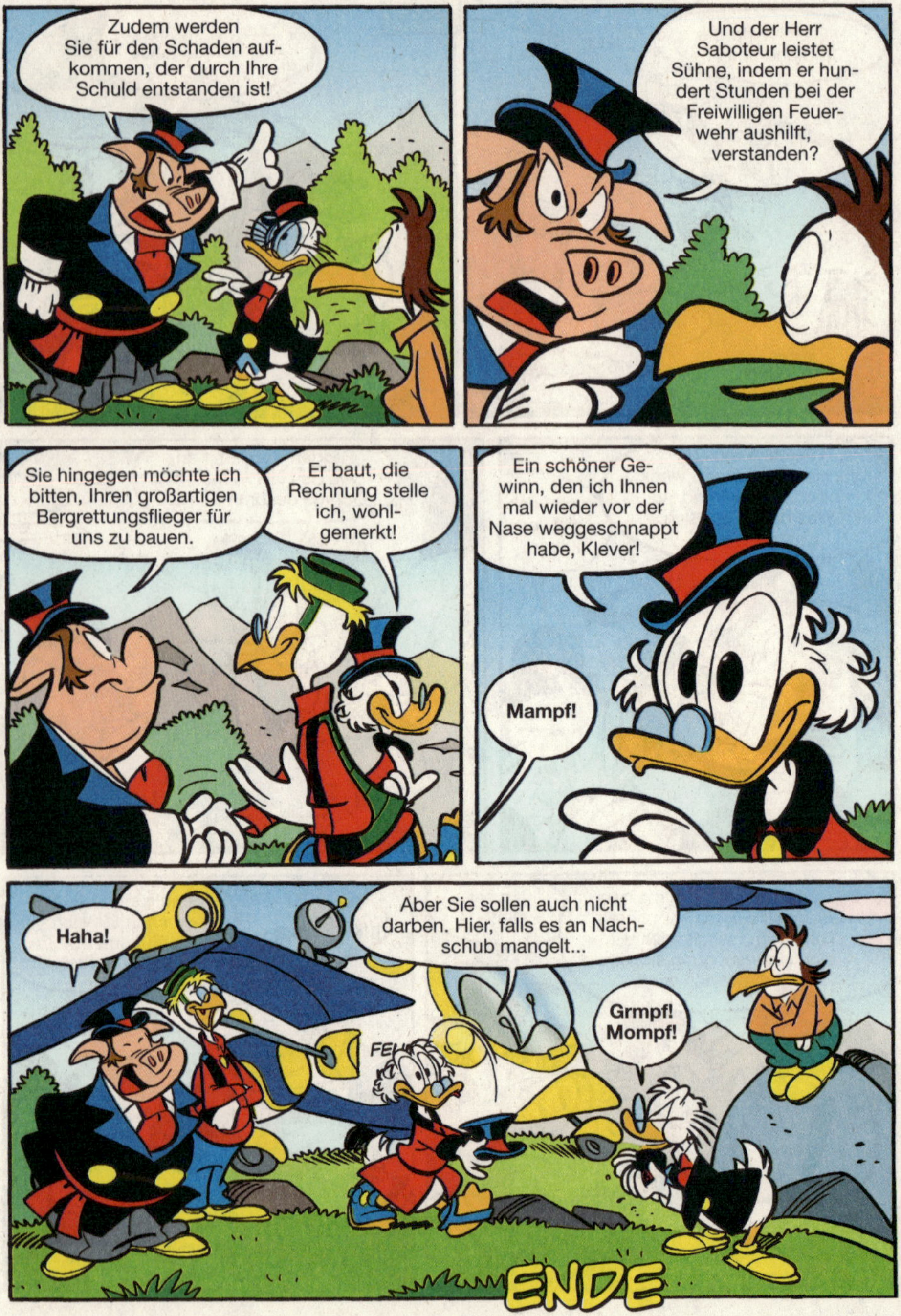
Zudem werden Sie für den Schaden aufkommen, der durch Ihre Schuld entstanden ist!
Und der Herr Saboteur leistet Sühne, indem er hundert Stunden bei der Freiwilligen Feuerwehr aushilft, verstanden?
Sie hingegen möchte ich bitten, Ihren großartigen Bergrettungsflieger für uns zu bauen.
Er baut, die Rechnung stelle ich, wohlgemerkt!
Ein schöner Gewinn, den ich Ihnen mal wieder vor der Nase weggeschnappt habe, Klever!
Mampf!
Haha!
Aber Sie sollen auch nicht darben. Hier, falls es an Nachschub mangelt...
Grmpf! Mompf!
ENDE

Kletter-Technik, die begeistert

Klettern ohne Muckis? Nun, ganz ohne Kraft geht es beim Klettern zwar nicht, aber es kommt auch auf die Technik an.

1 Zugriff

Bei kaum einer anderen Sportart sind die Hände so wichtig. Und es gibt beim Klettern etliche Griffarten. Wichtig ist …

… möglichst abwechslungsreich zu greifen, um seine Finger nicht zu ermüden.

… die Finger nicht unnötig aufzustellen, sondern mit langen Fingern zu greifen.

… auch mal den Daumen zu nutzen, indem man ihn beispielsweise beim Zugriff über den Zeigefinger legt. So holt man noch etwas mehr Kraft heraus.

2 Abhängen

Anfänger neigen dazu, ständig die Arme zu beugen. Dadurch verschwendet man aber Energie, weil sich die Muskeln immerzu anspannen. Wer seine Arme häufiger mal gestreckt hängen lässt, kann seine Kraft deutlich besser einteilen.

3 Tritt um Tritt

Grundsätzlich sollte man möglichst viel Gewicht auf die Füße bringen, um Kraft und Energie zu sparen. Im Normalfall wird mit dem Innenteil der Schuhspitze getreten, nicht mit dem Mittelfuß. Bevor du trittst, vergewissere dich über deinen nächsten Zug, sodass du ihn kontrolliert ausüben kannst. Mach dir deine Gewichtsverlagerung bewusst, damit der tretende Fuß frei und unbelastet ist.

4 Doppelt hält besser

Halte dich möglichst lange mit beiden Händen fest und greife so spät wie möglich um. Denn je länger beide Hände die Belastung tragen, desto länger wird auch die Kraft aufgeteilt und lässt sich optimaler einsetzen.

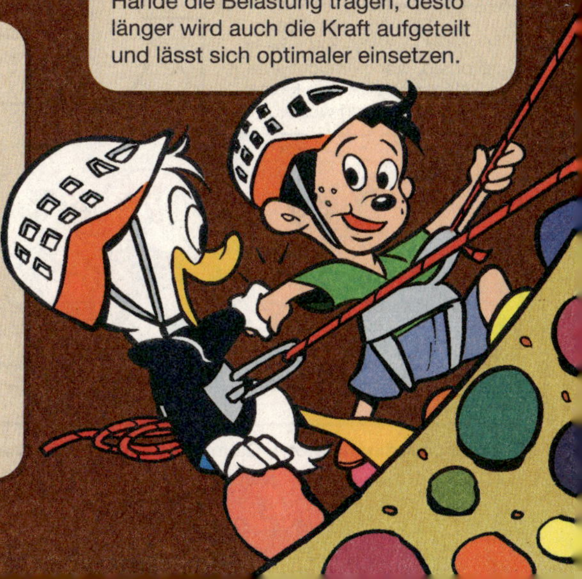

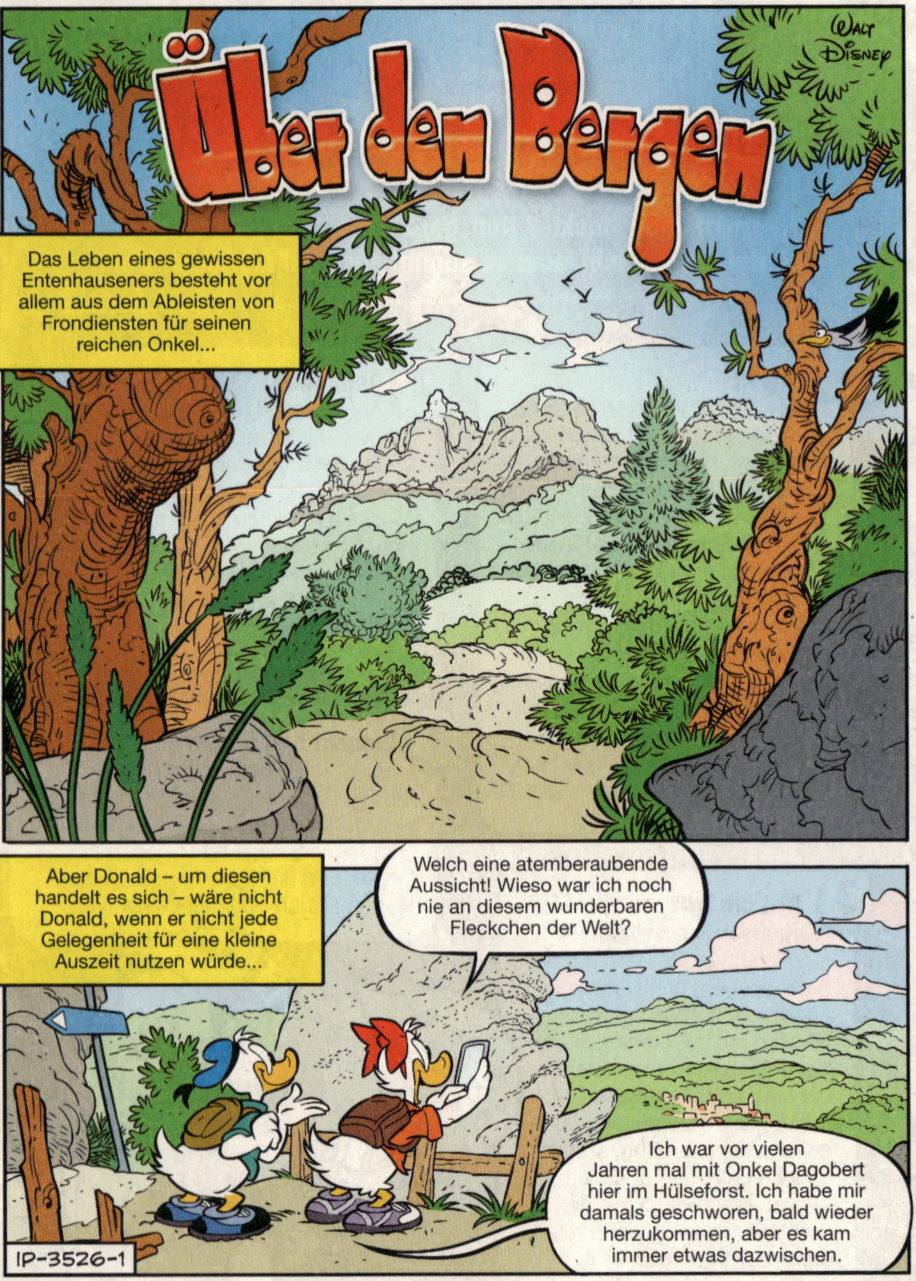

Created 2023

Francesco Artibani (Story), **Giampaolo Soldati**, **Simone Paoloni** (Zeichnungen)

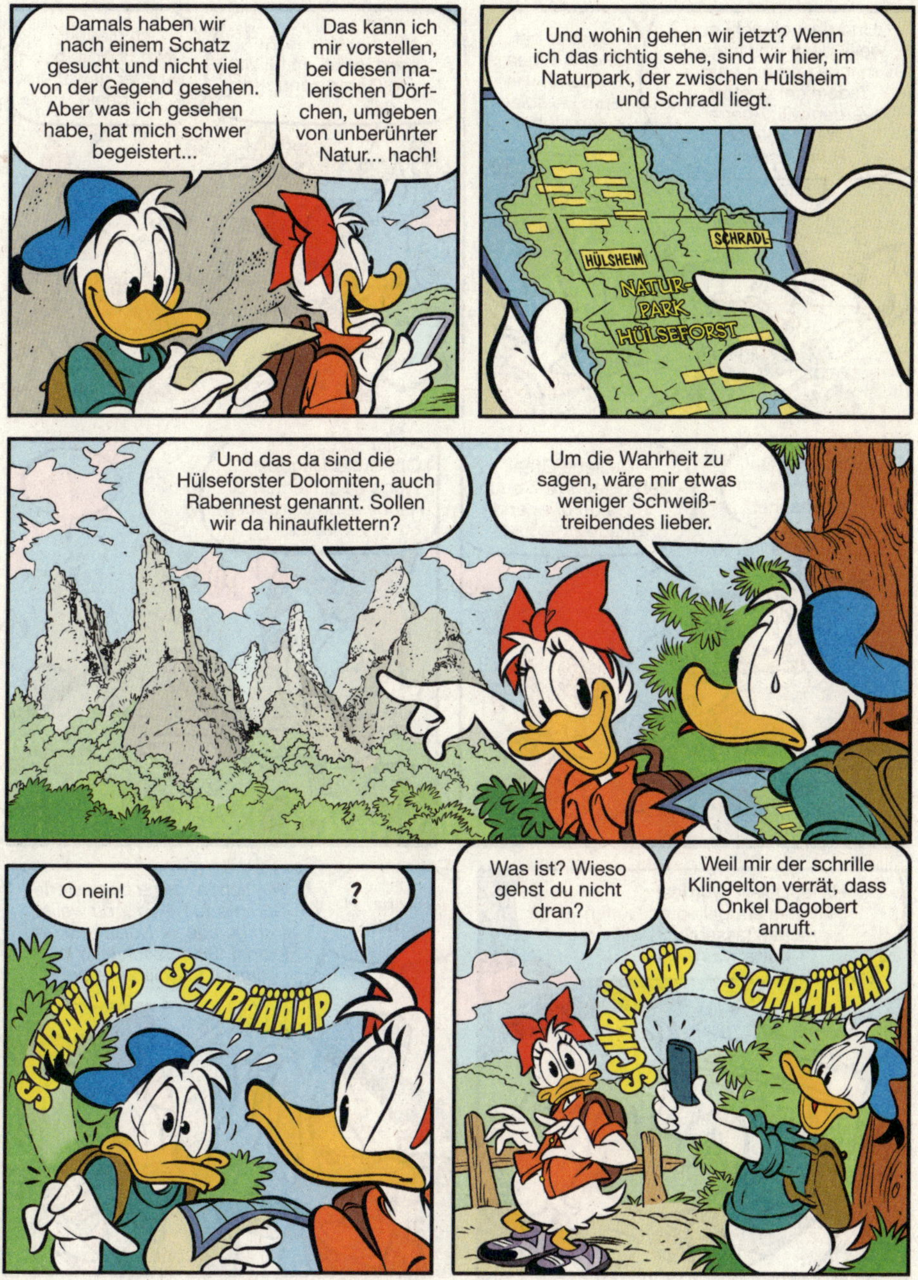

Damals haben wir nach einem Schatz gesucht und nicht viel von der Gegend gesehen. Aber was ich gesehen habe, hat mich schwer begeistert...
Das kann ich mir vorstellen, bei diesen malerischen Dörfchen, umgeben von unberührter Natur... hach!
Und wohin gehen wir jetzt? Wenn ich das richtig sehe, sind wir hier, im Naturpark, der zwischen Hülsheim und Schradl liegt.
SCHRADL
HÜLSHEIM
NATURPARK HÜLSEFORST
Und das da sind die Hülseforster Dolomiten, auch Rabennest genannt. Sollen wir da hinaufklettern?
Um die Wahrheit zu sagen, wäre mir etwas weniger Schweißtreibendes lieber.
O nein!
?
SCHRÄÄÄÄP SCHRÄÄÄÄÄP
Was ist? Wieso gehst du nicht dran?
Weil mir der schrille Klingelton verrät, dass Onkel Dagobert anruft.
SCHRÄÄÄÄP SCHRÄÄÄÄÄP

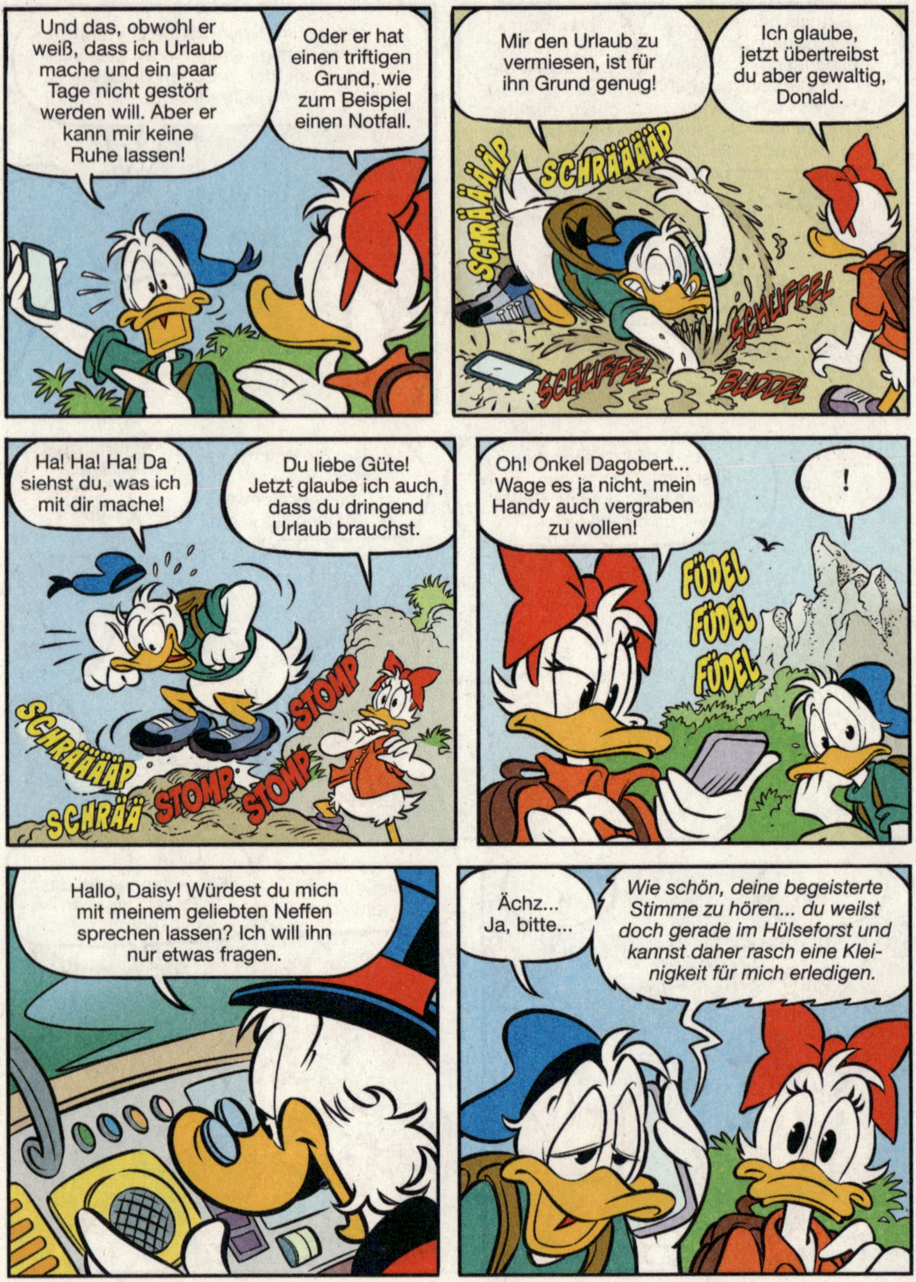
Und das, obwohl er weiß, dass ich Urlaub mache und ein paar Tage nicht gestört werden will. Aber er kann mir keine Ruhe lassen!
Oder er hat einen triftigen Grund, wie zum Beispiel einen Notfall.
Mir den Urlaub zu vermiesen, ist für ihn Grund genug!
Ich glaube, jetzt übertreibst du aber gewaltig, Donald.
SCHRÄÄÄÄP
SCHRÄÄÄÄP
SCHUFFEL
SCHUFFEL
BUDDEL
Ha! Ha! Ha! Da siehst du, was ich mit dir mache!
Du liebe Güte! Jetzt glaube ich auch, dass du dringend Urlaub brauchst.
SCHRÄÄÄÄÄP
SCHRÄÄ
STOMP
STOMP
STOMP
STOMP
Oh! Onkel Dagobert... Wage es ja nicht, mein Handy auch vergraben zu wollen!
!
FÜDEL
FÜDEL
FÜDEL
Hallo, Daisy! Würdest du mich mit meinem geliebten Neffen sprechen lassen? Ich will ihn nur etwas fragen.
Ächz... Ja, bitte...
Wie schön, deine begeisterte Stimme zu hören... du weilst doch gerade im Hülseforst und kannst daher rasch eine Kleinigkeit für mich erledigen.

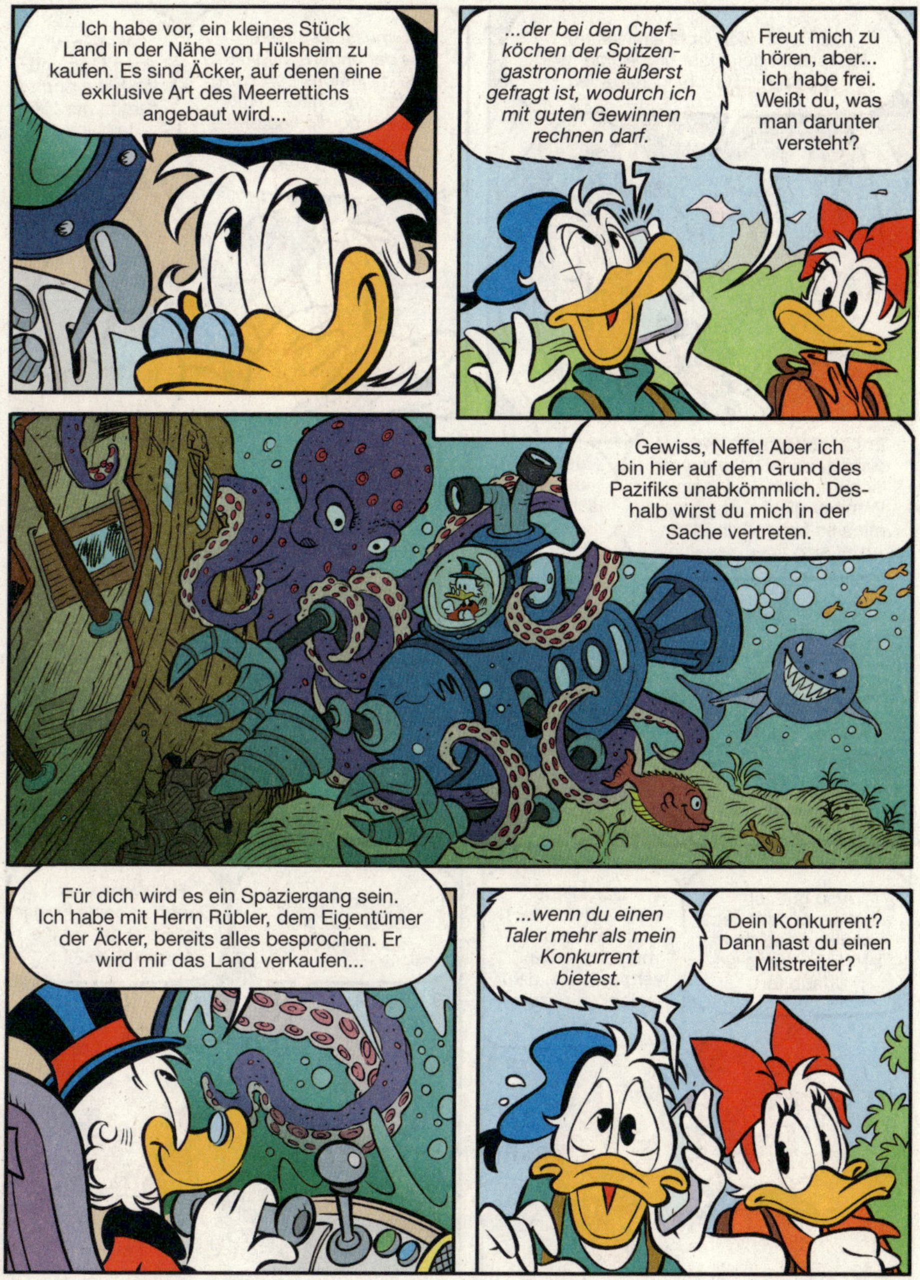

Ich habe vor, ein kleines Stück Land in der Nähe von Hülsheim zu kaufen. Es sind Äcker, auf denen eine exklusive Art des Meerrettichs angebaut wird...
...der bei den Chefköchen der Spitzengastronomie äußerst gefragt ist, wodurch ich mit guten Gewinnen rechnen darf.
Freut mich zu hören, aber... ich habe frei. Weißt du, was man darunter versteht?
Gewiss, Neffe! Aber ich bin hier auf dem Grund des Pazifiks unabkömmlich. Deshalb wirst du mich in der Sache vertreten.
Für dich wird es ein Spaziergang sein. Ich habe mit Herrn Rübler, dem Eigentümer der Äcker, bereits alles besprochen. Er wird mir das Land verkaufen...
...wenn du einen Taler mehr als mein Konkurrent bietest.
Dein Konkurrent? Dann hast du einen Mitstreiter?

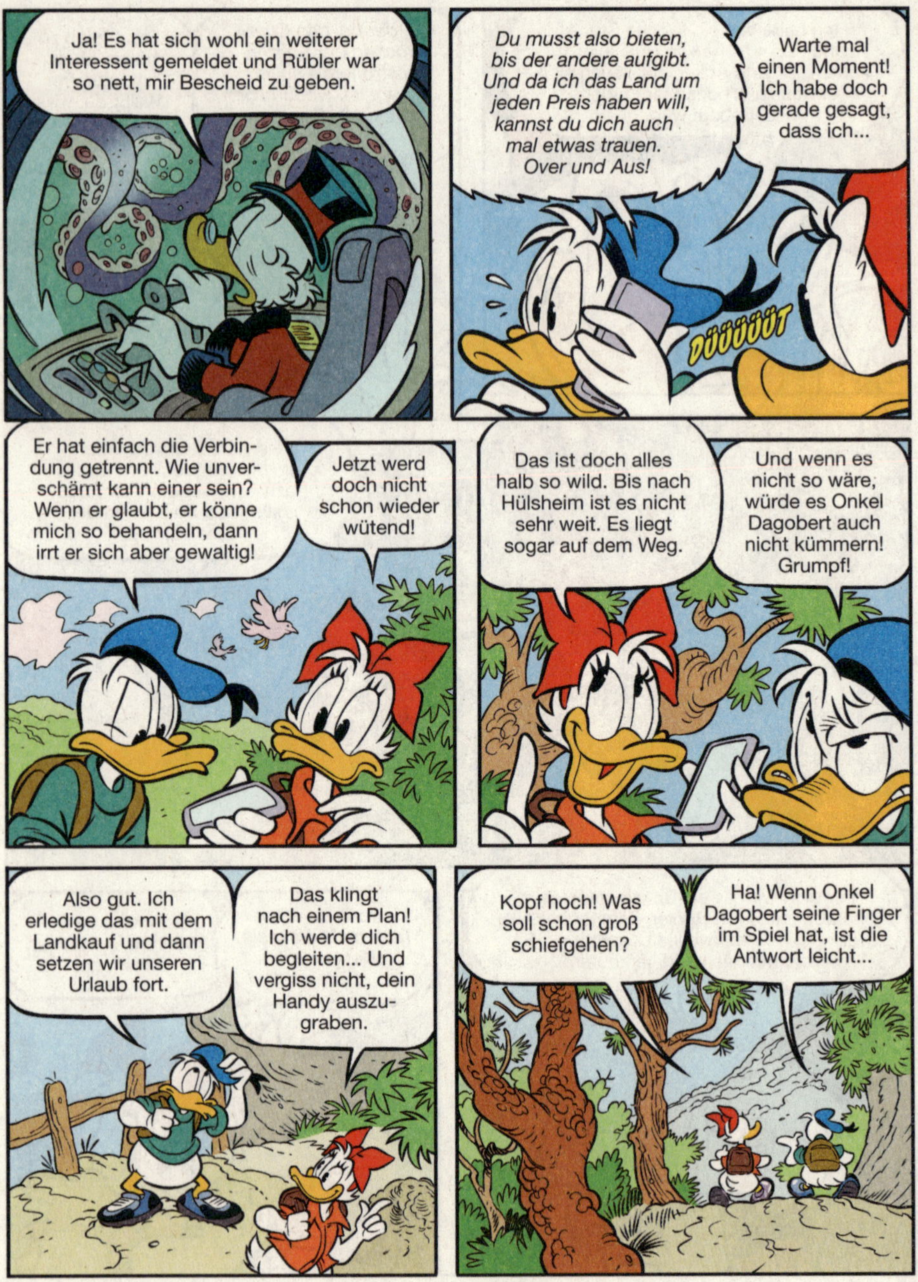
Ja! Es hat sich wohl ein weiterer Interessent gemeldet und Rübler war so nett, mir Bescheid zu geben.
Du musst also bieten, bis der andere aufgibt. Und da ich das Land um jeden Preis haben will, kannst du dich auch mal etwas trauen. Over und Aus!
Warte mal einen Moment! Ich habe doch gerade gesagt, dass ich...
DÜÜÜÜÜT
Er hat einfach die Verbindung getrennt. Wie unverschämt kann einer sein? Wenn er glaubt, er könne mich so behandeln, dann irrt er sich aber gewaltig!
Jetzt werd doch nicht schon wieder wütend!
Das ist doch alles halb so wild. Bis nach Hülsheim ist es nicht sehr weit. Es liegt sogar auf dem Weg.
Und wenn es nicht so wäre, würde es Onkel Dagobert auch nicht kümmern! Grumpf!
Also gut. Ich erledige das mit dem Landkauf und dann setzen wir unseren Urlaub fort.
Das klingt nach einem Plan! Ich werde dich begleiten... Und vergiss nicht, dein Handy auszugraben.
Kopf hoch! Was soll schon groß schiefgehen?
Ha! Wenn Onkel Dagobert seine Finger im Spiel hat, ist die Antwort leicht...

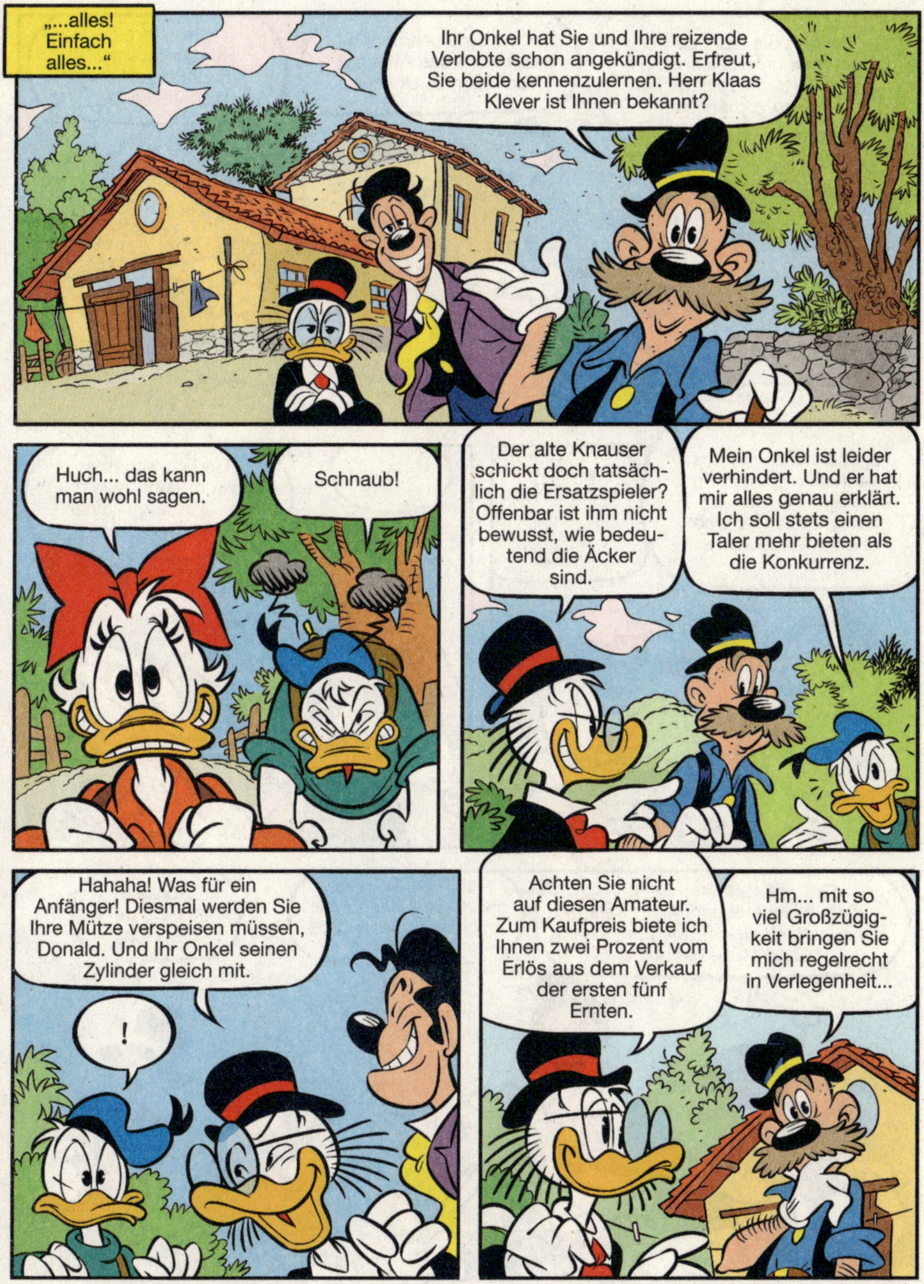
„...alles! Einfach alles..."
Ihr Onkel hat Sie und Ihre reizende Verlobte schon angekündigt. Erfreut, Sie beide kennenzulernen. Herr Klaas Klever ist Ihnen bekannt?
Huch... das kann man wohl sagen.
Schnaub!
Der alte Knauser schickt doch tatsächlich die Ersatzspieler? Offenbar ist ihm nicht bewusst, wie bedeutend die Äcker sind.
Mein Onkel ist leider verhindert. Und er hat mir alles genau erklärt. Ich soll stets einen Taler mehr bieten als die Konkurrenz.
Hahaha! Was für ein Anfänger! Diesmal werden Sie Ihre Mütze verspeisen müssen, Donald. Und Ihr Onkel seinen Zylinder gleich mit.
!
Achten Sie nicht auf diesen Amateur. Zum Kaufpreis biete ich Ihnen zwei Prozent vom Erlös aus dem Verkauf der ersten fünf Ernten.
Hm... mit so viel Großzügigkeit bringen Sie mich regelrecht in Verlegenheit...

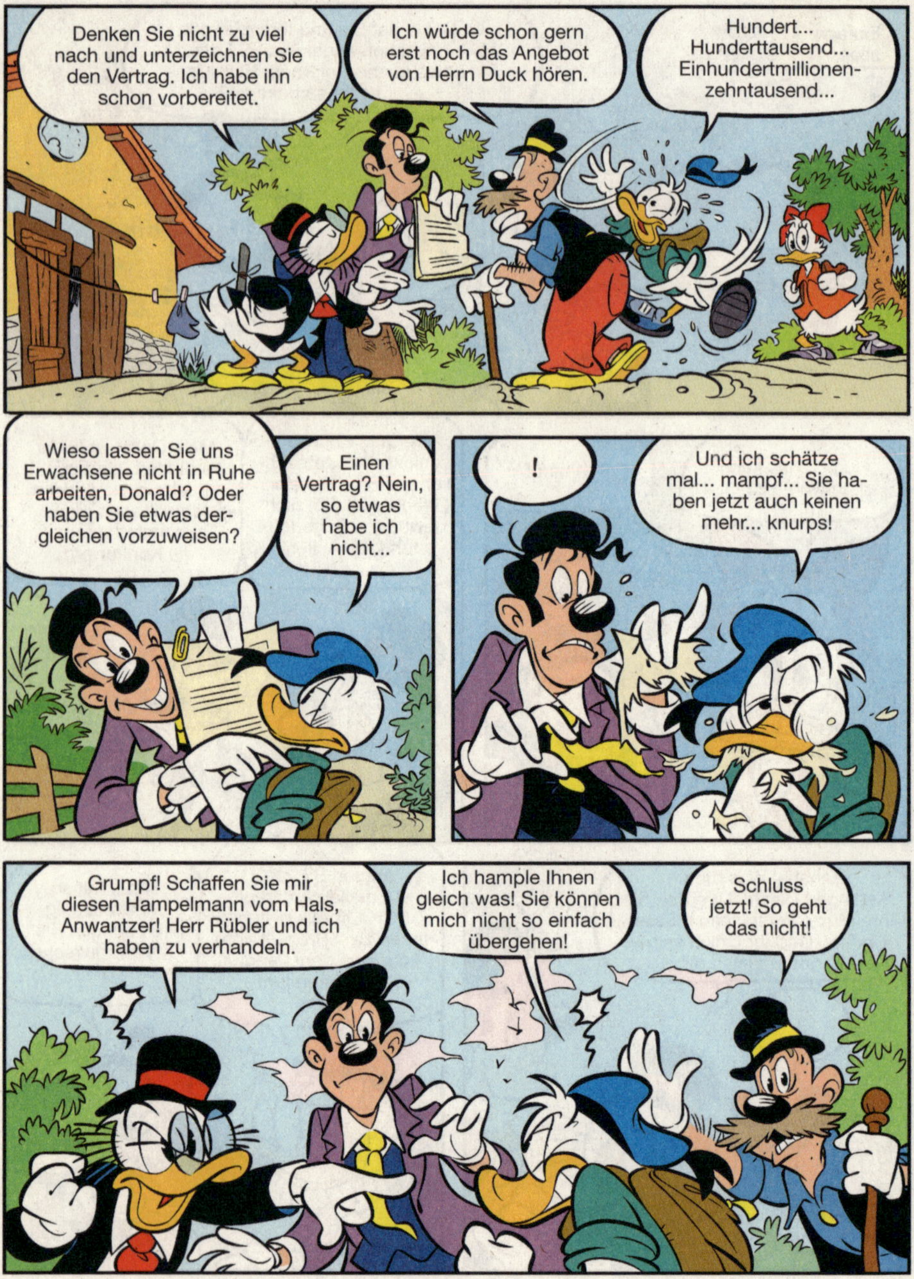
Denken Sie nicht zu viel nach und unterzeichnen Sie den Vertrag. Ich habe ihn schon vorbereitet.
Ich würde schon gern erst noch das Angebot von Herrn Duck hören.
Hundert... Hunderttausend... Einhundertmillionen-zehntausend...
Wieso lassen Sie uns Erwachsene nicht in Ruhe arbeiten, Donald? Oder haben Sie etwas dergleichen vorzuweisen?
Einen Vertrag? Nein, so etwas habe ich nicht...
!
Und ich schätze mal... mampf... Sie haben jetzt auch keinen mehr... knurps!
Grumpf! Schaffen Sie mir diesen Hampelmann vom Hals, Anwantzer! Herr Rübler und ich haben zu verhandeln.
Ich hample Ihnen gleich was! Sie können mich nicht so einfach übergehen!
Schluss jetzt! So geht das nicht!

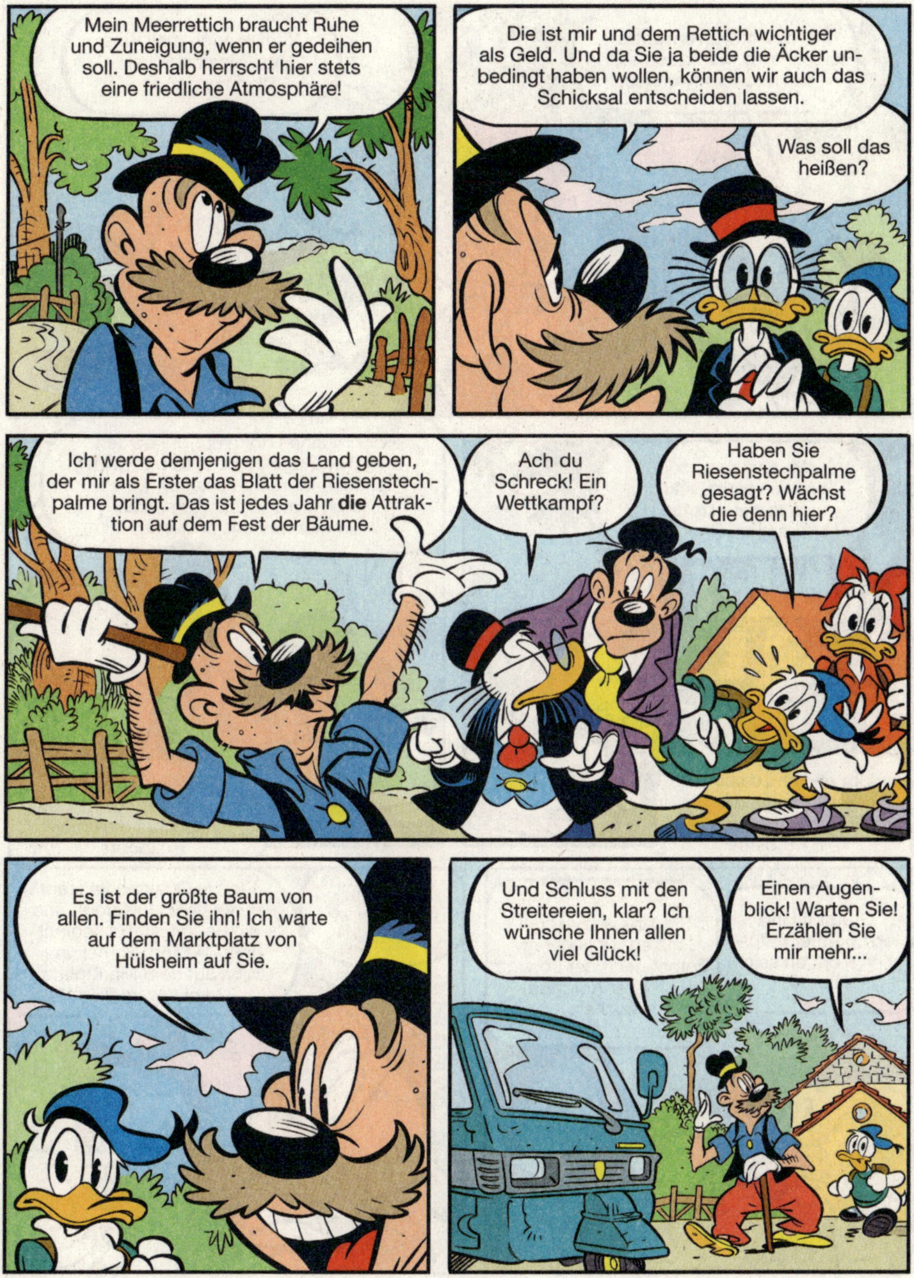
Mein Meerrettich braucht Ruhe und Zuneigung, wenn er gedeihen soll. Deshalb herrscht hier stets eine friedliche Atmosphäre!
Die ist mir und dem Rettich wichtiger als Geld. Und da Sie ja beide die Äcker unbedingt haben wollen, können wir auch das Schicksal entscheiden lassen.
Was soll das heißen?
Ich werde demjenigen das Land geben, der mir als Erster das Blatt der Riesenstechpalme bringt. Das ist jedes Jahr **die** Attraktion auf dem Fest der Bäume.
Ach du Schreck! Ein Wettkampf?
Haben Sie Riesenstechpalme gesagt? Wächst die denn hier?
Es ist der größte Baum von allen. Finden Sie ihn! Ich warte auf dem Marktplatz von Hülsheim auf Sie.
Und Schluss mit den Streitereien, klar? Ich wünsche Ihnen allen viel Glück!
Einen Augenblick! Warten Sie! Erzählen Sie mir mehr...

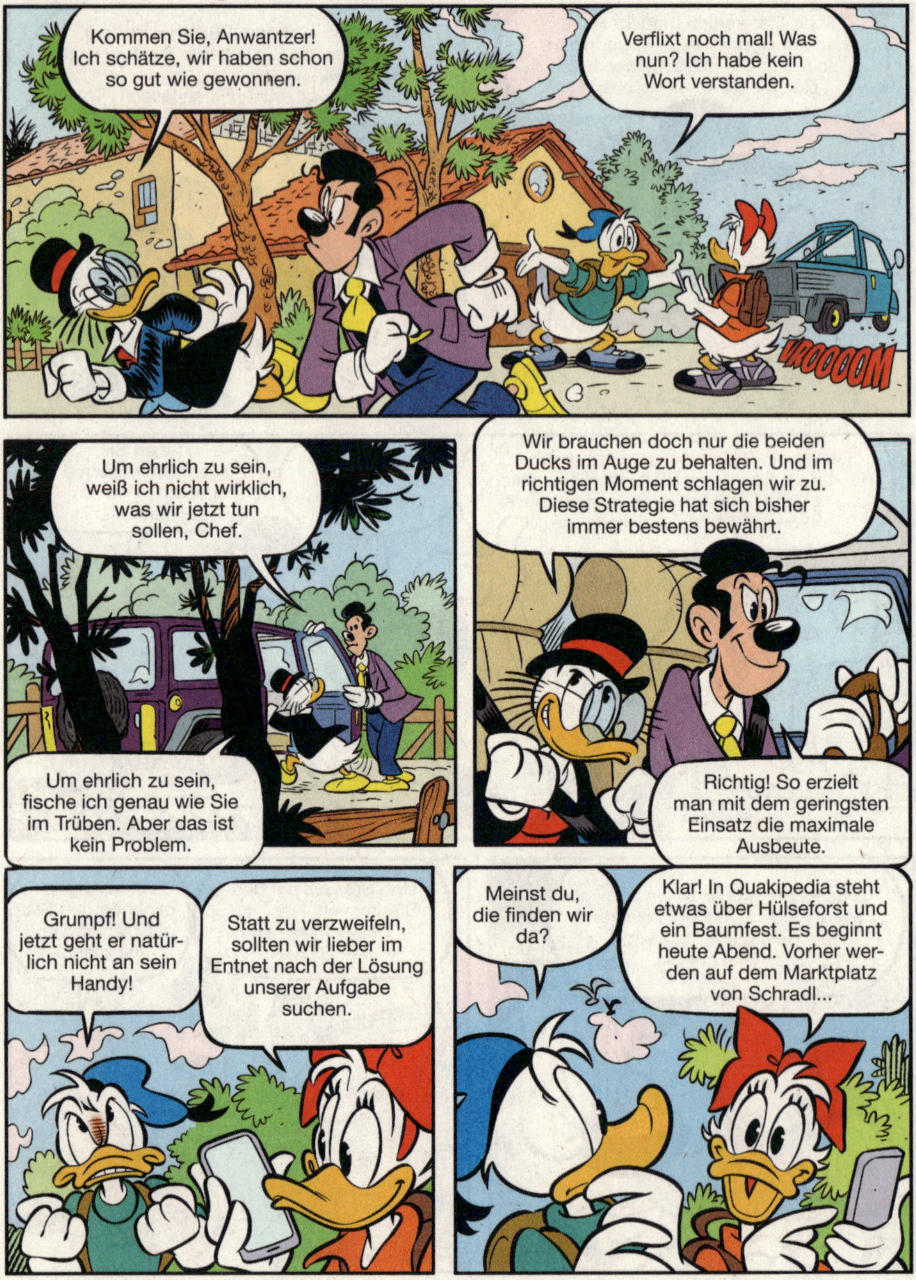
Kommen Sie, Anwantzer! Ich schätze, wir haben schon so gut wie gewonnen.
Verflixt noch mal! Was nun? Ich habe kein Wort verstanden.
VROOOOM
Um ehrlich zu sein, weiß ich nicht wirklich, was wir jetzt tun sollen, Chef.
Um ehrlich zu sein, fische ich genau wie Sie im Trüben. Aber das ist kein Problem.
Wir brauchen doch nur die beiden Ducks im Auge zu behalten. Und im richtigen Moment schlagen wir zu. Diese Strategie hat sich bisher immer bestens bewährt.
Richtig! So erzielt man mit dem geringsten Einsatz die maximale Ausbeute.
Grumpf! Und jetzt geht er natürlich nicht an sein Handy!
Statt zu verzweifeln, sollten wir lieber im Entnet nach der Lösung unserer Aufgabe suchen.
Meinst du, die finden wir da?
Klar! In Quakipedia steht etwas über Hülseforst und ein Baumfest. Es beginnt heute Abend. Vorher werden auf dem Marktplatz von Schradl...

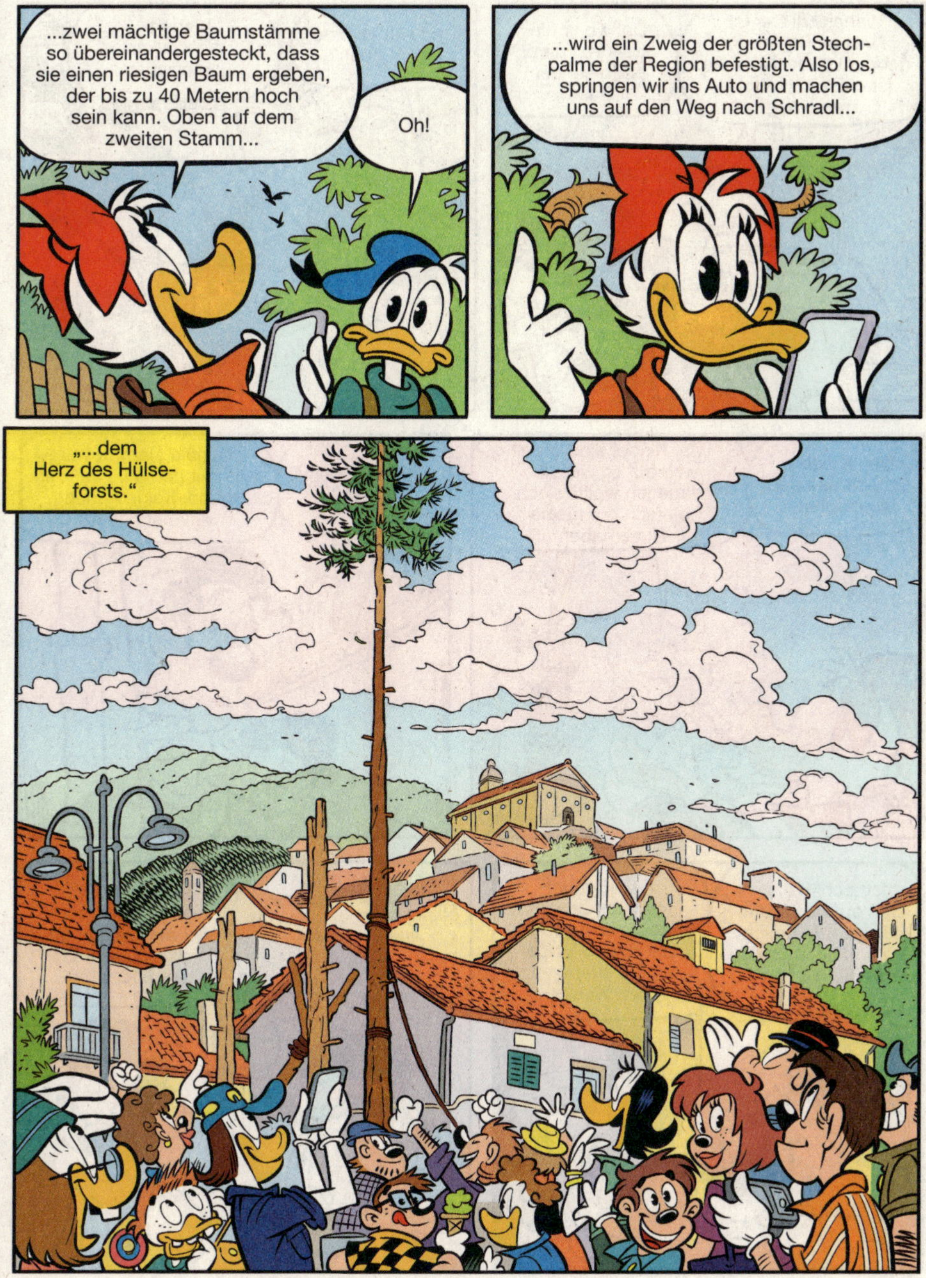

...zwei mächtige Baumstämme so übereinandergesteckt, dass sie einen riesigen Baum ergeben, der bis zu 40 Metern hoch sein kann. Oben auf dem zweiten Stamm...
Oh!
...wird ein Zweig der größten Stechpalme der Region befestigt. Also los, springen wir ins Auto und machen uns auf den Weg nach Schradl...
„...dem Herz des Hülseforsts."

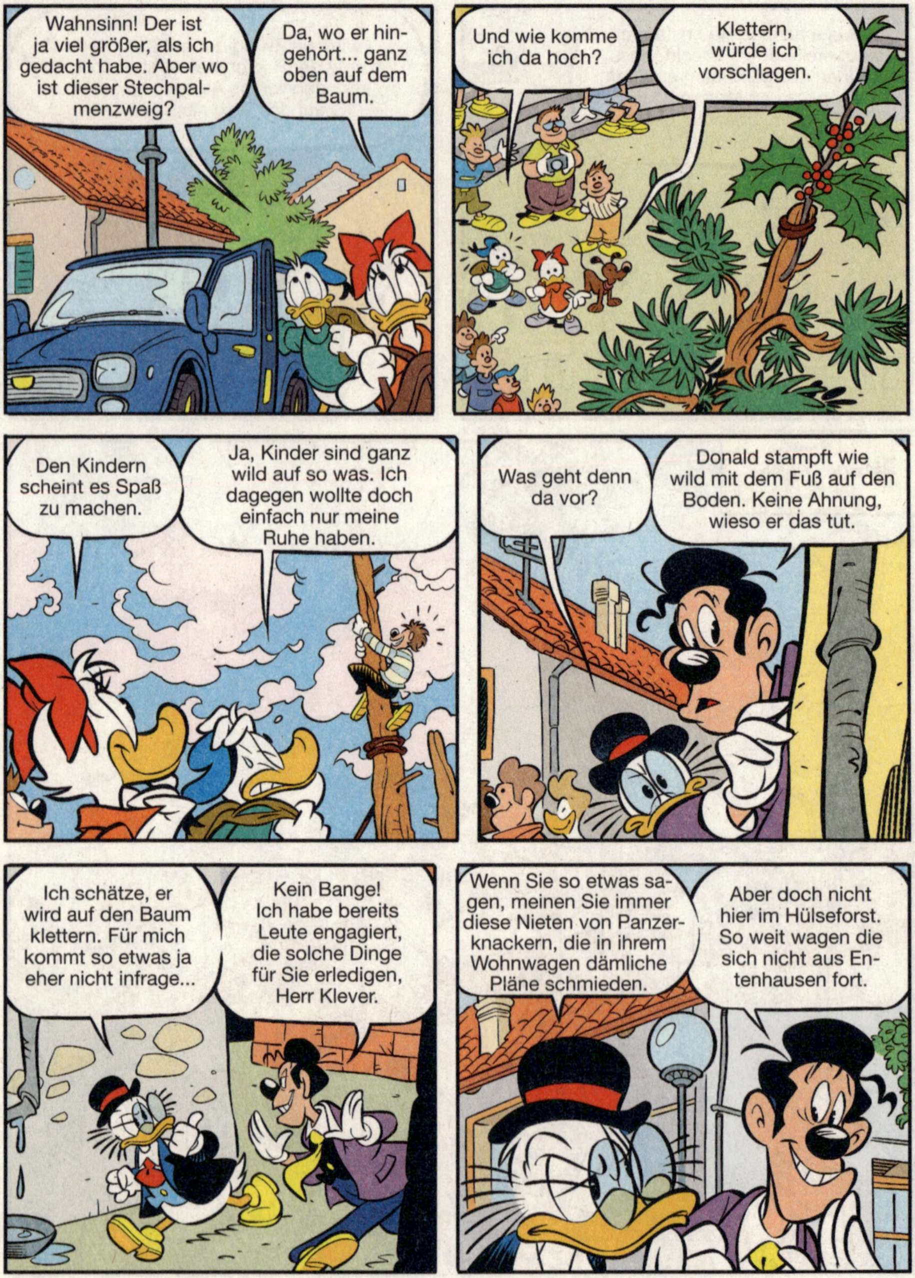
Wahnsinn! Der ist ja viel größer, als ich gedacht habe. Aber wo ist dieser Stechpalmenzweig?
Da, wo er hingehört... ganz oben auf dem Baum.
Und wie komme ich da hoch?
Klettern, würde ich vorschlagen.
Den Kindern scheint es Spaß zu machen.
Ja, Kinder sind ganz wild auf so was. Ich dagegen wollte doch einfach nur meine Ruhe haben.
Was geht denn da vor?
Donald stampft wie wild mit dem Fuß auf den Boden. Keine Ahnung, wieso er das tut.
Ich schätze, er wird auf den Baum klettern. Für mich kommt so etwas ja eher nicht infrage...
Kein Bange! Ich habe bereits Leute engagiert, die solche Dinge für Sie erledigen, Herr Klever.
Wenn Sie so etwas sagen, meinen Sie immer diese Nieten von Panzerknackern, die in ihrem Wohnwagen dämliche Pläne schmieden.
Aber doch nicht hier im Hülseforst. So weit wagen die sich nicht aus Entenhausen fort.

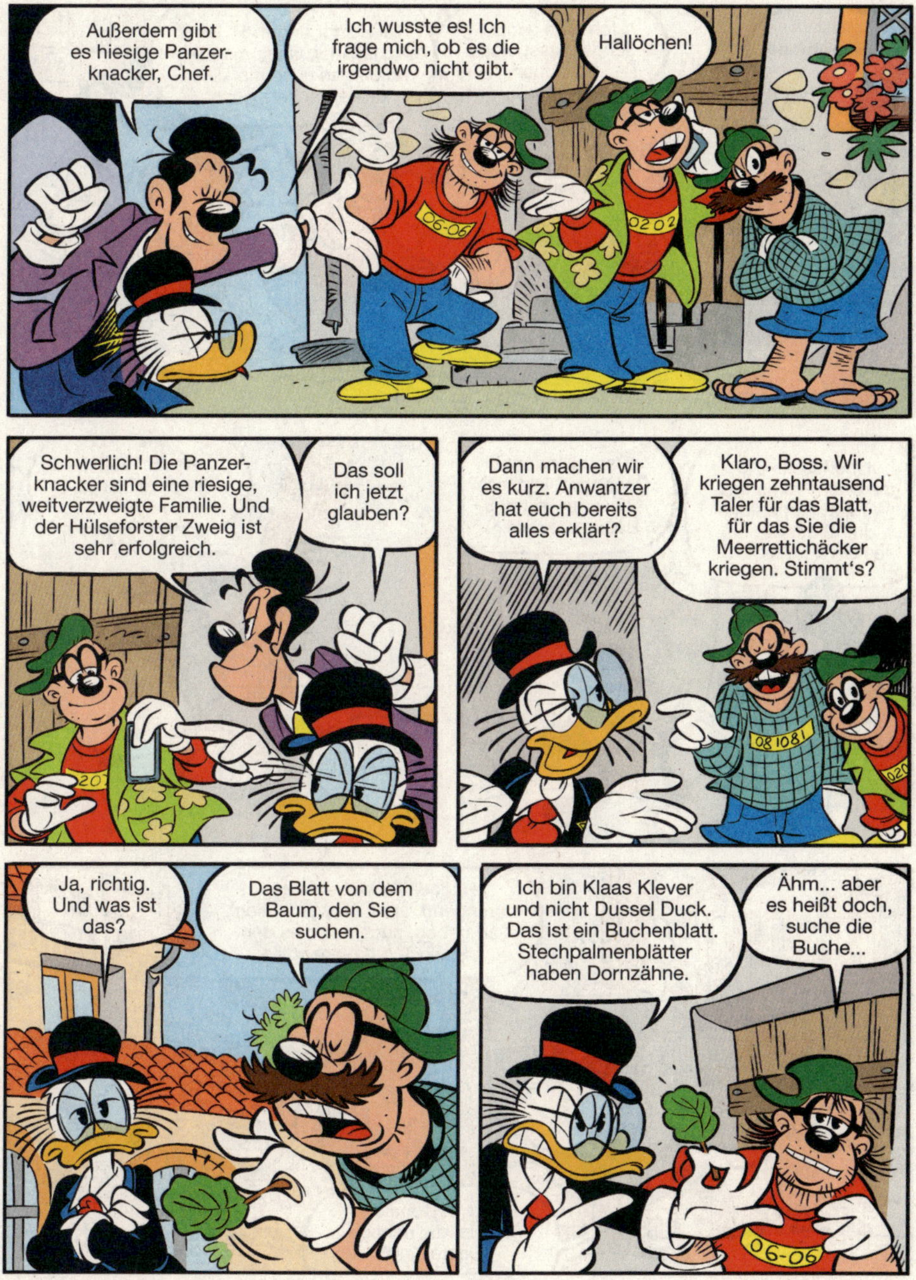
Außerdem gibt es hiesige Panzerknacker, Chef.
Ich wusste es! Ich frage mich, ob es die irgendwo nicht gibt.
Hallöchen!
06-06
0202
Schwerlich! Die Panzerknacker sind eine riesige, weitverzweigte Familie. Und der Hülseforster Zweig ist sehr erfolgreich.
Das soll ich jetzt glauben?
Dann machen wir es kurz. Anwantzer hat euch bereits alles erklärt?
Klaro, Boss. Wir kriegen zehntausend Taler für das Blatt, für das Sie die Meerrettichäcker kriegen. Stimmt's?
081081
Ja, richtig. Und was ist das?
Das Blatt von dem Baum, den Sie suchen.
Ich bin Klaas Klever und nicht Dussel Duck. Das ist ein Buchenblatt. Stechpalmenblätter haben Dornzähne.
Ähm... aber es heißt doch, suche die Buche...
06-06

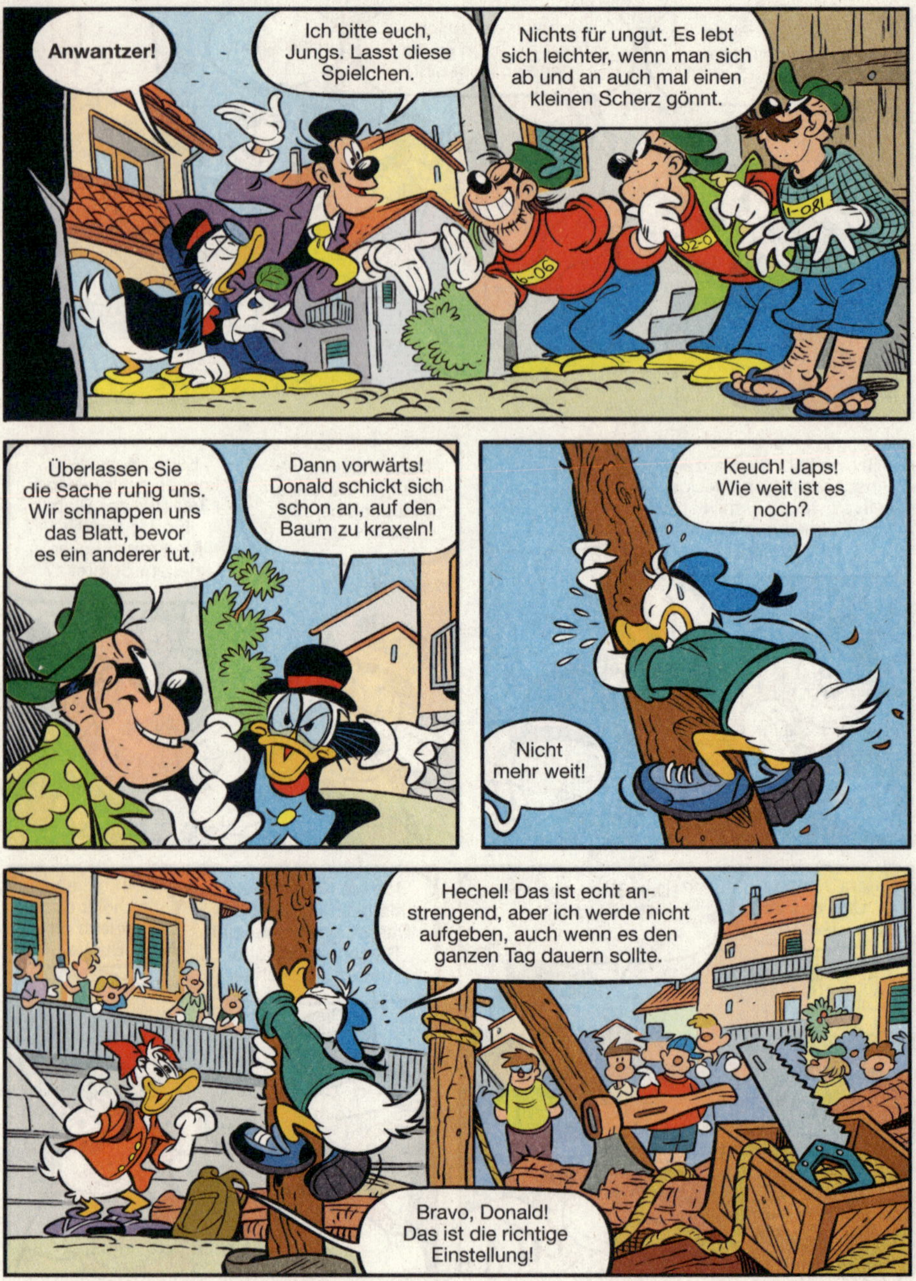
Anwantzer!
Ich bitte euch, Jungs. Lasst diese Spielchen.
Nichts für ungut. Es lebt sich leichter, wenn man sich ab und an auch mal einen kleinen Scherz gönnt.
Überlassen Sie die Sache ruhig uns. Wir schnappen uns das Blatt, bevor es ein anderer tut.
Dann vorwärts! Donald schickt sich schon an, auf den Baum zu kraxeln!
Keuch! Japs! Wie weit ist es noch?
Nicht mehr weit!
Hechel! Das ist echt anstrengend, aber ich werde nicht aufgeben, auch wenn es den ganzen Tag dauern sollte.
Bravo, Donald! Das ist die richtige Einstellung!

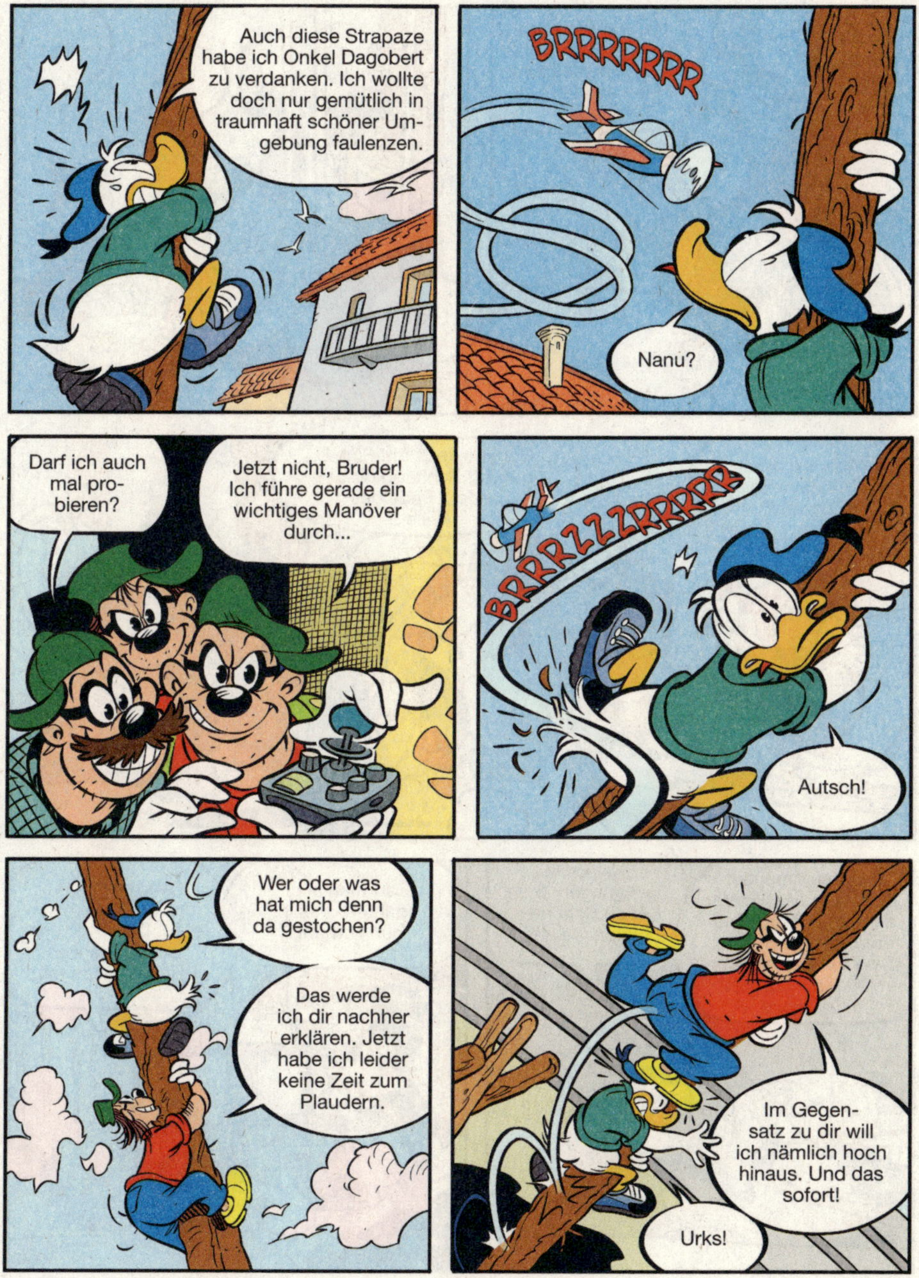
Auch diese Strapaze habe ich Onkel Dagobert zu verdanken. Ich wollte doch nur gemütlich in traumhaft schöner Umgebung faulenzen.
BRRRRRRR
Nanu?
Darf ich auch mal probieren?
Jetzt nicht, Bruder! Ich führe gerade ein wichtiges Manöver durch...
BRRRZZZRRRRR
Autsch!
Wer oder was hat mich denn da gestochen?
Das werde ich dir nachher erklären. Jetzt habe ich leider keine Zeit zum Plaudern.
Im Gegensatz zu dir will ich nämlich hoch hinaus. Und das sofort!
Urks!

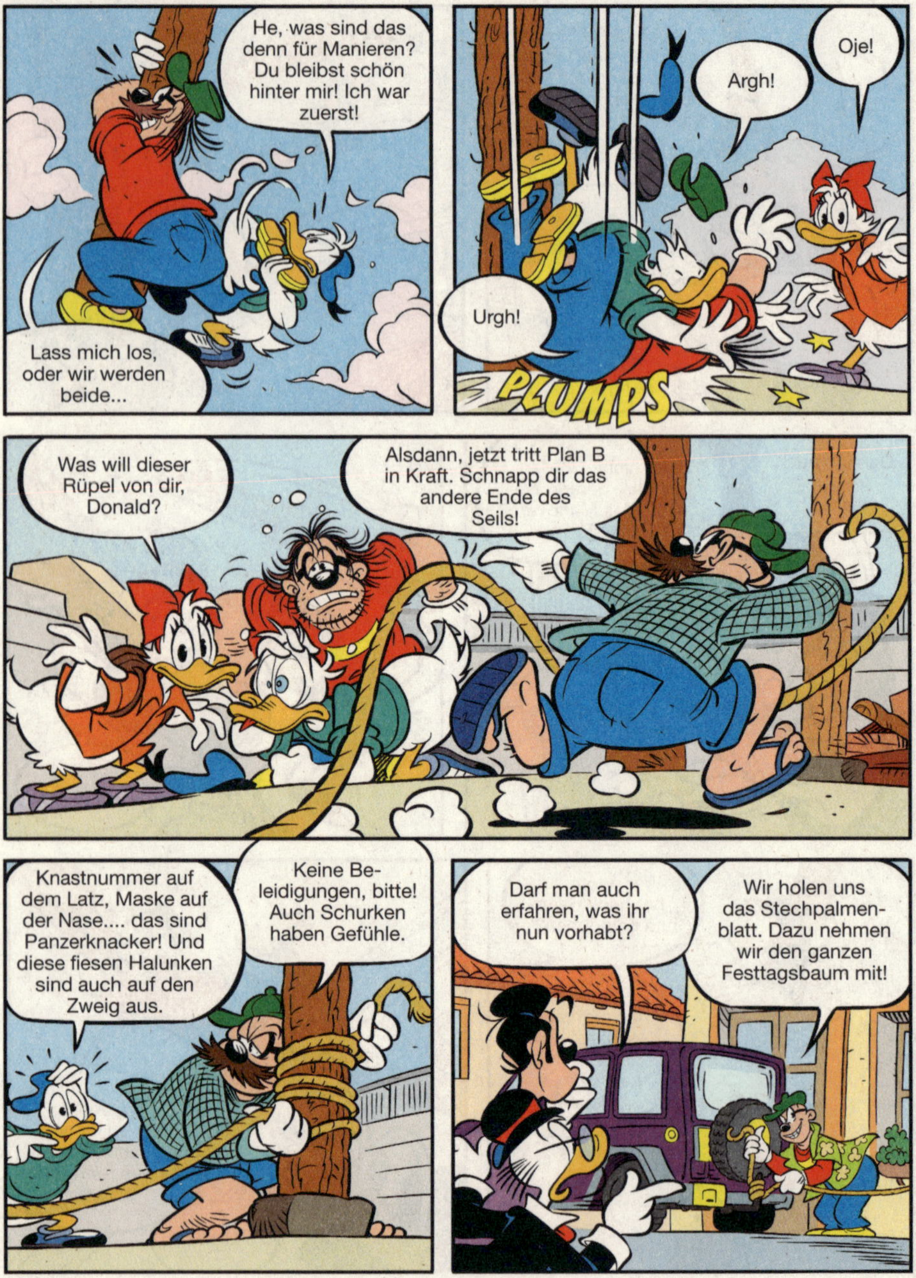
He, was sind das denn für Manieren? Du bleibst schön hinter mir! Ich war zuerst!
Lass mich los, oder wir werden beide...
Argh!
Oje!
Urgh!
PLUMPS
Was will dieser Rüpel von dir, Donald?
Alsdann, jetzt tritt Plan B in Kraft. Schnapp dir das andere Ende des Seils!
Knastnummer auf dem Latz, Maske auf der Nase.... das sind Panzerknacker! Und diese fiesen Halunken sind auch auf den Zweig aus.
Keine Beleidigungen, bitte! Auch Schurken haben Gefühle.
Darf man auch erfahren, was ihr nun vorhabt?
Wir holen uns das Stechpalmenblatt. Dazu nehmen wir den ganzen Festtagsbaum mit!

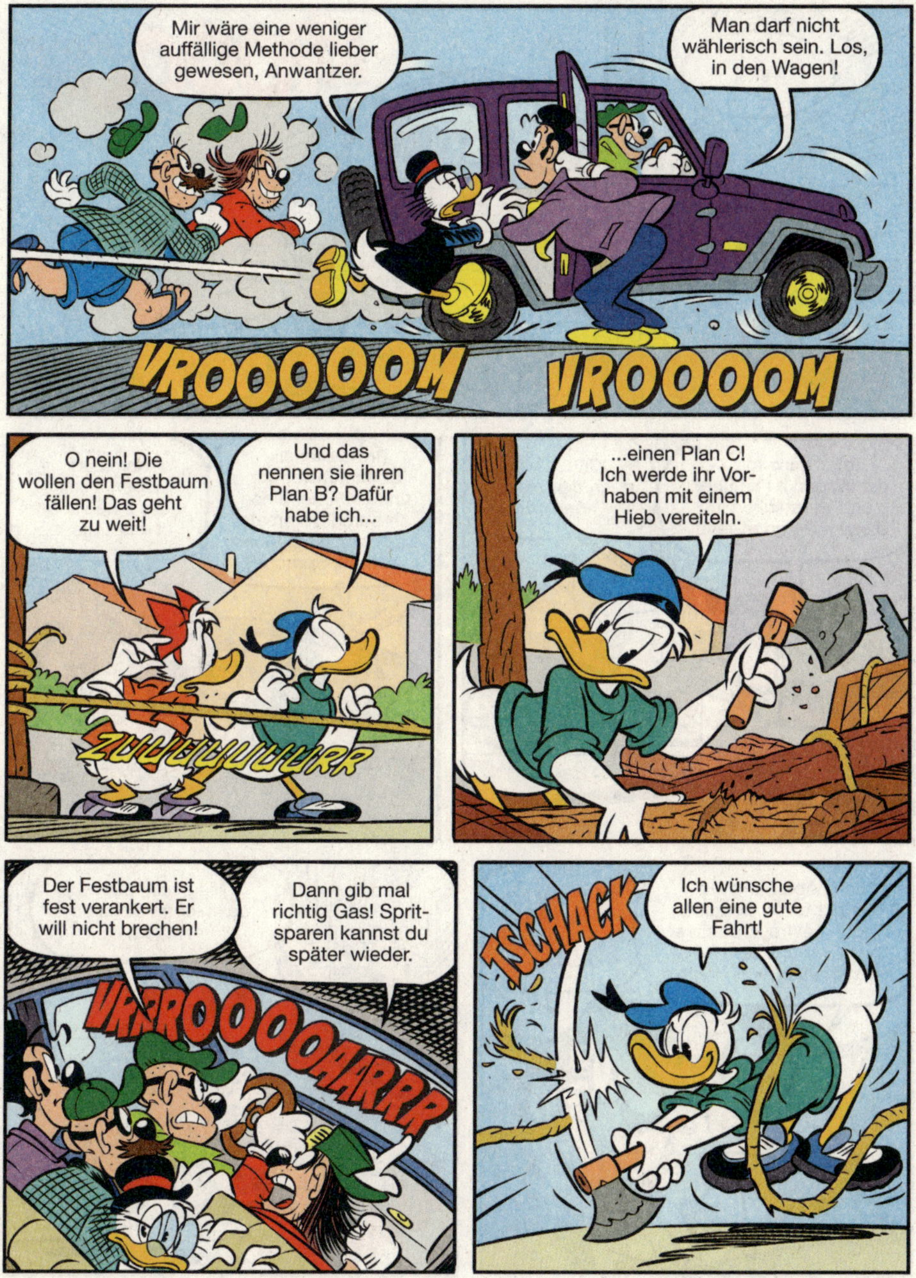
Mir wäre eine weniger auffällige Methode lieber gewesen, Anwantzer.
Man darf nicht wählerisch sein. Los, in den Wagen!
VROOOOOM
VROOOOM
O nein! Die wollen den Festbaum fällen! Das geht zu weit!
Und das nennen sie ihren Plan B? Dafür habe ich...
ZUUUUUUUURR
...einen Plan C! Ich werde ihr Vorhaben mit einem Hieb vereiteln.
Der Festbaum ist fest verankert. Er will nicht brechen!
Dann gib mal richtig Gas! Spritsparen kannst du später wieder.
VRRROOOOOAARRR
TSCHACK
Ich wünsche allen eine gute Fahrt!

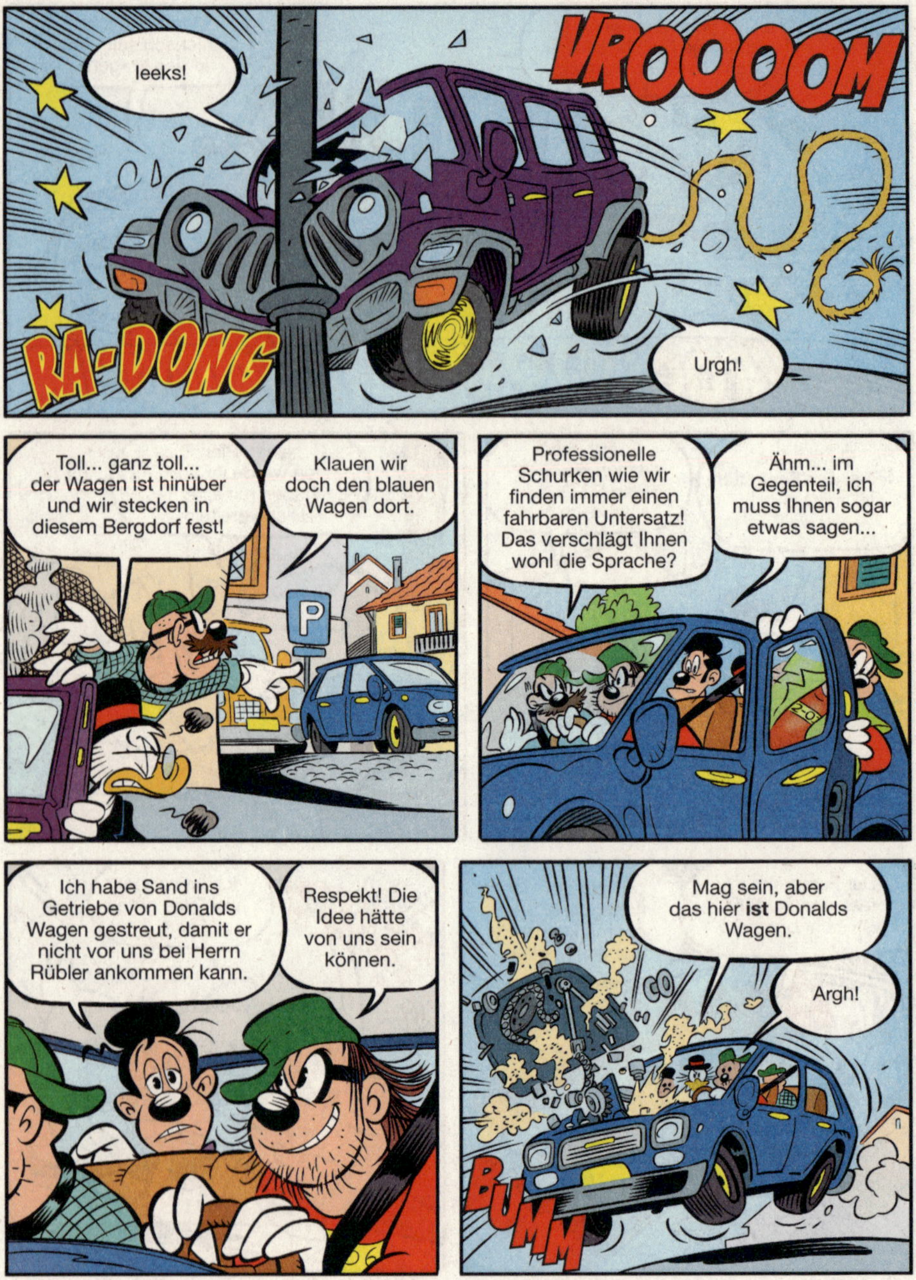
VROOOOM
Ieeks!
RA-DONG
Urgh!
Toll... ganz toll... der Wagen ist hinüber und wir stecken in diesem Bergdorf fest!
Klauen wir doch den blauen Wagen dort.
Professionelle Schurken wie wir finden immer einen fahrbaren Untersatz! Das verschlägt Ihnen wohl die Sprache?
Ähm... im Gegenteil, ich muss Ihnen sogar etwas sagen...
Ich habe Sand ins Getriebe von Donalds Wagen gestreut, damit er nicht vor uns bei Herrn Rübler ankommen kann.
Respekt! Die Idee hätte von uns sein können.
Mag sein, aber das hier **ist** Donalds Wagen.
Argh!
BUMM

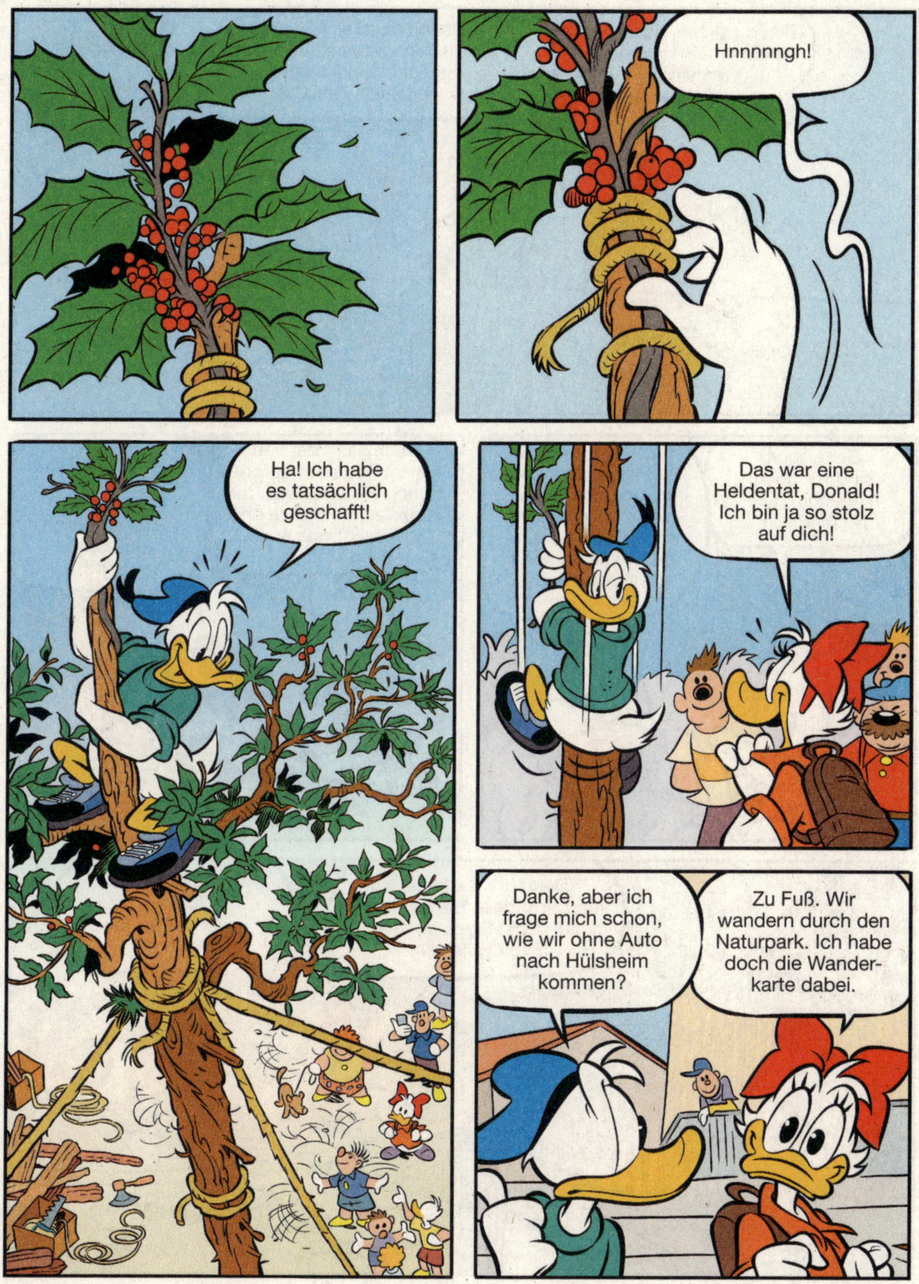
Hnnnnngh!
Ha! Ich habe es tatsächlich geschafft!
Das war eine Heldentat, Donald! Ich bin ja so stolz auf dich!
Danke, aber ich frage mich schon, wie wir ohne Auto nach Hülsheim kommen?
Zu Fuß. Wir wandern durch den Naturpark. Ich habe doch die Wanderkarte dabei.

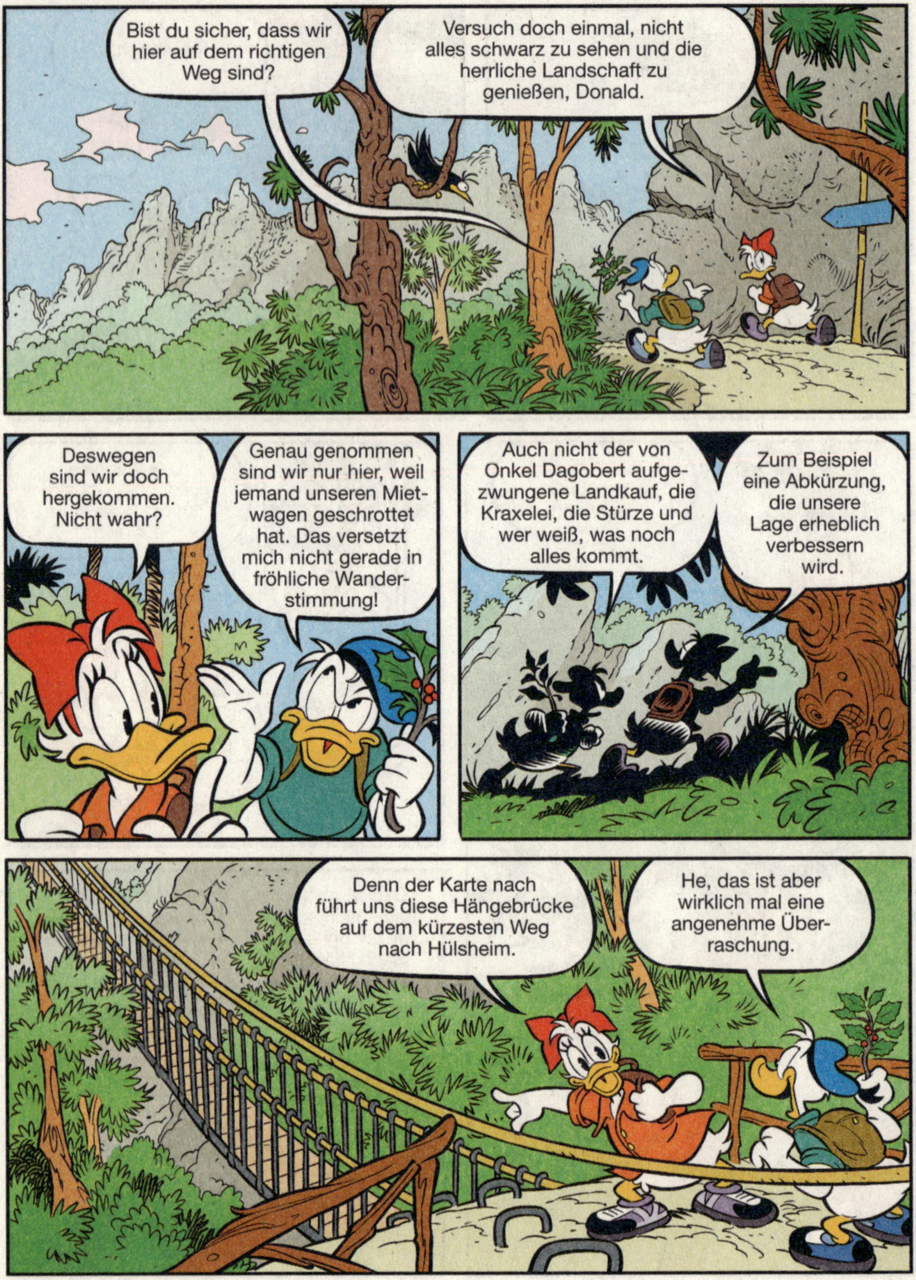
Bist du sicher, dass wir hier auf dem richtigen Weg sind?
Versuch doch einmal, nicht alles schwarz zu sehen und die herrliche Landschaft zu genießen, Donald.
Deswegen sind wir doch hergekommen. Nicht wahr?
Genau genommen sind wir nur hier, weil jemand unseren Mietwagen geschrottet hat. Das versetzt mich nicht gerade in fröhliche Wanderstimmung!
Auch nicht der von Onkel Dagobert aufgezwungene Landkauf, die Kraxelei, die Stürze und wer weiß, was noch alles kommt.
Zum Beispiel eine Abkürzung, die unsere Lage erheblich verbessern wird.
Denn der Karte nach führt uns diese Hängebrücke auf dem kürzesten Weg nach Hülsheim.
He, das ist aber wirklich mal eine angenehme Überraschung.

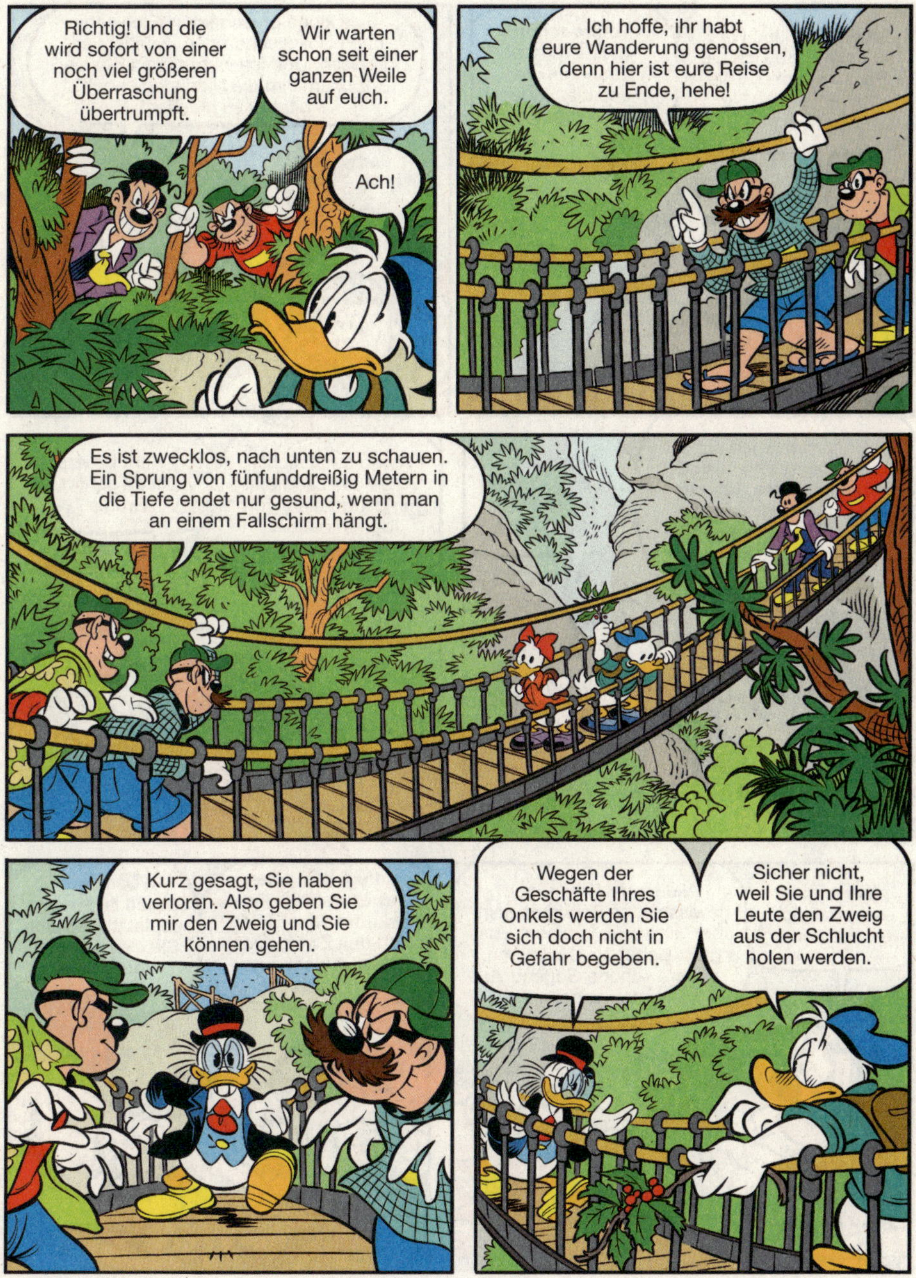
Richtig! Und die wird sofort von einer noch viel größeren Überraschung übertrumpft.
Wir warten schon seit einer ganzen Weile auf euch.
Ach!
Ich hoffe, ihr habt eure Wanderung genossen, denn hier ist eure Reise zu Ende, hehe!
Es ist zwecklos, nach unten zu schauen. Ein Sprung von fünfunddreißig Metern in die Tiefe endet nur gesund, wenn man an einem Fallschirm hängt.
Kurz gesagt, Sie haben verloren. Also geben Sie mir den Zweig und Sie können gehen.
Wegen der Geschäfte Ihres Onkels werden Sie sich doch nicht in Gefahr begeben.
Sicher nicht, weil Sie und Ihre Leute den Zweig aus der Schlucht holen werden.

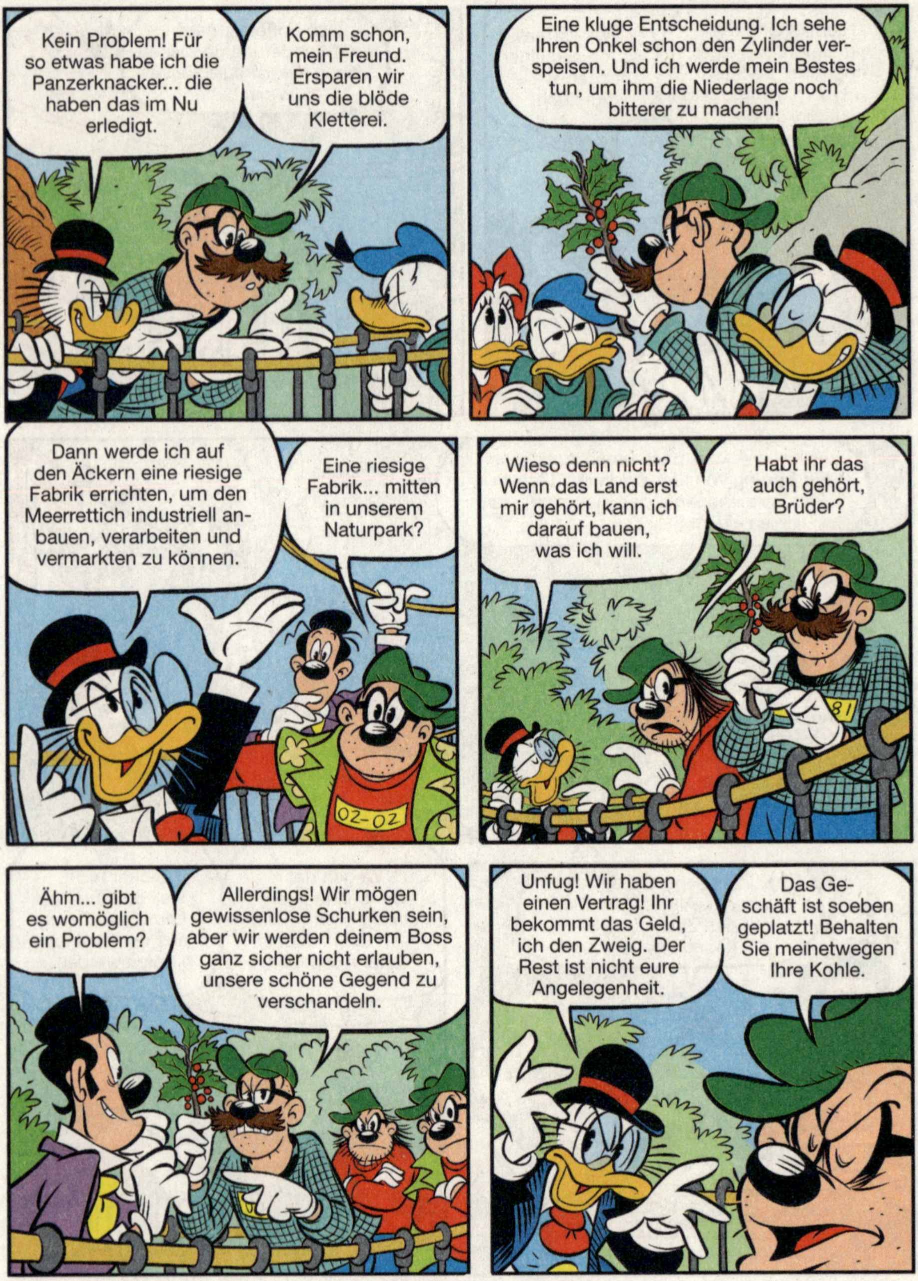
Kein Problem! Für so etwas habe ich die Panzerknacker... die haben das im Nu erledigt.
Komm schon, mein Freund. Ersparen wir uns die blöde Kletterei.
Eine kluge Entscheidung. Ich sehe Ihren Onkel schon den Zylinder verspeisen. Und ich werde mein Bestes tun, um ihm die Niederlage noch bitterer zu machen!
Dann werde ich auf den Äckern eine riesige Fabrik errichten, um den Meerrettich industriell anbauen, verarbeiten und vermarkten zu können.
Eine riesige Fabrik... mitten in unserem Naturpark?
02-02
Wieso denn nicht? Wenn das Land erst mir gehört, kann ich darauf bauen, was ich will.
Habt ihr das auch gehört, Brüder?
Ähm... gibt es womöglich ein Problem?
Allerdings! Wir mögen gewissenlose Schurken sein, aber wir werden deinem Boss ganz sicher nicht erlauben, unsere schöne Gegend zu verschandeln.
Unfug! Wir haben einen Vertrag! Ihr bekommt das Geld, ich den Zweig. Der Rest ist nicht eure Angelegenheit.
Das Geschäft ist soeben geplatzt! Behalten Sie meinetwegen Ihre Kohle.

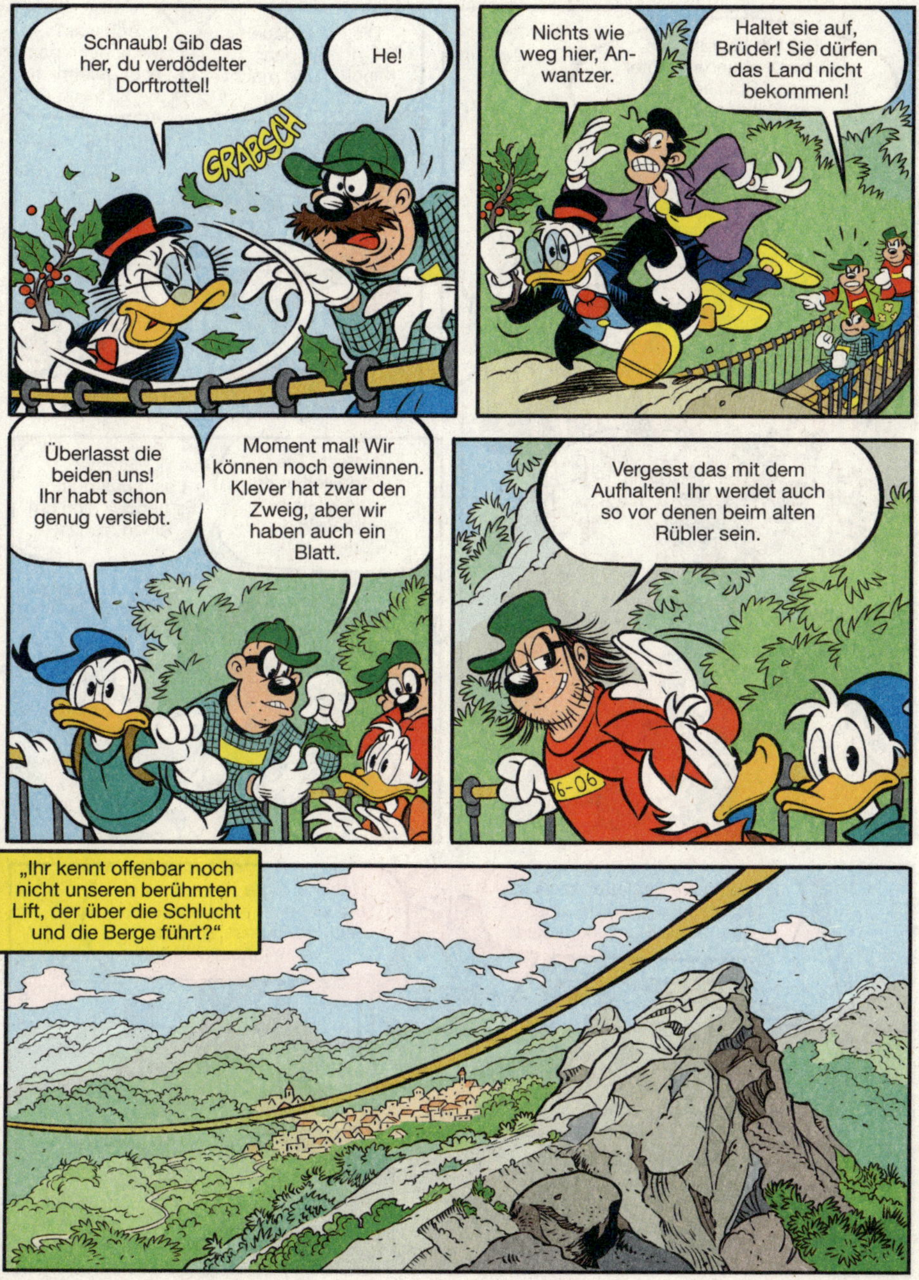

Schnaub! Gib das her, du verdödelter Dorftrottel!
He!
GRABSCH
Nichts wie weg hier, Anwantzer.
Haltet sie auf, Brüder! Sie dürfen das Land nicht bekommen!
Überlasst die beiden uns! Ihr habt schon genug versiebt.
Moment mal! Wir können noch gewinnen. Klever hat zwar den Zweig, aber wir haben auch ein Blatt.
Vergesst das mit dem Aufhalten! Ihr werdet auch so vor denen beim alten Rübler sein.
„Ihr kennt offenbar noch nicht unseren berühmten Lift, der über die Schlucht und die Berge führt?“

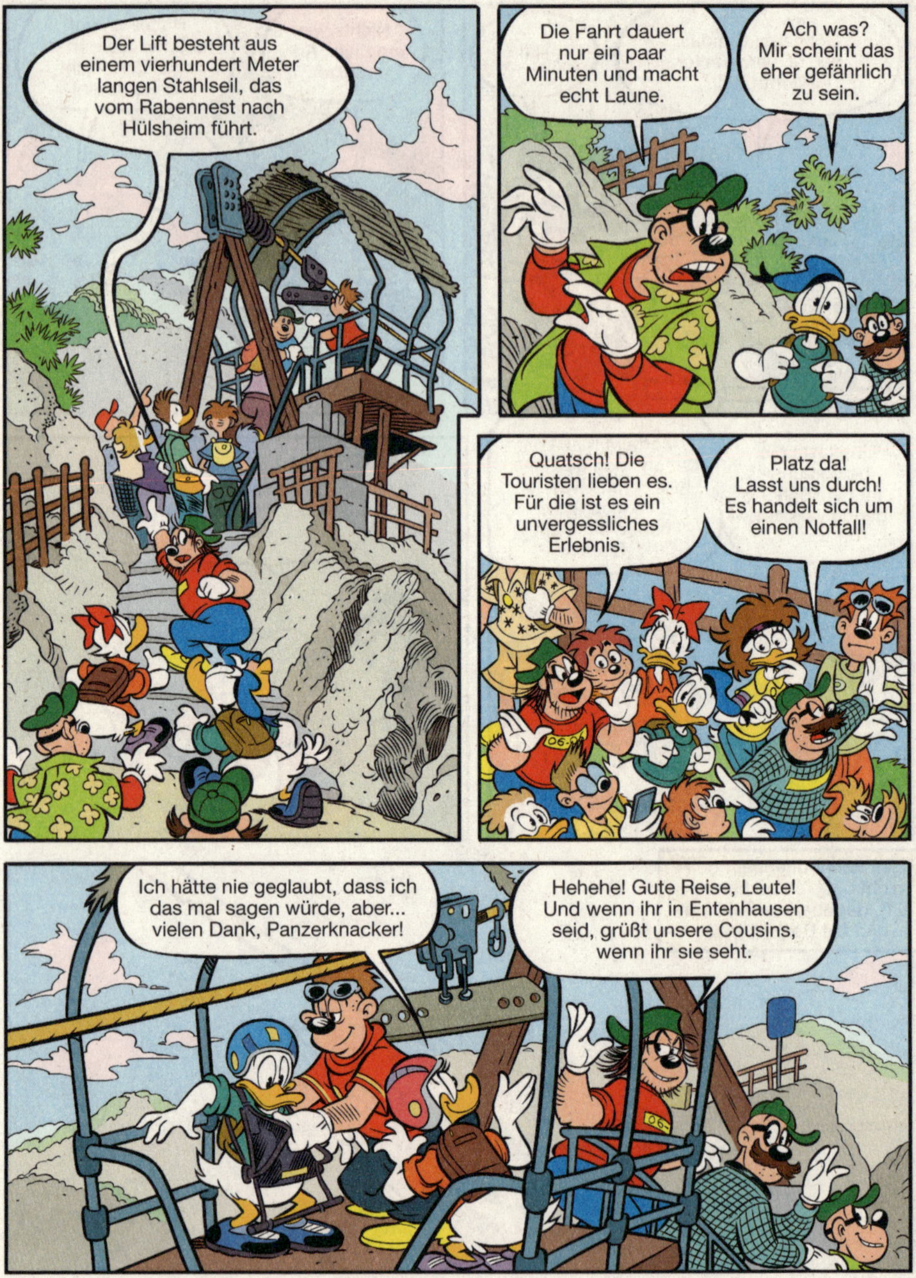
Der Lift besteht aus einem vierhundert Meter langen Stahlseil, das vom Rabennest nach Hülsheim führt.
Die Fahrt dauert nur ein paar Minuten und macht echt Laune.
Ach was? Mir scheint das eher gefährlich zu sein.
Quatsch! Die Touristen lieben es. Für die ist es ein unvergessliches Erlebnis.
Platz da! Lasst uns durch! Es handelt sich um einen Notfall!
Ich hätte nie geglaubt, dass ich das mal sagen würde, aber... vielen Dank, Panzerknacker!
Hehehe! Gute Reise, Leute! Und wenn ihr in Entenhausen seid, grüßt unsere Cousins, wenn ihr sie seht.

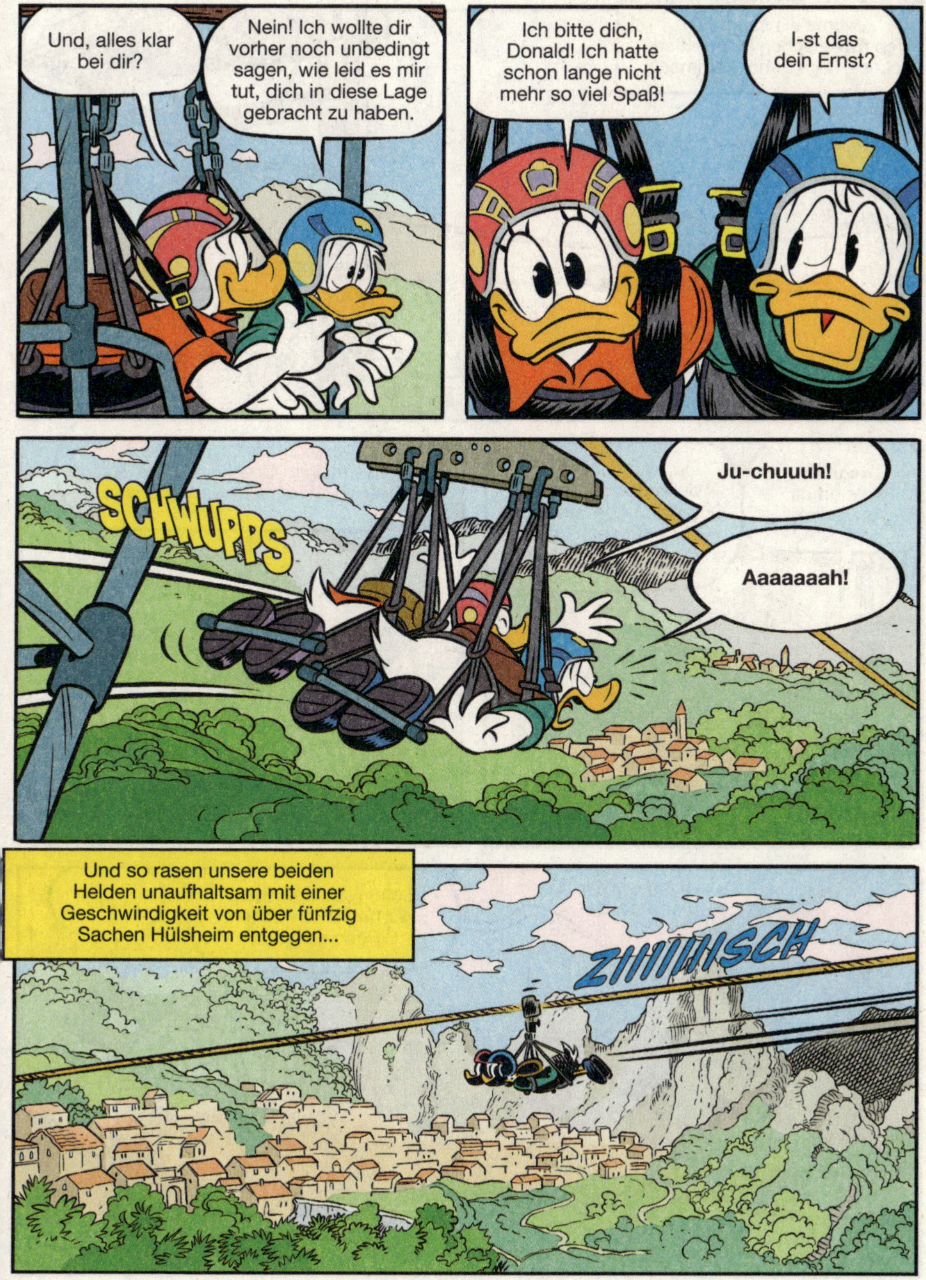
Und, alles klar bei dir?
Nein! Ich wollte dir vorher noch unbedingt sagen, wie leid es mir tut, dich in diese Lage gebracht zu haben.
Ich bitte dich, Donald! Ich hatte schon lange nicht mehr so viel Spaß!
I-st das dein Ernst?
SCHWUPPS
Ju-chuuuh!
Aaaaaaah!
Und so rasen unsere beiden Helden unaufhaltsam mit einer Geschwindigkeit von über fünfzig Sachen Hülsheim entgegen...
ZIIIIIISCH

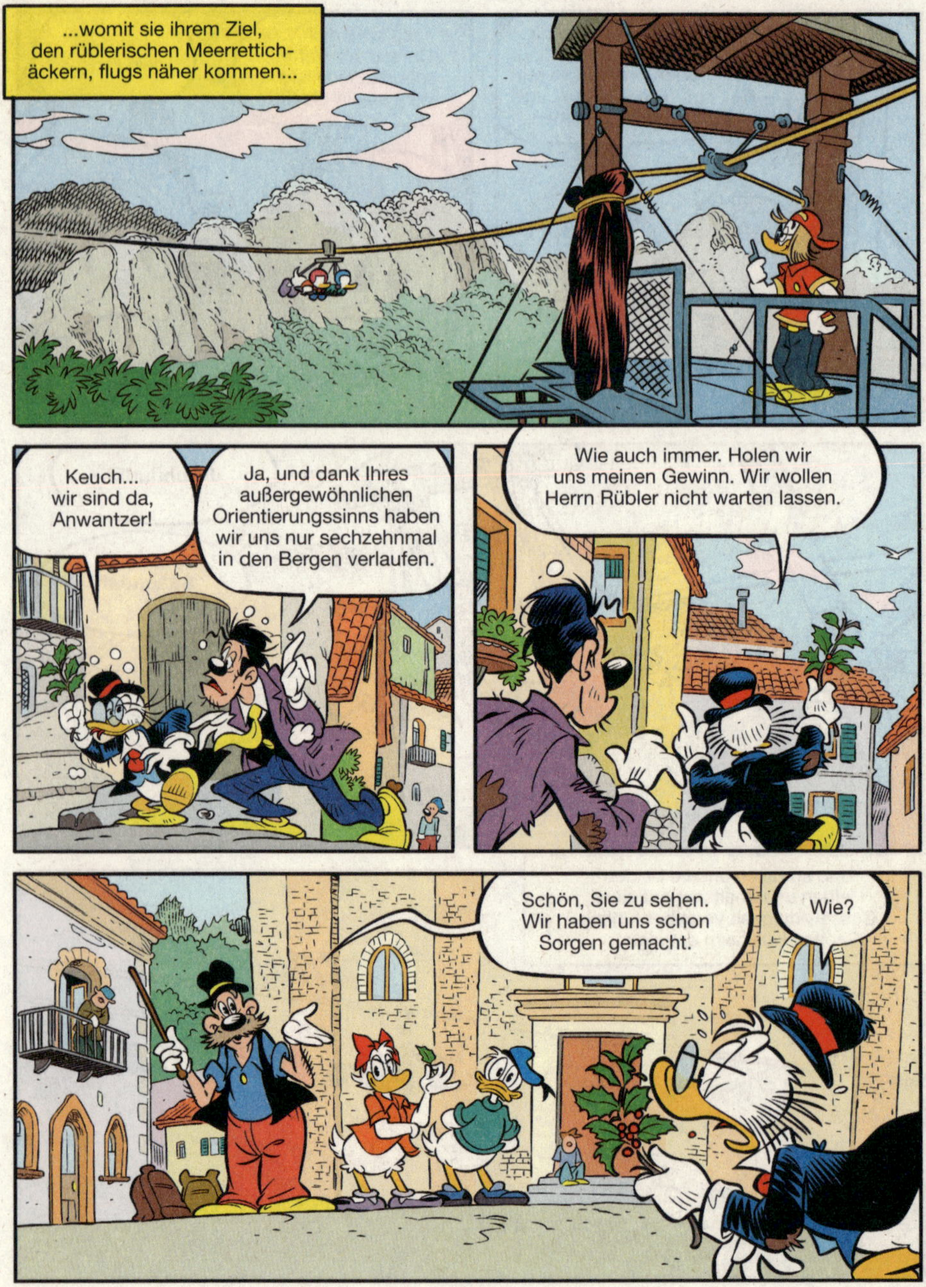
...womit sie ihrem Ziel, den rüblerischen Meerrettich-äckern, flugs näher kommen...
Keuch... wir sind da, Anwantzer!
Ja, und dank Ihres außergewöhnlichen Orientierungssinns haben wir uns nur sechzehnmal in den Bergen verlaufen.
Wie auch immer. Holen wir uns meinen Gewinn. Wir wollen Herrn Rübler nicht warten lassen.
Schön, Sie zu sehen. Wir haben uns schon Sorgen gemacht.
Wie?

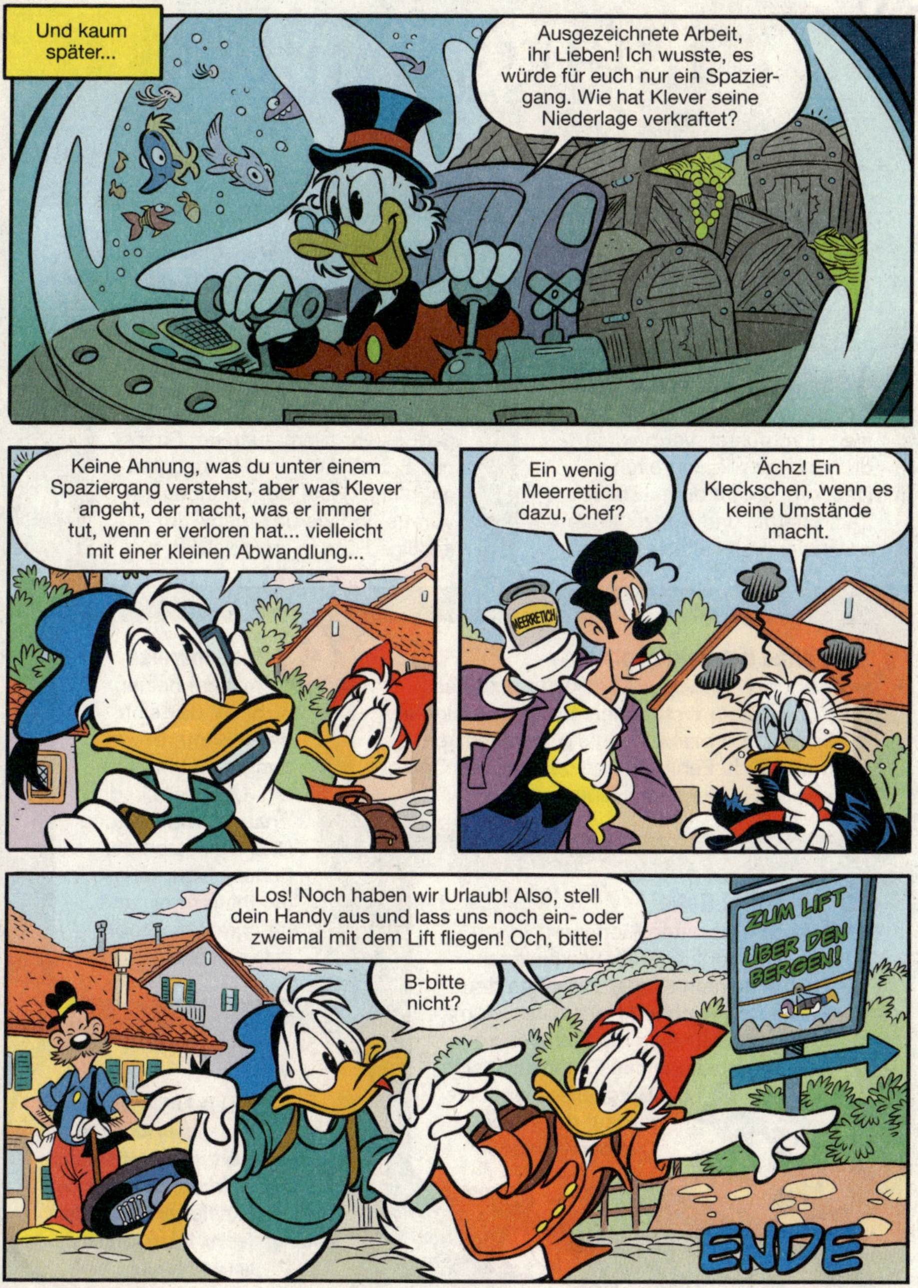
Und kaum später...
Ausgezeichnete Arbeit, ihr Lieben! Ich wusste, es würde für euch nur ein Spaziergang. Wie hat Klever seine Niederlage verkraftet?
Keine Ahnung, was du unter einem Spaziergang verstehst, aber was Klever angeht, der macht, was er immer tut, wenn er verloren hat... vielleicht mit einer kleinen Abwandlung...
Ein wenig Meerrettich dazu, Chef?
MEERRETTICH
Ächz! Ein Kleckschen, wenn es keine Umstände macht.
Los! Noch haben wir Urlaub! Also, stell dein Handy aus und lass uns noch ein- oder zweimal mit dem Lift fliegen! Och, bitte!
B-bitte nicht?
ZUM LIFT
ÜBER DEN BERGEN!
ENDE

Klettern mit Köpfchen

Sich vertikal statt horizontal fortzubewegen, ist ziemlich herausfordernd. Micky hat ein paar Tipps, um den Aufstieg zu einem einzigartigen Gipfelerlebnis zu machen.

1 Das erste Mal muss sitzen
Wenn du deine Züge fokussiert durchführst, vermeidest du unnötiges Nachgreifen. Dadurch kannst du mit deiner Zeit, Energie und Konzentration optimaler haushalten.

2 Einen Schritt voraus
Beim Bouldern und Klettern geht es vor allem auch um Strategie! Schau dir deine Route genau an, plane deine Bewegungen im Voraus und werde kreativ, um knifflige Hürden zu meistern.

3 Alles hat seine Zeit
Abgesehen vom Speedklettern ist das Kraxeln kein Wettrennen! Finde dein eigenes Tempo und bleibe geduldig, denn so vermeidest du Fehltritte und Verletzungen. Also keine Eile: Der Gipfel läuft nicht weg!

4 Phasenweise
Trainiere deinen Kopf so, das sich deine Kletterbewegungen automatisieren. Unterteile in drei Phasen: Vorbereitung (das Umsetzen des Fußes), Hauptphase (hochstemmen und neu greifen), Stabilisierungsphase.

5 Jetzt ist Ruhe!
Auch die besten Kletterer müssen mal eine Verschnaufpause einlegen. Gönne deinem Körper zwischen den Partien ausreichend Ruhezeiten, damit sich deine Muskeln regenerieren können. Bei Ausflügen im Freien lässt sich die Bergkulisse wunderbar auf der Wiese liegend genießen!

Tipp:
Lass dich als Anfänger von einem erfahrenen Kletterer fachkundig einweisen! Hierdurch erfährst du frühzeitig nützliche Tricks und Kniffe und vermeidest Anfängerfehler. Dann kannst du sicher starten!

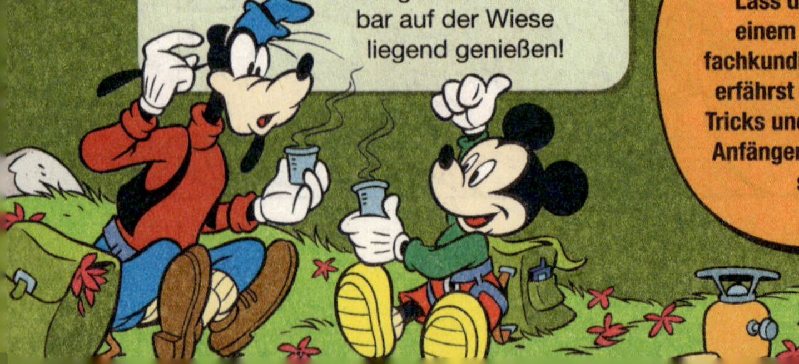

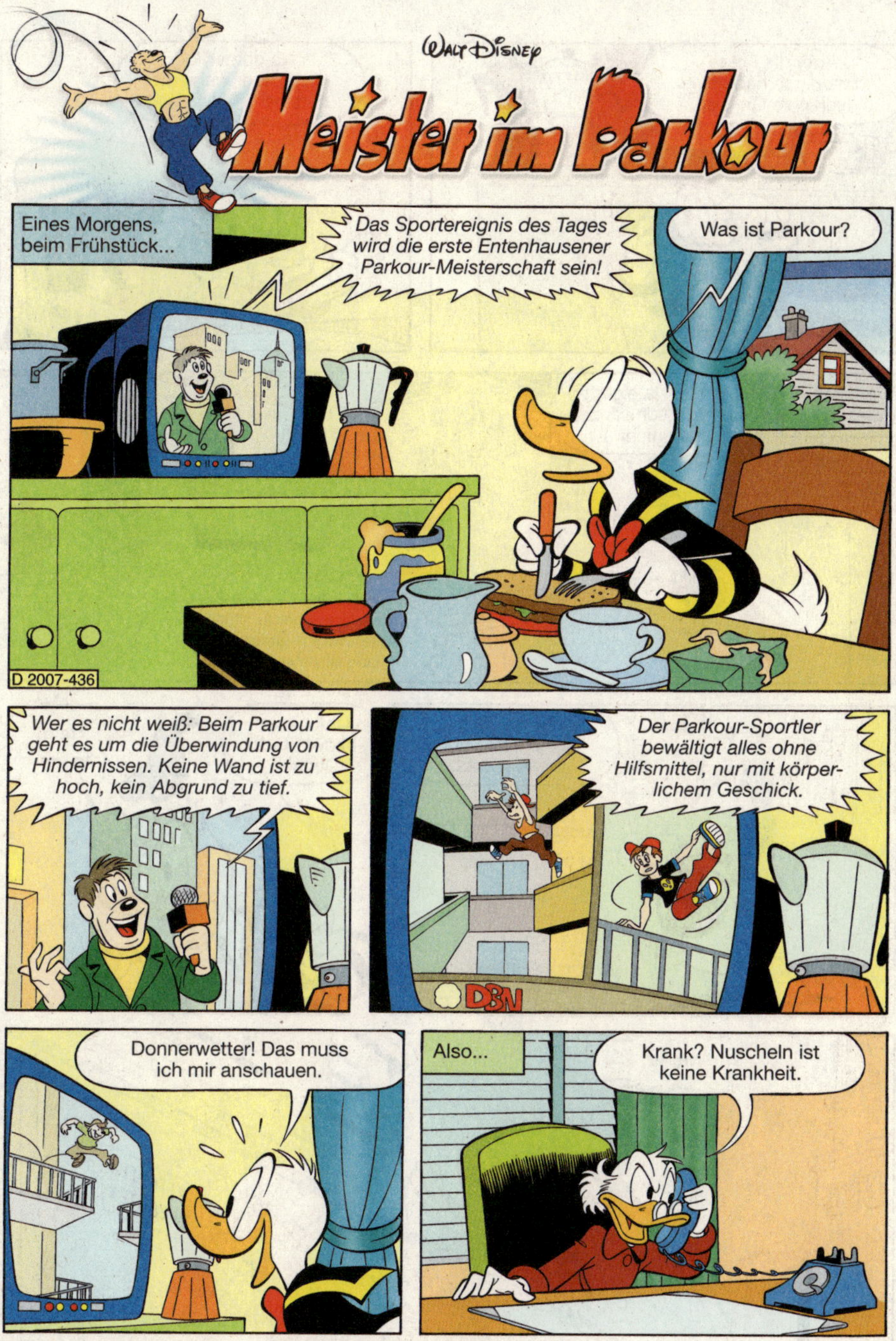

Terry LaBan (Story), **José Maria Manrique** (Zeichnungen)

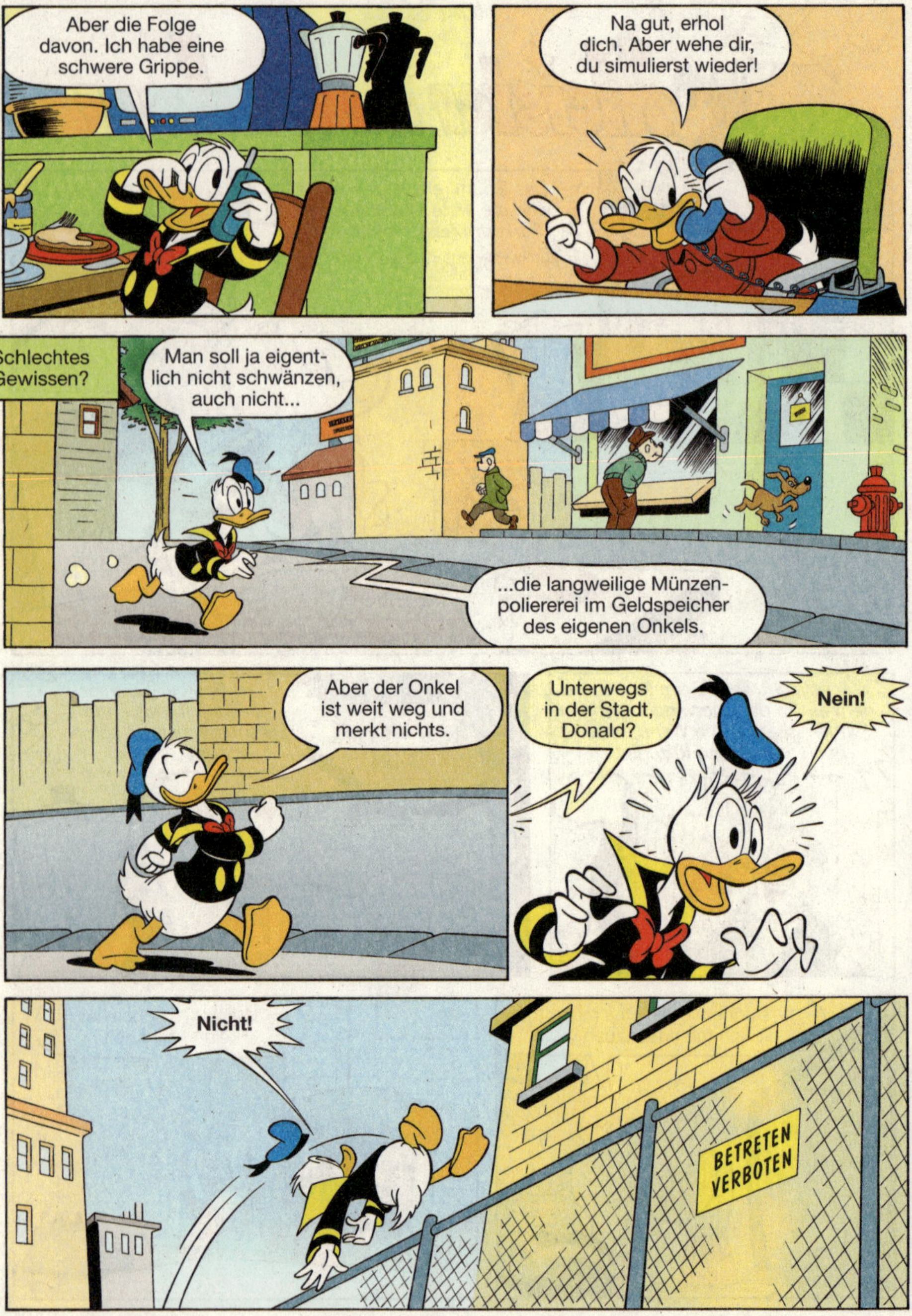
Aber die Folge davon. Ich habe eine schwere Grippe.
Na gut, erhol dich. Aber wehe dir, du simulierst wieder!
Schlechtes Gewissen?
Man soll ja eigentlich nicht schwänzen, auch nicht...
...die langweilige Münzenpoliererei im Geldspeicher des eigenen Onkels.
Aber der Onkel ist weit weg und merkt nichts.
Unterwegs in der Stadt, Donald?
Nein!
Nicht!
BETRETEN VERBOTEN

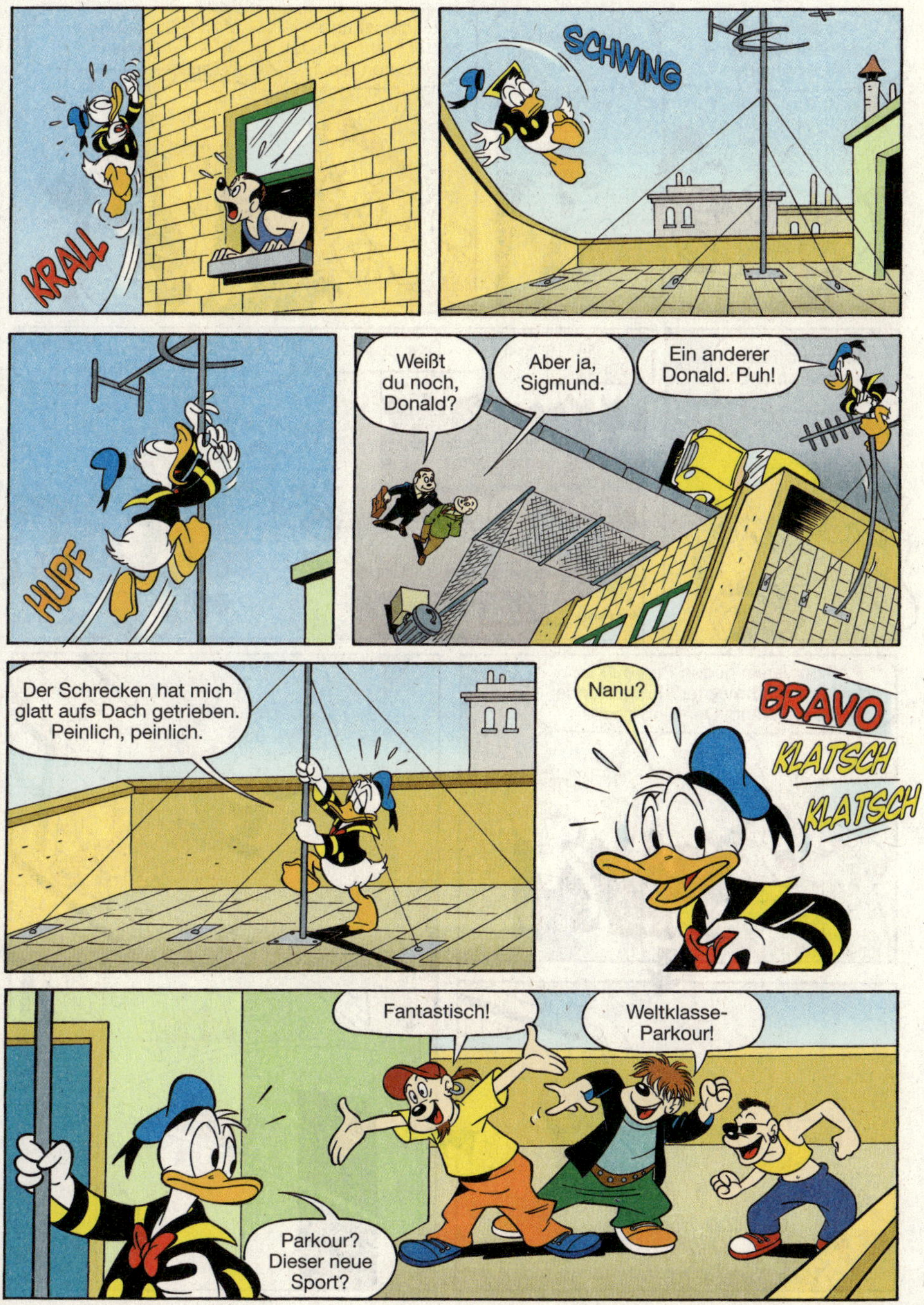
KRALL
SCHWING
HUPF
Weißt du noch, Donald?
Aber ja, Sigmund.
Ein anderer Donald. Puh!
Der Schrecken hat mich glatt aufs Dach getrieben. Peinlich, peinlich.
Nanu?
BRAVO
KLATSCH
KLATSCH
Fantastisch!
Weltklasse-Parkour!
Parkour? Dieser neue Sport?

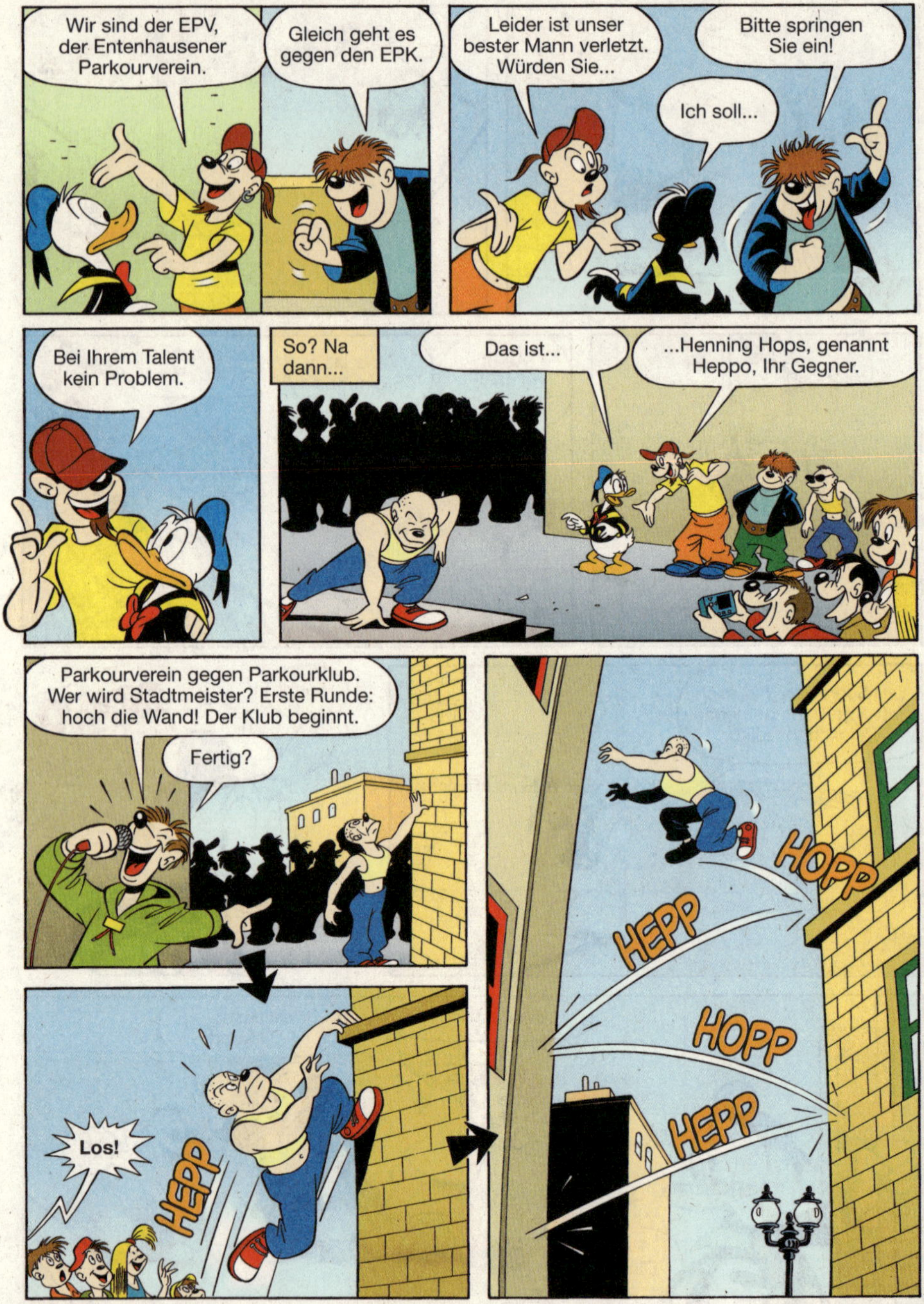

Wir sind der EPV, der Entenhausener Parkourverein.
Gleich geht es gegen den EPK.
Leider ist unser bester Mann verletzt. Würden Sie...
Bitte springen Sie ein!
Ich soll...
Bei Ihrem Talent kein Problem.
So? Na dann...
Das ist...
...Henning Hops, genannt Heppo, Ihr Gegner.
Parkourverein gegen Parkourklub. Wer wird Stadtmeister? Erste Runde: hoch die Wand! Der Klub beginnt.
Fertig?
Los!
HEPP
HOPP
HEPP
HOPP
HEPP

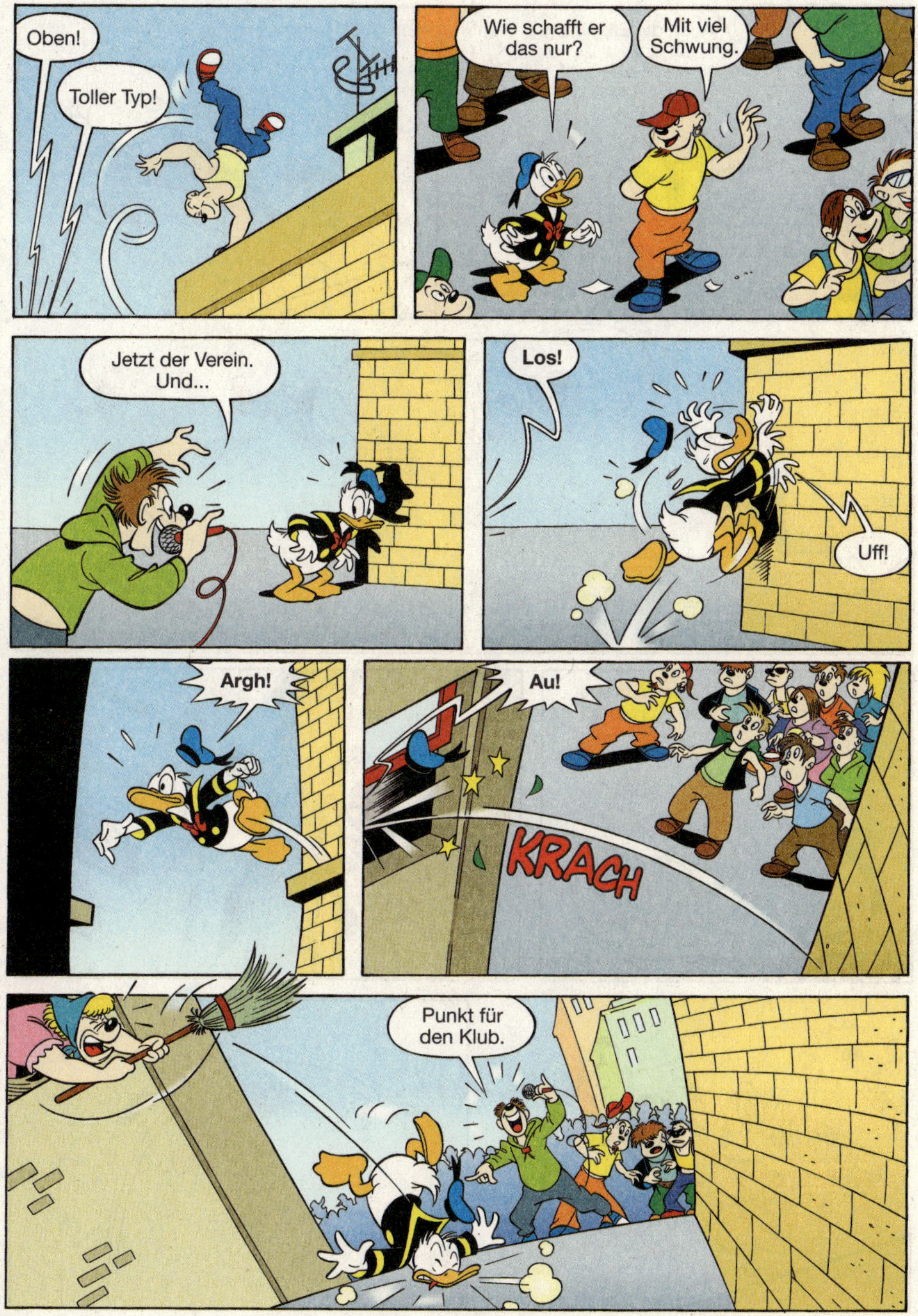

Oben!
Toller Typ!
Wie schafft er das nur?
Mit viel Schwung.
Jetzt der Verein. Und...
Los!
Uff!
Argh!
Au!
KRACH
Punkt für den Klub.

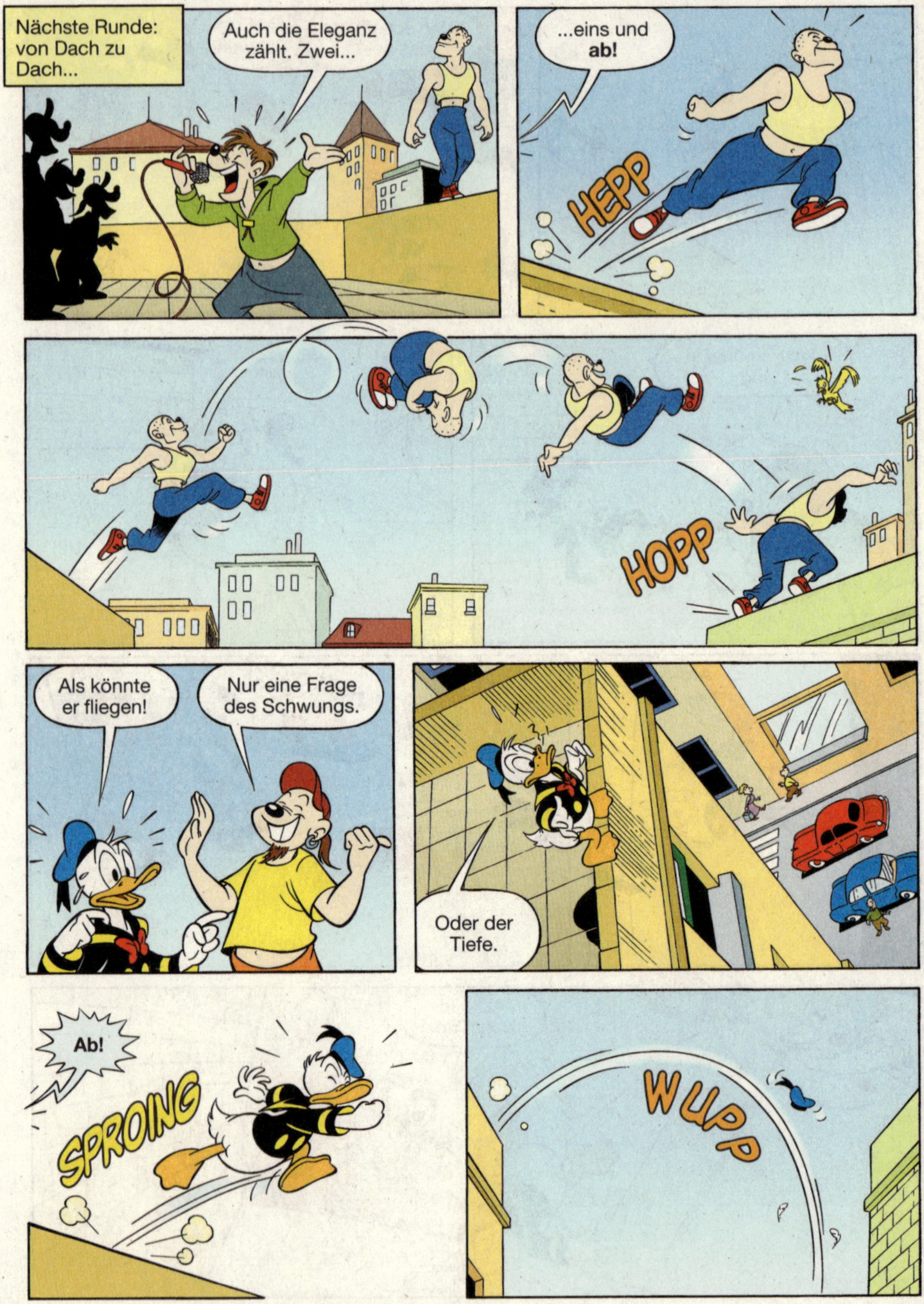
Nächste Runde: von Dach zu Dach...
Auch die Eleganz zählt. Zwei...
...eins und **ab!**
HEPP
HOPP
Als könnte er fliegen!
Nur eine Frage des Schwungs.
Oder der Tiefe.
Ab!
SPROING
WUPP

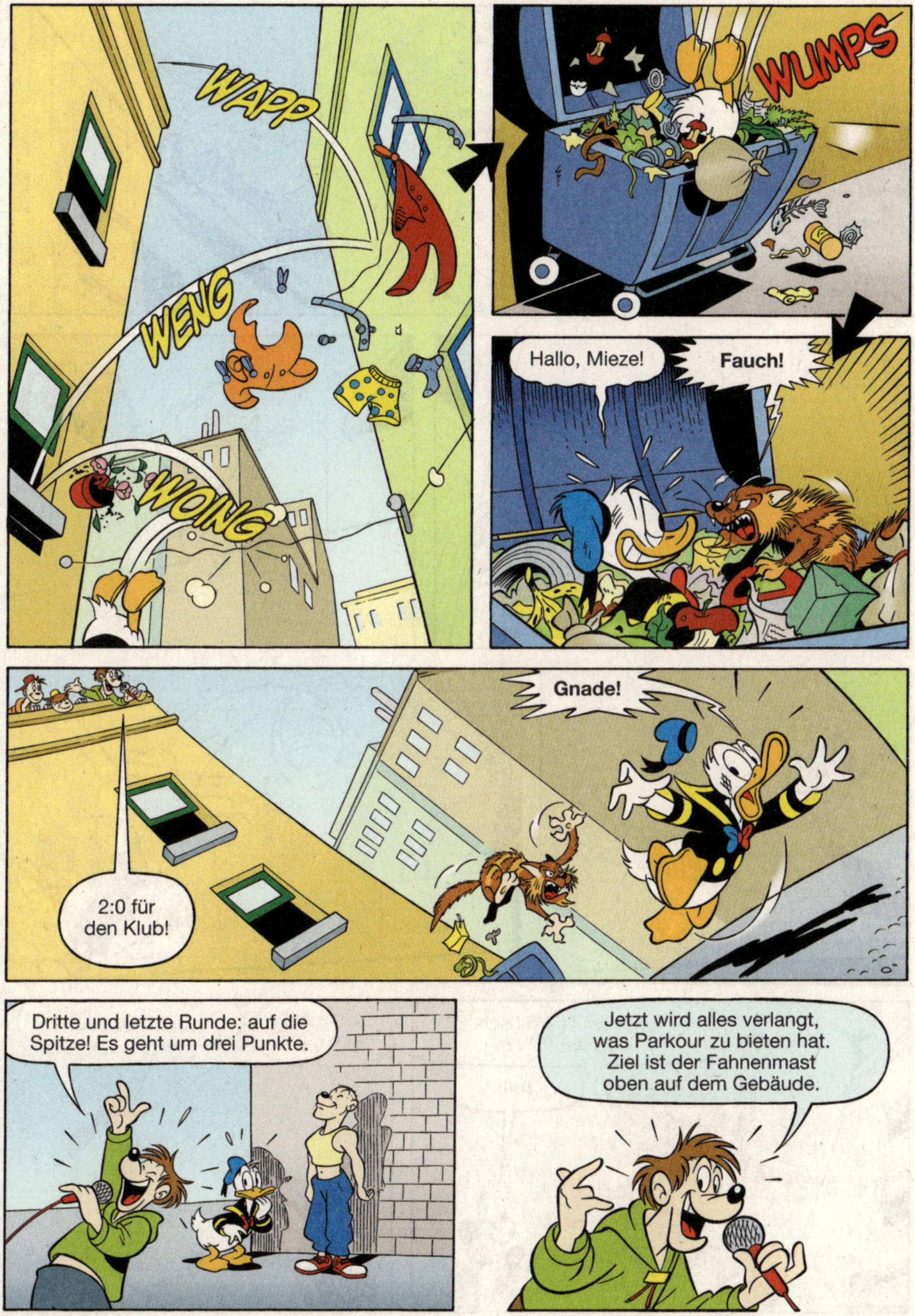
WAPP
WENG
WOING
WUMPS
Hallo, Mieze!
Fauch!
Gnade!
2:0 für den Klub!
Dritte und letzte Runde: auf die Spitze! Es geht um drei Punkte.
Jetzt wird alles verlangt, was Parkour zu bieten hat. Ziel ist der Fahnenmast oben auf dem Gebäude.

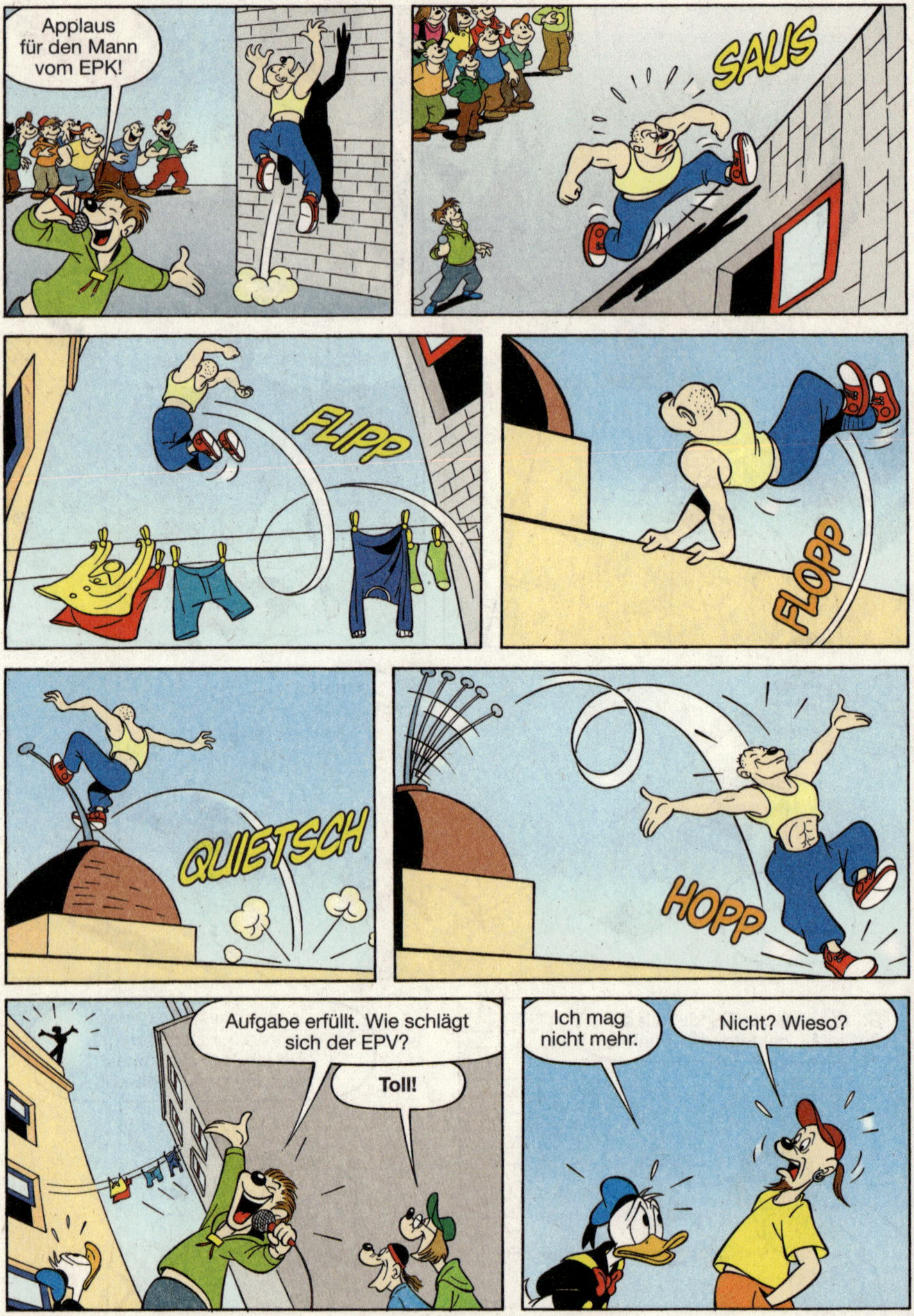

Applaus für den Mann vom EPK!
SAUS
FLIPP
FLOPP
QUIETSCH
HOPP
Aufgabe erfüllt. Wie schlägt sich der EPV?
Toll!
Ich mag nicht mehr.
Nicht? Wieso?

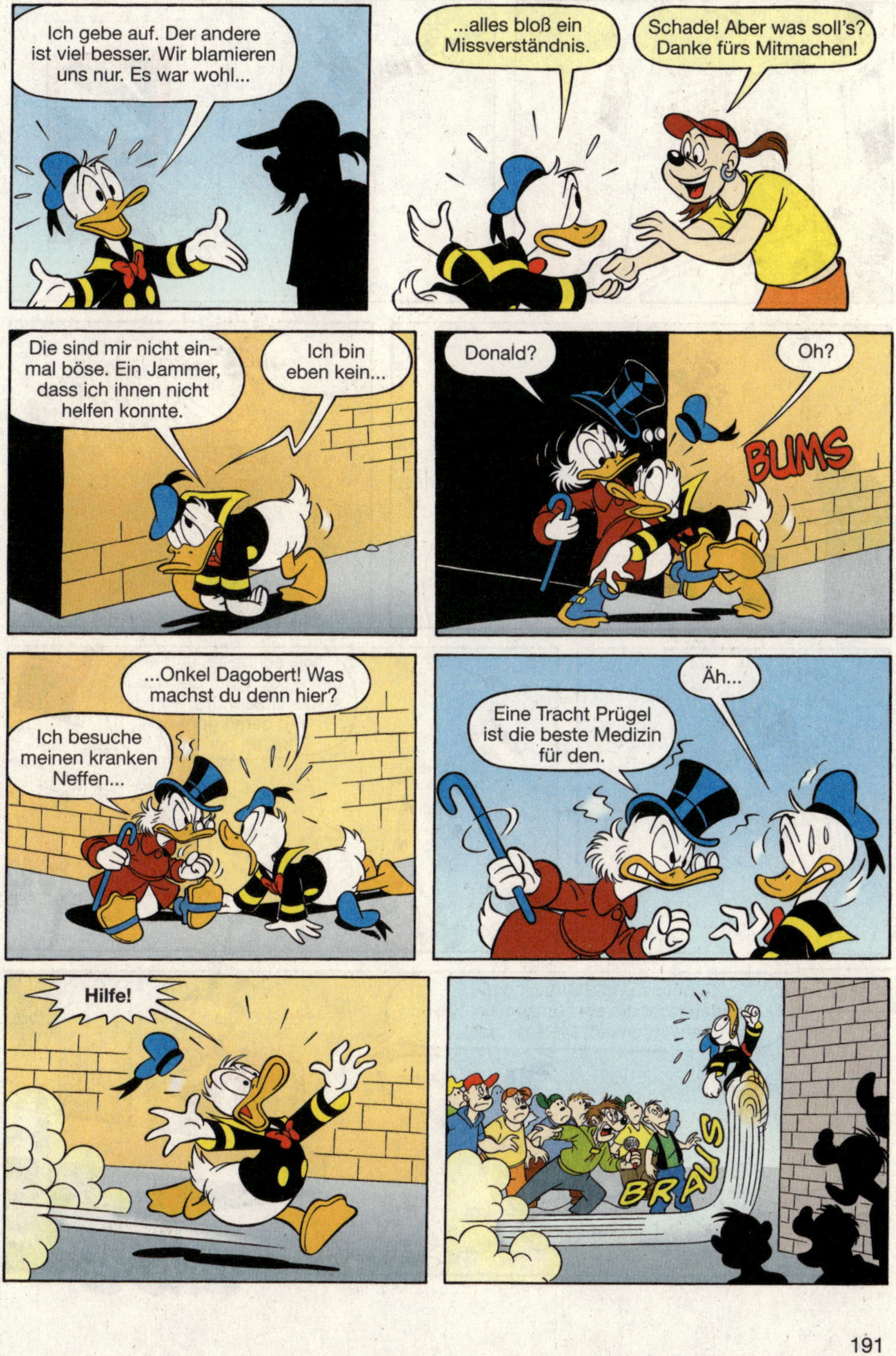

Ich gebe auf. Der andere ist viel besser. Wir blamieren uns nur. Es war wohl...
...alles bloß ein Missverständnis.
Schade! Aber was soll's? Danke fürs Mitmachen!
Die sind mir nicht einmal böse. Ein Jammer, dass ich ihnen nicht helfen konnte.
Ich bin eben kein...
Donald?
Oh?
BUMS
...Onkel Dagobert! Was machst du denn hier?
Ich besuche meinen kranken Neffen...
Äh...
Eine Tracht Prügel ist die beste Medizin für den.
Hilfe!
BRAUS

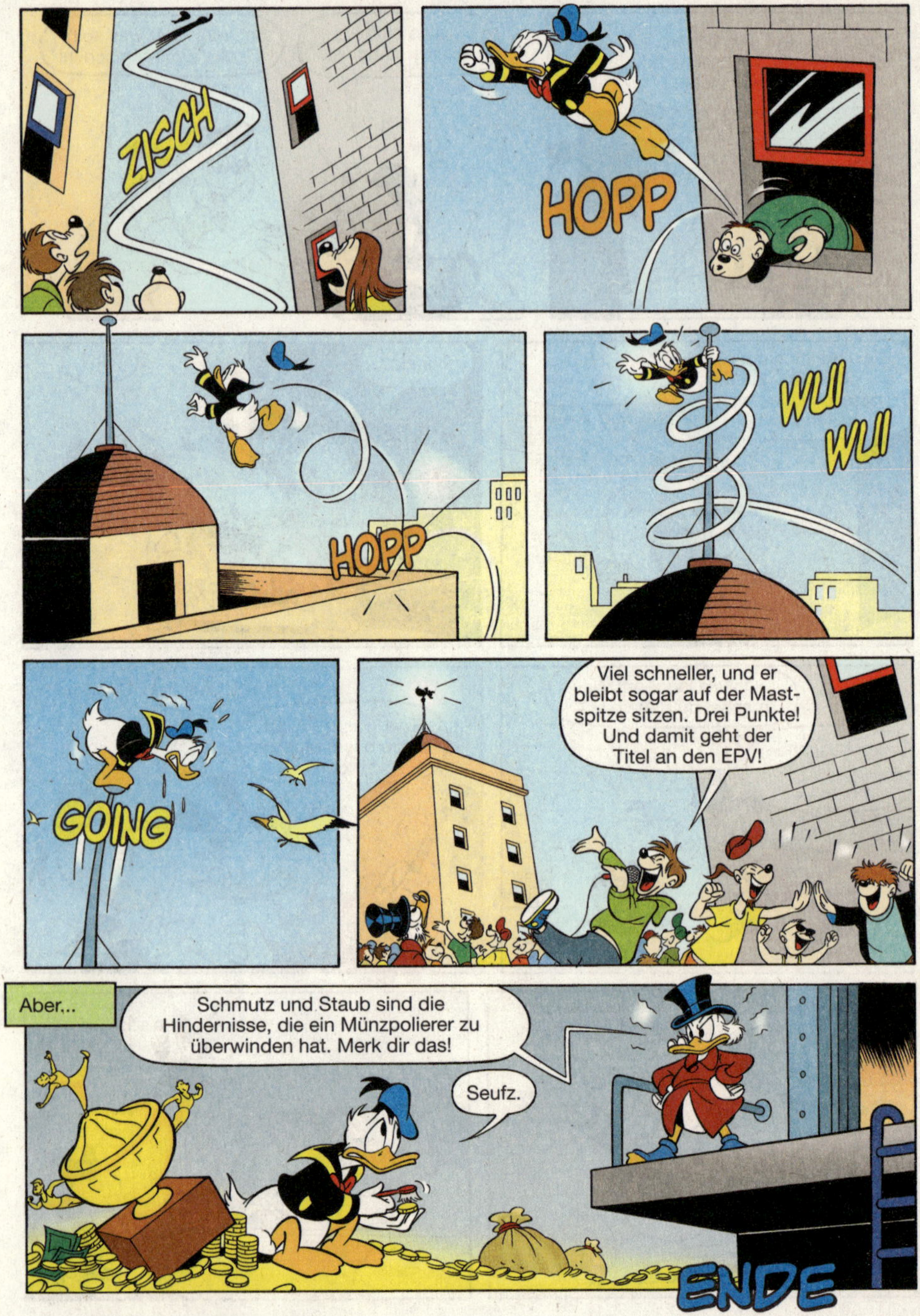
ZISCH
HOPP
HOPP
WUI
WUI
GOING
Viel schneller, und er bleibt sogar auf der Mastspitze sitzen. Drei Punkte! Und damit geht der Titel an den EPV!
Aber...
Schmutz und Staub sind die Hindernisse, die ein Münzpolierer zu überwinden hat. Merk dir das!
Seufz.
ENDE